企业合规与
行政监管

主 编：陈瑞华 李玉华
副主编：解志勇 李 昕 尹云霞

法律出版社
LAW PRESS·CHINA
北京

图书在版编目(CIP)数据

企业合规与行政监管 / 陈瑞华, 李玉华主编. -- 北京 : 法律出版社, 2023
ISBN 978-7-5197-8248-1

Ⅰ. ①企… Ⅱ. ①陈… ②李… Ⅲ. ①企业法-研究-中国 Ⅳ. ①D922.291.914

中国国家版本馆 CIP 数据核字(2023)第 163642 号

企业合规与行政监管
QIYE HEGUI YU XINGZHENG JIANGUAN

陈瑞华 李玉华 主 编
解志勇 李 昕 尹云霞 副主编

责任编辑 屈 瑶
装帧设计 臧晓飞

出版发行 法律出版社
编辑统筹 学术·对外出版分社
责任校对 王 丰
责任印制 陶 松
经 销 新华书店

开本 710 毫米×1000 毫米 1/16
印张 26.25 字数 398 千
版本 2023 年 10 月第 1 版
印次 2023 年 10 月第 1 次印刷
印刷 固安华明印业有限公司

地址:北京市丰台区莲花池西里 7 号(100073)
网址:www.lawpress.com.cn
投稿邮箱:info@lawpress.com.cn
举报盗版邮箱:jbwq@lawpress.com.cn

销售电话:010-83938349
客服电话:010-83938350
咨询电话:010-63939796

书号:ISBN 978-7-5197-8248-1
定价:119.00 元
凡购买本社图书,如有印装错误,我社负责退换。电话:010-83938349

目录

理论编

实践编

理　论　篇

论企业合规在行政和解中的适用问题

陈瑞华*

一、引言

合规是企业为解决内部违法违规问题而建立的一种风险防控机制,是当代公司治理体系的重要组成部分。在相当长的时间内,企业合规要么是一些企业加强自我管理的一种方式,要么属于特定行业内部实行自我监控、避免恶性竞争的行业治理途径。但是,在企业越来越走向规模化、综合化和专业化的情况下,传统的动辄依靠高额罚款、吊销执照乃至处以严厉刑事处罚的治理方式,对于有效治理企业违法违规问题,具有越来越明显的局限性。甚至在诸如证券期货、反不正当竞争、反洗钱、反商业贿赂等领域,这种行政执法方式还面临着更为系统化、顽固化的挑战。对于很多大型企业的违法违规情况,行政执法机构无法解决其管理结构和企业文化方面的问题,难以有效地发现和预防结构性的违法行为,在一定程度上还出现了监管失灵的现象。为有效地加强企业监管,督促企业防控法律风险,各国政府逐渐将推动合规体系建设作为加强企业监管的重要方式。① 其中,在行政执法领域,政府监管部门为鼓励企业建立有效的合规计划,在保留传统的严刑峻法政策的基础上,确立了一种以合规换取宽大行政处罚的监管方式。对于那些建立合规机制的企业,政府监管部门在对其违法违规行为进行执法调查时,既可以将合规作为不采取执法行动的依据,也可以作为减轻行政处罚的重要事由,还可以作为与企业达成行政和解协议的前提条件。② 由此,行政监管合规机制逐渐被引入行政执法程序之中。

---

* 北京大学法学院学术委员会主任、教授。

① 参见邓峰:《公司合规的源流及中国的制度局限》,载《比较法研究》2020 年第 1 期。

② 参见尹云霞、李晓霞:《中国企业合规的动力及实现路径》,载《中国法律评论》2020 年第 3 期。

我国政府监管部门高度重视企业合规机制的建设问题，并通过发布企业合规管理的国家标准，来督促中央国有企业以及从事海外经营业务的企业建立标准化的合规管理体系。与此同时，我国政府监管部门在证券期货、反不正当竞争等领域，还确立了一系列吸引或者激励企业建立合规管理机制的制度，包括强制合规制度、合规抗辩制度、合规减轻处罚制度以及行政和解制度。由此，我国政府监管部门初步确立了一种行政监管合规机制的框架体系。

但是，相对于前三种行政监管合规机制而言，行政和解制度的确立，对于推动企业建立合规管理体系具有更为强大的激励作用。早在 20 世纪末，我国法律就已经确立了行政和解制度。但这种行政和解主要适用于行政复议和行政诉讼程序，被用来解决行政机关与相对人发生的行政争议。而在行政执法调查环节，行政机关与相对人一直不存在行政和解问题。但从 2015 年开始，这种局面发生了重大变化。在这一年，中国证券监督管理委员会（以下简称中国证监会）发布了《行政和解试点实施办法》（已失效），在证券期货监管领域试点行政和解制度。根据这一制度，行政相对人涉嫌违反证券期货法律、行政法规和相关监管规定的，中国证监会在进行调查执法过程中，可以根据行政相对人的申请，与其就改正涉嫌违法行为、消除违法行为不良后果、缴纳行政和解金、补偿投资者损失等进行协商，与其达成行政和解协议，并终止调查执法程序。根据权威解释，对行政相对人采取行政和解方式，有利于实现监管目的，减少争议，稳定和明确市场预期，恢复市场秩序，保护投资者合法权益。③

通过分析中国证监会与一些企业所达成的行政和解协议，不难看出，作为行政和解申请人的企业，在缴纳高额和解金的同时，都承诺采取必要措施加强对公司的内控管理，并在完成后向中国证监会提交书面整改报告。作为和解协议所确定的回报内容，中国证监会决定终止对申请人有关行为的调查和审理程序。④

2019 年，立法机关修订的《证券法》正式生效实施，将行政和解制度确立为正式的法律制度。根据该法第 171 条之规定，中国证监会对涉嫌证券违法的单位或者个人进行调查期间，被调查的当事人提出书面申请，承诺在中国证

③ 参见李东方：《论证券行政执法和解制度——兼评中国证监会〈行政和解试点实施办法〉》，载《中国政法大学学报》2015 年第 3 期。

④ 参见席涛：《证券行政和解制度分析》，载《比较法研究》2020 年第 3 期。

监会认可的期限内纠正违法行为，赔偿有关投资者损失，消除损害或者不良影响的，中国证监会可以决定中止调查。被调查的当事人履行承诺的，中国证监会可以决定终止调查，否则，可以恢复调查。尽管这一条文没有明确提及“行政和解”这一概念，所表述的要求也较为简要抽象，但根据公认的观点，该条文所确立的制度就是行政和解制度。

2021 年 10 月，国务院发布了《证券期货行政执法当事人承诺制度实施办法》（以下简称《实施办法》），正式以行政法规的形式在证券期货监管领域确立行政执法承诺制度。所谓行政执法承诺，其实就是行政和解的一种制度形式，是指国务院证券监督管理机构对涉嫌证券期货违法的单位或个人进行调查期间，被调查人承诺纠正涉嫌违法行为、赔偿有关投资者损失、消除损害或者不良影响，并经国务院证券监督管理机构认可，当事人履行承诺后该机构终止案件调查的一种行政执法方式。《实施办法》确立了行政执法所要遵循的公平、自愿、诚信的基本原则，建立了包括申请、受理、协商、确定承诺金额并签署承诺认可协议、履行承诺认可协议、中止调查以及终止调查等程序流程，明确了不适用执法承诺的具体情形，规定了承诺金的使用和管理方式，建立了有关的监督制约机制。⑤

在此《实施办法》发布之前，国务院反垄断委员会就曾发布过一项反垄断合规指南，以及《垄断案件经营者承诺指南》（以下简称《承诺指南》）。这项《承诺指南》尽管只具有部门规章的法律效力，却是我国监管部门首次系统确立行政执法承诺制度。该项制度直接依据《反垄断法》有关条款而建立。早在 2007 年，我国立法部门通过的《反垄断法》（已被修改）第 45 条就确立了反垄断领域行政执法承诺制度的基本框架。根据这一条文，对于反垄断执法机构调查的涉嫌垄断行为，被调查的经营者承诺采取措施消除该行为后果的，该机构可以决定中止调查，并对经营者履行承诺的情况进行监督，对于履行承诺的经营者，执法机构可以决定终止调查。⑥

根据《反垄断法》的上述条款，《承诺指南》规定，被调查的经营者可以提出承诺，采取具体措施消除其行为后果，国务院反垄断执法机构可以接受经营

⑤ 参见《重磅！证券期货行政执法当事人承诺制度明年起施行，开辟投资者权利救济新渠道》，载《中国证券报》2021 年 11 月 29 日。

⑥ 参见盛杰民、焦海涛：《反垄断法承诺制度的执行难题与激励》，载《清华法学》2009 年第 2 期。

者的承诺,决定中止和终止调查。《承诺指南》确立了承诺制度的适用范围、承诺的提出和撤回、承诺的措施、经营者与执法机构沟通、执法机构对承诺措施的审查措施、中止调查、终止调查、恢复调查等制度。

迄今为止,我国的行政执法承诺制度已经在反垄断和证券期货这两个领域建立起来。这一制度的实质就是在行政执法机构调查相关违法行为过程中,涉嫌违法的经营者作出旨在消除行为后果、赔偿受害人、纠正违法行为的承诺,并与执法机构达成承诺认可协议,后者对履行承诺的经营者终止调查。目前,这一制度由国务院相关监管部门负责实施,适用的对象既包括自然人,也包括涉嫌实施不法行为的企业。当然,无论作出承诺的是自然人还是企业,都要缴纳高额的和解金或承诺金,并履行所承诺的义务和措施。作为回报和奖励,行政执法机构对该企业作出不追究行政责任的宽大处理。

从形式上看,行政执法承诺制度与检察机关推行的企业合规监管考察制度具有相似之处。但值得指出的是,检察机关对于涉嫌犯罪的企业,之所以将其纳入合规考察的对象,除了这些企业认罪认罚、配合调查并采取补救挽损措施之外,还因为这些企业提出了合规整改方案,作出了建立或者改进合规管理体系的承诺。⑦ 而至少从书面规定来看,行政执法承诺并没有明确包含企业合规整改的内容,也没有对涉案企业作出合规整改的明确要求。而从中国证监会在试行行政和解制度期间所处理的少量案件情况来看,涉案企业尽管被要求加强内控管理,提交书面整改报告,但对于合规管理和合规整改却没有提供任何具体的信息,中国证监会更没有对合规整改的情况作出验收或者评估。很显然,在行政执法承诺制度的试行和设计中,改革决策者忽略了企业合规管理和合规整改的因素,合规激励机制并没有被引入这一制度之中。

本文拟对行政和解与合规激励的关系问题作出初步讨论。笔者将首先分析美国行政和解制度中的合规激励机制,对行政和解与合规的关系作出理论上的归纳,然后考察中国行政和解试行的效果,分析行政执法承诺的制度框架,并从发挥合规激励作用的角度,提出改革行政和解制度的初步思路。

二、比较法的考察——以美国的行政和解协议制度为范例

我国的行政和解制度是通过参考美国行政和解协议制度而建立起来的。

⑦ 参见黎宏:《企业合规不起诉:误解及纠正》,载《中国法律评论》2021 年第 3 期。

尤其是中国证监会，在对从事证券期货业务的企业进行监管过程中，越来越多地汲取了美国证券交易委员会（以下简称美国证交会）的监管和执法经验。在行政和解中引入企业合规机制，就属于这种经验吸收的重要例证。为解释行政和解制度的来龙去脉，我们有必要对美国的行政和解协议制度做一简要分析。

在通常情况下，美国行政部门对于违反行政法规的企业，都要启动行政调查程序，由调查部门展开全面调查。在调查结束并有足够证据证明企业违反行政法律的情况下，行政部门会选择实施两种制裁程序：一是行政制裁程序，也就是通过行政程序追究企业的行政责任；二是民事制裁程序，也就是通过向法院提起民事诉讼，由法院作出民事制裁的裁决。在行政执法实践中，行政机关在选择上述两项制裁程序方面拥有较大的自由裁量权。在有些案件中，行政机关甚至可以同时启动这两项制裁程序。

所谓行政和解协议，是指行政机关在行政制裁程序中，与那些配合调查、主动进行自我披露或者建立合规计划的涉案企业，所达成的有关实施宽大行政处罚的协议。该类和解协议的内容通常包括两大部分：一是行政机关设置特定考验期，责令涉案企业在考验期内承担一系列义务；二是在考验期结束后，对于涉案企业遵守协议内容的，作出宽大行政处罚。原则上，在行政制裁程序中，从启动调查程序开始，直至行政制裁终局决定形成之前，涉案企业都可以与行政机关达成行政和解协议。而在民事制裁程序中，行政机关向联邦地区法院提出民事指控之后，直至法院作出终局民事判决之前，行政机关也可以与涉案企业达成行政和解协议。一般而言，美国证交会与涉案企业通常达成暂缓起诉协议（Deferred Prosecution Agreement，DPA）或者不起诉协议（Non-Prosecution Agreement，NPA）；其他美国行政机关，则与涉案企业达成行政和解协议。

（一）美国证交会的暂缓起诉协议（DPA）和不起诉协议（NPA）

根据美国证交会发布的执法手册，证交会在进行一项执法调查或提出民事起诉时，要考虑以下因素：企业可能违反的法规或规则；潜在违法行为的严重程度；违法行为的潜在后果；潜在受害的群体是否特别脆弱或者处于危险之中；不当行为是否正在进行之中；不当行为是否能够在法规限定期限内得到快速调查；是否包括联邦或州政府机构在内的其他机构更加胜任这种调查工作。美国证交会还要考虑案件是否可能涉及普遍的商业惯例，案件是否属于累犯，等等。[⑧]

美国证交会也对涉案企业的合作问题设立了评估框架。根据美国证交会2001年作出的一份调查报告，要求在决定是否对企业采取执法行动时，考虑公司是否存在以下四个方面的合作措施：一是在发现不当行为之前进行自我监管措施，包括建立有效的合规程序；二是在不当行为被发现后进行自我报告，包括对不当行为的性质、程度、来源和后果进行全面的审查，向公众、监管机构和行业自律组织进行迅速、完整和有效的披露；三是采取补救措施，包括解雇或者适当惩处实施不当行为的人，修改或改进内部控制和程序，以防止不当行为再次发生，并适当补偿那些受到不当行为影响的人；四是与执法机构的合作，包括向证交会提供有关不当行为与补救措施的信息。[⑨] 由于每个案件都具有相应的个体差异，证交会在遵循上述评估框架的基础上，仍然会对每个案件的处理行使一定的自由裁量权。

2011年5月，美国证交会与一家违反《反海外腐败法》(Foreign Corrupt Practices Act，FCPA)的企业达成了第一份暂缓起诉协议。[⑩] 在这一案件中，一家生产钢管产品的制造商在竞标供应石油天然气管道项目过程中，向乌兹别克斯坦政府官员进行行贿，违反了FCPA的反贿赂条款。该公司获得乌兹别克斯坦政府的多份合同，并获利500万美元。在违规行为被披露后，该公司作出了自我披露，并进行了彻底的内部调查，还与美国司法部和证交会进行了全面的合作，采取了广泛的补救措施，包括加强反腐败程序和合规培训。根据该公司与美国证交会达成的DPA，该公司支付了540万美元赔偿金和350万美元罚款。

一般而言，美国证交会与企业达成的DPA，属于一种承诺在考验期之内暂时不采取执法行动的和解协议。该协议通常要求设置5年以内的考验期，在

---

⑧ See Securities and Exchange Commission Division of Enforcement, Enforcement Manual, 2.1.1 Ranking Investigations and Allocating Resources.

⑨ See the Seaboard Report, Report of Investigation Pursuant to Section 21 (a) of the Securities Exchange Act of 1934 and Commission Statement on the Relationship of Cooperation to Agency Enforcement Decisions, Securities Exchange Act Release No. 44969 and AAER－1470(Oct. 23, 2001).

⑩ See Securities and Exchange Commission, *Tenaris to Pay $5.4 Million in SEC's First-Ever Deferred Prosecution Agreement*, accessible at https://www.sec.gov/news/press/2011/2011－112.htm.

考验期结束后，涉案企业遵守各项协议要求的，证交会将不再采取行政制裁措施。而 NPA 则属于承诺不再采取任何执法行动的协议，没有考验期的设置，只要涉案企业与美国证交会达成了 NPA，企业就需要永久性地遵守各项协议条款。但涉案企业在任何时间违反了 NPA 的条款，执法部门都可以要求证交会采取后续执法行为。

在具体协议内容上，DPA 通常包括以下条款：一是同意完全配合执法人员的调查和执法程序，包括提供相关文件和材料，回答提问，出席面谈，在审判和其他程序中出庭作证，放弃有关诉讼权利等；二是同意在约定期限内被收取费用；三是同意不再违反证券法律；四是同意返还不当利益，或者支付罚款；五是对于满足 DPA 条款要求的企业，美国证交会不再采取进一步的执法行动；六是对于违反 DPA 条款的企业，美国证交会执法部门可以建议美国证交会采取进一步执法行动；七是在违反 DPA 条款的情况下，企业同意美国证交会使用协议所涉及的声明、信息和资料来采取对抗措施；八是为保护投资人而设定的其他禁止或保证条款。[11]

而美国证交会与企业所达成的 NPA，除了前述第二、三两项内容，其他条款几乎是完全一致的。[12] 在执法实践中，DPA 所包含的前述第三项条款，也就是通常所说的合规条款，对企业提出了改进合规计划的要求。相反，NPA 一般不会包含类似的合规条款。

（二）美国商务部和联邦贸易委员会的和解协议

美国商务部工业与安全局（Bureau of Industry and Security，BIS）可以发出一封控告信，启动正式行政执法行动，然后与涉案企业达成和解协议。在控告信发出前双方达成和解协议的，BIS 可以考虑减少民事罚款的数额，案件也不再提交给行政法官。但是，在控告信发出之后，行政法官启动了审理程序，在此期间双方达成和解协议的，BIS 可以将案件从行政法官处予以撤回。而在案件到达商务部副部长审核程序时，双方达成和解协议的，由副部长决定是否批准该项和解协议。

---

[11] See Securities and Exchange Commission Division of Enforcement, Enforcement Manual, 6. 2. 2 Deferred Prosecution Agreements.

[12] See Securities and Exchange Commission Division of Enforcement, Enforcement Manual, 6. 2. 3 Non-Prosecution Agreements.

美国联邦贸易委员会(Federal Trade Commission,FTC)在行政制裁程序和民事制裁程序中都可以与企业达成和解协议。在针对企业侵犯消费者权益、违反反垄断法等方面的行为展开的行政调查和行政制裁程序中,FTC 可以与涉案企业达成和解协议。而在 FTC 向联邦地区法院提起民事诉讼的案件中,FTC 也可以与涉案企业达成和解协议,但 FTC 必须就该项和解的理由作出公开声明,并获得法院的批准。⑬

例如,2019 年 7 月,FTC 与一家位于犹他州的科技公司 Info Trax Systems 达成行政和解协议。⑭ 该公司被指控没有实施合理的安全保护措施,造成近 100 万名消费者的个人信息被黑客窃取。根据 FTC 的指控,该公司以及前任 CEO 没有采取合理、低成本、轻松可得的保护措施来保护和储存客户个人信息,包括该公司没有清点并删除不再需要的个人信息;没有对其软件进行代码审查并对网络进行测试;没有监测恶意文件上传;没有充分细分其网络;没有实施网络安全防护措施以监测网络上的异常活动。此外,FTC 还指控,该公司将消费者个人信息以清晰可读的文本存储在网络中,个人信息包括了社保号码、支付卡信息、银行账户信息、用户名和密码等。由于 Info Trax Systems 公司保护数据措施不力,一名黑客在 2014 年 5 月至 2016 年 3 月,超过 20 次潜入该公司的服务器及其代为运营的网站,入侵者获取了大约 100 万名消费者的敏感个人信息。直到 2016 年 3 月,该公司被警告其服务器已达到最大容量时,才发现上述入侵事件。这一警告是由黑客创建的数据文档文件所引起的。入侵者获取的个人信息可被用来实施身份盗窃和欺诈。FTC 声称该公司没有对其应保护的个人数据提供合理的安全保护,构成了 FTC 所禁止的不当行为。

根据 FTC 与 Info Trax Systems 达成的行政和解协议,该公司只有在实施一个信息保护项目,解决信息安保不力问题之后,才能从事收集、出售、共享或存储个人信息的业务活动。这个信息保护项目包括评估存档内部和外部的安全风险,实施安保措施来保护个人信息免受网络安全风险,检测和测试上述安

---

⑬ See Federal Trade Commission, *A Brief Overview of the Federal Trade Commission's Investigative, Law Enforcement, and Rulemaking Authority*, accessible at https://www.ftc.gov/about-ftc/what-we-do/enforcement-authority.

⑭ See Federal Trade Commission, *Utah Company Settles FTC Allegations it Failed to Safeguard Consumer Data*, accessible at https://www.ftc.gov/news-events/press-releases/2019/11/utah-company-settles-ftc-allegations-it-failed-safeguard-consumer.

保措施的有效性。此外,和解协议还要求,该公司每两年接受由第三方对其个人信息项目的评估。评估者必须独立实施取样、员工采访以及文件审阅等行为。不仅如此,协议还授予FTC任命独立评估者的权力。

(三)企业合规与行政和解协议的关系

目前,美国拥有行政执法权的监管部门,几乎都可以与实施违法违规行为的企业达成行政和解协议。特别是在反商业贿赂、反洗钱、数据保护、反不正当竞争、出口管制等领域,如美国证交会、商务部、财政部、联邦贸易委员会等在内的监管部门,还可以与司法部联合启动执法程序,使涉案企业同时受到行政执法程序和刑事追诉程序追究。在此类联合执法程序中,政府监管部门可以与检察机关一起,与涉案企业达成包括行政和解和附条件不起诉在内的“一揽子”和解协议。这就使行政和解协议可以与暂缓起诉协议或不起诉协议具有一定的交叉性。

在大多数行政和解协议中,企业建立合规机制都可以成为企业成功签署和解协议的重要依据,也可以作为和解协议条款,对企业获得宽大处罚起到较为明显的激励作用。

通常情况下,监管部门都将企业建立合规机制视为企业配合监管调查的重要标志。有些监管部门认为,涉案企业建立了合规计划,并在违法行为发生后对合规计划做出相应的完善,属于良好的补救措施,充分体现了配合意愿,结合该公司的自我披露行为以及配合调查情况等因素,共同促成了行政和解协议的达成。[15] 这显然表明,企业建立合规计划确实有助于行政和解协议的达成。

而在那些已经达成行政和解协议的案件中,监管部门通常都会提出一系列明确的合规条款,要求企业承担重建有效合规计划的义务。例如,在一些监管部门与企业签署的和解协议中,通常都有专门的合规条款,要求涉案企业对员工和管理层进行合规培训,每年提交合规报告,公司员工签字确认遵守公司的行为手册,加强公司内部管理和程序设计,加强证券和反腐败法的合规程序,等等。又如,有些和解协议还明确要求企业重建合规组织体系,如建立隐私保护委员会、任命专门的合规官员、定期提交合规评估报告、委任外部独立

[15] See Securities and Exchange Commission Division of Enforcement, Enforcement Manual, 6.2 Cooperation Tools.

专家、评估专项合规体系的运行状态。⑯

很多监管部门在行政和解协议中还要求企业引入独立合规监督员,使其作为独立的第三方,负责评估和监控企业遵守协议中有关合规要求的情况,以便确保企业减少再次发生不当行为的风险。例如,美国证交会就经常要求企业聘请一位独立的合规顾问,负责对企业内部控制机制的独立审查。⑰ 合规顾问通常会要求企业采取必要改进措施,以便加强合规计划,预防违规行为再次发生。假如企业认真对待合规顾问或者监督员的建议,在合规监督期间有效解决了原有的合规问题,那么,该企业就可以建立更为强大也更为持久的合规计划。当然,在很多执法案件中,美国司法部和证交会有时会采取联合行动,一起与涉案企业达成 DPA 或者 NPA。在此情况下,两个机构会委派同一个合规顾问或者合规监督员,并由其履行双重合规监控职责。⑱

通过对建立合规计划的企业适用行政和解协议制度,并在行政和解协议中引入合规条款,督促企业将重建合规计划作为必要的补救措施,监管部门对企业建立合规机制采取积极的激励作用,这大大调动了企业针对合规风险建立有效合规计划的积极性,使企业通过寻求与监管部门的配合和合作,来进行积极整改,弥补合规体系的漏洞,避免或者预防企业再次出现违法违规行为。可以说,正是通过这种平等参与的行政和解协议,而不是动辄实施严厉惩罚,美国监管部门有效推动了企业合规机制的普遍建立。

三、对我国行政和解制度试点的观察

根据 2015 年中国证监会发布的《行政和解试点实施办法》,我国首次在证券和期货监管领域试行行政执法和解制度。中国证监会在对行政相对人涉嫌违反证券期货法律、行政法规和相关监管规定的行为进行执法调查过程中,根据行政相对人的申请,与其就改正涉嫌违法行为,消除涉嫌违法行为不良后果,交纳行政和解金,补偿投资者损失等进行协商达成和解协议,并据此终止

---

⑯ See Federal Trade Commission, *FTC's $5 Billion Facebook Settlement: Record-breaking and History-making*, accessible at https://www.ftc.gov/news-events/blogs/business-blog/2019/07/ftcs-5-billion-facebook-settlement-record-breaking-history.

⑰ See Veronica Root, "Modern-Day Monitorships", *Yale Journal on Regulation*, Vol. 33, p. 131 (2016).

⑱ See Michael S. Diamant, Christopher W. Sullivan & Jason H. Smith, "FCPA Enforcement Against U.S. and Non-U.S. Companies", *Michigan Business & Entrepreneurial Law Review*, Vol. 8, p. 359 (2019).

调查执法程序的行为。具体来说,行政和解要由行政相对人提出申请,中国证监会经过审核同意后,与行政相对人达成和解协议。和解协议的基本内容是,行政相对人交纳行政和解金,并承诺改正所涉嫌的违法行为,消除所涉嫌的违法行为的后果。作为回报,监管部门终止行政执法调查程序,不再对行政相对人实施行政处罚。

在中国证监会试点实施行政和解制度后的3年时间里,一直未出现与行政相对人达成行政和解的案例。直到2019年年初,随着第一起行政和解案例的出现,我们有机会观察行政和解制度在实践中的实施状况。2020年年初,中国证监会又在另一起行政执法案件中达成了行政和解协议。这给我们提供了了解行政和解试点情况的又一机会。

2019年4月,中国证监会与高盛(亚洲)有限责任公司、北京高华证券有限责任公司等9名申请人达成行政和解。这是2015年中国证监会试点行政和解制度以来的首个行政和解案例。根据中国证监会的公告,2013年10月至2015年7月,高盛(亚洲)自营交易员通过在高华证券开立的高盛经纪业务账户进行交易,同时向高华证券自营营业员提供业务指导。双方于2015年5~7月4个交易日的部分交易时段,从事了其他相关股票及股指期货合约交易。中国证监会于2016年7月对申请人的上述违规行为进行立案调查。经高盛亚洲、高华证券等9名申请人提出申请,中国证监会与其达成行政和解,责令申请人缴纳1.5亿元行政和解金,采取必要措施加强公司的内控管理,并在完成后向中国证监会提交书面整改报告。作为回报,中国证监会终止对申请人有关行为的调查和审理程序。⑲

2020年1月,上海司度公司等5家公司与中国证监会达成行政和解协议。根据证监会发布的2020年第一号公告,2015年,司度(上海)贸易有限公司与富安达基金管理有限公司、中信期货有限公司、北京千石创富资本管理有限公司、国信期货有限责任公司等五家机构,因涉嫌违反账户管理有关规定,以及违反资产管理业务有关规定,被中国证监会进行监管调查。经上述5家机构提出申请,中国证监会最终与其达成行政和解。中国证监会责令上述5家机构分别缴纳6.7亿元、180万元、1000万元、235万元和100万元的和解金,并

⑲ 参见杨为乔:《证监会、高盛行政执法和解背后》,载微信公众号"董事会杂志"2019年7月31日,https://mp.weixin.qq.com/s/Civ1I-cQRqY2WfdP12HXug。

要求5家机构采取必要措施加强公司的内控管理,并在完成后向中国证监会提交书面整改报告。作为回报,中国证监会终止了对申请人有关行为的调查和审理程序。[20]

从上述两起行政和解案件的情况来看,中国证监会在证券监管领域进行行政和解的试点工作,并对涉嫌行政违法的企业提出纠正违法行为、消除或者减轻违法行为后果的方案,作为与其达成行政和解的前提条件,这的确将企业合规引入了行政和解过程之中。而涉案企业不仅要承诺加强内部管理,还要切实采取进行内部整改的具体措施,如此,方能换取监管部门终止行政调查程序,避免更为严厉的行政处罚后果。这显然表明,至少在行政监管领域,企业合规已经在发挥行政监管激励机制的作用。

但是,由于《行政和解试点实施办法》没有较为完整地引入企业合规的激励机制,因此,中国证监会通过行政和解来推进企业合规机制究竟能取得多大的效果,这又是存在疑问的。从激励企业建立合规计划的角度来看,中国证监会似乎缺乏必要的配套机制。

首先,中国证监会没有针对企业从事证券期货经营活动发布专门性的合规管理指南。西方国家对违规企业推行行政和解协议的经验表明,只有督促企业针对特定合规风险实施专项合规计划,行政和解才能在预防、监控和应对合规风险方面发挥确实有效的作用。为此,政府监管部门需要定期发布专门的合规管理指南,引导企业建立或者改进合规计划。可惜的是,中国证监会在试点实施行政和解制度时,没有针对证券期货领域的合规风险,发布专门的合规管理指引,致使涉案企业在纠正违法行为、积极整改、建立内控机制等方面,缺乏基本的合规指引。涉案企业在交纳行政和解金之后,既不颁布"合规章程",不建立合规组织体系,不针对虚假陈述、内幕交易、操纵市场、欺诈客户等违法违规行为制定专门的合规政策和员工行为守则,也不针对上述合规风险确立有针对性的预防、监控和应对机制,那么,所谓的纠正违法行为和积极整改,就将是一句空话。

其次,中国证监会没有将企业建立合规机制作为适用行政和解程序的前提条件。根据中国证监会的《行政和解试点实施办法》,除了一些弹性十足的

---

⑳ 参见刘歆宇:《和解金超6.8亿元！中国证监会与司度等五家机构达成行政和解》,载微信公众号"澎湃新闻"2020年1月20日,https://mp.weixin.qq.com/s/NNfah9T8-8eJiSRzNm-Pmw。

模糊条件以外,可操作的适用条件是案件在事实认定或法律适用等方面属于疑难案件,行政相对人愿意缴纳高额行政和解金。这里并没有将企业建立合规机制作为适用行政和解的前提条件。而假如涉案企业从来没有建立合规管理机制,就谈不上改进或者完善合规体系的问题。假如与中国证监会达成行政和解协议,涉案企业在一片空白的基础上建立合规管理体系,又如何有效地纠正违法行为或者进行积极整改呢?

企业合规机制要得到普遍推行,就需要监管部门建立有效的合规激励机制,也就是对那些建立合规计划的企业,在适用行政和解程序时处于优先地位。由此,才能对潜在的违法违规企业形成一种积极效果,吸引其通过建立合规机制来换取行政和解的机会。而假如监管部门在适用行政和解程序时,根本不将合规机制作为一项前提条件,那么,那些从事证券期货业务的企业,在建立合规管理体系方面,究竟能有多大的动力呢?

再次,中国证监会对于申请行政和解的企业,没有在行政和解协议中引入完整的企业合规条款。英美国家的政府监管部门,对于达成行政和解协议的案件,都会将这些和解协议的文本进行全文公布。这一方面可以使行政和解协议的内容为社会公众所知情,符合行政执法公开透明的理念;另一方面,也使涉案企业受到一定程度的惩戒和威慑,既要积极配合监管部门的处理,完善合规体系,又要避免再次出现违法违规行为。不仅如此,英美国家在行政和解协议中会与企业签订专门的合规条款或合规文本,对企业建立怎样的合规管理机制提出非常明确的要求。这些合规条款或者合规文本,会成为行政和解协议的一部分,或者作为附件,成为检验企业是否履行行政和解协议的主要依据。但迄今为止,中国证监会只对两个案件适用了行政和解程序,也没有将这两份行政和解协议书的完整文本公之于众。我们无法了解中国证监会究竟向这些企业提出了哪些方面的合规要求,也不知道这些企业究竟作出了哪些合规承诺。但从中国证监会公开发布的案例介绍来看,这些企业都被要求"采取必要措施加强公司的内控管理,并在完成后向中国证监会提交书面整改报告"。至于究竟如何加强内控管理、提交怎样的整改报告,中国证监会则没有提出明确的要求。中国证监会有没有与涉案企业签署专门的合规条款或者合规文本呢?对此,我们无从得到答案。人们有理由提出疑问:收取高额行政和解金的中国证监会,在督促企业建立合规管理体系方面究竟进行了多少实质性的监管？

最后，中国证监会没有对企业完善合规机制确立一个考验期，也没有对企业改进合规机制建立持续的监督机制。根据英美等国实施合规管理机制的经验，监管部门与违规企业达成行政和解协议的，通常会设定一个为期3年或者时间更长的考验期，在此期限内责令企业履行各项义务，尤其是建立或者完善专项合规计划。监管部门根据企业违规以及建立合规计划的实际情况，决定是否派驻合规监督官或者合规协调员，定期对企业建立合规体系的进展情况进行检查和督促。当然，对于高度配合监管调查的企业，监管部门也可以不派驻合规监督官或者合规协调员，而是要求企业定期提交合规进展报告。最终，在考验期结束之前，监管部门要对企业履行行政和解协议的情况进行检查验收，经检验认定为完全履行和解协议的，才最终停止行政执法程序。但按照中国证监会《行政和解试点实施办法》的规定，监管部门对于涉案企业并没有设定明确的考验期，也没有对企业建立内部管理机制或者采取积极整改措施，进行持续不断的监督和检验。这种试点办法既没有建立派驻合规监督官的制度，也没有确立涉案企业定期提交合规报告的义务，更没有在考验期结束之前对企业建立合规机制的情况进行检查验收。如此放任自流式的监管方式，如何对涉案企业完善内部管理机制产生有效的约束力呢？

四、我国行政执法承诺制度的基本框架

我国的行政执法承诺制度目前在反垄断和证券期货两个领域得到了实施。2007年《反垄断法》(已被修改)首次在反垄断领域确立行政执法承诺制度。2019年国务院反垄断委员会通过《承诺指南》，推动了这一制度在反垄断领域的正式实施。2015年，中国证监会发布了《行政和解试点实施办法》，尝试在证券和期货监管领域试行行政执法和解制度。经过4年的试行，这一制度被2019年修订后的《证券法》正式吸收，并被代之以行政执法承诺制度。2021年，国务院通过发布《实施办法》，建立了证券期货监管领域中行政执法承诺制度的框架。

从形式上看，我国的行政执法承诺制度与美国的行政和解制度具有一定的相似之处。但唯一不同的是，美国的行政和解制度通常都包含了企业合规的要素，与行政监管部门达成和解协议的涉案企业，都要承担建立或者改进合规计划的义务。而从制度设计上看，我国的行政执法承诺制度并没有将合规要素纳入其中,执法机构与涉案企业所达成的承诺认可协议,也没有明确包含建立或改进合规计划的条款。在以下的讨论中,笔者将简要分析这一制度的基本理念,并从申请、承诺采取的措施、协议达成、中止调查、终止调查等几个方面,对反垄断和证券期货领域的行政执法承诺流程作出简要的分析和评价。

(一)行政执法承诺的基本理念

传统上,我国行政立法和执法领域一直奉行"行政职权法定""行政权力不得自由处分"的理念,对于引入源自英美国家的行政和解协议制度一直存在争议。国务院监管部门在反垄断和证券期货执法领域,率先引入行政执法承诺制度,属于行政执法理念上的重大突破。这一制度的确立标志着我国的行政监管从过去的以"命令—服从"为核心的强制行政管理模式,开始转向积极性、协商性和合作性的行政监管模式。

早在行政和解制度试点之初,证券监管领域的改革决策者认为,试行行政和解制度主要有四个预期目标:一是通过责令行政相对人交纳高额的行政和解金,及时弥补投资者的经济损失;二是通过对疑难行政执法案件达成和解协议,推动案件快速解决,尽快明确和稳定市场预期;三是通过与行政相对人进行协商、让步并达成协议,减少平息行政争议,避免案件进入行政复议和行政诉讼程序;四是破解相关制度供给不足的现实难题,对那些在法律上难以定性的行为,在不给出明确结论的情况下,通过和解加以结案。[21]

早在2019年,国务院反垄断部门曾认为,建立行政执法承诺制度对于加强和改进反垄断执法,保护市场公平竞争,具有三个方面的意义:一是有利于尽快恢复公平竞争市场秩序,通过对承诺采取措施消除有关行为不利影响的经营者终止调查,放弃行政处罚,鼓励其终止违法行为,消除不法行为的后果和影响,保护了市场公平竞争;二是有利于提高反垄断执法效率,对垄断行为的调查取证经常面临较大困难,需要耗时费力,行政执法承诺制度鼓励经营者主动停止违法行为,作出相关承诺,可以有效缩短反垄断执法时间,提高执法效率;三是有利于节约反垄断执法资源,通过引入协商和和解的制度因素,促使经营者尽早停止不法行为,确保执法机构以较少的人力、物力投入,在较短

[21] 参见肖钢:《积极探索监管执法的行政和解新模式》,载《行政管理改革》2014年第1期。

时间内办理完毕反垄断执法案件。[22]

2021年,中国证监会和司法部对于在证券监管领域建立执法承诺制度的主要意图,作出了新的解读。这一制度被认为在提高执法效率、及时赔偿投资者损失、尽快恢复市场秩序等方面具有四个意义:一是有效提高执法效能,化解资本市场执法面临的“查处难”与市场要求“查处快”之间的矛盾;二是及时赔偿投资人损失,增强其获得感和满意度;三是确实提高违法成本,增强监管实效,使涉嫌违法的经营者付出较高的经济代价;四是有助于尽快实现案结事了和定分止争,妥善化解社会矛盾,及时恢复市场秩序,稳定市场预期。[23]

其实,作为一项重大的行政执法改革,行政执法承诺制度的建立,意味着一种带有协商性、妥协性和合作性的执法方式,被引入行政执法程序之中。如果站在行政执法改革的角度,那么,我们可以将行政执法承诺制度所要实现的价值目标概括为四个方面。首先,从提高效率和节约资源的角度来看,对于那些涉及复杂专业问题的反垄断和证券期货执法案件,执法机构的普通调查活动需要投入大量人力、物力、财力,也需要投入动辄长达数年时间,甚至会出现对疑难案件难以认定的情况,而通过引入执法承诺制度,经营者主动停止违法行为,采取消除不利影响的措施,执法机构就可以在短时间内做到案结事了,快速处理案件。其次,从制度激励的角度来说,行政执法承诺制度其实包含着一种激励机制:只要主动作出消除不利影响、赔偿受害者损失等方面的承诺,并采取有效的履行承诺的措施,就可以获得执法机构中止调查、终止调查的结果,说服执法机构放弃行政处罚,这就使做出承诺的经营者获得了较大的执法奖励,使那些潜在的违法者获得向执法机构作出承诺的动力。再次,行政执法承诺制度的建立,使那种以调查、处罚和威慑为核心的理念得到调整,被代之以承诺、协商、互惠和利益兼得的理念,被调查的经营者不仅可以参与对执法方式的协商过程,还可以自主地选择最有利的执法结局,经营者通过停止违法行为、缴纳承诺金,换取了执法机构对行政处罚的放弃,这可以唤起经营者的法律意识,使其更有可能接受案件的处理方式。最后,执法承诺制度尽管可能

---

[22] 参见万江、郭程:《国务院反垄断委员会〈垄断案件经营者承诺指南〉评述》,载微信公众号“环球律师事务所”2020年8月19日,https://mp.weixin.qq.com/s/RzxsOsNq84RZhp75rbP9OQ。

[23] 参见《重磅!证券期货行政执法当事人承诺制度明年起施行,开辟投资者权利救济新渠道》,载《中国证券报》2021年11月29日。

使那些履行承诺的违法者免受行政处罚，却使其缴纳了承诺金，尤其是远远高出正常罚款标准的承诺金，使其为违法行为付出了高昂的代价，这种承诺金的科处，事实上可以发挥惩罚和威慑的效力。

(二)行政执法承诺的基本流程

相对于传统的行政执法程序而言，行政执法承诺属于一种基于经营者申请和沟通协商而确立的特别行政执法程序。这一特别程序以经营者提出适用承诺申请为开端，监管部门受理后，对其承诺做出审查，并与其就承诺事项展开沟通协商，在达成承诺认可协议后，作出中止调查的决定。在双方商定的承诺履行期内，监管部门认为经营者完全履行协议的，作出最终的终止调查决定。

1. 行政执法承诺的申请

原则上，行政执法承诺以经营者提出申请为适用的前提，监管部门一般不会依据职权主动启动行政执法承诺程序。在反垄断执法领域，反垄断执法机构在作出行政处罚告知之前，经营者都可以提出承诺。执法机构鼓励经营者在尽可能早的阶段提出承诺，并可以告知经营者涉嫌垄断行为的基本事实和可能造成的影响。经营者应当与执法机构进行必要的沟通，在沟通的基础上，经营者可以自愿提出承诺。

在证券期货执法领域，国务院证券监管机构设置专门负责执法承诺工作的部门，并与调查部门相互分离。该机构在送达当事人的案件调查法律文书中，要告知其有权申请适用执法承诺制度。当事人自收到监管机构案件调查法律文书之日起，至该机构作出行政处罚决定之前，都可以提出适用行政执法承诺的申请。对此申请，监管机构在法定期限内尽快做出是否受理的决定。

2. 经营者需要承诺采取的措施

在反垄断执法领域，经营者提出的承诺申请通常包括以下内容：一是被调查的涉嫌垄断行为及可能造成的影响；二是承诺采取消除行为后果的具体措施；三是承诺采取的具体措施能够消除行为后果的说明；四是履行承诺的时间安排及方式；五是其他需要承诺的内容。

在通常情况下，涉嫌垄断的经营者所承诺的措施可分为结构性措施、行为性措施以及综合性措施。其中，结构性措施可以包括剥离有形资产、知识产权等无形资产或者相关权益；行为性措施可以包括调整定价策略，取消或者更改各类交易限制措施，开放网络、平台等基础内容设施，许可专利、技术秘密或其他知识产权等。但无论如何，所承诺的措施应当是明确、可行和可以自主实施的，加入承诺的措施需要经过第三方同意，经营者需要提交第三方的书面意见。

在证券期货执法领域，经营者提出的承诺申请应当包括以下内容：一是当事人的基本情况；二是提出申请的主要事实和理由；三是当事人已采取或者承诺采取的三类措施，包括纠正涉嫌违法行为、赔偿投资者损失、消除损害或不良影响的措施；四是监管机构规定的其他事项。

从法律所要求的承诺措施来看，涉嫌违法的经营者所承诺的措施都属于补救性和挽损性的措施，无论是消除不法行为的损害后果或不良影响，纠正涉嫌违法行为，还是赔偿投资者损失，都属于事后采取的消除不法行为危害后果或修复社会关系的行为。在一定程度上，这些措施也具有预防不法行为再次发生的效果。

3. 承诺认可协议的达成

在反垄断执法领域，执法机构与经营者可以就承诺内容进行沟通协商，协商内容可以包括案件事实的具体表述、承诺的措施能否有效消除涉嫌垄断行为的后果，以及是否限于解决执法机构所关注的竞争问题。在沟通过程中，经执法机构与经营者一致同意，可以共同邀请第三方经营者、行业主管部门、行业协会、专家学者共同参加讨论。经营者的涉嫌垄断行为已经影响到其他不特定多数的经营者、消费者利益或者社会公共利益，还可以就所承诺的措施向社会公开征求意见，对于各界提出的意见，执法机构可以建议经营者修改承诺措施，或者重新提出承诺措施。

在证券期货执法领域，监管机构对承诺申请作出受理决定的，可以根据当事人涉嫌违法行为造成的损失、损害或者不良影响等情况，就承诺事项与当事人进行沟通协商。监管机构与当事人进行沟通协商的期限通常为六个月，沟通协商应当当面进行，有至少两名工作人员参加，并制作笔录。

监管部门与当事人经过沟通协商，认可当事人所提出的承诺的，应当与当事人签署承诺认可协议。这种协议应载明以下事项：一是申请适用承诺的事由；二是当事人涉嫌违法行为的主要事实；三是当事人承诺采取的纠正违法行为、赔偿损失、消除损害或不良影响的具体措施；四是承诺金的数额和缴纳方式;五是当事人履行承诺的期限;等等。

4. 承诺金的收取

在反垄断执法领域,执法机构能否收取承诺金,相关法规并没有作出明确的规定。但根据2021年《实施办法》的规定,在证券监管领域,经营者提出适用承诺的申请的,国务院证券期货监管部门会与其就承诺金的数额和缴纳方式进行沟通协商,并就此达成承诺认可协议。在一定程度上,缴纳足够数额的承诺金,既是经营者所要承诺履行的义务,也是监管部门作出终止调查决定的前提条件。

所谓承诺金,是指当事人为适用证券期货行政执法承诺而缴纳的资金。原则上,在确定承诺金数额时,监管部门应综合考虑以下因素:当事人因涉嫌违法行为可能获得的收益或者避免的损失;当事人可能被处以罚款、没收违法所得的金额;投资者所遭受的损失;签署承诺认可协议时案件所处的执法阶段;等等。但从证券监管领域行政和解试点情况来看,监管部门与相对人达成和解协议的,动辄会收取上千万元甚至超过一亿元的和解金。由此可以预计,无论是证券监管部门还是反垄断执法机构,未来要收取的承诺金也将维持较高的标准,尤其是远远高于行政法规所确立的行政罚款标准。

5. 中止调查

作为一种激励机制,对于那些承诺采取补救措施,或者履行承诺的经营者,执法机构要作出中止调查的决定。所谓中止调查,是指执法机构在与涉嫌实施不法行为的经营者达成承诺协议后,暂时停止行政执法调查的措施。

执法机构对经营者的承诺进行审查时,可以综合考虑经营者实施涉嫌垄断行为的主观态度、行为的性质、持续时间、后果、损害和影响,以及所承诺的措施及其预期效果。经过审查,执法机构认为经营者的承诺符合适用行政执法承诺的法定条件的,可以做出中止调查的决定。上述中止调查的决定书,一律都要向社会公开。

6. 履行协议

在监管部门作出中止调查决定时,会确定一个经营者履行承诺的期限。这一履行承诺期限也就是中止调查的期限。在此期限内,经营者要按照中止调查决定书的要求,向执法机构书面报告承诺的履行情况,执法机构要对经营者履行承诺的情况进行监督。经营者在履行承诺过程中,可以申请变更承诺的内容,执法机构经过审查可以作出是否同意的决定。经营者因自身原因没有履行或者没有完全履行承诺的,监管部门应当终止适用行政执法承诺,重新启动行政处罚程序。

7. 终止调查

所谓终止调查,则是指经营者在中止调查期间,完全履行了所作的承诺措施,执法机构作出了终止执法调查程序,放弃行政处罚的决定。在当事人履行承诺的期限内,监管部门认为当事人完全履行了承诺认可协议的,监管部门应当终止案件调查,向当事人出具终止调查决定书。终止调查的决定应当向社会公告。终止调查后,监管部门对经营者涉嫌实施的同一违法行为不再重新调查。

(三)对行政执法承诺制度的简要评论

相对于2015年试行的行政和解制度而言,新近确立的行政执法承诺制度有了一些显著的变化,例如,扩展了申请时间,调整了适用条件和范围,优化了启动程序,完善了承诺金数额的确定因素,明确了集体决策制度。这对于经营者及时提出适用承诺的申请,尽快与监管部门达成承诺许可协议,无疑是有着积极意义的制度调整。与此同时,2019年到2021年,国务院及其下属的监管部门逐步将行政执法承诺的适用对象扩展到反垄断执法和证券期货监管领域,这有助于行政执法承诺制度在更广的范围内发挥更大的作用。

无论是在反垄断执法领域还是证券期货执法领域,行政执法承诺制度的适用还有一些不明确的地方,需要通过制定更具可操作性的实施细则,来加以明确和解决。这一制度还具有一定程度的不确定性。例如,在经营者所承担的具体承诺措施上,无论是反垄断执法机构确立的所谓消除其行为后果的具体措施,以及所谓的结构性措施和行为性措施,都只是较为抽象的概念,还没有被解释为可操作的内容。而证券监管部门确立的纠正涉嫌违法行为、赔偿有关投资者损失、消除损害或者不良影响,也都是含义模糊的规定,也需要得到精准的解释,使得经营者明确了解其所承诺履行的义务内容。又如,在承诺金的收取上,有关法规尽管确立了监管部门确定数额和收取方式的若干考量因素,但仍然给执法机构留下太大的自由裁量的空间。其实,正如行政和解制度试点期间的几个案例所显示的,行政执法承诺金的收取既要具有充分的惩罚性和威慑力,又要贯彻比例原则,确定若干个构成板块,如惩罚性数额、违法所得的没收额度、对投资者和其他受害者的赔偿额度、需要补交的税收额度、为消除危害后果和修复法益所投入的金额,等等。又如,在履行承诺期限的确定上,不应赋予行政执法机构太大的自由裁量权,而应确立一种最低限度的期限,如1年以上、3年以内。考虑到目前经营者所承诺采取措施中尚未明确引入合规整改,但监管部门在行政和解试行中却提出了责令经营企业建立内控机制的要求,因此,这种对涉案企业治理机构和管理体系的调整,需要有足够的时间投入。

当然,新近确立的行政执法承诺制度,可能最容易引起争议的还是没有将合规管理制度引入承诺措施之中。与国外执法机构所推行的行政和解协议制度相比,我国行政执法承诺制度没有明确包含合规整改的内容,没有将建立或改进合规管理体系,作为涉案企业所要承诺采取的措施。所谓的纠正违法行为、赔偿损失、消除损害和不良影响,无非是执法机构责令涉案企业所采取的配合性和补救性措施而已,这些企业即便履行了上述所承诺的措施,也最多会产生减轻不法行为危害后果的作用。但是,在涉案企业完全履行承诺之后,企业的治理结构并没有发生任何变化,仍可能存在根本性的治理缺陷,企业的管理机制仍然存在重大的漏洞,在企业的决策、经营、人事、财物、薪酬、法务管理等制度层面,仍然存在明显的隐患,使企业继续存在着违反行政法规乃至违反刑法的经营模式,以至于承担着显而易见的合规风险。行政执法机构仅仅关注于收取高额的承诺金,而不对涉案企业的治理机构和管理体系作出结构性调整,也不责令企业对其存有偏差的公司文化作出任何实质性的改造。如此下去,在执法机构终止调查之后,企业认为已经案结事了,还会做出实质性的合规整改措施吗?以及如何有效预防企业再次发生类似的违法事件呢?

本来,自2015年以来,中国证监会已经在证券监管领域启动了行政和解制度的试行,并在相关案例中引入了合规整改制度的因素。所谓的内控管理和整改报告,已经包含了引入合规管理体系的内容。但是,在行政和解制度被确立在《证券法》,并被国务院以“行政执法承诺”的名义写入行政法规之中的情况下,这种经过艰难探索而确立的合规整改机制,却没有被确立在上述法律之中,没有被列为涉案企业承诺采取的改进措施,这岂不令人感到十分遗憾吗?

五、在行政和解中引入合规机制的设想

从欧美国家推行行政和解协议制度的经验来看,企业在案发前建立合规

管理体系,可以促进涉案企业与行政机关达成和解协议;企业在行政执法过程中承诺建立或者改进合规体系,可以成为行政和解协议的重要内容,甚至成为行政机关对企业做出宽大行政处理的主要依据。可以说,在企业涉嫌行政违法的案件中,合规已经成为企业寻求行政激励机制的重要方式,也是行政机关进行有效监管的一种手段。在涉企案件中,没有合规条款的行政和解协议,显然是不完整和不合理的协议。

通过借鉴欧美国家的行政监管方式,我国已经在证券监管领域进行了行政和解制度的改革试点,并在反垄断执法和证券监管领域正式推行了行政执法承诺制度。在 2015 年以来的改革试点中,我国证券监管部门已经在行政和解协议中尝试引入企业合规的机制。但由于被纳入试点的案件数量极为有限,有关内控管理和整改报告的要求又过于笼统,因此,我们无从判断这场试点引入合规机制的具体情况,也难以评估其实施效果。但是,在行政执法承诺制度正式确立后,我国监管部门在与涉案企业进行沟通协商之后,却仅仅保留了诸如消除不利影响、赔偿损失、纠正违法行为等补救性的措施,而没有对涉案企业提出明确的合规整改或者重建合规计划的要求。至少从法律文本来看,我国目前正式确立的是一种缺乏合规激励机制的行政和解制度。

我国行政监管部门已经认识到企业合规对于预防行政违法行为的重要作用,正在通过多种途径推动企业建立合规管理体系。除了发布带有指导性的企业合规指引以外,又开始通过行政指导、强制性合规等方式,督促那些涉嫌行政违法的企业进行合规整改,或者建立合规管理体系。近期,在反垄断和反不正当竞争领域所发生了一些行政违法案件,行政机关对一些大型网络平台在科处高额行政罚款的同时,还对其提出限期进行合规整改、责令其作出合规承诺的要求。这就属于合规被引入行政执法程序的重要进展。[24] 但是,要在行政监管和行政执法过程中全面引入合规激励机制,就不能仅仅限于以上制度安排。在适用面更广、影响更为深远的行政和解制度中,假如引入合规机制,使得涉案企业在承诺采取补救措施的同时,做出进一步的合规整改承诺,执法机构根据企业合规整改的效果来做出免除行政处罚的决定,就有可能推动企业在治理结构和企业文化方面发生积极的变化,在预防企业行政违法方面产

---

[24] 参见陈瑞华:《论企业合规在行政监管机制中的地位》,载《上海政法学院学报(法治论丛)》2021 年第 6 期。

生更为积极的效果。[25]

自2020年以来,我国检察机关启动了企业合规监督考察制度的改革试点,对于涉案犯罪的企业,在其认罪认罚、采取补救挽损措施的前提下,责令其提交合规整改方案,设置合规考察期,指派合规监管人,对其合规整改情况进行监督、指导和报告,在考察期结束前进行合规评估,对于验收合格的企业做出不起诉的决定。这一改革试点取得了积极的法律效果和社会效果,赢得了社会各界的普遍肯定,改革试点范围也逐步从若干个基层检察机关扩展到10个省市的三级检察机关,并有望在全国范围内得到推行。[26]

通过借鉴欧美国家行政和解协议的理念,评估我国行政和解试点的效果,特别是总结我国检察机关推行的企业合规监督考察制度的经验,我国可以提出在未来的行政和解制度中引入合规机制的基本设想。

(一)事前合规的激励

为确保行政和解制度发挥有效的合规激励作用,执法机构对于那些在案发前建立合规体系的企业,在执法调查过程中提出适用承诺申请的,应当优先适用行政执法承诺。在目前反垄断和证券执法过程中,涉嫌违法的企业只要缴纳承诺金,承诺采取必要的补救措施,执法机构就可以与其签署承诺许可协议。笔者认为,要在行政和解制度引入合规机制,就要在适用行政执法承诺的条件中引入合规因素。对于涉案企业而言,在案发前没有建立合规体系,仍然可以提出适用承诺的申请。但是,对于那些案发前已经建立合规体系的企业,执法机构应当优先适用行政执法承诺,并可以考虑将承诺金的数额和交付方式,与那些从来没有建立合规体系的企业有所区别地对待。

建立这种事先合规优先适用承诺的制度,主要目的在于激励更多企业建立合规体系,使得建立合规体系成为适用承诺制度的一项优势。对于那些在反垄断或证券领域存在潜在违法问题的企业而言,这种对建立合规体系的违法企业,所采取的优先适用承诺的奖励性措施,可以产生较大的激励作用,吸引它们尽快和尽早提出适用承诺制度的申请。与此同时,对于普通企业而言,也可以形成一种"合规可以换取宽大处理"的认识,在建立反垄断合规体系和

---

[25] 参见周佑勇:《契约行政理念下的企业合规协议制度构建——以工程建设领域为视角》,载《法学论坛》2021年第3期。

[26] 参见陈瑞华:《刑事诉讼的合规激励模式》,载《中国法学》2020年第6期。

证券合规体系方面,可能会产生程度不同的动力。

(二)事后合规的引入

在行政执法过程中,涉嫌违法的企业一旦提出适用承诺制度的申请,执法机构要与其展开沟通协商。在协商过程中,执法机构除了提出缴纳承诺金、采取必要补救措施等要求以外,还应责令企业提交企业自查报告和合规整改方案,并对经过协商所达成共识的合规整改条款,写入承诺许可协议之中,使之成为执法机构对企业做出中止调查决定的前提条件之一。原则上,对于那些案发前没有建立合规体系的企业而言,执法机构应当将建立反垄断合规体系或证券合规体系写入承诺许可协议;而对于那些案发前已经建立合规体系的企业而言,执法机构则应当将改进合规体系或者有效合规整改的条款,写入承诺许可协议。

检察机关探索合规监督考察制度的经验表明,唯有在合规考察程序启动之前提出合规整改的要求,涉案企业才会对建立或改进合规管理给予高度重视,并投入资源进行实质性的合规整改。通过借鉴检察机关的改革经验,行政执法机构在涉案企业提出申请之初,就应当与其就合规整改方案展开充分的沟通协商,并就切实可行的合规整改达成协议。执法机构在必要时可以对企业展开一定的调查,了解企业的性质、经营范围、治理结构、管理方式以及违法违规的历史,尽量找到企业违法的制度原因,发现管理漏洞、制度隐患和治理结构的缺陷。唯有如此,执法机构才能提出有针对性的合规整改方案,督促企业建立有效的合规体系。

(三)合规考察制度的设置

根据现有行政执法承诺制度,执法机构做出中止调查决定后,应确定适当的承诺履行期限。可惜,现行法律对这一期限并没有作出明确的限定,也没有对执法机构督促企业采取补救和整改措施提出明确的要求。通过参考检察机关推行合规监督考察制度的经验,我们可以大体提出类似的制度框架。首先,执法机构可以确立一年以上、三年以内的承诺履行期限,并将该期限确立为合规整改期限。其次,在承诺履行期限内,执法机构应加强对企业合规整改的监督力度。根据企业的情况,可以考虑设立两种监督模式:一是定期报告模式,也就是对于企业事先建立合规体系的,执法机构责令涉案企业定期提交合规整改报告,报告合规整改和合规体系建设的进展情况;二是合规监管人监督模式,也就是对于涉案企业事先没有建立合规体系的,可以借鉴检察机关改革的经验,由执法机构委派第三方专业机构或人员担任合规监管人,协助执法机构对企业合规整改和合规体系建设情况进行监督、指导和报告。此外,在承诺履行期限内,涉案企业进行合规整改,同时采取其他所承诺的补救措施,如消除违法行为的后果和影响,赔偿投资者或其他受害人的损失,停止和纠正违法行为,等等。

(四)有效合规的标准

与检察机关对涉嫌犯罪的企业确立的合规整改标准一样,执法机构在行政和解中也应确立有效合规的基本标准。原则上,有效合规,是指涉案企业通过合规整改和建立合规体系,可以行之有效地发现和预防违法行为,从而建立一种依法依规经营的企业管理结构和企业文化。为达成这一目标,执法机构应监督企业采取必要的补救措施,寻找并发现企业违法行为发生的制度原因,针对制度漏洞、管理隐患和治理缺陷,采取有针对性的纠错和修复措施。在此基础上,企业应当根据其性质、治理结构、管理模式,引入一种最低限度的专项合规体系。

要确立最低限度的合规体系,就应当以专项合规政策、标准和准则为核心,确立一套有效实施和执行合规政策、标准和准则的组织体系,建立一套可发挥预防、监控和应对作用的合规管理流程。㉗

(五)合规评估验收

任何合规体系的建立,都需要有合规评估验收机制的配套和保障。执法机构在承诺履行期限结束之前,也应当借鉴检察机关改革的经验,对企业建立或改进合规管理体系的进展情况,做出综合性评估和验收。对于评估验收合格的企业,执法机构可以结合企业缴纳承诺金和采取补救措施的情况,做出终止调查的决定。而对于经过评估验收,被认为没有采取有效合规整改措施,或者合规整改不合格的企业,执法机构则可以终止执法承诺程序,恢复行政执法调查,并对其采取行政处罚措施。

(六)行政合规与刑事合规的衔接

目前,行政执法承诺制度适用的范围还主要局限在反垄断执法和证券监

㉗ 参见陈瑞华:《企业有效合规整改的基本思路》,载《政法论坛》2022年第1期。

管这两个领域。未来,随着行政执法机构监管理念的进步,也随着进一步改革条件的逐渐成熟,行政执法承诺制度应当被逐渐适用到其他领域的行政执法实践之中。在包括税收管理、环境资源保护、知识产权保护、反洗钱、数据保护、反商业贿赂、安全生产、产品质量等在内的一系列行政监管领域中,法律也应授权执法机构适用行政执法承诺制度。而在所有适用行政执法承诺的领域中,合规机制都应被引入行政和解协议中。与此同时,在检察机关适用刑事合规计划的案件中,涉案企业即便被做出不起诉的决定,也可以继续接受相关行政执法部门的合规监管,与其达成承诺许可协议,在一定期限内继续接受行政执法机构的合规考察。

目前,检察机关的合规考察期一般为六个月至一年。即便未来企业合规监督考察制度经过全国性改革试点,最终被确立在法律之中,合规考察期也不会延长到太长时间。在检察机关合规考察期十分有限的情况下,可以考虑建立刑事合规与行政合规的衔接机制。在检察机关结束合规考察、做出不起诉决定之后,相关行政执法机构可以继续进行执法调查,与涉案企业达成承诺许可协议,将合规机制纳入该项协议之中。在执法机构所确立的承诺履行期限内,涉案企业继续进行有针对性的合规整改,直到承诺履行期结束后,执法机构做出终止调查的决定。

论企业合规在行政监管机制中的地位

陈瑞华

行政机关可以通过发布合规指引、推行行政指导、实施强制合规、达成行政和解等多种方式推动企业建立合规管理体系。与此同时,行政机关可以从各自的监管领域出发,推动企业建立专门化的合规体系,如税收合规体系、知识产权合规体系、环保合规体系、数据保护合规体系、反商业贿赂合规体系等。不仅如此,要真正解决企业的违法违规问题,不能只着眼于刑事诉讼程序中的"去犯罪化",还应从源头上治理企业的违法违规经营问题。只有从根本上解决企业违反行政法规的问题,才能从实质上实现企业的"去违法化"问题。我国已经初步形成了六种行政监管合规制度,即发布合规指引、推行行政指导、实施强制合规、确立预防性监管机制、推动合规宽大处罚机制与试行行政和解制度。

一、合规指引的发布

通过发布合规指引或者合规指南的方式,来加强对相关企业的合规管理,是行政监管部门督促企业加强合规管理的重要方式。通过发布合规指引,行政监管部门确立企业合规管理的基本原则,推动企业建立合规组织体系,设定企业合规的风险识别、风险评估和风险防控机制,指导企业建立一套行之有效的合规管理运行和合规管理保障机制。

从所针对的合规风险来看,我国行政监管部门发布的合规指引大体可分为两种类型:一是综合性合规管理指引;二是专门性合规管理指引。前者是行政监管部门针对企业面临的综合性合规风险所发布的全面合规管理指南;后者则是某一领域的行政监管部门针对企业所面临的特定合规风险所发布的专门性合规管理指南。合规指引在行政监管部门督促和指导企业实施合规管理体系方面,可以发挥积极的作用。一方面,对于那些尚未建立合规管理体系的企业而言,行政监管部门可以引导其建立合规管理体系的基本框架,并为其建立专项合规计划设定最低标准;另一方面,对于那些已经建立合规管理体系的企业而言,行政监管部门所发布的合规指引,还可以指导其完善合规体系、堵塞合规制度漏洞、消除合规制度隐患。

但是,我国行政监管部门在发布合规指引方面,也存在一些值得重视的缺憾和不足。首先,那些综合性合规指引过于笼统抽象,在企业建立专项合规体系方面难以起到具体的指导作用。其次,专项合规指引的发布,目前仅仅局限在金融、证券、反垄断、出口管制等少数行政监管领域,而在那些对国计民生具有更广泛影响的监管领域,监管部门则没有发布有针对性的合规指引。最后,对于所发布的合规指引,监管部门没有建立配套的合规认证制度,使得企业在建立合规体系方面各行其是,造成合规管理体系难以发挥行之有效的风险防控作用。

二、行政指导制度的推行

行政指导是行政监管部门在相对人同意的前提下,对其采取的建议、辅导、提醒、规劝、约谈、示范、公示等行政行为。行政指导具有非强制性和积极性行政行为的性质,并不产生直接的法律后果,却具有较大的灵活性和高效性,容易为行政相对人所接受,可以对强制性行政行为产生替代和补充的作用。

行政指导制度是我国政府职能转变和行政管理方式改革的产物。在督促企业建立合规管理体系方面,行政指导制度具有较大的灵活性和可操作性,可望对企业建立专项合规计划起到有效的指导作用。尤其是在企业因涉嫌行政违法而受到调查的过程中,行政机关在作出行政处罚之后,及时发出责令其进行合规整改的行政指导书,或者对那些正在面临行政调查的违规企业,通过约谈等方式责令其作出有针对性的合规整改,并根据整改情况来决定是否继续作出行政处罚。这可以对企业形成一定的合规压力,使其产生一定程度的合规动力。

但是,这种行政指导制度对于企业的约束力也是有局限性的。一方面,行政机关在发出行政指导书或者提出合规整改意见之后,通常只是责令企业自行定期提交自查合规报告,既没有指派合规监管人对企业进行全流程合规跟踪指导,也没有确立具有可操作性的合规验收标准,这很容易造成所提出的合规整改方案流于形式,难以起到指导企业完善合规体系的作用;另一方面,对于企业拒不服从行政机关的行政指导,拒绝进行实质化合规整改的,行政机关究竟应采取什么样的惩罚措施,这也是不明确的。

三、预防性监管机制的确立

要成功地遏制行政违法,就应当对行政违法进行源头治理,树立"风险为本"的监管原则,以行政违法风险为导向,采取预防性的治理措施,为行政相对人设定防范相关风险的法律义务,并将那些不履行风险防范义务的行为,作为行政处罚的对象。对于这种注重风险防控的监管理念,我们可以称之为"预防性监管方式"。

相对于传统的"惩罚性监管方式"而言,新兴的"预防性监管方式"体现了一种源头治理的行政监管理念,为企业相对人确立了合规管理义务,这种义务以特定的合规风险为导向,包含合规风险评估、客户或第三方尽职调查、合规培训、合规风险识别、合规审计、合规考核、合规奖惩机制等一系列风险防控要素。在行政法律的作用下,企业相对人有望将外部监管压力转化为自我监管(self-policing)的动力,对于管理人员、员工、子公司、第三方商业伙伴、被并购方进行行之有效的合规管控,尽量减少上述人员再次发生违法违规行为,及时切割企业责任与上述关联人员的责任,从而构建一套实时发挥作用的"隔离带""防火墙",实现风险转移的效果。

当然,目前真正确立"预防性监管方式"的行政法律还为数不多。除了在网络安全、数据安全和个人信息保护这种较为前沿的领域以外,其他领域的监管方式要融入合规管理的因素,尚处于艰难的探索之中。在那些更多涉及国计民生的监管领域,如税收征管、海关缉私、知识产权保护、环境保护、反商业贿赂、反不正当竞争、反垄断、安全生产等,相关行政法律仍然采取了传统的"惩罚性监管方式",没有将合规管理设定为企业相对人的法律义务,更谈不上将源头治理、有效预防树立为立法的宗旨和目标。作为一种针对企业违法行为的被动应对,"惩罚性监管方式"的局限性是不言而喻的。而作为一种带有能动性和预防性的行政执法模式,"预防性监管方式"要真正落到实处,就必须超越以"认定—调查—惩罚"为基本构成要素的执法模式,树立起以法律风险防控为核心的新的监管理念。

四、强制合规义务的实施

所谓强制合规,是指法律对相关企业提出明确的建立合规管理体系的义务,并对拒不履行合规管理义务的企业作出行政处罚的制度。强制合规制度为企业确立了一种法定的激励机制,使得不建立合规体系的企业受到惩罚、建立合规体系的企业受到奖励,从而使符合条件的企业在建立合规体系方面具有了较大的动力。

自2017年以来,一些行政监管部门初步确立了行政强制合规制度。从近期行政监管法律的发展动向来看,行政强制合规制度的确立将是大势所趋。尽管我国法律没有在刑事法领域确立强制合规机制,而行政强制合规机制在行政法中的确立也才刚刚起步,但是,这种制度一经实施,就显示出强大的生命力。尤其是对于企业建立有效的合规管理体系而言,强制合规制度更是可以发挥不可替代的积极作用。就其实质而言,强制合规制度为企业设定了明确的合规义务,并对于没有建立合规体系或者没有实施有效合规计划的企业,设定了惩罚性的法律后果。在一定程度上,这种制度为企业建立合规管理机制施加了强大的压力。尽管相对于新型合规免责或合规从宽制度而言,强制合规更为关注企业合规义务的履行和相关法律责任的追究,其激励效果是有限的;但是,在一个企业对建立和实施合规管理体系普遍持有消极态度的社会,这种强制合规制度对于督促企业“从无到有”地构建起最起码的合规体系,是具有积极意义的。通常而言,企业建立合规管理体系都要经历从“被迫合规”到“主动合规”的发展过程。而在企业进行“被迫合规”方面,强制合规制度无疑可以起到不可替代的作用。当然,要使企业达到“主动合规”的境界,还需要建立更多的合规激励机制。

五、企业合规的宽大行政处理

当代行政法确立了协商性的行政监管理念,对于相对人配合行政调查、采取补救挽损措施、披露违规事实和违规责任人或者采取制度整改措施的,监管部门通常可以给予宽大的行政处理。其中,企业在发生违规行为之前已经建立合规管理机制的,行政机关可以作免予行政处罚或者减轻行政处罚的决定。对于这种以合规作为宽大行政处理依据的制度,我们通常称之为“行政合规的实体激励机制”。这种机制一般包含三个方面的要素:一是对于没有建立合规管理体系的违规企业,行政机关可以作出较为严厉的处罚,从而使企业承受较大的合规压力;二是对于已经建立合规管理体系的企业,法律确立了免除或者减轻处罚的宽大处理措施,使其具有较强的合规动力;三是对于提出证据证明建立合规机制的企业,行政机关作出了宽大处理,使其获得实际的合规奖励。

我国行政法只是在很少领域内确立了合规免责和合规从宽的实体激励机制,还没有引入在欧美国家普遍实行的程序激励制度。在反不正当竞争领域,尽管随着严格责任和无责任抗辩制度的确立,企业在反商业贿赂领域确实可以将合规作为无责任抗辩的事由;但是,这种规定在实践中尚无较为成熟的案例,行政监管部门在接受这种合规免责制度方面还是显得保守有余,开创性不足,缺乏最基本的想象力。而所谓的"合规从宽",也只是在中国证券监督管理委员会发布的合规指引中得到初步的确立,还远远没有被确立在法律和行政法规之中,更没有被确立为一种普遍的行政处罚理念。

六、行政和解制度的试行

近年来,证券期货监管领域试行行政和解制度,并推动这一制度被确立在证券法之中。这一制度的推行有两个方面的制度创新:一是引入了行政合同和行政契约的行政管理方式,强调通过行政机关与相对人之间的对话、协商和互利互惠,来提高行政监管的效率,增强行政执法的社会效果;二是引入了"法益修复"的理念,使得相对人在自愿缴纳和解金的前提下,积极配合,补救挽损,在一定程度上修复了为行政违法行为所破坏的法益,在执法实践中又引入了加强内部控制、展开整改等制度修补措施,这有助于确保相对人弥补制度漏洞,消除制度隐患,预防行政违法行为的再次发生。

我国正在探索的行政和解制度明显缺乏"合规激励"的因素,更难以发挥"合规激励"的效果。首先,在行政机关与涉案企业达成和解协议方面,后者是否建立合规管理体系,并没有成为法定的重要条件。其次,行政机关在审核企业提交的合规申请时,除了责令其缴纳高额的和解金以外,没有提出专门的合规整改要求。再次,行政机关在与涉案企业达成和解协议时,既没有确定合规整改期限,也没有指派合规监管人或者合规协调员,更没有提出较为具体的提交合规进展报告的要求。最后,证券监管部门对于仅有的两起行政和解案件,没有将有关企业相对人违法违规以及建立内部控制体系的情况向社会公布。这似乎违背了行政执法的公开性和透明性原则,容易引发人们对能否实现"法律面前人人平等"这一法律原则的担忧。

七、行政监管合规的发展空间(代结语)

在上述六种行政监管合规机制的形成过程中,研究者确实可以从有效监管和有效合规的角度,作出必要的评论,提出合理的改进建议。例如,在发布合规指引方面,各个监管部门有必要针对企业的特定合规风险,结合涉案企业普遍存在的制度漏洞和管理隐患,发布一些专项合规指引。这些专项合规指引,不应仅仅被视为一种纸面上的"合规流程",而应着眼于企业相关合规风险的有效防控,确保合规计划的有效实施。

例如,在行政指导制度的实施方面,监管部门仅仅通过约谈、指导等方式来推进合规管理,是远远不够的。行政机关所采取的行政指导措施,要推动企业进行实质性的合规整改,就需要具有"刚性"的约束力。

又如,在强制合规制度和预防性监管方式的推行方面,有必要将企业合规管理的基本要求,都转化为企业的法律义务,这是行政法从原来固有的"处罚性监管方式"转化为"预防性监管方式"的重要标志。这种强制合规制度有必要在所有监管领域中都得到普遍的推行。

再如,在企业合规的宽大处理机制方面,企业建立较为完善的合规管理体系的,应被纳入"首违不罚"的适用对象。行政法还应将企业建立合规机制作为普遍的减轻处罚情节。立法部门有必要总结反不正当竞争法和证券法实施的效果,将合规宽大处理机制全面确立下来。

最后,在行政和解制度的完善方面,有必要将其适用范围从证券期货监管领域扩展到整个行政监管领域,使其被确立为一种普遍的行政合规激励机制。可以将诸如合规整改方案、合规考察期、合规监管人、合规验收等方面的制度加以全面确立,使得行政监管部门也在吸收合规激励机制的前提下,确立真正意义上的行政和解协议制度。应当明确的是,协商性行政执法的生命在于行政和解制度,而确保对企业违法进行源头治理的关键,则在于以合规换取行政和解机制的确立。

企业合规整改的行刑衔接问题

陈瑞华

检察机关在对涉案企业进行合规不起诉改革探索过程中,通过督促企业展开内部调查,建立专项合规计划,实施有针对性的合规整改,要达到预防企业再次发生犯罪的效果。但在司法实践中,企业所涉嫌实施的犯罪大都是由行政违法行为转化而来的"行政犯"或"法定犯",他们通常都违反了相关的行政法规,并因为"行政违法行为情节严重"而需要承担刑事责任。再加上很多企业出于追逐暴利、投机取巧、降低成本等方面的考虑,在过于宽松的行政监管环境下,出现了"野蛮生长"的问题,最终走上了犯罪的道路。相对于行政监管部门来说,检察机关不仅承受着巨大的办案压力,而且在建立有针对性的合规管理体系方面,也缺乏必要的专业力量和专业知识。可以说,仅仅依靠检察机关自身的力量,在较短的考察期内,要督促涉案企业堵塞管理漏洞,消除制度隐患,解决公司治理上的缺陷,从而有效地实现预防犯罪的效果,这可能是难以完成的任务。

为弥补自身专业力量的不足,实现对企业犯罪的"源头治理",我国检察机关在开展合规不起诉改革探索中,提出了企业合规"行刑衔接"的改革思路。根据这一思路,各级检察机关都推动成立了"第三方监督评估机制管理委员会",并针对具体的单位犯罪案件,再吸收各方合规监管人参与,组成"第三方监管评估工作小组"。所谓"第三方监督评估机制管理委员会",是一个在检察机关主导或推动下,吸收了包括市场监管、环境资源保护、税收管理、国有资产管理、工商业联合会、司法行政等机构参与的合规监管考察领导机构,享有对涉案企业启动合规考察程序、委任合规监管人、组织合规整改验收等职权的监督决策机构,体现了检察机关与行政监管部门的密切合作。而"第三方监管评估工作小组",则是一个由若干名合规监管人组成的临时性组织,通常由"第三方监督评估机制管理委员会"遴选和委派,由具有"合规监管人"资格的专家、律师、其他专业人员、检察官以及行政官员组成,负责对涉案企业合规整改情况进行监督、指导、报告和评估验收工作。在合规考察结束后,该工作小组对涉案企业合规整改工作的验收报告,对于“第三方监督评估机制管理委员会”组织的听证,具有重要参考价值,对于检察机关是否作出合规不起诉的决定,具有举足轻重的影响。

检察机关已经通过建立上述“管理委员会”,吸收行政监管部门参与企业合规监管评估管理工作,并通过临时组成上述“工作小组”,利用行政监管人员的专业力量,对涉案企业的合规整改工作进行监管指导和评估验收工作。尽管如此,在企业合规的“行刑衔接”问题上,仍然存在一些有待研究解决的问题。例如,检察机关对于企业合规整改的效果,究竟是从预防犯罪的角度进行验收,还是从预防行政违法的角度进行验收?假如不能预防企业重新实施行政违法行为,那么,企业很可能从行政违法滑向犯罪活动,所谓的“预防犯罪”也将是一句空话。又如,检察机关经过评估验收,认为涉案企业成功地建立了合规管理体系,并作出不起诉决定的,行政机关还可否继续采取行政处罚?对于该企业实施合规管理的行为,行政机关要不要以此作为减免行政处罚的依据?如何引入行政监管领域的合规激励机制,使涉案企业具有合规整改的积极性?再如,在检察机关结束短暂的合规考察期并作出不起诉决定后,如何确保专项合规计划的可持续性?如何避免企业因为被作出不起诉决定,就放弃合规体系的进一步建设?如何保证行政监管部门接过检察机关的“接力棒”,继续监督指导企业进行有效的合规管理,或者建立实施新的专项合规计划?还有,在我国现行的刑事司法和行政执法衔接体制下,检察机关并不享有行政处罚权,行政机关在对企业监管方面也不受检察机关的领导,检察机关在合规考察期结束后,如何有效地督促行政监管部门加强合规监管,防止原来已经启动的合规整改工作功亏一篑,这又是一个难以解决的问题。

要回答上述问题,切实有效地建立企业合规的“行刑衔接”机制,我们可以先来考察一个合规整改的案例。从检察机关的改革探索中,我们或许可以获取一些灵感和思路。

X 公司是一家主营境内外水果采购和分销业务的大型企业。自 2018 年以来,该公司委托代理公司报关进口榴莲,按照代理公司“指导价”制作虚假采购合同和发票用于报关,报关价格低于实际成本价格,经海关计核,该公司偷逃应缴税额 397 万余元。X 公司走私普通货物案件发生后,经海关立案侦查并移送起诉,检察机关与海关商议后,认为该公司符合合规考察的条件,启动了合规整改程序。2021 年 6 月,受深圳市人民检察院的委托,深圳市宝安区人民检察院提出申请,宝安区促进企业合规建设委员会组织成立了 X 公司"企业合规第三方监督评估工作组",对该公司企业合规整改情况进行评估验收和回访考察,工作组由一名合规专家、两名合规律师、两名符合合规工作的检察官以及两名现任海关官员组成。

第三方工作组通过查阅资料、现场检查、听取汇报、针对性提问、调查问卷等方式,进行考察评估并形成考察意见。工作组经考察认为,X 集团的合规整改取得了明显效果,制定了可行的合规管理规范,在合规组织体系、制度体系、运行机制、合规文化建设等方面,搭建起了基本有效的合规管理体系,弥补了企业违法违规行为的管理漏洞,从而能够有效防范企业再次发生相同或者类似的违法犯罪。

深圳市检察机关在该案办理过程中,在合规整改结果互认、合规从宽处理等方面,加强与深圳海关的沟通协作,形成治理合力,共同指导 X 公司做好合规整改,发挥龙头企业在行业治理的示范作用。整改期间,X 公司积极推动行业生态良性发展,不仅主动配合海关总署关税司工作,不定期提供公司进口水果的采购价格,作为海关总署出具验估价格参数的参照标准,还参与行业协会调研、探讨开展定期价格审查评估与监督机制。针对案件办理过程中发现的行政监管漏洞、价格低报等行业普遍性问题,深圳市检察院依法向深圳海关发出《检察建议书》并得到采纳。深圳海关已就完善进口水果价格管理机制向海关总署提出合理化建议,并对报关行业开展规范化管理以及加强普法宣讲,引导企业守法自律。

检察机关对涉案企业作出不起诉决定后,行政执法机关仍需对涉案企业行政处罚的,检察机关可以提出检察意见。在企业合规整改期限较长的情况下,合规程序往往横跨多个法律程序,前一法律程序中已经开展的企业合规能否得到下一法律程序的认可,是改革试点实践中普遍存在的问题。在本案中,深圳市检察机关对涉案企业开展第三方监督评估后,积极促成"合规互认",将企业合规计划、定期书面报告、合规考察报告等移送深圳海关,作为海关作出处理决定的重要参考,彰显了企业合规的程序价值。

企业合规监督评估后，涉案企业合规体系是否能实现持续有效运转，直接关系到合规整改的实效。在本案中，第三方工作组针对涉案企业合规管理体系建设尚待完善之处，再进行为期一年的企业合规跟踪回访，助力企业通过持续、全面合规打造核心竞争力。

在这一案例中，检察机关经过合规整改，对涉案企业作出不起诉决定后，不是一放了之，而是探索出一条通过“行刑衔接”来激励企业继续展开合规管理体系建设的机制。这一机制有四个核心要素：一是向行政监管部门提出行政处罚的建议；二是促成“合规互认”，建议行政机关将企业合规整改情况作为宽大行政处罚的依据；三是向行政监管部门提出改进行政监管、堵塞监管漏洞的建议，督促监管部门建立预防企业再次犯罪的管理体系；四是建立“跟踪回访”制度，与监管部门协力合作，在对企业采取出罪措施后继续关注其合规体系建设，督促其合规管理体系的成功实施。

我国的法律制度框架，一直存在行政执法与刑事司法互不隶属的体制。对于涉案企业所实施的违法违规行为，行政监管部门与刑事司法部门各自独立地展开执法活动，由此形成了针对同一违法行为启动两种法律程序的格局。通常情况下，根据对企业违法违规案件启动立案程序的情况，可以有两种行刑衔接方式。一是“行政处罚前置”方式，也就是对于企业涉嫌违法违规的行为，行政机关立案调查的，会独自作出行政处罚的决定。而对于那些构成犯罪的企业，行政机关在完成行政执法程序后，再移交公安机关立案侦查，后者可以移送检察机关审查起诉。二是“刑事司法前置”方式，亦即在行政机关没有启动立案调查程序，或者已经启动调查程序但没有作出行政处罚的情况下，公安机关进行刑事立案侦查，检察机关进行审查起诉，法院进行法庭审判。在刑事诉讼程序结束后，无论公检法机关作出出罪还是入罪的决定，最后负责处理案件的机关，都面临着对涉案企业移送行政处理的问题。

考虑到检察机关和法院都不享有行政处罚权，它们在作出不起诉或者宣告无罪决定后，认为应当对涉案企业作出行政处罚的，也只能向相关行政机关提出作出行政处罚的建议或意见。在企业合规不起诉改革探索中，检察机关对于涉案企业启动合规考察程序，经过评估验收认定合规整改合格，最终作出不起诉决定的，无权自行作出行政处罚的决定，而只能向行政监管部门提出行政处罚的检察建议或者检察意见。正是在这一法律执行体制下，企业合规不起诉制度的探索才会出现“行刑衔接”的改革难题。

那么,究竟如何解决这一改革难题呢?从着眼于未来法律制度发展的角度来看,我们可以提出一种建立“行政执法一体化”的制度设想。具体来说,对于企业的行为仅仅构成行政违法的,行政监管部门在立案调查后,可以独自作出行政处罚的决定。但对于那些已经构成犯罪的违法企业,可以建立“检察罚”和“法院罚”的制度,检察机关经过审查起诉,即使作出不起诉决定的,仍然可以自行作出行政处罚的决定。法院经过审判,无论是作出有罪裁决,还是宣告无罪,都可以自行作出行政处罚的决定。这种“行政执法一体化”的制度,赋予检察机关在行使检察权、法院在行使审判权的同时,可以对涉案企业继续行使行政处罚权。这一改革设想假如得到推行,可以从根本上确立一种行政执法与刑事司法的密切衔接机制,保证行政执法和刑事司法的统一性,提高行政执法的效率,也有助于检察机关通过行使行政处罚权,对涉案企业发挥合规激励作用。

当然,上述改革设想毕竟只是一种较为理想的制度设计,要在我国法律中得到确立,还有很长的路要走,并存在相当大的不确定性。在相当长的时间内,我们还不得不面临行政执法与刑事司法相互分离的制度现实。在检察机关不享有行政处罚权的情况下,我们究竟应如何建立一种企业合规的“行刑衔接”机制呢?下面结合前述案例的做法,提出一些具有普遍推广价值的改革思路。

首先,检察机关在作出合规不起诉决定后,可以向监管部门提出行政处罚的检察建议。检察机关对于被纳入合规考察程序的企业,一旦作出不起诉决定,仅仅意味着放弃追究其刑事责任,避免企业因为被定罪而承受一系列灾难性的附加后果。但是,涉案企业的行为同时触犯了刑事法律和行政法律,检察机关对其采取出罪措施,并不必然意味着免除其行政法律责任。司法实践的经验表明,对于那些通过建立合规体系来换取无罪处理的企业,适当地采取行政处罚措施,可以使其承担一定的法律责任,发挥行政处罚的惩罚和威慑功能,也有利于向社会彰显法律实施的严肃性和公平性。正因如此,检察机关在作出合规不起诉决定后,向行政机关提出对涉案企业处以行政处罚的检察建议,就称为“行刑衔接”的保障措施。

其次,检察机关应推动“合规互认”机制的实施,建议行政监管部门根据企业开展合规整改的效果,作出宽大的行政处理。合规不起诉是一种“事后合规激励机制”,也就是通过对有效开展合规整改的涉案企业,给予出罪的刑事处理,对其作出制度奖励,并吸引那些潜在的犯罪企业积极选择合规整改,建立旨在预防犯罪的合规管理体系。但是,假如在检察机关作出不起诉决定后,行政监管部门不论涉案企业是否推行了合规管理体系,是否有效堵塞了制度漏洞,是否建立了有效预防犯罪的管理制度,都一律对其作出严厉的行政处罚,那么,涉案企业在推行合规管理方面的积极性就会受到打击,甚至失去进一步开展合规整改的动力,造成合规整改功亏一篑的结局。为避免这一问题的出现,一些检察机关推行了“合规互认”的做法,也就是将涉案企业开展合规整改的情况和效果,提交给行政机关,并建议行政机关据此作出宽大的行政处罚,使得那些实施合规整改的涉案企业,不仅可以获得宽大的刑事处罚,还可以获得进一步的宽大行政处罚。根据企业合规整改的实际效果,检察机关可以建议行政机关减轻行政处罚,还可以提出免除行政处罚的建议。在很多建立了检察机关与行政机关合规“联动机制”的地方,检察机关所提出的这种“合规互认”和“宽大处理”的建议,通常都会得到行政机关的认可,从而引入了一种企业合规的行政激励机制。

再次,检察机关向行政监管部门提出改进监管机制的建议。很多企业之所以走上犯罪的道路,除了其自身具有特定犯罪动机的原因以外,还与行政监管部门长期存在的“监管不力”甚至“监管漏洞”具有密不可分的联系。这些监管制度方面的缺陷不仅造成企业的“野蛮生长”,而且还在企业生产经营、产品销售、进出口报关、参与招投标等环节,形成了一种普遍的“潜规则”。要有效地预防企业再次实施犯罪活动,除了要督促企业建立合规管理体系以外,还应当督促相关行政机关建立有针对性的监管机制,堵塞监管漏洞,消除监管隐患,克服各种制度缺陷,彻底改变那种“劣币驱逐良币”的竞争环境。为此,检察机关在作出不起诉决定后,可以向相关行政机关提出改进监管机制的检察建议或检察意见,督促行政机关加强实质性的企业监管。例如,针对那些涉嫌知识产权犯罪、非法经营犯罪、串通投标犯罪的案件,检察机关可以建议市场监管部门有针对性地强化市场监管机制,必要时,发布相关的合规指引,引导企业走上依法依规经营的道路;对于那些涉嫌虚开发票犯罪的案件,检察机关可以建议税务部门加强对企业的发票管理,督促企业建立财务监督和审核制度;对于那些涉嫌环境资源犯罪的案件,检察机关可以建议环境资源保护部门,加大日常性的环境资源执法力度,对企业建立环境监测、评估、认证、合规等监管机制;对于那些涉嫌走私犯罪的案件,检察机关可以建议海关加强进出口货物的日常监管,规范那些代理报关公司的代理行为,必要时,废除代理报关制度,消除代理环节可能发生的偷逃海关关税现象,等等。

最后,检察机关与行政监管部门通力合作,对企业持续地展开"跟踪回访"。检察机关对涉案企业的合规考察,由于考察期通常不超过一年,甚至只有数个月的时间,加上很多企业都面临资金链中断、上市压力较大、经营困难、急需无犯罪记录等方面的难题,因此,往往只是督促企业建立了合规管理体系的框架,根本来不及对合规体系进行"试运行",更遑论有效的合规整改了。在此背景下,检察机关在作出不起诉决定后,假如放任不管,任由涉案企业自行实施合规管理,那么,企业的合规整改就可能因为缺乏持续性督导和动力而半途而废,甚至流于形式。为防止出现这一局面,一些检察机关推行了持续"跟踪回访"的做法,在作出不起诉决定后,确定较长时间的"跟踪回访期限",与行政监管部门通力合作,共同定期对企业推行合规管理的情况进行跟踪考察,提供必要的指导和协助,提出改进合规体系的意见。这有助于企业形成一种依法依规经营的文化,建立一套行之有效的合规管理制度,并确保书面的合规计划落到实处,使其切实发挥预防、监控和纠正违法违规行为的作用。与此同时,通过持续不断的"跟踪回访",检察机关还可以对行政机关的有效监管产生督促作用,使其真正地转变执法理念,从注重事后的"严刑峻法",变为强化事先的"违法预防",将督促企业建立合规体系转化为新型的行政监管方式。

除此以外,在合规整改的"行刑衔接"方面,还存在一个有待解决的问题,也就是在制定合规政策、标准和程序方面,是否要建立一个统一的"行政合规计划"问题。近期,法学界和实务界对于有效合规计划的标准问题,存在一些不同看法。一种观点认为,合规计划不存在"刑事合规计划"和"行政合规计划"的区分,检察机关在合规整改中,要督促涉案企业建立统一的合规计划,当然是统一的"专项合规计划"。这一专项合规计划既要将刑法所禁止的行为纳入合规政策和员工手册之中,使之成为企业员工、高管和商业伙伴一体遵守的行为准则,也要将相关的行政法规所确立的义务性规则和禁止性规则确立下来,成为企业内部所要遵守的行为准则。毕竟,企业所实施的犯罪通常都是

“行政犯”,假如涉案企业仅仅做到不触犯刑事法律,仍然可能会实施行政违法行为。而一种不禁止行政违法的合规计划,最终也难以达到预防犯罪的效果。因此,企业在合规整改中所要建立的合规计划,肯定是行政合规与刑事合规一体化的合规计划。

但另一种观点则认为,检察机关为企业设置的考察期很短,主要通过委派合规监管人的方式对企业合规整改进行监督指导,所要追求的目标主要是预防企业再次实施犯罪行为,因此,检察机关没有必要,也不可能确保企业建立一种旨在预防一切行政违法行为的合规计划。更何况,无论是在税收、知识产权、环境资源保护、安全生产、反走私领域,还是在招投标、反商业贿赂、数据安全等领域,行政法规所确立的规则,要远远多于刑法所确立的禁止性规则。在禁止企业违反行政法规方面,行政机关负有更主要的监管职责,也具有这方面的监管经验。而作为刑事司法机关的检察机关,通过合规整改所要达成的,主要是督促企业建立一种“刑事合规计划”,也就是足以达到预防类似犯罪再次发生的合规管理体系。至于那种为预防企业行政违法行为所需要的“行政合规计划”,则要等到合规整改结束之后,检察机关通过检察建议或检察意见的方式,交由有关行政监管部门再督促企业加以建立。或者企业在“案结事了”之后,出于防范合规风险、增强竞争实力的考虑,可以自行建立这种旨在预防行政违法行为的“行政合规计划”。

上述两种观点,貌似都有一些道理,但似乎都有点走极端了。那么,我们究竟如何作出选择呢?

在笔者看来,检察机关的合规整改就应当主要围绕犯罪预防问题来加以展开,而不能将预防行政违法行为作为合规整改的目标。从这一意义上讲,笔者同意将检察机关的合规整改定位为“刑事合规计划”,所要督促企业制定的专项合规政策、标准和程序,也主要是围绕预防特定犯罪问题来加以展开。例如,税收合规政策、知识产权合规政策、环境资源保护合规政策、反走私合规政策等,都要围绕预防特定的犯罪再次发生这一目标来加以制定。检察机关通过合规整改和评估,也应当将是否有效预防企业发生类似犯罪,作为对企业合规加以验收的主要标准。

但是,仅仅通过督促企业遵守刑法的方式来确立合规政策、标准和程序,对于预防犯罪而言,还是远远不够的。毕竟,很多犯罪行为与行政违法行为并不存在泾渭分明的“鸿沟”,两者在构成要件上往往并无实质性的区别,而主要是在违法的情节、数额、后果等方面存在一定差异。检察机关督促企业所建立的合规体系,假如对相关领域的行政违法行为不具有预防效果的话,最终也无法达到预防犯罪的效果。从最终意义上看,企业合规整改不仅要达成预防犯罪的目标,还要督促企业建立一种依法依规经营的管理制度和企业文化。一种真正有效的合规计划,需要具有“行政合规与刑事合规一体化”的视角,对企业的合规风险进行“源头治理”。为此,检察机关就需要借助行政监管部门的力量,将刑事合规计划和行政合规计划进行有机衔接。例如,在合规整改过程中,通过将合规专家、律师和有关行政官员组合成一个第三方监管小组,督促企业在所要建立的合规计划中,既要有犯罪预防的要素,也要包含防范行政违法行为的要素。又如,在对企业合规验收合格后,检察机关应当向行政机关提出检察建议,委托后者继续对企业开展合规监管,在原有刑事合规计划的基础上,引入行政合规计划,督促企业实施一种旨在预防行政违法行为的合规计划。再如,在行政合规的激励机制上,行政机关对于那些在从刑事合规扩展到行政合规方面卓有成效的涉案企业,可以作出宽大的行政处理,在必要时,也可以考虑免除行政处罚。

企业合规本土化中的双不起诉*

李玉华**

引　言

现代企业合规制度始于20世纪60年代美国的探索，21世纪以来依托诉讼中的不起诉协议（Non-Prosecution Agreement, NPA）和暂缓起诉协议（Deferred Prosecution Agreement, DPA）两种形式开始蓬勃发展，并且为欧美许多国家所采用。欧美企业合规的对象多为大型企业，在诉讼实践中形成了“放过企业，但要严惩责任人”的制度设计和理念，即“美国和欧洲国家将企业与企业内部高级管理人员加以分离，对企业经过合规监管认为已经实施有效合规计划的，可以作出不起诉的决定，而对于企业内部直接责任人员则提起公诉”。[①] 2018年是我国企业合规的元年，[②]2020年则是我国企业合规不起诉的元年。2020年3月，最高人民检察院开始在上海、江苏、山东、广东等地的6个基层检察院开展企业合规的试点，推动了企业合规本土化的快速发展，各地涌现出不少案例。2021年3月，最高人民检察院报经中国共产党中央委员会政法委员会同意，扩大试点范围，在北京、辽宁、上海、江苏、浙江、福建、山东、湖北、湖南、广东10个省份的27个市级检察院、165个基层检察院开展为期一年的第二期试点。2021年6月3日，最高人民检察院召开新闻发布会，公布了首批企业合规改革试点典型案例。[③] 从各地试点报道的案例和最高人民检察院

---

* 本文原载于《法制与社会发展》2022年第1期。

** 中国人民公安大学法学院教授、博士生导师。

① 陈瑞华：《企业合规出罪的三种模式》，载《比较法研究》2021年第3期。

② 2018年11月，国务院国有资产监督管理委员会发布《中央企业合规管理指引》，2018年12月，国家发展和改革委员会、外交部、商务部等七部门发布《企业境外经营合规管理指引》。

③ 《最高检发布企业合规改革试点典型案例》，载最高人民检察院网，https://www.spp.gov.cn/spp/xwfbh/wsfbh/202106/t20210603_520232.shtml。

公布的四个典型案例来看，在我国的企业合规不起诉中存在一个现象：对涉案企业和涉案企业中的个人均不起诉，即“双不起诉”。这与国际上的“放过企业、严惩个人”的理念与做法不同。“双不起诉”现象引起了人们的关注，也引起了对合规不起诉制度改革的质疑：合规不起诉是否为放纵犯罪，是否有违法律面前人人平等，是否与国际合规背道而驰？这种质疑不仅让公众对法律的公正产生怀疑，也会让从事这项改革的检察机关和检察人员心存疑虑、裹足不前。笔者认为，有必要对我国企业合规本土化过程中出现的这一现象进行分析研究，及时予以回应。否则，将影响企业合规改革的继续进行。本文梳理了对企业合规双不起诉的质疑，分析了双不起诉现象产生的原因，对“双不起诉”的相关问题进行了阐释。

一、“双不起诉”的正当性质疑

从结果来看“双不起诉”，既放过了企业，又放过了个人，没有人来为企业犯罪承担刑事责任。这难免让人对企业合规不起诉改革的正当性产生疑问，特别是不捕不诉也是当下政法队伍教育整顿的重点，这也让一些检察机关和办案人员对正在进行的合规不起诉改革试点心生顾虑。因此，首轮试点虽然已经如火如荼开展，但是，从全国来看企业合规不起诉的案件数并不多，截至2021 年 8 月，检察机关共办理了涉企业的合规案件 206 件。“缺案源”也是合规不起诉试点面临的问题。

（一）对放纵犯罪的质疑

在 2020 年开展的企业合规不起诉试点工作中，很多涉案企业和企业的负责人或高管都被不起诉。例如，2021 年 6 月 3 日最高人民检察院发布企业合规改革试点典型案例，在案例 1“张家港市 L 公司、张某甲等人污染环境案”中，检察机关对公司作出不起诉决定，对张某甲等适用认罪认罚，作出不起诉决定。在案例 4“新泰市 J 公司等建筑企业串通投标系列案”中，检察机关对公司及其负责人均作出不起诉决定。有些人提出：这是不是放纵了犯罪？还有一些公安机关的侦查人员提出：好不容易完成了侦查取证，就这么放了？乍一听这种质疑有一定道理，这是传统“违法必究”“罪刑相适应”在部分人头脑中的反映。作为十六字方针中的“违法必究”，“就是对一切违法犯罪的行为和个人，都必须依法追究制裁。它要求实行在法律面前人人平等，不允许任何人有超于法律之上的特权，对一切违法、触犯刑律的公民，都要毫无例外地予以追究刑事责任，都要受到法律的制裁”。[④] 新十六字方针将“违法必究”升级为“公正司法”，“在司法层面上，‘公正司法’较之‘违法必究’是法治理念的重大突破，不仅隐含违法行为必将得到严惩的共识，还更加强调公正，努力让人民群众在每一个司法案件中都感受到公平正义，真正实现司法为民”。[⑤] 其实，这一升级也是近年来协商性司法、多元犯罪治理理念的体现。认罪认罚从宽等协商性司法也是司法公正的一种体现。对放纵犯罪的质疑，我们要进行深入分析。

1. 并非所有企业合规试点案件都适用双不起诉

首先，涉诉企业合规根据情况可以有不同的激励方式：不起诉、量刑从轻等，不起诉只是其中的一种方式。在最高人民检察院公布的四起典型案例中，案例 1 和案例 4 适用双不起诉；在案例 3 中，检察机关积极推动企业合规，只对涉案企业负责人立案追究作出不起诉决定；在案例 2“上海市 A 公司、B 公司、关某某虚开增值税专用发票案”中，则是对企业和负责人均予以起诉，只是在量刑上予以减轻，公司被判处罚金，负责人被判处缓刑，同时要求合规整改。其次，一般对涉案企业和个人作出不起诉决定的通常都是 3 年以下的轻罪。例如，《上海金山区人民检察院试行企业合规工作办法》第 2 条“适用条件”第 1 款规定，对犯罪嫌疑人可能判处 3 年以下有期徒刑的案件，情节较轻，且同时符合四项规定条件的，合规考察合格的，对犯罪嫌疑企业和犯罪嫌疑人可以做出宽缓处理；第 2 款则规定，对企业实施的犯罪嫌疑人可能判处 3 年以上 10 年以下有期徒刑的单位犯罪案件，符合条件的，可以对犯罪嫌疑企业做出宽缓处理，但是，对犯罪嫌疑人一般应当提起公诉。再次，有些情形不宜适用不起诉。例如，《关于建立涉案企业合规第三方监督评估机制的指导意见（试行）》第 5 条明确规定：“对于具有下列情形之一的涉企犯罪案件，不适用企业合规试点以及第三方机制：（一）个人为进行违法犯罪活动而设立公司、企业的；（二）公司、企业设立后以实施犯罪为主要活动的；（三）公司、企业人员盗用单位名义实施犯罪的；（四）涉嫌危害国家安全犯罪、恐怖活动犯罪的；（五）其他不宜适用的情形。”

---

④ 杨森：《试论我国法制建设的指导方针》，载《社会科学》1980 年第 1 期。

⑤ 宋随军、胡馨予：《论中国特色法治建设方针的发展》，载《中州学刊》2021 年第 5 期。

2.“双不起诉”伴随着严格替代措施,而非“一放了之”

“双不起诉”是刑事法谦抑原则的具体体现,但是,在谦抑的同时,还有严格的替代性措施予以约束,即“厚爱”与“严管”并举。2020 年 10 月,张军同志在第二届民营经济法治建设峰会上指出:“检察机关就是服务保障民营经济健康发展的‘老娘舅’,要真严管、真厚爱。”⑥作为“严管”的替代措施在企业合规不起诉试点过程中主要有两种:一是通过检察意见要求监管部门进行对企业和相关人员行政处罚;二是通过检察建议要求企业进行合规整改。为确保替代措施得以落实,检察机关还进行回访、巡查。

第一,行政处罚。行政处罚是行政监管部门对企业进行日常监管的重要手段。根据《行政处罚法》第 9 条的规定,行政处罚有以下 6 种:警告、通报批评,罚款、没收违法所得、没收非法财物,责令停产停业,暂扣或者吊销许可证、暂扣或者吊销执照,行政拘留,法律、行政法规规定的其他行政处罚。行政处罚体系由轻重不同的手段组成,既有财产罚,也有人身罚和资格罚。在这些行政处罚手段中巨额的罚款和责令停产停业,暂扣或者吊销许可证、暂扣或者吊销执照对企业的震慑是比较大的,特别是资格罚。在一定意义上,资格罚的严厉程度可以超过刑罚。在美国巨额罚款是企业合规整改得以重生的必要代价,丧失特定交易资格是迫使企业进行合规整改的重要手段和保障。我国《行政处罚法》还未明确将合规整改作为减轻行政处罚或免除行政处罚的手段,但是,责令停产停业,暂扣或者吊销许可证、暂扣或者吊销执照等资格罚的规定为行政合规提供了必要的制度保障。我国检察机关在合规不起诉试点中,通过制发检察意见的方式将刑事司法与行政处罚进行了有效衔接。这在一定程度上倒逼行政监管部门将行政合规运用于日常行政监管。在案例 1 中,2020 年 12 月,江苏省张家港市人民检察院宣告对涉案企业不起诉后,依法向生态环境部门提出对该公司给予行政处罚的检察意见;2021 年 3 月,苏州市生态环境局根据《水污染防治法》有关规定,对 L 公司作出行政处罚决定。在案例 4 中,2020 年 5 月,山东省新泰市人民检察院在宣告不起诉的同时,依法向住建部门提出对 6 家企业给予 171 万余元罚款的行政处罚检察意见。2021 年 4 月 10 日,国家市场监管总局对阿里巴巴集团滥用市场支配地位的行为进行了调

⑥ 《最高检:当好服务保障民营经济健康发展的“老娘舅”》,载最高人民检察院网,https://www.spp.gov.cn/zdgz/202103/t20210303_510432.shtml。

查，并依法作出行政处罚决定，同时，向阿里巴巴集团提出行政指导意见，要求其围绕规范自身竞争行为、落实平台企业主体责任、完善企业内部合规控制制度、保护平台内商家和消费者合法权益等方面进行全面整改，并要求其连续3年向市场监管总局提交自查合规报告。⑦ 合规开始在行政监管和行政处罚中运用。

第二，合规整改。合规整改指的是通过合规风险评估查找企业经营中的漏洞和风险，有针对性地建立合规计划，接受合规监管，进行企业整顿提升，实现重生和健康发展。合规整改的重要意义体现在两个方面。一是制止犯罪。接受合规整改的前提是承认不法事实、配合调查、侦查机关的工作。在此基础上，针对企业犯罪暴露出的风险和漏洞停止不法行为，建章立制、改进工作。二是预防犯罪。合规整改不仅着眼当下，更要放眼未来。通过调整企业规章制度，预防将来犯罪的发生。基于此，合规绝对不是简单的遵纪守法，而是治理企业犯罪理念的革命。传统上的犯罪治理强调对犯罪的打击，看重法律效果，关注犯罪企业是否被依法惩处；而企业合规强调预防犯罪的治理理念，更注重社会效果，关注企业是否获得重生，是否利于员工就业、上下游企业正常经营等影响社会稳定的因素。在案例1中，张家港市人民检察院积极主动发挥合规主导责任，主动审查涉案企业是否符合企业合规试点适用条件，并及时征询涉案企业、个人的意见，做好合规前期准备。在企业合规建设过程中，检察机关会同有关部门，对涉案企业合规计划及实施情况进行检查，组建以生态环境部门专业人员为组长的评估小组，对L公司整改情况及合规建设情况进行评估、考察，引导涉案企业实质化合规整改。在案例4中，山东省新泰市人民检察院向6家涉案企业发出检察建议，要求企业围绕所涉罪名及相关领域开展合规建设，并对合规建设情况进行跟踪监督，最后举办检察建议落实情况公开回复会，对合规建设情况进行验收，从源头上避免再发生类似违法犯罪问题。在合规建设过程中，6家涉案企业缴纳171万余元行政罚款，并对公司监事会作出人事调整，完善公司重大法务风险防控机制。

此外，根据2021年6月3日最高人民检察院等9部门印发的《关于建立涉案企业合规第三方监督评估机制的指导意见（试行）》第14条第2、3、4款的

---

⑦ 参见《国家市场监督管理总局行政指导书》（国市监行指反垄〔2021〕1号），载国家市场监督管理总局网，http://www.samr.gov.cn/fldj/tzgg/xzcf/202104/t20210409_327698.html。

规定,人民检察院除向涉案企业提出检察建议、向有关主管机关提出检察意见以外,“人民检察院通过第三方机制,发现涉案企业或其人员存在其他违法违规情形的,应当依法将案件线索移送有关主管机关、公安机关或者纪检监察机关处理”。在企业合规试点过程中,南京市建邺区人民检察院针对环保类合规不起诉案件,探索将提起公益诉讼作为企业不进行合规整改的保障手段。

(二)对“法律面前人人平等”的质疑

“法律面前人人平等”是我国宪法和法律确定的一项已经深入人心的基本原则。我国《宪法》规定,中华人民共和国公民,“不分民族、种族、性别、职业、家庭出身、宗教信仰、教育程度、财产状况、居住期限”,在法律上一律平等。不允许任何人拥有凌驾于法律之上的特权。我国《刑事诉讼法》第6条重申了这一原则,规定:“……对于一切公民,在适用法律上一律平等,在法律面前,不允许有任何特权。”适用刑法人人平等原则的含义:“对任何人犯罪,不论犯罪人的家庭出身、社会地位、职业性质、财产状况、政治面貌、才能业绩如何,都应追究刑事责任,一律平等地适用刑法,依法定罪、量刑和行刑,不允许任何人有超越法律的特权。”⑧有学者提出,对进行合规的企业和个人适用不起诉是否意味着对那些未进行合规的企业和个人的不公平?合规试点中的“双不起诉”只是大家看到的一种现象和结果,是否有违“法律面前人人平等”的原则还要从实体法和程序法的适用上去分析。

首先,试点中的合规双不起诉案件通常都适用了认罪认罚从宽制度。认罪认罚从宽制度是我国2018年修改《刑事诉讼法》时增加的规定,指对认罪认罚的被追诉人实体上从宽,程序上从简。认罪认罚从宽可以对所有的被追诉人适用,并无主体身份上的任何限制,因此,涉案企业及负责人适用认罪认罚从宽获得不起诉的从轻结果也合理合法,并未成为法律面前人人平等的例外。如在案例1中,张某甲、张某乙、陆某某主动向张家港市公安局投案,如实供述犯罪事实,自愿认罪认罚;L公司也认罪认罚作出合规整改的承诺。

其次,除认罪认罚以外,这些案件还存在其他的从轻、减轻情节。基于认罪认罚以及从轻、减轻情节,对企业和个人作出不起诉的决定也符合刑事实体法和程序法的规定。如在案例1中,L公司及张某甲等人虽涉嫌污染环境罪,

---

⑧ 高铭暄、马克昌主编:《刑法学》(第8版),北京大学出版社、高等教育出版社2017年版,第29页。

但排放污水量较小,尚未造成实质性危害后果。在案例4中,山东省新泰市J工程有限公司等6家建筑企业,迫于张某黑社会性质组织的影响力,被要挟参与该涉黑组织骨干成员李某某组织的串通投标,李某某为新城建筑工程公司经理,犯串通投标罪被判处有期徒刑1年6个月。被胁迫的6家企业被行政罚款、企业和负责人被不起诉,从结果上看也不失公正。

最后,试点中“双不起诉”的适用在程序上从严掌握,一般都邀请人民代表大会、中国人民政治协商会议、相关行政监管部门等各界人士进行听证。对企业作出合规不起诉前举行听证程序也是我国进行合规不起诉制度探索中的一个特色,旨在体现公平公正、接受社会监督。南京建邺区检察院则实行更加严格的“双听证”模式,即在涉案企业建立合规计划的初期召开第一次专家听证咨询会对企业的合规计划进行咨询、论证,提出针对性改进措施;合规考察期结束后,召开第二次听证会,对合规计划的有效性进行评估,在此基础上对案件作出处理。⑨ 这也是对法律面前人人平等质疑的一种实际回应。例如,在案例1中,2020年12月,检察机关邀请人民监督员、相关行政主管部门、中华全国工商业联合会等各界代表,召开公开听证会,参会人员一致建议对L公司作不起诉处理。在案例4中,2020年5月,泰安市两级检察机关邀请人民监督员等各界代表召开公开听证会,参会人员一致同意对J公司等6家企业及其负责人作不起诉处理。这种做法既减轻了检察人员的心理压力、分担了适用合规不起诉的责任和风险,又满足了公众对公平正义的期待,是我国企业合规本土化的探索与创新。

(三)对“放过企业,严惩个人”合规理念的质疑

从国际企业合规不起诉的实践来看,其适用对象大多是大型企业,其适用结果大多是对涉案企业作出不起诉或暂缓起诉等非罪轻缓处理,对涉案的企业责任人员予以追诉甚至判处重刑。例如,Baton Holdings LLC是Bankrate公司(总部设在美国的一家全球领先的个人金融产品信息服务公司)的继受者,因Bankrate公司前高管进行的一项复杂的会计和证券欺诈犯罪与美国司法部达成不起诉协议(NPA),但是,参与该计划的两名前高管认罪,其中,Bankrate

---

⑨ 参见李勇:《南京市建邺区人民检察院开展企业合规试点工作的调研报告》,载北京大学法学院、中国人民公安大学法学院、中国人民公安大学企业合规与社会治理研究院、金杜律师事务所:《企业合规监督考察制度改革的理论与实践研讨会论文集》,第175页。

公司前首席财务官爱德华·迪玛利亚被判10年监禁,前财务副总裁Hyunjin Lerner被判30个月监禁。⑩ 我国的企业合规不起诉与国际上的情况有所不同。2020年,开展企业合规首轮试点改革的都是基层检察院,办理的都是比较轻的犯罪,适用对象都是小微企业。这些小微企业很多还是家族式企业,企业负责人的行为往往代表企业的行为,企业负责人与企业难以分离,呈现"人企合一"的现象。如果"严惩个人"的话,负责人无法经营管理企业,企业也将难以生存,"放过企业"的目标也无法实现,这也不符合疫后"六稳""六保"的要求。这是我国在企业合规试点探索中面对的实际问题,不能完全照搬欧美对大企业进行合规的做法。当然,这并不代表我们不认同针对大中型企业"放过企业,严惩个人"的理念和做法,而是针对小微企业作出的现实合理选择。

二、"双不起诉"生成的原因

(一)企业刑事责任和个人刑事责任不区分

1. 立法和司法中企业刑事责任和个人刑事责任不区分的现象比较普遍

在我国立法和实践中,企业责任和个人责任不作细致区分的现象还比较普遍。我国刑法中的单位犯罪是建立在个人犯罪基础上的,而且刑罚也体现为对单位和个人的双罚制,如《刑法》第31条规定"单位犯罪的,对单位判处罚金,并对其直接负责的主管人员和其他直接责任人员判处刑罚。"在首批试点中,将企业犯罪与企业责任人犯罪捆绑在一起,将案件范围界定为对直接责任人可能被判处3年有期徒刑以下刑罚的单位犯罪案件,才可以适用合规不起诉制度。2021年6月3日,最高人民检察院等9部门印发的《关于建立涉案企业合规第三方监督评估机制的指导意见(试行)》第3条关于涉案企业合规第三方监督评估机制的适用范围明确既包括单位犯罪案件,也包括个人犯罪案件。

在我国司法实践中,对涉案企业的追诉与对个人的追诉混在一起。在追诉企业犯罪的过程中,也会对个人采取拘留、逮捕等羁押性强制措施。例如,2018年11月6日,时任最高人民检察院检察长张军在谈论保护民营企业产权时指出:"对于涉企业犯罪,要落实好修改后刑事诉讼法有关认罪认罚从宽的规定,对符合改变羁押强制措施的及时改变,对符合从宽处理的案件依法坚决

⑩ See *Fraud Section Year In Review* 2019, https://www.justice.gov/criminal-fraud/file/1245236/download, visited on October 1, 2021.

从宽”。[11] 此外,由于理论上的纷扰和立法上的模糊,在司法实践中,公安司法机关在办案时对单位刑事责任的认定比较困难,因此,多以追究单位犯罪中的个人,而少对单位立案。在司法实践中,最终受罚的单位犯罪案件极为少见,不到同期刑事裁判的 1/1000。2019 年占比为 0.092%;2018 年占比为 0.105%;2017 年占比为 0.090%。[12]

律师在为涉案企业个人进行辩护时也常常将个人犯罪朝着企业犯罪的方向辩护,因为我国《刑法》对单位犯罪和自然人犯罪定罪量刑的标准不一致,单位犯罪立案或定罪门槛较高,且对主要负责人的处罚轻于对应的自然人犯罪处罚。以高利转贷罪为例,根据《刑法》第 175 条的规定,自然人套取金融机构信贷资金高利转贷他人,违法所得数额较大的,处 3 年以下有期徒刑或者拘役,并处罚金;数额巨大的,处 3 年以上 7 年以下有期徒刑,并处罚金;但如果认定为单位犯罪的,无论违法所得数额是否巨大,对其直接负责的主管人员和其他直接责任人员仅在 3 年以下有期徒刑或者拘役量刑。[13] 再以行贿罪和单位行贿罪为例,根据最高人民检察院《关于行贿罪立案标准的规定》,行贿罪的立案标准为行贿数额达 1 万元以上,而单位行贿的立案标准则是行贿数额达 20 万元。在(2021)鲁 04 刑终 59 号案中,辩护律师提出了被告人“涉嫌的罪名应当是单位行贿罪”的辩护意见。[14]

2. 企业刑事责任和个人刑事责任不区分的原因

理论中关于单位刑事责任的理论纷呈,企业刑事责任与个人刑事责任区分的观点也不尽相同。我国 1997 年《刑法》明确规定了单位犯罪及其处罚,但对单位犯罪责任的理论研究并未形成一致观点。传统观点认为,“单位犯罪是指公司、企业、事业单位、机关、团体为单位谋取利益或者以单位名义,经单位集体研究决定或者由负责人决定,故意或者过失实施的犯罪”。[15] “有关单位

---

[11] 李勇:《检察视角下中国刑事合规之构建》,载《国家检察官学院学报》2020 年第 4 期。

[12] 参见黎宏:《组织体刑事责任论及其应用》,载《法学研究》2020 年第 2 期。

[13] 《刑法》第 175 条规定:“以转贷牟利为目的,套取金融机构信贷资金高利转贷他人,违法所得数额较大的,处三年以下有期徒刑或者拘役,并处违法所得一倍以上五倍以下罚金;数额巨大的,处三年以上七年以下有期徒刑,并处违法所得一倍以上五倍以下罚金。单位犯前款罪的,对单位判处罚金,并对其直接负责的主管人员和其他直接责任人员,处三年以下有期徒刑或者拘役。”

[14] 山东省枣庄市中级人民法院刑事判决书,(2021)鲁 04 刑终 59 号。

[15] 陈兴良:《规范刑法学》(第四版)(上册),中国人民大学出版社 2017 年版,第 256 页。

犯罪问题的讨论,由最初的'法人独立说'和'法人拟制说'之争,演变为现在的'嵌套责任论'和'组织体责任论'等归责路径之争"。[16] 陈忠林教授认为,"单位成员与单位间是一种'嵌'与'套'的关系,在单位成员履行单位职责的行为构成我国刑法规定的单位犯罪时,便相应地呈现一种嵌套式的共同犯罪形态"。[17] 黎宏教授对单位犯罪论中的不同观点"单位决策机构或者单位集体决定论""单位组织决定论(代表性观点:人格化社会系统责任论、单位犯罪嵌套责任论、组织体刑事责任论等)""单位(法人)犯罪拟制论"进行了梳理与评论,并对组织体刑事责任论进行了发展。[18] 时延安教授指出了刑法传统主观归责和客观归责理论的不足,提出"从单位犯罪认定的一般要求看,对单位刑事归责应主要考虑两个方面:一是单位对特定义务的违反;二是将与单位有关联的危害结果与单位建立起紧密关联"。[19] 李本灿副教授对代位责任论和系统责任论(包括代表性观点:功能系统的组织支配理论和建构主义的公司责任理论)进行了否定,对组织体责任论与同一视理论进行整合,提出新组织体责任论的构建建议。[20] 由上可见,传统的单位刑事责任理论存在不周延之处,对单位刑事责任的界定存在局限性,新的理论尚未完全形成并得到普遍认可,因此,单位刑事责任与个人刑事责任的区分也难有理论上的定论。

如何认定单位犯罪中单位的意志存在不同的观点,也是司法实践的难题。"单位本身没有生命力,无法自发地产生意志,只有自然人进入单位的各种职位后才产生了意思能力。故单位犯意的形成无法脱离单位成员,单位成员自发地产生犯罪意志,经单位确认后,形成单位犯意。在个人意志到单位意志的转化过程中,由于单位的决策行为是通过单位成员展开的,单位的犯罪意志形成后也是通过单位成员的犯罪意志表现出来的,二者高度的重合。"[21]"代表单位意志的判断应当从实质和形式两个层面进行。实质上代表单位意志,是指自然人因地位和职责而代表单位意志。形式上代表单位意志,是指自然人因

---

⑯ 邹玉祥:《单位犯罪的困境与出路——单位固有责任论之提倡》,载《北京社会科学》2019年第9期。

⑰ 陈忠林、席若:《单位犯罪的"嵌套责任论"》,载《现代法学》2017年第2期。

⑱ 参见黎宏:《组织体刑事责任论及其应用》,载《法学研究》2020年第2期。

⑲ 参见时延安:《合规计划实施与单位的刑事归责》,载《法学杂志》2019年第9期。

⑳ 参见李本灿:《单位刑事责任论的反思与重构》,载《环球法律评论》2020年第4期。

㉑ 席若:《单位犯意的形成形式辩正》,载《中国刑事法杂志》2016年第5期。

形式上被授权而代表单位意志。作为代表单位意志的判断标准,实质上代表单位意志与形式上代表单位意志之间是选择关系而非并列关系,即只要具备实质上代表单位意志或者形式上代表单位意志之一的,就可以认定自然人是代表单位意志。"[22]

企业责任与个人责任也存在难以区分的客观情况。随着市场经济的不断发展和变革,单位的含义也进一步丰富和复杂,外资单位、集体企业、单位内设部门、个体工商户等均进一步完善了单位犯罪的主体范围。但不同的企业因其规模、决策、关联关系等方面存在差异,从而直接影响单位意志的形成,正如刑事审判参考第 305 号指出:"不同的单位针对不同的具体事项,决策机关和决策程序各不相同。或由单位的法定代表人或者主要负责人决定,或由领导层(董事会、理事会、厂委会)讨论决定,或由单位全体成员(股东大会、职工代表大会等)讨论决定,经过这些程序后单位成员的意志转化而形成了单位意志。经过这些程序形成的单位意志已是一种整体意志,完全不同于单位成员的个人意志。"[23]对于一般企业而言,具有较为规范的决策机制,在章程等制度规章中规定了议事决策的流程。但许多业务活动都由单位下层人员按照业务惯例实施,并不一定要通过决策程序,即"单位集体决定或者单位负责人决定"。同时,大中型单位多实行部门负责制,侦查机关事后很难证明单位高层领导参与了单位下层人员某一具体违法犯罪行为的谋划。[24] 而且,在实践中不仅有法定代表人能代表企业的意志,经授权的非领导人员也能代表企业意志,"在既有纵向阶层管理也有横向业务分工的单位中,非核心领导人员至少应在组织结构的网络中处于哪个节点才能代表单位意志是飘忽不定的",[25]难以区分企业和个人责任。而对于小微企业,由于小微企业人数少、管理机构简单,也没有建立起现代意义上的管理制度,企业缺乏集体管理和决策机构,企业负责人个人的意志往往就是企业的意志,呈现"人企合一"的现象。

---

[22] 侯艳芳:《单位环境资源犯罪的刑事责任:甄别基准与具体认定》,载《政治与法律》2017 年第 8 期。

[23] 万志尧:《单位犯罪宜更审慎认定——从"单位意志"与"责任人"入手》,载《法律适用(司法案例)》2019 年第 4 期。

[24] 黎宏:《组织体刑事责任论及其应用》,载《法学研究》2020 年第 2 期。

[25] 史蔚:《组织体罪责理念下单位故意的认定:以污染环境罪为例》,载《政治与法律》2020 年第 5 期。

（二）合规不起诉与认罪认罚从宽关系不清

2020 年合规不起诉在我国开始试点的时候，认罪认罚已经于 2018 年在刑事诉讼制度中确立下来。由于二者内在和外在的一些相似性，理论界普遍认为认罪认罚从宽制度是合规不起诉的制度基础和法律依据。如“刑事合规与认罪认罚从宽制度在理论基础上具有同源性，我国《刑事诉讼法》关于认罪认罚从宽制度的规定，可以作为构建我国刑事合规的法律依据。换言之，我国现行《刑事诉讼法》规定的单位犯罪认罪认罚从宽，与单位建立并实施合规计划从宽具有同等意义，在这个意义上也可以说‘认罪认罚从宽 = 合规从宽’”；[26]“认罪认罚从宽制度为企业附条件不起诉在刑事诉讼法总则层面奠定了制度基础”；[27]“企业合规不起诉制度进行本土化改造的制度基础是新一轮司法改革大力推行且效果良好的认罪认罚从宽制度和附条件不起诉制度”；[28]“2018 年修改后的《中华人民共和国刑事诉讼法》正式确立认罪认罚从宽原则，率先为我国推行刑事合规计划提供了法律依据和制度依托”。[29]

但是，在涉及两种具体制度的实际运行时，对二者的关系则存在不同的认识。第一种观点主张两种制度分别运行。如“尽管企业合规不起诉制度与认罪认罚从宽制度在认罪即给予从宽处罚的理念上有相通之处，但制度间的差异更大，不宜参照认罪认罚从宽制度作为企业合规不起诉制度的路径选择”。[30] 第二种观点主张合规不起诉依托认罪认罚制度运行。如“刑事合规的不诉或者附条件不诉都以涉案企业的积极配合或认罪认罚为前提。认罪认罚制度为企业与检察官的沟通、协商直至达成最后的缓诉协议，换取刑事法律的相应优待，提供了操作执行的具体方案。具体到刑事合规中，尚需构建企业犯罪适用认罪认罚从宽处理指引，并建立起从企业合规—认罪认罚—程序分流的关联”。[31] 我国目前进行的合规不起诉试点也是这种观点的体现。如 2021 年 6 月 3 日，最高人民检察院等九部门《关于建立涉案企业合规第三方监督评估机制的指导意见（试行）》第 4 条关于适用涉案企业合规第三方监督评估机制的

---

[26] 李勇：《检察视角下中国刑事合规之构建》，载《国家检察官学院学报》2020 年第 4 期。
[27] 李勇：《企业附条件不起诉的立法建议》，载《中国刑事法杂志》2021 年第 2 期。
[28] 刘少军：《企业合规不起诉制度本土化的可能及限度》，载《法学杂志》2021 年第 1 期。
[29] 赵恒：《认罪答辩视域下的刑事合规计划》，载《法学论坛》2020 年第 4 期。
[30] 刘少军：《企业合规不起诉制度本土化的可能及限度》，载《法学杂志》2021 年第 1 期。
[31] 杨帆：《企业合规中附条件不起诉立法研究》，载《中国刑事法杂志》2020 年第 3 期。

三个条件中的第一个就是“涉案企业、个人认罪认罚”,该规定将认罪认罚当作合规不起诉的前提条件。2020 年 12 月,辽宁省人民检察院印发的《关于建立涉罪企业合规考察制度的意见》规定对涉罪企业可以适用考察制度的条件之一为“涉罪企业及直接负责的主管人员和其他直接责任人员对主要犯罪事实无异议,且自愿认罪认罚”。[32] 2021 年 3 月,《上海市金山区人民检察院试行企业合规工作办法》规定了对企业开展合规监督考察的条件之一为“自愿认罪认罚”。2021 年 7 月深圳市人民检察院发布的《深圳市检察机关企业合规工作实施办法(试行)》中第 2 条规定了企业犯罪后,对企业开展合规监督考察的条件之一是“自愿认罪认罚”。第三种观点主张针对不同企业适用不同制度。如“遵循二元路径,一方面,严格限制刑事合规计划的适用范围,原则上仅要求达到一定规模的企业或者特定行业、特定领域的企业推行合规计划,并给予相应的从宽处罚;另一方面,对于其他涉嫌犯罪的企业,可以通过认罪认罚从宽制度的方式进行从宽处理”。[33] 这种观点回避了合规不起诉与认罪认罚的关系。

综上,目前理论界和实务部门对合规不起诉与认罪认罚从宽两种制度的关系还存在模糊的认识。随着合规不起诉第二轮试点的进行,这一问题会不断显现出来,引起大家的思考,也将通过生动的实践逐渐给出清晰的答案。

三、“双不起诉”的阐释与厘清

(一)区分企业责任和个人责任

1. 为什么要区分企业责任和个人责任

首先,区分企业责任和个人责任是大型现代企业管理发展的必然方向。“近几十年来,随着企业变得越来越复杂,随着跨学科研究开始探索企业的发展动态,法律已经为非人类实体制定了一项权利主张,公司具有与其个体代理人分开的身份的想法得到了推动,以及因为公司要求在其他领域获得与法律上‘人’类似的地位。”[34]随着大型企业现代化管理方式的发展,必然出现严格的管理机构和制度,如股东大会或股东会等决策机构、董事会等执行机构、监事会或监事等监督机构。企业在发展的过程中也会形成鲜明的企业文化和理

---

[32] 《辽宁省人民检察院等机关制定〈关于建立涉罪企业合规考察制度的意见〉》,载华辩网,http://www.148hb.com/newsview/8572.html。

[33] 赵恒:《刑事合规计划的内在特征及其借鉴思路》,载《法学杂志》2021 年第 1 期。

[34] Joan MacLeod Heminway, “Thoughts on the Corporation as a Person for Purposes of Corporate Criminal Liability”, *Stetson Law Review*, Vol. 41, No. 1 (2011), p. 137.

念,这些都不是一个人能够完成的,很难说是哪一个人的意志,而是通过企业庞大、复杂的民主决策机构和机制实现的,是企业独立意志的体现。“单位犯罪的产生,并不完全是由于单位内的自然人的某个决定而引起的,而是由于单位固有的管理体制不完善或组织结构中存在某种缺陷而导致的。”[35]企业决策的不良后果由认真工作的个人承担有时是不公平的。

其次,区分企业责任和个人责任是激励企业进行合规的有效举措。合规是有成本的,通常,企业不愿意投入成本去进行合规,因此,必须进行必要的激励。如果企业进行了有效的合规仍然未能防止个人犯罪,而且在个人犯罪后进行调查、举报等,企业就可以免责出罪或减轻量刑的话,企业进行合规的积极性就会提高。根据《美国量刑指南》的规定,如果企业拥有合规计划,企业因其员工所犯的罪行而被起诉并被定罪的话,企业承担的刑罚降级。[36] 根据《西班牙刑法典》第 31 条第 2 款的规定,实施有效预防犯罪的合规体系并完成相应举证的可以免责;根据第 31 条第 4 款的规定,听证会之前实施合规体系的可以减轻法人罪责。[37] 根据《意大利关于企业合规的第 231 号法令》第 6 条第(a)项的规定,企业在犯罪之前已经采用并有效实施了适合于预防该类犯罪的组织和管理模式的,可以免责;根据第 12 条第 2 款第(b)项和第 17 条第(b)项的规定,企业在事后采用了适当且具有可行性的组织模式以预防犯罪的,可以减少 1/3 至 1/2 的制裁措施,并可以不适用取消资格的处罚。[38]

最后,区分企业责任和个人责任也是罪刑相一致的要求。区分企业责任与个人责任,可以更精确地确认刑事责任的承担主体,很好地体现罪责刑相一致,体现法律的公平。例如,被称作我国“企业刑事合规抗辩第一案”的兰州雀巢案,“法院以企业合规管理体系为依据,认定单位不存在构成犯罪所需要的

---

[35] 黎宏:《单位刑事责任论》,清华大学出版社 2001 年版,第 323 页。

[36] See Philip A. Wellner, "Effective Compliance Programs and Corporate Criminal Prosecutions", *Cardozo Law Review*, Vol. 27, No. 1, (2005), p. 528.

[37] 参见中兴通讯全球法律政策研究院:《西班牙反贿赂法律法规简介》,载北京大学法学院、中国人民公安大学法学院、中国人民公安大学企业合规与社会治理研究院、金杜律师事务所:《企业合规监督考察制度改革的理论与实践研讨会论文集》,第 310 页。

[38] 参见刘霜译:《意大利关于企业合规的第 231 号法令》,载北京大学法学院、中国人民公安大学法学院、中国人民公安大学企业合规与社会治理研究院、金杜律师事务所:《企业合规监督考察制度改革的理论与实践研讨会论文集》,第 314、318、321 页。

主观意志因素，从而将单位责任与个人责任进行了切割”。[39]

2. 如何区分企业刑事责任与个人刑事责任

首先，从实体上来说，企业独立意志是区分认定企业刑事责任的首要标准。“关于单位自身意志的内容，可以从两个方面来判断：一是单位代表或机关成员在单位的业务活动上所作出的决定。二是单位的规章制度、目标、政策、激励机制等。之所以将这些情况也作为单位意志的体现，是因为考虑到现在社会中的单位，不单纯是财产或自然人的集合，而是超出这些人或物之外的，具有自己独特人格的组织体，而单位政策、结构、规章制度等恰是单位人格的具体体现之一。”[40]此外，个人是否直接获利是区分认定个人刑事责任的辅助标准。如果企业员工从企业利益出发实施了涉嫌犯罪的行为，个人并无直接获得利益，该行为应当归责于企业，否则，企业员工主观为自己谋利、客观为企业实施了涉嫌犯罪的行为，则应当归责于个人。例如，在“甘肃雀巢案”中，涉案员工为了个人的销售业绩而实施了侵犯个人信息的犯罪行为，虽然在客观上也有利于公司销售额的提高，但在主观上主要是为了个人的经济利益，故个人承担刑事责任。

其次，从程序上来说，将涉案企业与相关人员分案处理。由于理论上的困难，在企业合规试点的改革中，有试点检察机关创造性地将企业、负责人、一般人员分案处理。这在实践操作上更容易分清企业和个人的责任，并分别作出公正合理的处理。例如，某检察院在办理一起国有企业涉罪案件时，将企业、企业负责人、企业直接责任人员分成三个案件分别处理。

(二)合规不起诉制度对小微企业的现实关照

1. 合规不起诉制度不仅适用于大中型企业，而且适用于小微企业

对于大中型企业而言，建立现代化的合规管理体系应当不是什么问题；而对于小微企业，是否要进行合规存在截然不同的观点。持“小微企业不进行合规不起诉”观点者，主要理由一是合规的成本高，小微企业无力承担；二是小微企业规模小、人员少、违法行为社会影响小，合规的必要性不大。

笔者认为，小微企业也应当作为合规的对象。理由主要有以下几点。首先，在特定情况下对小微企业的处罚也会产生水波效应。在一定情况下，小微

---

[39] 陈瑞华：《合规视野下的企业刑事责任问题》，载《环球法律评论》2020年第1期。

[40] 黎宏：《单位刑事责任论》，清华大学出版社2001年版，第328～329页。

企业对就业和社会稳定也会产生比较大的影响，特别是当类似违法犯罪小微企业比较多时或者社会的抗风险能力比较低时。[41] 其次，小微企业有合规经营依法健康发展的内在需求和外在期待。[42] 通过检察机关合规不起诉的首轮改革试点发现，很多涉案小微企业愿意合规整改，而且合规整改后取得了更好的经济效益和社会效益。《关于营造企业家健康成长环境弘扬优秀企业家精神更好发挥企业家作用的意见》和《关于营造更好发展环境支持民营企业改革发展的意见》提出了民营企业和企业家依法合规经营的要求。最后，成本和费用不应当成为小微企业进行合规不起诉的障碍。目前，主张小微企业不需要进行合规的一个主要理由就是小微企业无力承担企业合规的费用。“狭义的刑事合规有着较为严格的条件和标准，需要投入较大的人财物资源，这对于遭遇困境的中小微型企业来说往往是难以承担的。”[43]如果因为这个原因使得大中型企业通过合规可以不起诉，而小微企业无力合规而被起诉，这无法体现“法律面前人人平等”。企业合规费用问题可以通过适当的途径予以解决。

2. 对小微企业合规不起诉应当建立不同的合规标准和合规不起诉考察程序和制度

具体包括三个方面的内容。首先，建立大中小微企业不同的有效合规标准。目前，国内外关于企业合规的有效标准并没有一个统一的标准，但是，纵观不同国家的做法以及一些国际组织的规定，大体可以将合规的有效标准归结为三个方面十二个要素。[44] 但是，对于小微企业在十二个具体要素的建设上可以根据企业大小以及实际情况建立不同的标准，这需要通过试点和实践总结经验。其次，探索繁简不同的合规考察程序和制度。在首轮合规试点改革中，探索出适用合规不起诉的基本程序：对适用合规不起诉的涉案企业通常要制定合规计划、规定一段合规考察期令企业合规整改、期限到时进行合规整改评估、之后做出起诉与否的决定；在此过程中，还要聘请第三方监管部门监督和评估企业合规整改情况。但是，根据企业的规模、案件严重程度等可以规定繁简不同的程序。例如，上海市金山区人民检察院还针对不同涉案企业创造

[41] 参见李玉华：《企业合规不起诉制度的适用对象》，载《法学论坛》2021 年第 6 期。

[42] 参见李玉华：《企业合规不起诉制度的适用对象》，载《法学论坛》2021 年第 6 期。

[43] 陈卫东：《从实体到程序：刑事合规与企业“非罪化”治理》，载《中国刑事法杂志》2021 年第 2 期。

[44] 参见李玉华：《有效刑事合规的基本标准》，载《中国刑事法杂志》2021 年第 1 期。

性地提出并试验了“范式”“简式”两种程序和制度。[45] 最后,探索合规费用不同的承担方式。从国外大型企业的合规实践来看,合规考察期限长、成本高,且费用均由企业承担。成本问题成为主张小微企业不适用合规不起诉的一个理由。但是,我国首轮改革试点对小微企业适用了多元化的费用承担方式。如除企业承担外,江苏省张家港市、[46]深圳市宝安区等地还探索了由国家财政承担费用的方式。国家财政承担费用的诟病在于纳税人为企业的犯罪买单。为了实现企业健康发展的社会目标,可以建立多元化的合规费用承担模式:对于大中型企业,合规费用由企业承担;对于小微企业,根据企业的情况可以提出申请专门的合规基金。建议将企业缴纳的罚款、社会捐助等费用设立为合规监管基金,由合规管理委员会办公室进行管理。

3. 根据具体情况,容许小微企业存在双不起诉现象

“放过企业、严惩个人”在大中型企业的合规中是一个需要秉承的理念。因为企业承担的社会责任大,一旦被起诉水波效应比较大;此外,大中型企业的管理结构相对完善,比较容易区分企业责任和个人责任,严惩个人可以起警示作用。但是,对于小微企业来说,特别是一些家族企业,企业的高管高度集中,现代化的企业管理体系没有建立起来,一旦企业涉案负责人被依法逮捕或起诉,企业无法正常经营,通常就垮掉了。因此,“严惩个人”在小微企业合规中难以实现。我们应当正视这一本土化的实践问题,容许双不起诉在小微企业的合规不起诉中存在。但是,这需要满足一定的条件,适用不同的程序。对于涉案的小微企业,可以适用合规不起诉程序;而对于小微企业的涉案高管则可以适用认罪认罚从宽程序作出不起诉决定,但是,企业高管必须在认罪认罚的基础上积极推动企业合规整改并取得成效;否则,不得作出不起诉的决定。

(三)企业合规不起诉制度与认罪认罚从宽制度的厘清

企业合规不起诉制度与认罪认罚从宽制度有一些相似之处。首先,有相同的理论基础。“近年来,恢复性司法理念在企业犯罪领域广受关注,强调对

[45] 《上海金山区人民检察院试行企业合规工作办法》第19条【简化程序】检察机关根据涉嫌犯罪企业的经营规模、管理漏洞情况,可以简化企业合规程序,通过向企业制发检察建议,提出合规整改建议要求,根据企业整改情况也可以提出宽缓处理意见。

[46] 参见邓根保、丁胜明、钱丽:《企业合规第三方监管机制实践问题研究》,载北京大学法学院、中国人民公安大学法学院、中国人民公安大学企业合规与社会治理研究院、金杜律师事务所:《企业合规监督考察制度改革的理论与实践研讨会论文集》,第161页。

涉罪企业进行合规整改，引导其及时回归合法运营轨道，以此为基础来修复受损的市场秩序，弥补受到侵害的社会法益。这与中国认罪认罚从宽制度在内在理论机理上具有高度一致性。”[47]其次，两种制度在对被追诉者的处理结果上都表现为从轻。再次，检察院在企业合规不起诉制度与认罪认罚从宽制度的具体适用过程中均起主导作用。合规不起诉的处理结果表现为不起诉；认罪认罚从宽的结果可以是撤销案件、不起诉、量刑从轻等。企业合规不起诉程序的启动以及不起诉的作出均由检察院决定。检察院在认罪认罚制度中发挥的作用也是最大的，如 2019 年 1 月至 2020 年 8 月，全国检察机关适用认罪认罚从宽制度办结案件 1416417 件，1855113 人，人数占同期办结刑事犯罪总数的 61.3%。[48] 最后，被追诉者在合规不起诉和认罪认罚从宽的具体适用程序中均承认犯罪事实、接受相应处罚。

虽然企业合规不起诉制度与认罪认罚从宽制度有诸多相似之处，但是，二者是两项不同的诉讼制度，存在很多不同之处。首先，设立两种制度的目的不同。对于涉嫌犯罪的企业进行合规不起诉的目的在于“督促企业进行合规整改，使企业改造经营方式和商业模式，从而有效实现犯罪的预防效果”，[49]侧重对犯罪的改造和预防；认罪认罚从宽制度的目的在于激励被追诉人承认犯罪、接受处罚、节约司法资源、提高诉讼效率，侧重对已发生犯罪的处理。其次，适用对象不同。企业合规不起诉制度适用于企业，而不适用于个人。当然，对企业适用合规不起诉需要具备一定的条件。这里应当注意区分启动合规不起诉的条件与作出合规不起诉决定的条件是两个不同的问题。对企业启动合规不起诉考察通常要符合以下条件：涉案企业自愿认罪，积极配合司法机关调查，有效采取补救挽损措施，披露和处理违法责任人，并提交有效的合规整改方案。[50] 对企业作出合规不起诉决定通常需要被考察企业完成合规整改并通过考核验收。否则，予以起诉。而认罪认罚从宽不仅适用于企业，也适用于个

---

[47] 陈卫东：《从实体到程序：刑事合规与企业“非罪化”治理》，载《中国刑事法杂志》2021 年第 2 期。

[48] 张军：《最高人民检察院关于人民检察院适用认罪认罚从宽制度情况的报告——2020 年 10 月 15 日在第十三届全国人民代表大会常务委员会第二十二次会议上》，载《检察日报》2020 年 10 月 17 日，第 2 版。

[49] 陈瑞华：《企业合规不起诉改革的八大争议问题》，载《中国法律评论》2021 年第 4 期。

[50] 参见陈瑞华：《企业合规不起诉改革的八大争议问题》，载《中国法律评论》2021 年第 4 期。

人。再次,适用的阶段不同。我国的合规不起诉仅适用于审查起诉阶段;认罪认罚从宽则贯穿于刑事诉讼的全过程,即从侦查阶段、审查起诉阶段到审判阶段。最后,二者实现的时间要求不同。企业合规不起诉通常需要一段相对较长的合规考验期。在美国,暂缓起诉的考验期“据初步统计,2000 年至 2011 年协议平均履行期限为 28 个月,最长的为 60 个月,最短的为 6 个月”。[51] 目前,我国合规不起诉在现有《刑事诉讼法》的框架下试点运行,合规考察期不长,如案例 1 中的涉案企业在 2020 年 10 月收到《企业刑事合规告知书》,2 个月后经评估小组评估后通过合规考察。[52] 2020 年 12 月,辽宁省人民检察院印发的《关于建立涉罪企业合规考察制度的意见》规定,“对涉罪企业的合规考察期为三个月以上五个月以下,自检察机关作出合规考察决定之日起计算”。[53] 随着试点工作的进行,未来合规考察期的延长也将水到渠成。认罪认罚则希望尽快处理,尽量缩短诉讼期限。

在对合规不起诉与认罪认罚从宽制度进行了详细对比以后,我们可以对不同观点予以回应与评论。首先,关于认罪认罚从宽与合规不起诉等同说。该观点只关注到二者的相同点,忽视了合规不起诉合规整改、预防再犯的功能。该功能是认罪认罚从宽制度不能涵盖的。认罪认罚从宽制度着眼于对当下问题的处理,合规不起诉还着眼于对将来的考量。其次,关于合规不起诉与认罪认罚从宽相互独立存在的二元说。该观点关注合规不起诉与认罪认罚从宽两种制度的独立功能与价值,但是忽视了二者认罪认罚的共性,如果抛开已有的认罪认罚从宽程序“另起炉灶”,容易导致程序上的交叉重复与混乱。笔者认为,虽然合规不起诉与认罪认罚从宽是两种不同的制度,具有不同的功能与价值,但是,从程序上处理合规不起诉与认罪认罚从宽制度的关系最好采用折中说。此即从操作程序上依托认罪认罚从宽的现有程序,增加合规考察不起诉程序,将其作为认罪认罚从宽的一种特殊情形与程序。这样,可以更好地与现有的制度融合,节约司法资源。

---

[51] 叶良芳:《美国法人审前转处协议制度的演进及其启示》,载陈兴良主编:《刑事法评论》(第 31 卷),北京大学出版社 2012 年版,第 92 页。

[52] 参见《最高检发布企业合规改革试点典型案例》,载最高人民检察院网,https://www.spp.gov.cn/spp/xwfbh/wsfbh/202106/t20210603_520232.shtml。

[53] 《辽宁省人民检察院等机关制定〈关于建立涉罪企业合规考察制度的意见〉》,载华辩网,http://www.148hb.com/newsview/8572.html。

结　语

双不起诉只是我国合规不起诉改革试点中呈现的一种现象,这也反映出在企业合规改革初期我们对合规不起诉制度的适用对象、合规不起诉制度与认罪认罚从宽制度的关系存在一些模糊认识。本文对合规不起诉制度的正当性、适用对象、企业责任与个人责任的区分、与认罪认罚从宽的关系等进行深入分析,进一步明确两种制度的区别与联系。认罪认罚从宽制度与企业合规不起诉制度是两个不同的制度。虽然两者有交集和相同点,但是两者的性质和目的不同,在理论上和实践操作中还是应当区分开来。对企业而言,承认犯罪事实、接受处罚、承诺进行合规的,可以适用合规不起诉制度。对于不符合合规不起诉条件的企业,只能适用认罪认罚从宽制度。对涉案企业中的个人,不能适用合规不起诉,只能适用认罪认罚制度进行从宽处理。对小微企业合规应当立足国情,给予更多本土化的关照,正确看待双不起诉现象。

企业合规与刑事诉讼立法*

李玉华

一、引言

在企业走出去遭遇被动合规的国际压力下以及保护民营企业、疫情时期"六稳""六保"的国内需求下,涉案企业合规改革试点在中国开始蓬勃发展。2020年3月,最高人民检察院率先在上海、江苏、山东、广东等省市的6个基层检察院进行第一轮企业合规改革试点。2021年3月,第二轮试点扩大至北京、辽宁、上海、江苏、浙江、福建、山东、湖北、湖南、广东10个省份的27个市级检察院、165个基层检察院试点。2022年4月,涉案企业合规改革试点在全国检察机关全面推开。在试点过程中,检察机关发布了一系列典型案例予以引导。最高人民检察院公开发布了两批10个典型案例和1个指导性案例:第一批4个案件;①第二批6个案件;②指导性案例为无锡F警用器材公司虚开增值税专用发票案(检例第81号)。③ 地方检察机关也发布了一些典型案例。此外,最高人民检察院编写的《企业合规改革动态》也刊登了一些典型案例进行指导交流。第一批典型案例主要反映了基层检察院首批试点中对小微企业合规不

---

* 本文系国家社科基金重大项目"数字经济的刑事安全风险防范体系建构研究"(项目批准号:21&ZD209)阶段成果。本文原载于《政法论坛》2022年第5期。

① 案例1"张家港市L公司、张某甲等人污染环境案"。案例2"上海市A公司、B公司、关某某虚开增值税专用发票案"。案例3"王某某、林某某、刘某乙对非国家工作人员行贿案"。案例4"新泰市J公司等建筑企业串通投标系列案件"。参见《企业合规改革试点典型案例》,载《检察日报》2021年6月4日,第2版。

② 上海J公司、朱某某假冒注册商标案,张家港S公司、睢某某销售假冒注册商标的商品案,山东沂南县Y公司、姚某明等人串通投标案,随州市Z公司康某某等人重大责任事故案,深圳X公司走私普通货物案,海南文昌市S公司、翁某某掩饰、隐瞒犯罪所得案。参见孙风娟:《保护企业合法权益 促进企业合规守法经营》,载《检察日报》2021年12月16日,第1版。

③ 参见最高人民检察院:《最高人民检察院关于印发最高人民检察院第二十二批指导性案例的通知》,载《中华人民共和国最高人民检察院公报》2021年第1期。

起诉的适用情况;第二批典型案例不限于小微企业,开始出现大中型企业,主要侧重第三方评估机制的运行。

在试点过程中,最高人民检察院和地方检察机关制定了一系列合规文件。2021 年 6 月 3 日,最高人民检察院、司法部、财政部、生态环境部、国务院国有资产监督管理委员会、国家税务总局、国家市场监督管理总局、全国工商联、中国国际贸易促进委员会研究制定了《关于建立涉案企业合规第三方监督评估机制的指导意见(试行)》。2021 年 11 月,九部门联合下发《涉案企业合规第三方监督评估机制专业人员选任管理办法(试行)》《〈关于建立涉案企业合规第三方监督评估机制的指导意见(试行)〉实施细则》两个配套规定。2021 年 12 月,九部门正式组建了国家层面第三方机制专业人员库。2022 年 4 月 19 日全国工商联、最高人民检察院等九部门印发《涉案企业合规建设、评估和审查办法(试行)》。参照国家层面的经验做法,湖南、江苏、湖北、广东、浙江、北京、上海、山东等试点地方结合本地情况,制定了一系列规则,据不完全统计,截至 2021 年,达 200 多个,包括工作方案 11 个;实施办法 44 个;第三方机制 44 个;标准、有效性审查 13 个;协作机制 8 个;法律文书样式 95 个;流程图 7 个等。

随着试点工作的开展,我国检察机关及学术界对合规的认识不断深化。首先,从"刑事合规"到"企业合规"。改革初期,最高人民检察院使用"刑事合规",后来认为范围过窄,改为"企业合规"。例如,2020 年 9 月,最高人民检察院参与举办"企业刑事合规与司法环境优化研讨会";后来,最高人民检察院编写《企业合规改革动态》发往最高人民检察院各部门和各地检察机关;2021 年 12 月 16 日在全国工商业联合会召开"涉案企业合规第三方监管人座谈会"等。其次,从"合规不起诉"到"合规从轻"。④ 改革的探索从合规不起诉入手,但是在试点的过程中并不是所有的案件都适合不起诉,有些量刑从轻更为适宜,因此,研究从"合规不起诉"扩展至"合规从轻"也是必然。

在企业合规不起诉的试点过程中也暴露出一些问题:对合规不起诉正当性的质疑、对合规不起诉合法性的质疑(主要是对附条件不起诉合法性的质疑)、合规不起诉与认罪认罚的关系以及制度操作层面的具体问题,如合规考

---

④ 参见董坤:《论企业合规检察主导的中国路径》,载《政法论坛》2022 年第 1 期。

察的适用范围、条件、期限、考察及评估主体等。而且,随着企业合规试点改革走向深水区,涉及的企业、案件、地域和公安司法办案机关越来越多,一些普遍性的问题需要刑事诉讼法予以回应,《刑事诉讼法》相应修改的需求愈发迫切。学术界和实务部门已经意识到该问题并积极进行思考与探索,推动刑事诉讼法的立法修改。本文主要从立法模式、制度衔接以及主要解决的问题几个方面予以讨论。

二、《刑事诉讼法》关于合规立法模式的选择

《刑事诉讼法》修改回应企业合规问题,首先要面对的是采用何种形式的立法模式。现有的《刑事诉讼法》是以自然人为中心的立法,对企业等单位犯罪关注不够,企业合规当属单位犯罪参与刑事诉讼。目前,对于立法模式的考虑主要有分散式和集中式两类观点。

(一)分散式

随着企业合规不起诉在中国的试点,一些专家学者及时关注并提出了一些具体的对策建议,其中包括法律条文的变动。比如,时任南京市建邺区人民检察院副检察长李勇对企业附条件不起诉进行了探讨,并提出了条文设计,增加《刑事诉讼法》第 182 条之一规定案件范围、适用情形及听证;增加第 182 条之二规定考察期限、考察主体、考察结果。⑤ 杨帆教授从立案侦查阶段的应对、起诉阶段的应对、审判阶段的应对以及司法审查、第三方参与、司法协助等方面提出对策建议。⑥ 高铭暄教授提出针对不同涉罪企业的犯罪情况、危害程度、犯罪后的表现等,根据在刑事合规方面的意愿、执行程度、合规计划的有效性等因素,司法机关决定是否提供变更或撤销强制措施、撤销侦查措施、终结侦查与撤销案件等"诉讼优惠",并提出一些具体条文设计的建议,如可以考虑在《刑事诉讼法》第 177 条中增设第 3 款(原第 3 款变为第 4 款),并表述为:"企业建立并有效执行合规计划的,经考验期合格的,参照前款规定处理。"⑦

除高铭暄教授撰文专门就立法问题进行讨论外,上述观点多在试点之初提出,旨在对企业合规的某一具体问题进行研究,并非专门从企业合规立法模式的角度专门进行研究。因此,相关研究多体现为对针对某一具体问题的立

⑤ 参见李勇:《企业附条件不起诉的立法建议》,载《中国刑事法杂志》2021 年第 2 期。

⑥ 参见杨帆:《企业刑事合规的程序应对》,载《法学杂志》2022 年第 1 期。

⑦ 高铭暄、孙道萃:《刑事合规的立法考察与中国应对》,载《潇湘法学评论》2021 年第 1 期。

法建议，如合规不起诉的设计、合规考察期的时长、合规考察的主体、合规考察的费用等；并未从整体立法的角度考虑，往往关注某一条文的改动，关注某一具体条文的细致刻画，但未充分考虑制度、条文之间的整体协调。

（二）集中式

也有一些学者主张通过增设特别程序的方式对企业合规进行相对集中的立法。比如，杨宇冠教授提出在《刑事诉讼法》第五编“特别程序”中增加“第六章企业合规案件诉讼程序”，规定职能管辖、附条件不起诉和从轻处罚、合规考察主体等，同时，提出制定《企业合规法》规定具体问题，形成互补。⑧ 周振杰教授提出可考虑在《刑事诉讼法》第五编“特别程序”中增设第六章，规定“刑事合规监管程序”，对监管主体、监管对象、有效性评估的主体以及监管期过后如何处理等基本问题进行规定。⑨ 全国人民代表大会代表浙江省检察院党组书记、检察长贾宇建议，在《刑事诉讼法》第五编特别程序中增加一章“涉案企业合规程序”，增加三个条文主要规定企业合规第三方考察评估、评估结果的适用以及行刑衔接。⑩ 李奋飞教授则进一步提出在特别程序中增设“单位刑事案件诉讼程序”，主要规定企业合规的问题。⑪

这些观点是在合规不起诉试点进行了一段时间之后提出的，其共同点是提出在刑事诉讼法中增设涉及企业合规的特别程序，不同之处在于特别程序的名称不同、具体内容不同，杨宇冠教授提出的特别程序侧重规定涉案合规企业参与刑事诉讼的主要程序；周振杰教授提出的特别程序侧重合规监管；李奋飞教授则希望将企业合规作为单位刑事诉讼这一特别程序的内容。这种立法模式的优点是可以集中通盘考虑企业合规的刑事程序问题，且便于查找使用；不足之处是与刑事诉讼的相关制度和内容存在交叉，不能在相应制度部分予以体现。

（三）立法模式的选择评析

笔者认为，企业合规带来的刑事诉讼立法修改不可避免，对此，无论是学

---

⑧ 参见杨宇冠：《企业合规与刑事诉讼法修改》，载《中国刑事法杂志》2021 年第 6 期。

⑨ 参见周振杰：《刑事合规的实践难题、成因与立法思路——以企业合规改革试点典型案例为视点》，载《政法论丛》2022 年第 1 期。

⑩ 参见张纯：《贾宇代表：建议〈公司法〉〈刑事诉讼法〉尽快构建涉案企业合规制度》，载《民主与法制周刊》2022 年第 9 期。

⑪ 参见李奋飞：《“单位刑事案件诉讼程序”立法建议条文设计与论证》，载《中国刑事法杂志》2022 年第 2 期。

术界还是实务部门并无分歧，但是，对于具体的立法模式并未展开充分的讨论。分散式和集中式两种立法模式并无优劣高下之分，主要取决于在立法的特定时空条件下哪一个更合适。但有一点在刑事诉讼的立法修改时应当予以明确：刑事诉讼立法要从以自然人为中心向自然人与单位（企业）双中心转化。自1979年第一部《刑事诉讼法》实施以来，历经1996年、2012年、2018年三次修改均未改变以自然人为中心的最初设计。但是，随着单位犯罪进入我国刑法并日益增多，以自然人为中心的制度设计局限性日益凸显。为了解决实践中单位参加刑事诉讼的问题，最高人民法院《关于适用〈中华人民共和国刑事诉讼法〉的解释》（法释〔2021〕1号）第十一章“单位犯罪案件的审理”第335～346条做出了回应。企业合规改革试点将单位参加刑事诉讼的问题再次提上日程，刑事诉讼法再次修改是对单位参加刑事诉讼予以回应的契机。刑事诉讼立法应当从过去以自然人为中心的单线诉讼流程变成自然人、单位双重中心的平行线诉讼流程。立案、侦查、审查起诉、审判、执行，每一个环节都会涉及自然人和单位参加，而每一个环节单位参加相对于自然人参加都有不同之处，如图1所示。此外，基于将来刑事诉讼法典化的考虑，单位参加刑事诉讼也应当和自然人参加刑事诉讼一并考虑。

图1　自然人与单位（企业）双中心刑事诉讼流程

基于上述前提和背景，对单位犯罪参加刑事诉讼采用分散式立法更能关照制度之间的逻辑关系，更为重要的是，可以将单位参加刑事诉讼与自然人参加刑事诉讼放在一个同等重要的地位，彻底改变以往以自然人为中心的立法偏向。具体立法修改也并不复杂，可借鉴《刑法》对于自然人、单位犯罪的规定方式，在同一条文之中先规定自然人，接下来规定单位参加刑事诉讼；同时，借鉴《刑法》修正案的方式将相应条款增加进去，也不影响刑事诉讼的整体结构。

目前，主张集中式特别程序立法的，又可分为两种情况：一是抛开单位刑事诉讼，只考虑将企业合规刑事诉讼问题作为特别程序予以立法；二是将企业合规纳入单位刑事诉讼进行特别程序立法。第一种情况未考虑企业合规是单位参加刑事诉讼的一种重要情形,借机推动单位刑事诉讼的立法,而是就事论事,未考虑如何在刑事诉讼法中回应单位参加刑事诉讼问题,未考虑如果出现单位参加刑事诉讼活动的其他特殊情形,刑事诉讼法如何回应。

第二种情况考虑比较长远,旨在借机推进单位参与刑事诉讼的立法改造,但并不彻底。李奋飞教授将“企业合规刑事诉讼”与“未成年人参加刑事诉讼”进行类比的特别程序设计有一定局限性。将单位犯罪刑事诉讼、企业合规刑事诉讼作为特别程序予以规定,无法充分展开,对刑事诉讼法的双中心的改造不彻底。未成年人同成年人一样,也是自然人,传统的刑事诉讼立法均适用,只不过给予特殊年龄的人予以特殊关照;而对于单位犯罪,传统的刑事诉讼法基本未考虑到,不同之处很多,需要专门予以规定,放在特别程序之中显得局促。在李奋飞教授设计的 11 个条文中,涉及企业合规的有 7 个条文;涉及单位参加刑事诉讼的有 4 个条文,包括诉讼代表人的确定范围和权利义务;强制性措施;提前介入;单位诉讼程序与普通诉讼程序的关系。[12]

总之,这两种集中式特别程序模式立法,虽更方便查找企业合规诉讼活动法律条文,但是,无法将其放在双中心平行诉讼程序的地位予以关照,仍然无法摆脱以个人为中心的刑事诉讼立法。故笔者认为,应当以企业合规为契机对《刑事诉讼法》实现从以自然人为中心到以自然人和单位(企业)双中心的彻底改造;具体采用分散式立法对单位参加刑事诉讼予以规定,其中,涉及企业合规刑事诉讼的基本问题一并在《刑事诉讼法》中予以规定;涉及企业合规的具体操作层面的问题,可以采用司法解释、行政法规、规范性文件等方式予以规定。

三、立法应当考虑与认罪认罚从宽制度的关系与衔接

无论《刑事诉讼法》采取何种立法模式对企业合规进行回应,都必须考虑并处理好与认罪认罚从宽制度的关系与衔接。主要涉及两个方面:一是如何认识企业合规从轻与认罪认罚的关系?二是认罪认罚从轻与合规从轻如何衔接?

(一)认罪认罚与合规从轻的关系

由于认罪认罚从宽与合规从轻存在诸多相似之处,因此,自企业合规试点

⑫ 参见李奋飞:《“单位刑事案件诉讼程序”立法建议条文设计与论证》,载《中国刑事法杂志》2022 年第 2 期。

开始对二者的关系就存在困惑与不同认识。对此,主要有两种观点:一种观点认为二者是一致的,合规从轻是认罪认罚从宽的一种特殊情形;另一种观点认为,二者有交叉,但是,是两种不同的制度。[13] 对此,笔者持后一种观点。

认罪认罚从宽与合规从轻存在诸多相似之处,易引起混淆。首先,从理念来看,都有协商性司法和恢复性司法的理论支撑。协商性司法强调办案机关与被追究者通过非对抗的协商方式达成最后处理结果。恢复性司法强调通过给予被追诉者改过自新、回归社会的机会达到犯罪治理效果。其次,从行为来看,都有认罪认罚,即承认指控的犯罪事实,愿意接受处罚。最后,从实质承受的结果来看,二者都体现为从轻处罚。具体表现可为撤销案件、采取轻缓的强制性措施、不起诉、量刑从轻等。

认罪认罚从宽与合规从轻存在诸多明显不同之处,决定了二者是不同的制度,各自有不同的边界。首先,两个制度的设立初衷不同。提高诉讼效率、节约司法资源是认罪认罚从宽制度的主要目的;而对涉案企业进行整顿改造,使之重生并健康发展、行稳致远则是合规从轻的主要目的。当然,企业合规也有公私合力打击治理企业犯罪的目的和功效,从这个角度来说,也有提高效率和节约司法资源的目的。合规对效率的提高和司法资源的节约是基于宏观和整体来说的,在个案中由于要进行企业的合规整改,其比不进行合规的单纯办案效率要低、投入的资源与成本要多。认罪认罚从宽对效率的提高和司法资源的节约不仅及于宏观和整体,也会及于微观和个案。其次,程序繁简不同。认罪认罚从宽体现为实体从宽和程序从宽两方面,其中程序从宽包括对认罪认罚的犯罪嫌疑人、被告人适用轻缓的强制措施,作出轻缓的程序性处理方面,也包括适用更便利的诉讼程序,如可以适用速裁程序审理案件,提高诉讼效率,避免给当事人形成讼累。[14] 而企业合规从轻在程序上并不简便,实际上更加复杂。根据国际经验和国内试点,对企业作出合规不起诉决定之前,通常要求企业进行合规整改并规定一定期限的合规考察期,期满后评估合规效果。这一程序通常包括合规监督员的选任、合规考察评估、听证等,需要一定的时间,不能从速处理。最后,适用对象不同。认罪认罚从宽既可以对自然人适

---

⑬ 参见李玉华:《企业合规本土化中的“双不起诉”》,载《法制与社会发展》2022年第1期。

⑭ 参见李寿伟主编:《中华人民共和国刑事诉讼法解读》,中国法制出版社2018年版,第33~34页。

用,也可以对作为单位的企业适用,而合规从轻仅适用于企业,不适用于个人。这是二者最大的一个区别,但常常被忽略。在我国的试点过程中检察机关对此有模糊的认识,认为合规从轻既可对企业适用,也可以对企业中的高管适用。在我国的企业合规试点中,特别是对小微开展的合规不起诉制度中,由于“人企合一”现象的存在,使得办案结果上呈现“双不起诉”的现象,即对企业和企业负责人等高管均不起诉,但是,这并不能说合规既对企业适用,也对个人适用。合规仅仅是对企业适用,不能对个人适用,这是合规制度的边界。对企业负责人等高管的不起诉完全可以运用认罪认罚制度予以解释。不能根据双不起诉的现象和结果而认为企业合规既对企业适用,又对个人适用。⑮

(二)认罪认罚从轻与合规从轻的衔接

尽管认罪认罚从宽与合规从轻是两种不同的制度,但仍然有许多共同点,刑事诉讼立法修改对合规问题进行回应时,对两种制度的不同点和相同点都要考虑到。对此,生动的司法实践已经进行了积极探索。如“建邺区院开展企业合规试点的基本思路是将企业合规与认罪认罚从宽制度融合推进。自然人认罪认罚体现的是签署认罪认罚具结书,单位犯罪认罪认罚体现的是签署合规承诺书”;⑯江苏省张家港市人民检察院将企业合规从宽与认罪认罚相结合,“在办案实践中,对于案发后主动健全合规体系的,则加强有效性审查;对于合规体系完备、合规实施长效的,则给予比一般认罪认罚更大的从宽幅度;在刑罚评价上体现有事后合规优于无事后合规”。⑰ 将认罪认罚从宽与合规从轻完全等同以及将二者完全割裂的观点都是偏颇的,妥当的处理是将二者有机结合。总结实践探索中的做法与问题,在立法上应当在以下方面予以回应。

首先,从总的方面来说,合规从轻与认罪认罚从宽在“认罪认罚上具有一致性”,而且,贯穿刑事诉讼的整个过程,故在《刑事诉讼法》第一编总则第一章任务和基本原则第15条增加一款合规从轻的原则规定比较适宜。但是,合规从轻除认罪认罚之外,还要进行合规建设,根据涉案企业具体情况进行日常

---

⑮ 参见李玉华:《企业合规不起诉制度的适用对象》,载《法学论坛》2021年第6期。

⑯ 李勇:《南京市建邺区人民检察院开展企业合规试点工作的调研报告》,载陈瑞华、李玉华主编:《企业合规改革的理论与实践》,法律出版社2022年版,第249页。

⑰ 邓根保、韩广强:《检察推动涉案企业合规管理的路径探析——以江苏省张家港市人民检察院办案实践为样本》,载陈瑞华、李玉华主编:《企业合规改革的理论与实践》,法律出版社2022年版,第225页。

的合规建设或纠错整改型合规建设。高铭暄教授即提出了类似建议:可以考虑在《刑事诉讼法》第 15 条中增加第 2 款:“企业认罪认罚并承诺建立和实施有效合规计划的,按照前款规定处理。”[18]笔者认为,应当考虑有些企业在涉案之前已经建立过合规计划,故将“和”改为“或”似乎更为妥当。

其次,在程序和形式上,适用认罪认罚从宽要求被追诉者签订“认罪认罚具结书”;企业适用合规从宽则需要签订“合规承诺书”。“合规承诺书”除包括“认罪认罚具结书”应有的内容之外,还应当有对合规建设或合规整改的承诺。对于涉案之前没有进行过合规建设的企业,要承诺建立合规制度并有针对性地进行合规整改;对于涉案之前已经建立了合规制度的企业,要承诺有针对性地进行合规整改。

再次,在从轻激励的措施和幅度上要有区分。此即已经进行了合规建设或合规整改合格的要享受比单纯认罪认罚更多的优惠激励:已经建立了合规制度的要比没有建设合规制度的有更多的优惠激励。否则,就不能引导和激励企业在未涉案的情况下进行预防性的日常合规建设。目前,大多数的企业还处于被动合规阶段,即“要我合规”。因为企业合规是要投入人财物等成本的,很多企业在未面临刑事追究时,是不愿意主动进行合规建设的,担心不仅投入合规成本,还会束缚手脚在竞争中处于不利地位。此外,只有在法律上明确了有区分度的激励,对于已经进行合规建设的企业才是公平的。前面提到江苏省张家港市人民检察院的做法是值得借鉴的。因此,法律必须要明确合规的激励措施和幅度,且体现出比例原则,鼓励企业合规、尽早合规,促使企业从“要我合规”向“我要合规”积极转变。

最后,体现在立法上,建议在《刑事诉讼法》第 15 条中增加一款作为第 2 款“企业承认指控的犯罪事实,愿意接受处罚的,可以依法从宽处理。已经进行日常合规建设或进行有效合规整改的,从宽处理的幅度可以适当增大”。增加这样的规定基于以下考虑:一是合规从轻与认罪认罚相同,都要体现贯穿于诉讼活动的全过程,故放在第一章“任务和基本原则”中;二是合规从轻要以认罪认罚为前提,故放在第 15 条第 2 款;三是合规激励要遵循比例原则,体现合规与不合规、早合规与晚合规的差别,激励企业从“要我合规”向“我要合规”

---

[18] 高铭暄、孙道萃:《刑事合规的立法考察与中国应对》,载《湘江法学评论》2021 年第 1 期。

转变。否则,企业缺乏主动合规的积极性和动力,只有涉案才会被动合规。

四、急需刑诉立法回应的附条件不起诉问题

自2020年3月最高人民检察院推动企业合规试点工作以来,我国的司法实践中产生了两种不起诉的模式:“相对不起诉+检察建议”和“附条件不起诉+合规考察”。[19] 前者是指企业涉嫌犯罪比较轻,且认罪认罚,检察机关通过制发检察建议的方式要求企业针对经营风险进行合规整改;后者是指企业犯罪比较严重、复杂,虽然认罪认罚,但是短期无法完成有效合规整改的,为了帮助企业彻底改造,针对经营风险,规定一定的考察期,由第三方监督改造并且评估后作出起诉与否的决定。如果合规整改达到了要求则不起诉;如果达不到要求则需要起诉,继续追究其刑事责任。合规不起诉目前存在的主要问题是,《刑事诉讼法》没有规定企业附条件不起诉,当然也没有适用案件范围、考察期限、主体、救济等规定,这就导致两个问题:一是现有刑事诉讼程序中审查起诉期限的短时有限性与合规考察期限的弹性长期性存在严重冲突;二是附条件不起诉试点存在正当性和合法性的质疑,故急需刑事诉讼立法予以回应。笔者认为,结合我国的试点情况、《关于建立涉案企业合规第三方监督评估机制的指导意见(试行)》以及他国经验做法,关于企业合规不起诉刑事诉讼法修改应当作出如下回应。

(一)将附条件不起诉的适用范围扩大到企业

目前,合规不起诉的试点只能在现行法律规定的相对不起诉框架内进行,但是,相对不起诉只适用于轻微的犯罪;另外,相对不起诉对办案期限的限制无法满足合规整改对时间的要求,附条件不起诉虽然时间相对宽松,但是只适用于未成年人。故附条件不起诉的适用范围扩大到企业是目前立法修改最需解决的问题。具体理由如下。第一,附条件不起诉是最合适的改过自新的制度设计。目前,我国附条件不起诉仅适用于未成年人,其目的在于:“给犯轻罪的未成年人一次改过自新的机会,避免了执行刑罚对其造成的不利影响,有利于使其接受教育,重新融入正常的社会生活。”[20]对企业适用附条件不起诉目的也在于给企业一个合规整改的机会,二者具有理念上的相似性。第二,附条件不起诉可以大大拓宽企业合规不起诉案件的适用范围。在现有的刑事诉讼立

---

⑲ 参见陈瑞华:《企业合规基本理论》(第3版),法律出版社2022年版,第370~378页。

⑳ 李寿伟主编:《中华人民共和国刑事诉讼法解读》,中国法制出版社2018年版,第695页。

法之下，只能解决轻微的案件的合规相对不起诉问题，在实践中一般界定在对自然人可能判处3年以下有期徒刑，这就大大限制了合规不起诉的适用范围，限制了合规不起诉功能的发挥，并且引发对合规不起诉考察正当性的质疑。如2021年5月13日，最高人民检察院调研组在张家港市调研企业合规改革专题座谈时，江苏省人民检察院的一位副检察长提出的问题引起共鸣："既然企业本身犯罪情节轻微，符合相对不起诉的条件，又何必大费周章、耗时耗力搞合规呢？"[21]如果合规不起诉的案件只是限制在3年以下有期徒刑的话，企业合规不起诉就没有存在之必要，相对不起诉和认罪认罚足以解决问题。第三，附条件不起诉可以解决期限不够的问题。在现有的刑事诉讼立法之下，受合规相对不起诉的制约，合规整改可利用的时间非常有限。目前，从我国企业合规不起诉的试点情况看，各地对合规考察的期限规定都不超过12个月，在实践中，有3个月的、有6个月的，大多都在10个月以下。在这么短的时间内，实质性的合规难以开展、合规的效果难以评估。如果这样草草行事，企业合规的效果就达不到整改的预期，通过合规放纵犯罪的说法将会坐实，企业合规不起诉将背负"恶名"，这场伟大的司法改革也将会以失败而告终。因此，毫不夸张地说，附条件不起诉是否适用于企业合规是决定改革成败的关键。

笔者建议，在《刑事诉讼法》第二编立案、侦查和起诉第三章提起公诉第177条之后增加"附条件不起诉"的条款，明确合规不起诉的地位。为什么不赞同有学者主张的放在第182条呢？[22] 笔者认为，第182条的立法初衷是解决刑事诉讼中"重大立功或涉及国家重大利益撤销案件或不起诉"的极端特殊例外情况，需要最高人民检察院核准，属于少用、慎用、严格控制适用范围的情形，[23]而合规附条件不起诉将来是作为一种常规制度普遍适用的，故放在第177条法定不起诉和相对不起诉之后比较妥当。

（二）考察期

合规考察期作为附条件不起诉的重要内容应当在刑事诉讼法中予以体现。这样做既可以保障合规不起诉制度的有效运行，又可以对检察裁量权进

---

[21] 参见邱春艳：《从讲政治的高度共同推进企业合规工作——最高检调研组赴江苏张家港调研企业合规改革试点》，载《检察日报》2021年5月17日，第1版。

[22] 参见李勇：《企业附条件不起诉的立法建议》，载《中国刑事法杂志》2021年第2期。

[23] 参见李寿伟主编：《中华人民共和国刑事诉讼法解读》，中国法制出版社2018年版，第444～445页。

行必要的约束。考察期的设置看似是小问题,但必须首先澄清合规考察的适用范围问题,其次才是考察的具体期限设置问题。

首先,对于适用相对不起诉的案件是否要进行合规考察,期限如何设置存在不同认识值得认真讨论。有观点主张"对于那些责任人判处三年有期徒刑以下刑罚的轻微单位犯罪案件,只要企业作出合规整改承诺、提交合规整改计划,检察机关经过审查认为符合条件的,一律适用相对不起诉,并在宣布相对不起诉决定的同时,发出包含具体合规整改要求的检察建议,而无须设置合规考察期,无须指派合规监管人";[24]也有人提出,应该根据企业规模设置不同的考察期,小微企业可以在 6 个月以下,中等规模的企业可以为 6 个月至 12 个月,大规模的企业可以在 1 年至 2 年,超大规模的企业则可以是 2 年至 3 年;在司法实践中,检察机关可以根据涉案企业规模、涉案罪名及其他情况,综合考虑应该设定的考察期限。[25] 笔者认为,从司法资源配置的角度来看,对于轻微犯罪适用相对不起诉的不设考察期更便捷,也符合比例原则的;从合法性、正当性的角度来看,在现行法规定下,对情节轻微,符合相对不起诉条件的,直接作出不起诉决定,合法且正当的,如果再附加合规考察的话有违法之嫌疑。但是,从"相对不起诉 + 合规检察建议"司法实践效果来看,检察建议刚性不足、合规建议易流于形式。建议从两个方面解决这一问题:一是在《刑事诉讼法》中规定与"附条件不起诉 + 合规考察"模式并行的"相对不起诉 + 合规检察建议"模式,可以为企业轻微犯罪,检察建议合规整改提供法律依据,解决合法性问题;二是为了克服检察建议刚性不足的问题,可规定 1 年之内检察官可对检察建议中的合规整改问题回访考察 1 ~ 2 次。这里的考察可采取灵活简易的考察方式,如由检察官予以考察,而不是复杂的第三方机制。必要时,检察机关可以提起公益诉讼。

其次,附条件不起诉合规通常要设考察期。但是,考察期限的设置要考虑企业的规模和合规考察的方式。自 2020 年 3 月以来,我国最高人民检察院推动的企业合规试点改革开创了小微企业合规的先河,提供了小微企业合规的经验。笔者建议,根据企业的规模可以设置简式合规考察和范式合规考察两

㉔ 参见陈瑞华:《企业合规不起诉改革的八大争议问题》,载《中国法律评论》2021 年第 4 期。

㉕ 参见赵运锋:《刑事合规附条件不起诉立法思考和内容构建》,载《上海政法学院学报(法治论丛)》2021 年第 6 期。

种不同的方式。简式合规考察适用的对象是小微企业,由办案的检察官提出合规整改建议并负责考察评估,合规考察的期限比较短,6个月以上1年以下为宜。范式合规考察的适用对象是大中型企业,由第三方负责合规整改的考察和评估,时间比较长。

最后,范式合规考察期设置多长时间合适呢?如果时间过短,则涉案企业无法充分进行合规建设和整改,合规整改的效果无法观察与评估,难免停留在纸面合规。如果时间过长、成本太大,则企业背负的压力与负担过重,其必要性也值得考虑。在美国,暂缓起诉的考察期“据初步统计,2000年至2011年协议平均履行期限为28个月,最长的为60个月,最短的为6个月”。[26]“美国检察官通过暂缓起诉督促企业完成合规计划的平均期限是2年多,企业通过缓刑完成合规改造的期限可以长达5年。”[27]关于合规考察期的设置,中国学者提出了一些建议,其大多主张弹性考察期,但考察期的适用范围以及具体的时间区间存在不同意见。有学者主张附条件不起诉的考察期为1~3年。如陈瑞华教授认为,“未来通过刑事诉讼法的修改,有必要对那些适用附条件不起诉的案件,可以考虑根据涉案企业合规整改的工作难度,设置1年至3年的合规考察期”。[28]李勇建议将考验期在立法上规定为1年以上3年以下。[29]李奋飞教授建议附条件不起诉的考验期为1年以上3年以下。[30]也有学者建议考验期应为1~4年,如杨宇冠教授提出附条件不起诉适用于企业合规考验期调整为1年以上4年以下比较适宜,具体期限根据企业合规整改的难易程度由检察机关裁量。[31]还有学者建议设置不超过2年的监督和考察期限。[32]

结合中外的司法实践,笔者认为,我国企业合规附条件不起诉的范式考察

---

[26] 叶良芳:《美国法人审前转处协议制度的演进及其启示》,载陈兴良主编:《刑事法评论》(第31卷),北京大学出版社2012年版,第92页。

[27] 参见张亚逸:《公司犯罪追诉的新路径:以美国暂缓起诉协议为中心》,载《苏州大学学报(法学版)》2020年第3期。

[28] 陈瑞华:《合规监管人的角色定位——以有效刑事合规整改为视角的分析》,载《比较法研究》2022年第3期。

[29] 参见李勇:《企业附条件不起诉的立法建议》,载《中国刑事法杂志》2021年第2期。

[30] 参见李奋飞:《“单位刑事案件诉讼程序”立法建议条文设计与论证》,载《中国刑事法杂志》2022年第2期。

[31] 参见杨宇冠:《企业合规与刑事诉讼法修改》,载《中国刑事法杂志》2021年第6期。

[32] 参见石磊、陈振炜:《刑事合规的中国检察面向》,载《山东社会科学》2020年第5期。

期限规定为 2 ~5 年比较合适。理由如下:首先,应当根据比例原则规定一个幅度,而不是规定一个固定的时间。因为企业规模不同、经营的业务不同、面临的风险不同、合规建设的基础不同等,因而需要进行有效合规整改的时间也会不同,规定一个弹性幅度符合比例原则。其次,为什么最高限是 5 年而不是 3 年?根据国际上对大型企业合规不起诉的观察,可高达 5 年甚至更长的时间,我们在设置这个期限时不能基于现在对中小企业合规的经验,也要给将来对跨国企业合规考察留出空间,5 年的上限比较合适。如西门子的合规考察期为 4 年,一名独立监督员在 4 年任期内对西门子公司遵守守则、内部控制和相关问题进行审查,并据此编写关于它的定期报告。[33] 最后,为什么最低限是 2 年?这是因为:范式合规的时间不宜过短,一方面,进行合规整改需要一定的时间,过于仓促无法认真梳理风险点、有针对性开展有效合规整改;另一方面,附条件不起诉的合规考察带有一定的强制性和制裁性,在合规整改完成以后还要观察其是否稳定规范运行,这需要一段时间。一年的时间确实太过短暂,来不及以观后效,易使合规流于纸面。

(三)合规附条件不起诉的适用范围和条件

1. 适用范围

附条件不起诉的适用范围主要是解决哪些案件可以适用的问题,主要涉及三个关键问题:对个人是否适用、与相对不起诉的界限、与合规量刑从轻的界限。《关于建立涉案企业合规第三方监督评估机制的指导意见(试行)》第 3 条试图解决这一问题,但是,由于问题的复杂性,并未作出实质性的规定,只是界定了案件罪名类型“生产经营活动中的经济犯罪、职务犯罪”,并未涉及轻重界限问题。首先,合规附条件不起诉仅适用于企业,而不适用于个人。故笔者不同意《关于建立涉案企业合规第三方监督评估机制的指导意见(试行)》第 3 条也适用于个人的类似表述,即“也包括公司、企业实际控制人、经营管理人员、关键技术人员等实施的与生产经营活动密切相关的犯罪案件”。具体理由在与认罪认罚关系中有阐述。其次,合规附条件不起诉不适用于轻微犯罪。对于轻微的犯罪可以适用“相对不起诉 + 检察建议”模式,而不必适用“附条件不起诉 + 合规考察”这一复杂模式加重企业和办案机关的负担。再次,对于

[33] 参见张远煌等编著:《企业合规全球考察》,北京大学出版社 2021 年版,第 257 ~258 页。

造成严重后果、严重损害公共利益的,不宜适用合规不起诉,可以根据案件情况考虑适用。对于如何界定"造成严重后果、严重损害公共利益"应当从严掌握,并通过司法实践不断总结典型案件予以指导。

2. 合规附条件不起诉的条件

建议吸收《关于建立涉案企业合规第三方监督评估机制的指导意见(试行)》第4条和第5条的规定并稍加修改。积极条件"(一)涉案企业、个人认罪认罚;(二)涉案企业能够正常生产经营,承诺建立或者完善企业合规制度,具备启动第三方机制的基本条件;(三)涉案企业自愿适用第三方机制"。删掉了第4条(1)中的个人认罪认罚规定。理由是企业合规不起诉仅适用于企业,而不适用于个人。[34] 消极条件"(一)个人为进行违法犯罪活动而设立公司、企业的;(二)公司、企业设立后以实施犯罪为主要活动的;(三)公司、企业人员盗用单位名义实施犯罪的;(四)涉嫌危害国家安全犯罪、恐怖活动犯罪的;(五)其他不宜适用的情形"。

(四)合规考察及评估主体

对涉案企业的合规效果进行考察和评估至关重要,该结果直接影响和决定是否从宽处理。主导改革的最高人民检察院及时认识到该问题的重要性,积极进行引导并及时总结经验。试点之初各地积极探索,在合规考察及评估主体上出现了三种模式。一是由行政监管部门担任合规考察及评估主体,好处是行政监管人员专业性强,但是人数有限,无力承担涉案企业合规考察及评估的繁重任务。二是由办理案件的检察机关担任合规考察及评估主体。这种做法的好处是便捷,办理案件的检察官进行涉案企业合规考察及评估更了解案件和企业的情况。但是,由于检察机关拥有决定不起诉的权力,如果再来考察和评估合规的效果,其客观中立性容易受到质疑;再者,检察机关对很多企业经营的业务领域并不熟悉,其专业性会受到质疑。三是第三方组织。由相关领域专家学者,律师、会计师、税务师等专业中介人士,行政监管部门业务专业人员等组成。其好处是更具专业性、中立性、权威性。

基于上述的试点探索,为保障合规不起诉制度的公正性,最高人民检察院积极推动由"第三方组织"进行企业合规考察和评估并在《关于建立涉案企业

---

[34] 参见李玉华:《企业合规不起诉制度的适用对象》,载《法学论坛》2021年第6期。

合规第三方监督评估机制的指导意见(试行)》予以规定。此即第10条第2款的规定,第三方组织由第三方机制管委会根据案件具体情况以及涉案企业类型从专业人员名录库中分类随机抽取人员组成并向社会公示。随后,《涉案企业合规第三方监督评估机制专业人员选任管理办法(试行)》第1条进一步明确第三方组织的专业人员主要包括律师、注册会计师、税务师(注册税务师)、企业合规师、相关领域专家学者以及有关行业协会、商会、机构、社会团体(以下简称有关组织)的专业人员;生态环境、税务、市场监督管理等政府工作部门中具有专业知识的人员;有关政府工作部门所属企事业单位中的专业人员。"第三方组织"进行企业合规考察和评估已经试点了一段时间,数据显示,两年试点期间,检察机关办理的766件涉案企业合规整改中适用第三方机制案件503件;部分非试点省份检察机关主动办理合规案件223件,其中,适用第三方机制案件98件。[35] 在试点过程中一些具体做法不断调整规范,反馈积极,希望刑事诉讼立法修改时确认"第三方组织"作为企业合规考察及评估的主体,保障合规不起诉的客观、中立、专业、公正。

综上,涉及企业合规附条件不起诉的条文宜增加规定在《刑事诉讼法》177条之后,增加一条"附条件不起诉"作为178条。具体分3款,内容包括"范围、条件、考察期、第三方组织",具体可表述为:

"第178条对于涉嫌犯罪的企业,符合起诉条件,但认罪认罚,能够正常生产经营,承诺建立或者完善合规制度,自愿适用第三方机制的,人民检察院可以作出附条件不起诉的决定。

具有下列情形之一的单位刑事案件,不适用附条件不起诉制度:

(一)个人为进行违法犯罪活动而设立公司、企业的;

(二)公司、企业设立后以实施犯罪为主要活动的;

(三)造成严重后果、严重损害公共利益的;

(四)涉嫌危害国家安全犯罪、恐怖活动犯罪的;

(五)其他不宜适用的情形。

附条件不起诉的考察和评估由第三方组织进行,考验期为二年以上五年

---

[35] 郭若梅、刘嫚:《避免办案垮掉一个企业,最高检将全面推开涉案企业合规整改》,载搜狐网,https://www.sohu.com/a/535306256_161795?tc_tab=s_news&block=s_news&index=s_4&t=1649075782744。

以下,从附条件不起诉决定作出之日起计算。”

五、《刑事诉讼法》立法的未来扩张

目前,我国的企业合规改革试点主要由最高人民检察院来推动,在全国各级检察机关试行,在此过程中,检察机关注重形成合力,积极寻求地方党委、政府、人民代表大会、政治协商会议、政法委员会、公安机关和人民法院等部门的支持。目前,公安机关和人民法院多处于“友情赞助”的角色,并未对企业合规问题予以公开正式的回应。从企业合规制度本身以及我国的实践需求、域外经验来看,我国企业合规从轻制度如同认罪认罚制度一样应当贯穿刑事诉讼的全过程,除不起诉外,还有进一步向前向后延伸的必要性和可能性,公安机关和人民法院在企业合规中的角色也应当在立法上予以明确。

(一)企业合规向法院和审判阶段延伸的必要性和可能性

从世界范围来看,合规不起诉有两类:不起诉协议(Non-Prosecution Agreement,NPA)和暂缓起诉协议(Deferred Prosecution Agreement,DPA)。前者是指在案件在未起诉到法院时,涉案企业与检察机关达成包含合规内容的和解协议,检察机关不再起诉的制度。后者是指案件起诉到法院以后,涉案企业与检察机关达成包含合规内容的和解协议,考察期满协议得到执行,检察机关撤回起诉的制度。二者的区别在于以下几点。一是所处的诉讼阶段不同:不起诉协议适用于审判前阶段;暂缓起诉协议则适用于审判阶段。二是是否指定考察期不同:不起诉协议有时不指定考察期,有时指定考察期;而暂缓起诉协议均指定考察期。[36] 三是是否需要法官审查不同:不起诉协议只需检察官决定,无须法官审批;暂缓起诉协议则需要法官审批。

首先,企业合规暂缓起诉制度有其存在的必要性。一是暂缓起诉协议在国际社会普遍适用。美国既有不起诉协议,也有暂缓起诉协议,不过,美国法官的审批多是形式上的。[37]在英国,则没有不起诉协议,只有需要法官审批的暂缓起诉协议。二是合规从轻在刑事诉讼全过程均有需求。企业合规从轻如同认罪认罚从宽一样,出于激励企业合规新生的目的,应当贯穿包括审判阶段在

---

[36] 参见李玉华:《我国企业合规的刑事诉讼激励》,载《比较法研究》2020年第1期。

[37] See Mike Koehler, “Measuring the Impact of Non-Prosecution and Deferred Prosecution Agreements on Foreign Corrupt Practices Act Enforcement”, 49 U. C. *Davis Law Review* 497, p. 505 – 506 (2015).

内的刑事诉讼的全过程。三是从诉讼构造和对检察机关合规不起诉裁量权制约的角度看,法院介入企业合规也是不可避免的。从域外合规的运行以及我国合规不起诉的试点看,存在一个普遍担心的问题:如何保障合规不起诉的公正性或者说如何防止检察官合规不起诉裁量权的滥用。来自法官的司法审查是一个有效的途径。因此,有些后来进行合规不起诉的国家纷纷加强了法官对检察官的制约,比如,英国、加拿大、意大利、法国、新加坡等均规定了法官对暂缓起诉协议的审批权。[38] 随着我国企业合规的深入进行,将来条件成熟时建议刑事诉讼法增加规定审判阶段暂缓起诉制度。

其次,合规量刑从轻和合规出罪将给法院带来新挑战,使法院不得不走向前台。从现行《刑法》规定来看,合规属于量刑从轻的酌定情节。既然已经有企业开始进行合规建设,一旦涉案就可能将合规作为从轻处罚或者出罪的事由提出。在这种情况下,法院就需要对企业合规的情况进行审查判断并予以回应。法院审判阶段对企业合规的审查可能涉及:企业的日常合规及其效果;企业涉案后纠错整改合规及其效果等。在实践中,甘肃省兰州市中级人民法院也已经出现了我国合规抗辩第一案,雀巢公司的合规抗辩得到法院的确认,实现了企业刑事责任与个人刑事责任的切割。随着企业合规的开展,这些问题必将出现在刑事法律中,法院也不能将企业合规置身事外,《刑法》和《刑事诉讼法》的修改也必须予以回应。

最后,最高人民法院已经开始考虑企业合规问题,地方法院也进行了一些局部探索。今年最高人民法院发布的重大课题招标公告已经将企业合规纳入其中,即"2022 年度司法研究重大课题题目及研究重点之 7——司法审查视角下的企业合规制度研究,研究重点包括:企业合规基本理论问题;企业合规制度比较研究;企业合规的检察官裁量权模式与法院审查模式比较研究;企业合规与认罪认罚从宽的制度衔接;企业合规与刑法制度的完善;企业合规与刑事诉讼程序的完善;企业合规的司法审查等"。[39] 在司法实践中,在法院审理阶段出现了涉案企业提出申请适用合规不起诉,检察院撤回起诉的案件;也有法院

---

[38] 参见陈瑞华:《企业合规制度的三个维度——比较法视野下的分析》,载《比较法研究》2019 年第 3 期;李本灿:《域外企业缓起诉制度比较研究》,载《中国刑事法杂志》2020 年第 3 期。

[39] 《最高人民法院 2022 年度司法研究重大课题招标公告》,载最高人民法院网,https://www.chinacourt.org/article/detail/2022/04/id/6657250.shtml。

发出司法建议助力合规;浙江省绍兴市上虞区法院对一起污染环境案在审判阶段探索适用涉刑企业合规整改评审和重大案件判前社会效果评估。此外,也有律师建议法院探索实行合规免刑制度。

(二)企业合规向公安机关和侦查阶段延伸的必要性和可能性

首先,合规从轻在刑事诉讼全过程均有需求,将合规前移对涉案企业和案件办理均有好处。对涉案企业来说,在侦查阶段就开展合规工作,可尽早进行合规整改,及时堵塞漏洞、停止和预防犯罪;还可以通过合规整改取得侦查机关的谅解,适用轻缓的强制性措施,减少执法办案给企业经营带来的影响。对办案机关来说,企业尽早开始合规可以更好地配合调查取证,节约司法资源。配合调查是企业合规倡导的重要理念和做法,也是治理犯罪理念和做法的重大变化。有效的合规包括预防机制、识别机制和应对机制。内部调查是应对机制的重要组成部分:一方面,通过内部调查,企业可以清楚自己的漏洞和风险,有针对性地进行合规整改;另一方面,通过内部调查也可以查明责任人提供给办案机关,表明自己的态度和决心,换取办案机关的谅解和从轻处理。而且,侦查阶段结合企业合规对涉案企业及人员采取轻缓强制性措施也有利于发挥合规的激励作用。由于我国的强制性措施的适用存在"厉"和"易"两个特点,对被追诉者的人身和财产的干预度比较深、威慑力比较大,因此,在我国以企业合规或以企业合规达成和解为前提条件降低强制性措施的适用对企业及高管均具有激励作用。[40]

其次,从合规实践来看,公安机关在侦查阶段可以对企业合规发挥积极作用。如在侦查阶段,检察机关提前介入期间发现企业符合合规条件的,在与侦查机关充分沟通协商达成共识后,尽早开展合规建设,提出整改方向和建议。[41]此外,合规为清理"挂案"提供了新思路。[42] 在挂案清理中,通过与企业合规改革试点相结合,对一些案件予以及时清理。如"江苏省张家港市人民检察院在办案实践中,对于公安机关立案后没有采取强制措施满两年、采取强制措施解除或撤销后满一年的挂案进行逐案排查,监督公安机关作撤案处理8起,启动

[40] 参见李玉华:《我国企业合规的刑事诉讼激励》,载《比较法研究》2020年第1期。

[41] 参见邓根保、丁胜明、钱丽:《企业合规第三方监管机制实施问题研究》,载陈瑞华、李玉华主编:《企业合规改革的理论与实践》,法律出版社2022年版,第236~237页。

[42] "挂案"是指一些案件在办理过程中,既不了结又不向前推进,这样不仅会影响企业的正常经营活动,也有损法律的权威。

合规程序 1 起”。[43] 将来配合企业合规向公安机关和侦查阶段的延伸,《刑事诉讼法》可以对撤销案件、强制性措施等做相应补充调整,进一步丰富、完善合规从轻制度。

此外,除进行刑事案件侦查外,公安机关还是重要的行政监管和执法机关,可在行政监管和行政执法中对执法对象进行合规激励,促进刑事合规与行政合规协同发展。随着合规改革的深入,刑事合规与行政合规的协同发展成为必然趋势。一是合规监管与评估需要行政监管部门介入。根据《关于建立涉案企业合规第三方监督评估机制的指导意见(试行)》的规定,行政机关可作为合规整改监管人、合规听证组成人员参与企业合规过程。各级行政机关(包括公安机关)参与企业合规制度改革,是改革得以进一步深入的关键。二是从预防犯罪的源头治理来看,行政监管与执法中尽早引入合规确有必要。企业犯罪大多是由行政犯发展而来,在行政监管和执法中引入合规手段,可以实现源头治理。三是从刑事合规的实施来看,合规领域的行刑衔接确有必要。在合规不起诉的实践中发现,刑事处罚与行政处罚存在不成比例等问题,不利于合规不起诉的推进,需要在多个方面推进行刑衔接。公安机关作为国家重要的行政执法部门,在“食药环”、知识产权、网络数据监管等行政监管合规方面大有作为。公安执法领域行政合规的展开,还能带动其他行政机关积极参与企业合规改革,促进刑事领域合规与行政领域合规协同发展。

六、结语

我国的企业合规不起诉已经进入“深水区”,一些改革的“瓶颈”问题还需要立法修改予以解决。《刑事诉讼法》对企业合规问题的回应应当基于以下思路。首先,要将以自然人为中心的单行线刑事诉讼制度改造为以自然人和单位双中心的平行线刑事诉讼制度。其次,基于上述思路采取分散式立法将单位犯罪在刑事诉讼中予以体现。再次,刑事诉讼法需要处理认罪认罚从宽与企业合规从宽的关系。认罪认罚从宽与企业合规从宽作为两种不同的制度,既有共同点,也有不同点,企业合规从宽在立法上和程序上应当依托认罪认罚从宽制度,并保持其应有的独立性。复次,针对企业合规不起诉试点中存在适

---

[43] 邓根保、韩广强:《检察推动涉案企业合规管理的路径探析——以江苏省张家港市人民检察院办案实践为样本》,载陈瑞华、李玉华主编:《企业合规改革的理论与实践》,法律出版社 2022 年版,第 226 页。

用范围过窄、考察期限不足、附条件不起诉面临合法性质疑等问题,急需将附条件不起诉在刑事诉讼立法中予以规定并将其中的期限、考察和评估主体等关键问题予以明确。最后,企业合规立足审查起诉阶段向前向后延伸,侦查机关和审判机关介入企业合规是发展的必然。自 2020 年 3 月以来的企业合规试点改革在最高人民检察院的推动下主要基于审查起诉阶段展开,但是,我国的本土司法实践和国际经验显示企业合规向侦查阶段和审判阶段延伸有实际的需求,随着合规不起诉的日益成熟,侦查阶段的强制措施和撤销案件、审判阶段的暂缓起诉和合规从轻也将经历合规试点并逐步进入刑事诉讼立法,最终形成公、检、法司合力推动企业合规的局面。

合规不起诉考察程序的启动条件

——以最高人民检察院企业合规典型案例为样*

李玉华　李华晨**

合规不起诉作为检察机关激励企业合规的重要方式，在保障涉案企业生产经营、服务保障社会经济发展大局方面发挥了重要作用。2021 年 6 月 3 日，最高人民检察院发布第一批企业合规改革试点典型案例，展示了检察机关在涉案企业合规改革试点过程中结合我国现行刑事诉讼制度探索建立企业合规不起诉制度的良好效果，2021 年 12 月 15 日，最高人民检察院又发布第二批企业合规典型案例，着力反映了企业合规流程、第三方监督评估机制适用以及检察机关的主导作用等情况。① 案例显示，检察机关通常为符合考察条件的涉案企业设置一定合规考察期，通过考察企业合规整改和合规建设情况最终决定不起诉的适用。从基本制度逻辑来看，检察机关对于涉案企业通常会进行两次审查：一是审查企业是否符合合规考察的条件；二是审查企业是否符合合规不起诉的适用条件。② 我们将前者称为合规考察程序的启动条件，将后者称为合规不起诉的适用条件。作为适用合规不起诉的第一道“门槛”，合规考察程

---

* 本文原载于《北京科技大学学报（社会科学版）》2022 年第 5 期。

** 李华晨，男，山东枣庄人，中国人民公安大学法学院硕士研究生。

① 2021 年 6 月 3 日，最高人民检察院举办“依法督促涉案企业合规管理将严管厚爱落到实处”新闻发布会，发布第一批企业合规改革试点典型案例。该批典型案例共 4 件，分别是“张家港市 L 公司张某甲等人污染环境案”“上海市 A 公司、B 公司关某某虚开增值税专用发票案”“王某某、林某某、刘某乙对非国家工作人员行贿案”“新泰市 J 公司等建筑企业串通投标系列案件”。2021 年 12 月 15 日，最高人民检察院发布第二批典型案例，该批典型案例共 6 件，分别是“上海 J 公司朱某某假冒注册商标案”“张家港 S 公司睢某某销售假冒注册商标的商品案”“山东沂南县 Y 公司姚某明等人串通投标案”“随州市 Z 公司康某某等人重大责任事故案”“深圳 X 公司走私普通货物案”“海南文昌市 S 公司翁某某掩饰、隐瞒犯罪所得案”。

② 参见陈瑞华：《企业合规出罪的三种模式》，载《比较法研究》2021 年第 3 期。

序的启动条件决定了涉案企业能否进入合规考察程序，同时关乎合规不起诉的公平适用。从发布的典型案例来看，试点检察机关在决定启动合规考察程序前一般会通过走访、调查、审查等方式了解涉案企业相关情况，从而判断该企业是否适合开展合规。例如，在第一批典型案例"张家港市 L 公司张某甲等人污染环境案"中，张家港市人民检察院在作出合规考察决定前，进行了办案影响评估并听取了 L 公司的合规意愿；"上海市 A 公司、B 公司关某某虚开增值税专用发票案"中，上海市宝山区人民检察院受理案件后，走访涉案企业了解经营情况，并向当地政府了解其纳税及容纳就业情况后，督促企业作出合规承诺并开展合规建设；在"新泰市 J 公司等建筑企业串通投标系列案件"中，检察机关在办案过程中，实地到 6 家企业走访调查，并开展社会调查，为适用企业合规提供充分依据。③ 在第二批典型案例"上海 J 公司朱某某假冒注册商标案"中，检察机关适用第三方监督评估机制前除了对涉案企业的社会贡献度、企业发展前景、社会综合评价等开展协助调查外，还一并考察了企业家的一贯表现；在"张家港 S 公司睢某某销售假冒注册商标的商品案"中，承办检察官通过走访企业和市场监督管理局、税务局等行政部门，实地查看公司经营现状、指导涉案企业填写合规承诺、撰写调查报告。④ 从审查的内容和认定的标准来看，在不同涉案企业的性质、规模、犯罪事实等存在较大差异的情况下，办案机关启动合规考察程序的条件也不尽相同。在此情况下，参与改革试点的检察机关可能会面临一些潜在的风险，例如，面对地方党政部门的压力和影响，对一些根本不具备基本条件的涉案企业启动合规考察程序，而将一些符合条件的企业排除在合规考察程序之外。这种带有"选择性执法"性质的做法，将造成合规不起诉适用过程的不公开和不透明，违背"法律面前人人平等"的原则，以至于影响合规不起诉改革的公信力。⑤ 因此，有必要从制度层面进一步规范合规不起诉考察程序的启动条件，"促进严管制度化，防范厚爱被滥用"。⑥

---

③ 参见《最高检发布企业合规改革试点典型案例》，载最高人民检察院网，https://www.spp.gov.cn/spp/xwfbh/wsfbh/202106/t20210603_520232.shtml。

④ 参见《企业合规典型案例（第二批）》，载最高人民检察院网，https://www.spp.gov.cn/spp/xwfbh/wsfbt/202112/t20211215_538815.shtml#2。

⑤ 参见陈瑞华：《企业合规不起诉改革的八大争议问题》，载《中国法律评论》2021 年第 4 期。

⑥ 张军：《最高人民检察院工作报告——2021 年 3 月 8 日在第十三届全国人民代表大会第四次会议上》，载《中华人民共和国最高人民检察院公报》2021 年第 2 期。

相较于一般刑事案件,合规考察属于审查起诉环节中的特别程序,从审查结果来看,合规考察程序的启动条件是具有特殊法律意义的审查事项。对于移送审查起诉的案件,检察机关通过审查涉案企业是否满足合规考察启动条件决定涉案企业能否进入合规考察程序,依据《刑事诉讼法》第171条决定是否对案件提起诉讼,[⑦]在设置和适用时,应注意将合规考察程序的启动条件区别于检察机关审查起诉的其他内容。一方面,为了实现合规激励效果的最大化,涉案企业进入合规考察程序的"门槛"不宜过高;另一方面,为了防止合规考察被滥用,需要对启动条件作出必要的限制。具体来说,为实现激励性与约束性的统一,确保合规考察的启动满足合规不起诉的正义需要,保证涉案企业的合规计划能够顺利推进,保障涉案企业的合规意愿得到充分表达,合规不起诉考察程序的启动条件应包含对涉案企业主观态度、主体能力以及合规意愿的审查。2021年6月,最高人民检察院发布《关于建立涉案企业合规第三方监督评估机制的指导意见(试行)》(以下简称《指导意见》),规定了试点地区检察机关依据《指导意见》适用第三方监督评估机制的基本条件。[⑧] 根据该意见相关规定,结合以上分析和典型案例所反映的实践情况,笔者认为,启动合规考察程序应当具备以下条件:首先,涉案企业应当认罪认罚;其次,涉案企业应具有合规整改和建设的能力;最后,涉案企业必须做出合规承诺。

一、涉案企业认罪认罚

认罪认罚从宽制度2018年规定在我国《刑事诉讼法》总则中,贯穿于整个刑事诉讼程序。认罪认罚从宽作为被告的一种权利,应当平等地适用于所有犯罪主体,既适用于自然人犯罪,也应适用于单位犯罪。[⑨]

(一)认罪认罚作为合规考察程序启动条件的理论依据

首先,是认罪认罚从宽制度的逻辑展开。有学者指出,尽管企业合规不起诉制度与认罪认罚从宽制度在认罪从宽处罚的理念上有相通之处,但两种制

---

⑦ 《刑事诉讼法》第171条规定:人民检察院审查案件的时候,必须查明:(1)犯罪事实、情节是否清楚,证据是否确实、充分,犯罪性质和罪名的认定是否正确;(2)有无遗漏罪行和其他应当追究刑事责任的人;(3)是否属于不应追究刑事责任的;(4)有无附带民事诉讼;(5)侦查活动是否合法。

⑧ 《指导意见》第4条规定:对于同时符合下列条件的涉企犯罪案件,试点地区人民检察院可以根据案件情况适用本指导意见:(1)涉案企业、个人认罪认罚;(2)涉案企业能够正常生产经营,承诺建立或者完善企业合规制度,具备启动第三方机制的基本条件;(3)涉案企业自愿适用第三方机制。

⑨ 参见李勇:《检察视角下中国刑事合规之构建》,载《国家检察官学院学报》2020年第4期。

度间的差异更大，在制度的目的、功能、效果上均有所不同，故不宜参照认罪认罚从宽制度作为企业合规不起诉制度的路径选择。[10] 笔者对此表示赞同。但同时认为，当前保护企业的刑事司法政策与认罪认罚从宽制度以及合规不起诉制度在从宽处理结果上存在契合。[11] 无论是在认罪认罚从宽制度中，还是在合规不起诉制度中，认罪认罚作为犯罪主体表达悔罪意愿的方式，不应存在制度适用上的限制，既可以作为认罪认罚从宽制度的基本形式，也可以作为合规不起诉考察程序的启动条件。在合规不起诉制度中，企业只有认罪认罚才有获得合规考察并争取合规出罪的机会。这并非认罪认罚从宽制度的直接套用，而是基于宽严相济刑事政策的必然要求，这一点与认罪认罚从宽的制度逻辑不谋而合。

其次，是协商性司法的正义需要。弃权机制是实现协商性司法"合法化"的关键环节。[12] 作为21世纪协商性司法制度的最新模式，合规不起诉的本质就是在协商性司法框架下由检察机关和涉嫌犯罪的企业达成的一种和解协议，[13]意味着双方在不破坏刑事诉讼基本程序正义的基础上有所让步和牺牲。对于涉案企业来说，需要与控诉方持合作态度，自愿如实供述自己的罪行，承认指控的犯罪事实，愿意接受刑事处罚；[14]并进行积极的合规整改和合规管理体系建设。从表面看，企业选择合规不起诉程序，意味着放弃了无罪辩护的权利和法庭审理的机会，[15]并且需要投入额外的合规成本，但在实质上却有效地参与了对诉讼结果的塑造，成为自主决定案件结局的诉讼主体。这正是协商

---

[10] 最高人民检察院原副检察长朱孝清指出："在看到企业刑事合规与认罪认罚从宽制度相同点的同时，还要看到它们的区别。二者在要义、目的、价值、工作重心、犯罪治理的侧重点和方式、控辩协商的内容以及从宽幅度等方面均不相同。"参见朱孝清：《企业合规中的若干疑难问题》，载《法治研究》2021年第5期。陈瑞华教授认为："认罪认罚从宽制度与合规考察制度都建立在涉案嫌疑人自愿认罪的前提之下。但是尽管如此，这两种制度无论是在性质上还是在功能上都具有本质的区别，应在制度上将两者区分开来，否则将给合规不起诉改革带来很大的负面影响。"参见陈瑞华：《企业合规不起诉改革的八大争议问题》，载《中国法律评论》2021年第4期。

[11] 参见李玉华：《以合规为核心的企业认罪认罚从宽制度》，载《浙江工商大学学报》2021年第1期。

[12] 参见魏晓娜：《背叛程序正义：协商性刑事司法研究》，法律出版社2014年版，第134页。

[13] 参见陈卫东：《从实体到程序：刑事合规与企业"非罪化"治理》，载《中国刑事法杂志》2021年第2期。

[14] 参见朱孝清：《企业合规中的若干疑难问题》，载《法治研究》2021年第5期。

[15] 参见陈瑞华：《论协商性的程序正义》，载《比较法研究》2021年第1期。

性司法在合规不起诉制度中的正义需要。

最后,是合规激励机制的内在要求。从本质看,任何一种协商性司法程序,都包含着一定的激励机制,也就是被追诉人通过放弃诉讼对抗,做出诉讼上的妥协,来换取司法机关较为宽大的刑事处理。[16] 时至今日,不起诉激励已成为检察机关推动企业合规的重要手段,[17]涉案企业通过有效的合规整改和合规建设作为请求检察机关不起诉的交换条件,而合规整改与建设的前提是涉案企业认识到自己的错误行为和合规漏洞并具有悔改意思。在启动合规不起诉考察程序时,要求涉案企业认罪认罚,既是对企业自我认知和悔罪态度的检验,也是合规激励机制的内在要求。假如涉案企业不认罪,就无法体现一种"积极配合"的态度,无法采取有效的补救措施,更难以展开实质性的制度整改。[18]

(二)"认罪"的认定

在美国,办案机关通常将"自愿披露违法行为"作为企业认罪的认定标准。美国司法部《司法手册》(Justice Manual)第 9 – 47. 120 章规定了美国《反海外腐败法》(Foreign Corrupt Practices Act, FCPA)的公司执法政策(FCPA Corporate Enforcement Policy),明确指出被调查企业"自愿披露违法行为"可以作为不予追诉或减免罚金的条件。关于"自愿披露违法行为"的评判标准,该执法政策要求企业应当披露其在披露时已知悉的与违法行为相关的所有事实,包括任何涉及或应当对违法行为负责的自然人的信息。在获得方式上,除办案机关调查的事实外,同样包括基于企业独立调查所获得的所有相关事实。[19] 我国目前尚无对单位认罪的认定标准,《刑事诉讼法》对自然人认罪的要求是"犯罪嫌疑人、被告人自愿如实供述所犯罪行,承认所指控的犯罪事实"。[20] 关于认罪的把握,最高人民法院、最高人民检察院、公安部、国家

---

⑯ 参见陈瑞华:《刑事诉讼的合规激励模式》,载《中国法学》2020 年第 6 期。

⑰ See MCCONNELL R D. ,"Plan Now or Pay Later:The Role of Compliance in Criminal Cases", *Houston Journal of International Law* 33(3),2011,p. 509 – 588.

⑱ 参见陈瑞华:《企业合规不起诉制度研究》,载《中国刑事法杂志》2021 年第 1 期。

⑲ 参见潘志成:《美国〈反海外腐败法〉最新发展及企业合规启示》,载微信公众号"汇业法律观察"2019 年 11 月 27 日,https://mp. weixin. qq. com/s/L8RDBni8mYaL4ttg5Tg_pg。

⑳ 《刑事诉讼法》第 15 条:犯罪嫌疑人、被告人自愿如实供述自己的罪行,承认指控的犯罪事实,愿意接受处罚的,可以依法从宽处理。

安全部、司法部《关于适用认罪认罚从宽制度的指导意见》指出:“承认指控的主要犯罪事实,仅对个别事实情节提出异议,或者虽然对行为性质提出辩解但表示接受司法机关认定意见的,不影响‘认罪’的认定。”㉑可见,认罪的重点在于“如实供述犯罪事实”而不是“自我定罪”,对供述的行为进行定性是司法机关的责任和司法权的行使,而不应当作为犯罪人的义务和“认罪”的要求。

企业认罪认罚中的“认罪”标准与自然人犯罪的“认罪”标准应当相同,即需要如实供述所犯罪行、承认所指控的犯罪事实,允许其对个别事实的情节提出异议或对行为的性质提出辩解。但由于企业犯罪在犯罪表现和认定方式上与自然人犯罪有所不同,因此,二者在认罪的内容上应有所区别。具体来说,我国《刑法》规定单位犯罪必须体现“单位意志”,即单位的法定代表人、主要负责人、主管人员和其他直接人员的个人意志经过一定法定程序上升而成的整体意志。㉒ 根据是否具有单位意志,在实践中,涉企犯罪通常表现为以下三种情况。一是企业直接负责的相关主管人员具有犯罪故意,并有明确犯罪意思表示,企业犯罪行为在“单位意志”的命令或授权下发生。二是企业内部并未建立有效的合规管理体系或现有合规管理体系未能发挥应有作用,企业内部监管存在明显漏洞和缺陷,无法及时发现和阻止违法犯罪行为的发生。在此情况下,即使企业并无犯罪意志,但相关负责人对违法犯罪行为持一种放任态度。三是企业内部已建立完善的合规管理体系,或者在企业规章中明确禁止员工进行相关违法犯罪活动,平时对员工经常开展警示教育和培训,犯罪行为的发生完全属于企业正常监管下的员工个人行为,不代表单位意志。针对以上三种情形,企业认罪的内容需要具体分析:在第一种情况下,企业应当主动交代,如实供述其犯罪事实,并对自身犯罪意志予以承认;第二种情况较为复杂,认罪的内容不仅应包括所发生的犯罪事实,还应包括企业自身的监管漏洞事实,企业能够认识到自己的严重监管过失导致了犯罪事实的发生;在第三种情况下,企业与具体犯罪人能

㉑ 最高人民法院、最高人民检察院、公安部、国家安全部、司法部《关于适用认罪认罚从宽制度的指导意见》第6条规定:“认罪”的把握。认罪认罚从宽制度中的“认罪”,是指犯罪嫌疑人、被告人自愿如实供述自己的罪行,对指控的犯罪事实没有异议。承认指控的主要犯罪事实,仅对个别事实情节提出异议,或者虽然对行为性质提出辩解但表示接受司法机关认定意见的,不影响“认罪”的认定。犯罪嫌疑人、被告人犯数罪,仅如实供述其中一罪或部分罪名事实的,全案不作“认罪”的认定,不适用认罪认罚从宽制度,但对如实供述的部分,人民检察院可以提出从宽处罚的建议,人民法院可以从宽处罚。

㉒ 参见黎宏:《合规计划与企业刑事责任》,载《法学杂志》2019年第9期。

够实现责任切割，进而提出无罪抗辩，但同样要求企业对自然人的犯罪事实以及自然人的职工身份予以承认。例如，美国司法部 2015 年颁布的《公司违法行为个人责任指令》(Individual Accountability for Corporate Wrongdoing，又称"耶茨备忘录")中指出，涉案企业若要换取检察官的合作奖励，应当承认与犯罪有关的全部个人及其身份信息，并汇报这些犯罪人的所有犯罪事实。对实际犯罪行为人职工身份的确认成为企业实现责任切割的基础。

（三）"认罚"的认定

《关于适用认罪认罚从宽制度的指导意见》指出："认罚"的内涵是"真诚悔罪，愿意接受处罚"。真诚悔罪意味着"认罚"的前提是"认罪"，"愿意接受处罚"主要是指"自愿接受所认之罪在实体法上带来的刑罚后果"。[23]

在企业合规不起诉制度中，笔者认为，除接受犯罪行为的刑罚后果外，涉案企业的"认罚"还应包括以下五方面。第一，积极配合办案机关侦查调查并展开内部自查，及时向办案机关移送相关犯罪线索和证据。企业犯罪案情复杂，办案机关取证困难，涉案企业积极配合能够有效减轻办案机关的取证压力。第二，及时修补、恢复被犯罪行为破坏的法益。从最高人民检察院发布的第一批典型案例来看，前两起案例所涉及的污染环境罪和虚开增值税专用发票罪均属于"法益可恢复性罪名"，针对这类罪名，涉案企业及时采取修复措施，恢复受损的社会秩序、经济秩序、自然环境等受侵害的法益比单纯的罚金刑更具有社会价值和法律意义。第三，采取预防和化解社会矛盾的相应措施，避免社会矛盾激化和扩大。在企业犯罪案件中，涉众型经济犯罪案件被害人人数众多，发生群体性事件风险较高，如果涉案企业能及时提出切实可行的解决方案，给予被害人合理承诺，积极退赃退赔、赔礼道歉，可以有效缓解社会情绪，减轻司法机关办案压力。第四，及时处罚相关责任人，完善内部管理机制。无论是对企业进行处罚，还是要求其进行合规，最终目的都是希望企业能填补漏洞，守法经营。如果企业内部具有相应的规章制度和处罚机制，涉案企业根据相关规定对犯罪嫌疑人或责任人提前给予了内部处分，并针对犯罪行为所暴露出的合规漏洞和风险进行合规整改，可以防止犯罪行为再次发生，帮助企业尽快回归合法经营轨道，这与办案机关办理涉企业合规案件的目标具有一

[23] 陈卫东：《认罪认罚从宽制度研究》，载《中国法学》2016 年第 2 期。

致性。第五,接受行政机关给予的行政处罚。合规不起诉并非“一放了之”,犯罪企业应当为其违法犯罪行为承担责任。2021 年 10 月 11 日,最高人民检察院发布《关于推进行政执法与刑事司法衔接工作的规定》,要求“人民检察院决定不起诉的案件,应当同时审查是否需要对被不起诉人给予行政处罚”。[24] 在涉企业合规案件中,检察机关对涉案企业作出不起诉决定后认为需要对其进行行政处罚的,应当向有关行政主管部门提出行政处罚检察建议。在第一批典型案例“张家港市 L 公司张某甲等人污染环境案”和第二批典型案例“深圳 X 公司走私普通货物案”中,检察机关结合企业合规情况,主动做好行刑衔接工作,在作出不起诉决定后,依法将案件移送至相关行政机关并提出对该公司给予行政处罚的检察意见,使涉案企业在享受合规红利的同时,为自己的犯罪行为付出相应的代价。因此,接受检察机关提出的“行政处罚检察建议”,及时缴纳行政罚款,接受相应的行政处分,同样属于涉案企业“认罚”的应有之义。

二、涉案企业具有合规能力

(一)涉案企业具有合规能力的必要性

合规能力,是指企业制定并有效实施合规计划,整改原有风险漏洞,建立有效合规管理体系,并能够持续推进合规建设的能力。根据不同合规要求,可以将其具体分为合规整改能力、合规建设能力、持续合规能力等。在考察涉案企业是否符合合规考察启动条件时,单凭涉案企业良好诚恳的认罪认罚态度并不能保证其今后合规建设的持续稳定,还需要审查涉案企业是否具有稳定可靠的合规能力。

首先,涉案企业具有合规能力是确保合规计划有序展开的前提条件。合规不起诉决定以企业合规计划的实施情况为主要依据,在合规考察期届满之前,检察机关认为涉案企业遵守合规监管协议,成功推进合规计划实施的,就可以据此作出不起诉的决定。[25] 但是,企业合规整改和合规建设成本高昂,只有拥有足够经济实力的企业才能持续提供人财物以创立并运转合规计划;而

---

[24] 最高人民检察院《关于推进行政执法与刑事司法衔接工作的规定》第 8 条第 1 款规定:人民检察院决定不起诉的案件,应当同时审查是否需要对被不起诉人给予行政处罚。对被不起诉人需要给予行政处罚的,经检察长批准,人民检察院应当向同级有关主管机关提出检察意见,自不起诉决定作出之日起 3 日以内连同不起诉决定书一并送达。人民检察院应当将检察意见抄送同级司法行政机关,主管机关实行垂直管理的,应当将检察意见抄送其上级机关。

[25] 参见陈瑞华:《刑事诉讼的合规激励模式》,载《中国法学》2020 年第 6 期。

且,在一般情况下,合规计划涉及的内容繁多、对计划有效性要求严格,并不是一朝一夕建成的,从建立健全到发挥作用,需要得到企业足够长时间的配套保障。[26] 因而,只有具有坚实经济基础和稳定资金支持的企业才能确保合规计划落实到位,保证企业顺利通过合规考察。其次,涉案企业具备合规能力能够减少额外监管成本,避免司法资源浪费。在合规监管过程中,涉案企业合规整改的难易程度以及合规任务的总体数量决定了合规监管费用的高低,如果企业运营困难,历史遗留问题严重,管理模式、经营方式等各方面均需要进行整改,那么合规监管人在监管过程中需要投入更多的精力去查找公司管理漏洞,制定更复杂更详细的合规计划,这些额外工作将显著增加企业合规的治理成本和合规监管的费用。因此,如果让那些根本不具备合规能力的涉案企业进入合规考察程序,最终将导致企业合规的目的无法实现,第三方监督评估组织对涉案企业的监管考察以及检察机关的监督审查也都将白费。最后,从司法正义的角度来看,企业具有合规能力是稳定社会经济秩序,保障被害人合法权益,落实合规不起诉程序正义的基本要求。恢复性司法理念强调对涉罪企业进行合规整改,引导其及时回归合法运营轨道,并以此为基础来修复受损的市场秩序,弥补受到侵害的社会法益。[27] 在有被害人的案件中,还需要企业积极向被害人赔礼道歉,积极赔偿损失。[28] 涉案企业是否具备基本的合规能力关系涉企业合规案件的恢复性司法目标能否实现,更关乎被害人的损失能否有效弥补。在此基础上,批准具有合规能力的涉案企业进入合规考察程序,要求其对被害人以及被其犯罪行为破坏的社会法益进行赔偿和修复,成为合规不起诉制度程序正义的基本要求。

(二)能否正常经营是判断企业合规能力的重要标志

如何判断涉案企业是否具有合规能力,根据《指导意见》第4条第2项的规定,要求"涉案企业能够正常生产经营,承诺建立或者完善企业合规制度,具备启动第三方机制的基本条件"。合规整改和合规建设属于高消耗、高成本的持续性工程,只有能够正常经营的企业才能为合规建设提供充足的人力、资

---

[26] 参见赵恒:《刑事合规计划的内在特征及其借鉴思路》,载《法学杂志》2021年第1期。

[27] 参见陈卫东:《从实体到程序:刑事合规与企业"非罪化"治理》,载《中国刑事法杂志》2021年第2期。

[28] 参见叶伟忠:《检察环节构建涉罪企业合规考察制度的探讨》,载《人民检察》2021年第5期。

金、设备和技术支持,减轻合规监管负担,保障合规平稳顺利推进。

正常经营作为一种运营状态,可以通过涉案企业相应的外在表现来进行判断。在两批典型案例中,涉案企业大都具有较强的纳税能力、行业地位和社会影响力,能够按照要求执行合规计划,进行有效的合规整改,及时补缴涉案税款或按时缴纳行政罚款。判断企业的合规能力不能只看过去,以过去的贡献程度、纳税情况、员工数量为依据,关键还要着眼当下,并看将来,以企业当前的经营状况和未来合规计划的投入成本作为重要参考。具体来说,判断企业是否能够正常经营可以从以下几方面进行:在经营业务方面,企业从事的是合法事项;在生产运作方面,生产线未出现大面积停工停产,订单和销售能够维持合规开支需要;在组织人事方面,主要负责人员或高管涉案未对企业运营产生实质影响;在资金支持方面,资金来源有稳定保障,至少能够保证合规整改和建设的基本质量与持续推进。

目前,我国企业合规不起诉改革依然处于试点阶段,部分地区检察机关刚刚开始涉案企业合规试点探索,为稳妥起见,大多数检察机关一般都选取自身基础良好、犯罪情节轻微、受案件影响不大的涉案企业进行合规考察。未来,为充分发挥合规不起诉制度的激励效果,保证更多有合规能力的涉案企业有机会进入合规考察程序,笔者建议,检察机关对于“正常经营”的把握应坚持以下原则:一是实事求是,结合企业当前实际进行审查,避免“表面繁荣”的企业蒙混过关;二是综合考虑,不能“唯资产论”或“唯效益论”,还应考虑合规计划的实施和合规目的的实现;三是适度放宽,相较于企业涉诉前的运营状况和未涉诉企业的经营情况,应当适当降低对涉诉企业正常经营的认定标准。

(三)不同企业的合规能力具有差异性

当前的涉案企业合规改革试点工作严格坚持“法律面前人人平等”的法治理念,对待所有的企业,无论大小,无论国营还是私营都给予平等对待。[29] 从最高人民检察院发布的两批典型案例来看,涉案企业从规模上有当地小微型企业、省级企业,还包括国内行业龙头企业和拟上市企业;从企业类型来看,涵盖高新技术企业、建筑工程企业、销售与贸易型企业、食品加工企业等;从性质来看,既有民营企业、国有企业,还包括集体企业和外资企业。有“一案一企”,还

---

[29] 参见徐日丹:《促进“严管”制度化,防范“厚爱”被滥用——检察机关开展企业合规改革试点工作综述》,载《检察日报》2021年4月9日,第1版。

有“一案多企”。在不同企业的背景、实力有所差异的基础上,我们不可能对所有企业设置完全相同的合规能力认定标准,否则,合规便成了小型企业的负担、大型企业的特权。[30]

在具体审查企业合规能力时,针对不同规模、类型和性质的企业应当具体考量,区别认定。大多中小微企业的犯罪问题并不是特别严重,其合规整改的内容也并不复杂,但由于企业自身管理人员相对单一,资金储备相对有限而很容易受到诉讼影响,因此,针对这类企业的合规能力应当着重关注其主要责任人员是否被羁押,企业是否还具备基本生产条件,资金链还能否正常流转,储备金能否承担合规监管费用、缴纳罚款罚金等。大型企业内部结构复杂,部分工作关联性较高,贷款数额和项目资金一般较大,落实合规整改、实施合规计划所需的成本也较高,一旦某一环节出现问题很容易导致合规建设整体性停滞。因此,对大型企业要关注其储备资金是否充足,关联交易是否合法,长期效益是否稳定;是否有足够的材料供应、技术支持、专业人员来保障合规计划的执行和落实。对上市公司还应当关注其股价波动情况和股民交易信心,正确预估股市不稳定因素的影响范围和程度。针对不同领域的企业,对高科技企业应多关注其是否能够继续正常研发,创新型、主导型研发人才是否大量流失,企业核心技术还能否投入生产;对于建筑业企业应多关注建材市场价格和建筑市场行情,判断企业是否会出现原材料积压或招工施工困难现象。针对不同性质的企业,要重点审查民营企业融资贷款信誉、管理人员素质、整体收支情况;针对国有企业还应考虑国际政治环境、国家和地方政策、组织人事调整、技术创新能力等因素。

三、涉案企业作出合规承诺

(一)企业作出合规承诺的基本要求

首先,涉案企业作出合规承诺必须出于“自愿”。合规承诺的自愿性关系合规计划的有效性以及刑事诉讼的正当性。在合规不起诉制度下,即使有效的合规整改能够帮助企业“出罪”从而避免刑事处罚,但在高昂的合规成本下,并非所有企业都愿意接受严格的合规监管。如果企业在非自愿前提下被迫作出合规承诺,将很难保证其合规计划的有效性与认罪认罚态度的真实性,这不

---

[30] 参见李本灿:《企业视角下的合规计划建构方法》,载《法学杂志》2020 年第 7 期。

仅侵犯涉案企业的基本权利，还会导致后面的合规考察评估丧失参考价值，违背程序正义的基本要求。因此，合规承诺必须是涉案企业充分了解合规不起诉制度含义和合规监管要求后根据自己意愿作出的真实意思表示，其在威胁、强迫、欺骗、引诱下所作出的合规承诺均应认定为无效。检察机关必须保证涉案企业充分知晓合规考察的内容及其在合规考察过程中应当承担的义务和面临的风险。在此基础上，涉案企业主动提出的合规承诺以及通过检察机关介绍和相关提示而自主表达合规意愿，作出的合规承诺，都应当认定为自愿承诺。

其次，合规承诺必须结合企业实际情况和特点。在“张家港市L公司张某甲等人污染环境案”中，L公司在提交书面合规承诺的同时，又向检察机关一并提交了证明其行业地位、科研力量、纳税贡献、承担社会责任的证明材料。[31]在“随州市Z公司康某某等人重大责任事故案”中，Z公司同样提交了开展企业合规的申请书、书面合规承诺以及企业经营状况、纳税就业、社会贡献度等证明材料。[32] 这些材料一方面能够证明企业的合规能力；另一方面，可以通过合规能力证实合规承诺的真实性和可行性。作为企业制定合规计划的重要依据，合规承诺必须充分结合企业的实际运营状况和自身特点，严格防止“假大空”等不切实际的许诺，否则将会对企业合规的认定造成影响。在实践中，有些涉案企业为了急于向检察机关表明其合规意愿而在承诺时表达得过于“华丽”，但实际上根本无法兑现；或者是为了提前降低今后检察机关对于合规整改的要求进而容易通过合规考察，故意选择易达成的事项进行承诺，但合规漏洞始终没有解决。对此，检察机关和第三方组织应当结合涉案企业实际情况和特点严格审查企业的合规承诺，防止不达要求或企图“偷懒”的企业蒙混过关。

（二）合规承诺的内容

对于涉嫌犯罪的企业来说，合规承诺既是企业对自身违法犯罪行为的“检讨书”，也是企业向办案机关作出合规整改和合规建设的“保证书”。综合合

---

[31] 参见《最高检发布企业合规改革试点典型案例》，载最高人民检察院网，https://www.spp.gov.cn/spp/xwfbh/wsfbh/202106/t20210603_520232.shtml。

[32] 参见《企业合规典型案例（第二批）》，载最高人民检察院网，https://www.spp.gov.cn/spp/xwfbh/wsfbt/202112/t20211215_538815.shtml#2。

规考察的整体目标以及合规出罪的基本要求,企业的合规承诺一般应包含以下三方面内容。第一,承诺进行合规整改,消除原有合规漏洞及风险。这是企业对之前违法犯罪行为进行的反思和补偿,企业在认罪后,应当进一步对犯罪行为所暴露出的合规漏洞提出整改意见。第二,承诺进行合规建设,建立有效的合规管理体系。这是企业对未来日常性合规管理作出的表态,合规不起诉制度的最终目的是希望企业建立合规制度和合规体系,实现合规经营和发展。在合规承诺时,涉案企业应当保证将严格按照合规计划开展合规建设,并在今后的发展中依法合规管理、合规经营,逐步建立符合自身特点的合规管理体系。第三,承诺配合合规监管,落实监督考察意见。这是企业对合规考察作出的积极响应。在合规考察过程中,企业应为第三方组织开展合规监管提供必要便利;积极解决监管过程中遇到的阻碍、困难;及时落实第三方组织合规整改意见;同第三方组织一道预防和制止监管腐败的发生。

四、结语

合规不起诉制度是检察机关充分履行检察职能,服务保障“六稳”“六保”,推动企业合规健康发展的重大探索。合规不起诉考察程序的启动条件关系涉案企业是否具有通过合规换取不起诉决定的资格,也事关合规不起诉制度的适用效果。当前,涉案企业合规改革试点已在全国检察机关全面推开,明确合规不起诉考察程序的启动条件既是合规不起诉制度深入探索的需要,也是刑事诉讼公平正义的基本要求。从最高人民检察院发布的两批典型案例来看,目前试点地区检察机关合规不起诉的适用对象主要还是犯罪情节较轻的中小微企业,适用方式主要是运用相对不起诉模式。未来,为了满足对所有企业犯罪案件以及对所有规模的涉案企业适用合规不起诉的需要,应当通过立法正式建立我国的刑事诉讼“企业合规附条件不起诉”制度。作为合规不起诉制度的重要组成部分,合规考察程序的启动需要同时满足“合规”条件和“不起诉”条件。对于前者,要求企业主观上具有合规意愿,并且自身具有基本的合规能力以保障合规整改和合规建设的有效推进;对于后者,要求企业及其相关犯罪行为人承认所指控的犯罪事实,愿意接受处罚,积极配合办案机关调查并及时进行内部自查,积极采取相关补救措施等。综上,合规不起诉考察程序的启动应当符合以下条件:涉案企业认罪认罚、涉案企业具有基本合规能力、涉案企业作出合规承诺。

有效企业合规计划之构建研究

解志勇[*]　那　扬

一、引言

企业合规(Corporate Compliance)发端于美国,并在20世纪90年代之后迎来高速发展期。在美国,企业合规定义最早出现在企业财务管理和反腐败领域。[①] 时至今日,合规风险已成为任何公司都可能面对的复合风险,企业合规也演进为刑事司法部门和行政执法部门通过激励机制促进企业强化自我管理与预防犯罪相结合的规制进路。[②] 相应地,有效企业合规计划(Effective Corporate Compliance Program)逐渐成为企业针对公司经营可能存在的违法犯罪风险点所建立的一套旨在防范、识别和应对合规风险的"自警自监"机制。[③] 有学者质疑企业合规,认为从公司治理角度看,企业合规限制了企业经营自主权,增加了企业经营成本,降低了市场活力。[④] 也有学者认为企业合规计划具有反激励效果,"纸面合规"给更多企业违法犯罪创造可乘之机。[⑤] 可见,所有争论焦点,仍是企业合规计划的有效性,[⑥]企业合规计划是否可以促进企业自我管理和预防违法犯罪,行政监管部门和司法部门认定有效合规计划的标准,

---

* 中国政法大学比较法学研究院院长、教授。

① See Carole L. Basri, *Corporate Compliance*, 2017, p. 64 – 65.

② See Geoffrey P. Miller, *The Law of Governance*, *Risk Management*, *And Compliance*, 3 (2d ed. 2017).

③ See Carole L. Basri, Corporate Compliance, 2017, p. 41.

④ See D. Daniel Sokol, "Teaching Compliance", *University of Cincinnati Law Review* 84, 2016, p. 412; Kimberly D. Krawice, "Cosmetic Compliance and the Failure of Negotiated Governance", 81 *Washington University Law Review* 487, 2003, p. 492 – 493.

⑤ See William S. Laufer, "Corporate Liability, Risk Shifting, and the Paradox of Compliance", *Vanderbit Law Review* 52, 1999, p. 1343 – 1410.

⑥ See Miriam Hechler Boer, "Governing Corporate Compliance", *Boston College Law Review* 50, 2009, p. 949 – 950.

以及企业如何制订有效合规计划等问题,仍是实务界和学术界关注的重点。

作为"舶来品"的企业合规已逐渐探寻到适合我国法治土壤的发展路径。自2020年年初以来,最高人民检察院(以下简称最高检)已先后启动两批企业合规不起诉改革试点工作,随着试点工作的不断推进,检察机关和行政监管部门不断探寻通过激励机制引导企业自我管理的新型监管方式,不断摸索有效企业合规计划的本土建构思路。学界对企业合规建设理论和实践的推进,反应积极,陈瑞华教授对此持高度肯定态度,认为企业合规可以将企业自我管理和预防违法犯罪结合起来,而正向激励和反向激励机制的运用,有利于提升企业的发展品质。[⑦] 有学者针对企业合规应采取刑事主导还是行政主导发展路径,进行探索;[⑧]有学者对有效合规计划的建构标准进行比较法考察;等等。[⑨]在企业合规计划本土化构建中,我们仍然面临合规计划内容设计是否科学合理,实施举措和检验评价机制是否运用得当,保障机制是否有效可靠等问题。针对这些突出问题,可以通过理论阐释、实践推演和比较剖析和镜鉴等手段,探索适合我国实践需要的有效合规计划构建进路。

二、企业合规计划的理论源流和实践动因

在企业合规发展的过程中,企业合规中"规"的适用范围曾引发学者的讨论,因为"规"的界定直接影响着企业合规制度适用的边界。美国有学者认为,"软法"(Soft Law)的定义(如公司社会责任)应该加入合规的定义当中,但也有人主张只有"硬法"(Hard Law)即法律法规明确规定的法才是合规应该适用的法律。[⑩] 实际上,企业合规经过多年实践发展,许多公司在合规建设时,并没有对两者进行区分,毋宁说合规是"为了满足法律和公共政策的要求,企业

---

⑦ 参见陈瑞华:《企业合规制度的三个维度——比较法视野下的分析》,载《比较法研究》2019年第3期;孙国祥:《刑事合规的理念、机能和中国构建》,载《中国刑事法杂志》2019年第2期。

⑧ 参见黎宏:《合规计划与企业刑事责任》,载《法学杂志》2019年第9期;李勇:《检察视角下中国刑事合规之构建》,载《国家检察官学院学报》2020年第4期;万方:《合规计划作为预防性法律规则的规制逻辑与实践进路》,载《政法论坛》2021年第6期;张泽涛:《论企业合规中的行政监管》,载《法律科学(西北政法大学学报)》2022年第3期。

⑨ 参见李本灿:《企业视角下的合规计划建构方法》,载《法学杂志》2020年第7期。

⑩ See Christiana Ochosa, "Corporate Social Responsibility and Firm Compliance: Lessons from the International Law-Inter-national Relations Discourse", 9 *Santa Clara Journal of International Law* 169, 177 (2011).

所建立的自警自监(Self-policing)体系”。[11] 从美国有效合规计划制度发展史可以看出,企业合规自警自监体系是通过企业有效合规计划的实施逐步完善起来的,这正是有效合规计划发展的实践动因。

(一)企业合规计划的制度演进

传统严刑峻法的公司治理模式并未阻止大量企业违法犯罪的发生,事后惩罚的方式也未给企业违法犯罪画上“休止符”。企业合规计划作为回应性制度,通过推行行政和刑事激励政策,引导公司自我管理,主动预防违法犯罪行为的发生,进而激发企业合规经营的原动力,实现源头治理。

1. 企业合规计划在商业实践中的兴起

20 世纪 60 年代,美国曝出电气行业反垄断案件,多家电气公司联合串通投标,以垄断电气市场价格。[12] 美国政府向多家电气公司和涉诉公司高管提起刑事诉讼,其中全球知名公司通用电气(General Electric Company,GE)最终被罚近 44 万美元。在诉讼过程中,通用电气曾以公司已制订反垄断合规计划作为减轻公司责任的抗辩事由,但法官最终没有采纳通用电气的抗辩事由,理由是“公司虽然制定了反垄断合规计划,但仍实施了反垄断行为”。[13] 虽然通用电气在这次诉讼中败诉,但作为其抗辩事由的反垄断合规计划引起了行业内的广泛关注,反垄断合规计划在电气行业内慢慢普及。美国学者针对公司合规计划对反垄断行为影响的一项实证研究表明,企业可以通过企业合规计划等内部规章有效减少反垄断领域违法犯罪行为的发生,因为企业的垄断行为不一定仅仅是出于“成本和收益”的考量,更多时候是源于对法律法规的忽视或漠视。[14]

2. 反海外腐败法案拉开企业合规计划的发展序幕

美国“水门事件”所暴露的政商勾结,以及同期大量美国公司被曝出存在海外贿赂行为,使美国民众对美国公司的经营能力和企业信用度产生怀疑,参

---

⑪ Carole L. Basri, *Corporate Compliance*, 2017, p. 3.

⑫ See Harvey L. Pitt & Karl A. Groskaufmanis, “Minimiring Corporate Civil and Criminal Liability: A Second Look at Cor-porate Codes of Conduct”, *Georgetown Law Journal* 78, 1990, p. 1579.

⑬ See Harvey L. Pitt & Karl A. Groskaufmanis, “Minimiring Corporate Civil and Criminal Liability: A Second Look at Cor-porate Codes of Conduct”, *Georgetown Law Journal* 78, 1990, p. 1581.

⑭ See Beckenstein & Gabel, “Antitrust Compliance: Results of a Sarvey of Legal Opinion”, 51 *Antitrust Law Journal* 459, 463 (1982).

议院立法报告指出,“我们需要更强有力的反海外贿赂法来规制海外贿赂行为,借以重振公众对于美国公司守法经营的信心”。[15] 在这一背景下,美国于1977年出台《反海外腐败法案》(Foreign Corrupt Practices Act),该法案要求上市公司通过建立反腐败内部控制机制、加强留存会计账簿和记录等,对上市公司海外贿赂行为进行规制。《反海外腐败法案》所推行的强制企业内控机制,促使更多公司接受并且设立公司内控机制,这种体现为公司内部行为指引等形式的内部规章,被视为企业合规计划的雏形。[16]

3. 国防产业合规建设确认企业合规计划的重要性

20世纪80年代,《华盛顿邮报》发表了多篇国防产业浪费和国防承包商欺诈的新闻报道,里根总统任命专门委员会进行调查,调查结果显示国防产业存在严重的浪费和承包商欺诈问题,专门委员会针对上述问题提出一系列制度完善建议,例如,强化对国防承包人内部管理政策和内部管理流程等企业合规计划审查、完善员工举报机制、设立员工培训机制和高管负责制等。另外,国防部提出,如果国防承包商设立有效企业合规计划,并且自愿披露其违法犯罪行为,可以作为减轻处罚的情节考虑。[17] 专门委员会针对国防承包商合规建设的建议逐渐被美国司法系统接受,并且被司法部转化到后续企业合规计划规制文件中。

4. 联邦量刑指南极大促进企业合规计划的发展

美国联邦量刑委员会(United States Sentencing Commission,以下简称量刑委员会)于1991年发布《联邦量刑指南》(United States Sentencing Commission, Guidelines Manual)修正案,首次将“组织机构量刑”(Sentencing of Organizations)编入《联邦量刑指南》,以此作为法院对企业犯罪定罪量刑的依据。美国联邦量刑委员会表示,修订《联邦量刑指南》的首要立法目标是,构建刑事激励机

---

⑮ Austin,“Antitrust Reaction to the Merger Wave: The Revolution vs. the Counterrevolution”, *North Carolina Law Review* 66, 1988, p. 931 – 940.

⑯ Harvey L. Pitt & Karl A. Groskaufmanis, “Minimiring Corporate Civil and Criminal Liability: A Second Look at Cor-porate Codes of Conduct”, *Georgetown Law Journal* 78, 1990, p. 1585.

⑰ Christie Ford & David Hess, “Can Corporate Monitor ships Improve Corporate Compliance?”, *Journal of Corpora-tion Law* 34, 2009, p. 680 – 689.

制,促进企业实现自警自监。[18] 该量刑指南采取了"胡萝卜加大棒"的政策:一方面,企业如果制订有效预防违法犯罪的合规计划,可以获得宽大处理,量刑指南同时列示企业合规计划构成的七项要素;另一方面,如果企业没有设立有效合规计划,将不能从轻、减轻处罚。毋庸置疑,该量刑指南为美国企业合规建设按下了加速按钮。

随着安然公司(ENRON)、世界通讯公司(WORLDCOM)等超大公司被曝出财务造假事件后,政府监管者再次意识到,公司内部控制机制失控将引发严重的社会后果,政府监管者等开始探索积极措施纠正公司治理的错误。美国国会于2002年通过《萨班斯法案》,推动公司会计制度和信息披露制度改革,对公司提出合规性要求。[19] 联邦量刑委员会随之于2004年对量刑指南进行修正,修正案对企业合规文化作出要求,指出企业合规文化对于推动合规建设的重要性,并单独列示且细化了有效合规计划的要素。[20] 此外,量刑委员会于2010年通过的修正案,强化了企业高管的合规责任,促使企业高管对公司合规管理的重视,进而进一步自上而下促进企业合规机制的发展。[21]《联邦量刑指南》为美国企业合规的发展提供动力:一方面,该指南细化了有效合规计划的要素和配套裁量标准;另一方面,通过合规刑事激励机制,企业自身和其高管层有了更强的设立有效合规计划的内驱力,使预防性管理和自我管理成为可能。

（二）有效企业合规计划制度的实践动因

随着企业合规制度的发展,有效合规计划逐渐成为企业自我管理的工具,借此实现对企业、员工或者与企业合作的第三方潜在违法犯罪行为的有效预防,从而保障了企业的长远发展。针对企业犯罪,传统行政部门和司法部门通过对企业犯罪行为的事后惩罚来实现管理。[22] 企业合规计划则是政府监管者们通过推进行政和刑事激励政策,引导公司自我管理和预防违法犯罪行为的

---

⑱ United States Sentencing Commission, Supplementary Report on Sentencing Guidelines for Organizations app. A (1991).

⑲ See Miriam Hechler Baer, "Governing Corporate Compliance", 50 *Boston College Law Review* 949,961 – 62 (2009).

⑳ See United States Sentencing Commission, Guidelines Manual § 8B2. 1 (Nov. 2004).

㉑ See Miriam Hechler Boer, "Governing Corporate Compliance", *Boston College Law Review* 50, 2009, p. 953 – 966.

㉒ 参见万方:《合规计划作为预防性法律规则的规制逻辑与实践进路》,载《政法论坛》2021年第6期。

发生,激发了企业合规经营的原动力。在合规计划的实施过程中,合规计划主要通过行为准则、内部监督与审计机制、举报或“吹哨人”机制、应急和惩戒机制等,在企业内部进行自警自监与犯罪预防。㉓

1. 企业合规行政激励机制

合规行政监管激励制度与刑事减免罚激励有着异曲同工之妙。一方面,行政监管部门通过制度,强制要求企业制订有效合规计划;另一方面,对于涉嫌违反行政法律法规的企业,如果在接受行政调查的过程中,主动、全面配合监管机构调查,开展自我调查且披露相关违法犯罪证据,行政监管部门往往通过与企业签署行政和解协议的方式,设定合规整改考察期,要求企业制订有效合规计划,预防类似违法犯罪行为再次发生。行政监管部门可以指派或要求企业聘请第三方独立监督机构,对企业整改进程进行监督,并向行政监管部门报告,行政监管部门根据企业整改的实际效果,对企业作出不予行政处罚,从轻、减轻行政处罚或者恢复行政处罚的决定。㉔

在反腐败领域,美国司法部和证券交易委员会(United States Securities and Exchange Commission,SEC,以下简称证交会)于 2012 年、2020 年先后两次联合发布《反海外腐败法案指南》(A Resource Guide to the U. S. Foreign Corrupt Practices Act),鼓励企业自我调查、自我监督,并主动检举自身高管层或员工的违法犯罪行为,如果涉案企业针对已有犯罪行为,积极采取补救措施,完善公司合规建设,涉案企业将获宽大处理。根据证交会公开的反腐败领域案件,其中多数案件提到合规制度阙如、合规制度失效是企业犯罪的主要原因。㉕ 例如,证交会于 2021 年 9 月公布对总部设在伦敦的世界最大传播集团 WPP 集团的行政处罚决定,处罚原因是 WPP 子公司对集团内部会计管理政策和合规政策的违反,WPP 集团被处 1900 万美元罚款。㉖ 证交会于 2019 年 6 月公布对

㉓ See Geoffrey P. Miller, *The Law of Governance, Risk Management, And Compliance*, 3 (2d ed. 2017).

㉔ H. Lowell Brown, “Corporate Directors Compliance Oversight Responsibility in the Post Caremark Era”, *Delaware Journal of Corporate Law* 26, 2001, p. 111 – 113.

㉕ *SEC Enforcement Actions: FCPA Cases*, https://www, see, gov/enforce/see-enforcement-actions-fepa-cases.

㉖ *SEC Charges Worlds Largest Advertising Group with FCPA Violations*, https://www, see, gov/news/press-release/2021 – 191.

美国零售巨头沃尔玛(Walmart)的行政处罚决定,处罚原因是沃尔玛在近十年跨国业务高速发展的过程中,未能充分、有效履行反腐败合规计划(Anti-corruption compliance program),沃尔玛最终被证交会和司法部共处以2.8亿美元的罚金,证交会反腐败负责人Charles Cain进一步释明,沃尔玛承诺制订的合规计划和合规培训被搁置一旁,公司的价值观认为,国际业务增长和降低成本是高于合规建设的。公司原本有多次机会避免这样的错误,但是沃尔玛公司缺乏预警机制和内部财务控制管理机制,造成了最后的违法后果。㉗

2. 企业合规刑事激励机制

有效企业合规计划并不仅是从企业自我管理层面预防犯罪,当企业收到刑事司法部门对企业可能的违法违规行为介入调查时,有效的合规计划一方面可使企业获得减免惩罚的机会,更重要的是,如果公司配合调查,主动整改纠错,并且有针对性地制订专项合规计划,以及补救违法行为造成的损害,可能获得宽大处理的机会。㉘ 根据《联邦量刑指南》的规定,企业建立了有效的合规计划,积极协助配合政府的调查活动,并且愿意对该行为负责时,应减轻企业的责任。与此同时,美国司法部在考虑是否对企业采取整改观察期限时,企业有效合规计划也是重要的考量因素。㉙ 在企业犯罪案件的审理中,涉诉企业是否建立合规计划以及合规计划是否有效,是法院对企业定量量刑的重要参考因素。此外,美国还确立了暂缓起诉协议制度(Def-erred Prosecution Agreement)和不起诉协议制度(Non-Prosecution Agreement),这两项制度均规定,如果企业设立有效的合规计划,可以帮助涉案企业与司法部或证交会等行政、司法部门,签署暂缓起诉协议或不起诉协议。因此,美国公司更有动力设立有效的合规计划,作为对行政监管和刑事调查的积极反馈。㉚

美国学者统计,从2004年至2016年,司法部共与159个涉嫌反腐败领域犯罪的公司达成了暂缓起诉协议、不起诉协议或认罪协议,其中近2/3涉案公

㉗ See *Walmart Charged With FCPA Violations*, https://www, sec, gov/news/press-release/2019 - 102.

㉘ 参见黎宏:《合规计划与企业刑事责任》,载《法学杂志》2019年第9期。

㉙ See Veronica Root, "Coordinating Compliance Incentives", Cornell Law Review 102, 2017, p. 1013 - 1015.

㉚ See Geoffrey P. Miller, *The Law of Governance*, *Risk Management*, And Compliance 456 - 457(2d ed. 2017).

司与司法部最终签署暂缓起诉协议或不起诉协议。[31] 汇丰控股(HSBC Holdings Plc.)和美国汇丰银行(HSBC Bank USA)由于涉嫌反洗钱犯罪,最终与司法部签署暂缓起诉协议。该暂缓起诉协议约定了5年的监管期限,汇丰同意支付近13亿美元罚金,同时,汇丰控股和美国汇丰银行必须强化合规责任,承担起反洗钱和其他领域的合规义务,通过制订和强化专项合规计划,确保公司全球业务运营中预防违法犯罪行为的再次发生。[32]

三、有效企业合规计划的核心要素及其保障机制

美国证交会、商务部、司法部等行政和司法机关都要求企业制订有效合规计划,但实务界和学术界对企业如何自我衡量其合规计划的有效性,以及检察官如何评价被立案调查公司合规计划的有效性,对其判断标准观点不一。[33] 2019年4月,美国司法部发布新版《企业合规计划评估指南》(Evaluation of Corporate Compliance Program),回应了实务界和学术界的争议,尝试统一企业合规计划有效性的基本评价标准。评估指引提出合规计划评估三原则,包括计划制订原则、可执行性原则和效果原则,即从合规计划制订的完备程度、企业合规流程设计的可执行性和执行效果来评价合规计划。与此同时,评估指引针对每一项评估原则提出具体评估要素,以供检察官在调查案件或作出指控时参考。[34] 2020年6月,美国司法部再次修订《企业合规计划评估指南》,修订后的指南进一步强调公司合规政策的可及性,以及强调公司高管层和中层管理者对于合规计划践行的重要性。[35] 并且,该指南对《联邦量刑指南》和《企

---

[31] See D. Daniel Sokol, "Teaching Compliance", *University of Cincinnati Law Review* 84, 2016, p. 412; Kimberly D. Krawice, "Cosmetic Compliance and the Failure of Negotiated Governance", 81 *Washington University Law Review* 487, 2003, p. 492 – 93.

[32] See Immediate Release, U. S. Dep't of Justice, HSBC Holdings Ple, and HSBC Bank USA N. A. Admit to Anti-Money Laundering and Sanctions Violations, Forfeit $1,256 Billion in Deferred Prosecution Agreement (Dee, 11, 2012), https://www. justice, gov/opa/pr/hsbe-holdings-ple-and-hshe-bank-use-nag-admit-anti-money-laundering-and-sane-tions-violations.

[33] See Susan D. Carle, "Progressive Lawyering in Politically Depressing Times: Can New Models for Institutional Self-Re-form Achieve More Effective Structural Change", *Harvard Journal of Law & Gender* 30, 2007, p. 324 – 333.

[34] See U. S. Department of Justice, Criminal Division, "Evaluation of Corporate Compliance Programs" (APR. 30, 2019).

[35] See U. S. Department of Justice, Criminal Division, "Evaluation of Corporate Compliance Programs" (June 1, 2020).

业合规计划评估指南》中保障企业合规计划有效性的相关规定进行解构和剖析,阐释其必备元素和核心要素,有助于理解有效合规计划的内涵及其实现路径。

(一)核心要素

有效企业合规计划的灵魂即是“有效性”,合规计划制度的建立目的,是行政和司法部门通过激励机制促进企业自警自监,预防违法犯罪行为的发生。同时,政府治理由“管理型”向“监管型”的方式转变,[36]一方面,可以大量节约行政和司法成本,另一方面,也是更为重要的,公司管理层针对已涉嫌违法犯罪行为进行反思,结合自身经营、行业上下游产业链生态、员工管理等情况,可以分析出导致公司违法犯罪的深层次风险点,并及时采取补救措施,最终保护公司、员工及上下游产业链等重大权益。关于如何制订有效合规计划、合规计划包括哪些核心要素,以及通过何种标准对合规计划的有效性进行评价等问题,可以通过对《联邦量刑指南》和《企业合规计划评估指南》予以解构性分析,找到答案或线索。

1. 成功的风险评估

《联邦量刑指南》指出,企业有效合规计划的构建,首先应针对企业自身经营风险进行自我调查(Due Diligence)。可以说,风险评估是设立有效合规计划的基石。美国联邦量刑委员会《联邦量刑指南》2004 年修正案、2011 年修正案,均强调了企业风险评估(Risk Assessment)的重要性。[37] 企业确保合规计划有效性的第一步,就是根据公司的商业模式、其所提供的产品或服务、经营地点、经营范围、竞争能力、第三方代理商、客户和合作伙伴等,所蕴含的违法犯罪的风险,进行识别和评估,然后再制订有针对性的合规计划。因此,由于每个公司的特性不同,合规计划必然不同。[38] 就如同企业管理,没有千篇一律的企业管理模式,最有效的企业评估是企业根据自身情况去寻找答案。2017 年 2 月,美国特朗普政府发布《企业合规计划评估指南》,列明企业合规计划评估

---

[36] See John Braithwaite, "The New Regulatory State And The Transformation of Criminology", *The British Journal of Criminology* 40, 2000, p. 222.

[37] See United States Sentencing Commission, Guidelines Manual § 8B2. 1(Nov. 2004).

[38] See D. Daniel Sokol, "Teaching Compliance", *University of Cincinnati Law Review* 84, 2016, p. 412; Kimberly D. Krawice, "Cosmetic Compliance and the Failure of Negotiated Governance", *Washington University Law Review* 81, 2003, p. 101 – 103.

需要重点关注的评估内容，特别指出检察官需要关注“企业如何识别、分析和解决特定风险，以及企业收集相关信息的路径和范围”。[39] 美国司法部历来重视风险评估的重要性，在和解协议中也多有体现，在总部位于佛罗里达州的贷款处理服务公司（Lender Processing Services，Inc.）涉嫌刑事欺诈案和解协议中，司法部认可了该公司已加强风险评估，完善了针对风险管理的合规计划。[40]

2. 科学合理的合规标准和程序

《联邦量刑指南》明确指出：“公司应该建立可以预防和纠正违法犯罪的合规标准和程序”。[41] 所有合规标准和程序应该跨部门完成，合规计划应该包含合规标准和具体的行为指南。公司需要建立一套承诺遵纪守法的行为准则，内部检查员应该评估公司是否制定了将合规文化融入日常管理的合规标准和程序。例如，美国亚马逊公司的合规计划中，首先写明“亚马逊的雇员坚持履行好本职工作职责，亚马逊的雇员们所有行为，应该遵守法律、道德和为了实现公司利益最大化”。当然，每个公司都应该根据其自身的企业文化、所处行业、经营情况和战略目标等，制订符合自身发展的合规计划。

为了确保企业合规计划的有效性，公司在制定合规标准和程序时，应该尽可能细化合规标准和具体程序，以促进合规计划的落实。与此同时，公司也应该发展合规文化，以促进企业合规。[42] 企业文化可以说是企业使命、愿景、价值观等全体企业员工认可甚至信仰的行为准则。合规计划可以说是企业文化的一部分，或者说企业文化有利于促进合规计划的实现。因此，合规计划中的合规标准，必须被全体员工知晓和接受，并且有切实的合规程序得以践行。否则，即使一个公司有再“完美”或者“完备”的合规计划，员工对其不履行或者公司没有程序保障其履行，那么这个合规计划也不具有有效性。

以安然（Enron）公司的破产事件为例，引发美国行政监管机构对其行政执

---

[39] Fraud Section, *U. S. Dxpartment of Justice*, *Evaluation of Corporate Compliance Programs* 4 – 5 (2017), https://www.justice, gov/criminal-fraud/page/file/937501/download.

[40] See Press Release, Department of Justice, Florida-Based Lender Processing Services Inc. to Pay $ 35 Million in Agree-ment to Resolve Criminal Fraud Violations Following Guilty Ple a from Subsidiary CEO, https://www.justice, gov/opa/pr/florida-based-lender-processing = services-inc = pay – 35 – million-agreement-resolve-criminal-fraud.

[41] United States Sentencing Commission, Guidelines Manual §8B2.1(b) (Nov. 2004).

[42] United States Sentencing Commission, Guidelines Manual, §8B2,1(a)(Nov. 2004).

法方式的反思。行政监管机构意识到企业失去内控将造成巨大的社会影响,而且根据水漾原理,公司规模越大,造成的负面影响将越大。事后监管和对资本市场宽松监管的传统行政监管方式,在保护企业和其投资者等相关主体方面可能已不是最优方案。因此,行政监管机构开始建立实质性的企业监管机制,延长监管的触角,强制或引导企业通过自监自警,强化内控和合规管理。《联邦量刑指南》要求企业"尽适当的努力"撤免违法违规、不遵守公司内部规则的高管职务,使其不能担任管理岗职位。[43] 美国公司经常通过员工入职时的背景调查,来确保员工的合规从业履历。当然,背景调查行为也促进了潜在员工对于公司合规文化和合规要求的了解。

3. 积极的员工培训

《联邦量刑指南》要求公司设计合理的合规方案,培训所有员工,介绍公司合规标准和程序,知晓合规计划的具体操作步骤,让员工意识到合规行为对公司的重要性。另外,暂缓起诉协议或不起诉协议也要求,企业通过培训让员工知晓合规计划内容,确保员工明白自身权利义务,以及工作内容合法合规操作的边界。无论公司如何组织培训,都应以当地语言向接受培训的员工提供培训课程和培训材料。[44] 此外,该指南还要求公司针对不同的业务,制定有针对性的培训内容,对可能涉及的违规风险进行预警培训。员工不能仅仅观看培训,还要切实参与到培训之中。培训不是一次性的,必须是持续性的系列行为。

4. 实效的激励和惩戒措施、内部调查和审计

就算公司已经做了合规计划培训,为了确保合规计划的有效施行,公司还需要确保合规计划包含适当的激励措施、适当的惩戒措施和内部监督机制。合规计划还要明确当员工发生违法违规行为时,公司的反应机制和纠错机制。公司可以通过监督员工的工作邮件、工作电话等,来监督员工的合规行为。[45] 很多美国公司依照《萨班斯法案》的建议,设立了匿名举报机制,如设立匿名电话方式以保护举报人,或者建立其他举报机制。因此,举报机制是有效合规计划的重要元素,如果公司没有保护好举报人,将会引发公司丑闻,公司将受到

---

[43] See United States Sentencing Commission, Guidelines Manual, § 8B2, 1(b)(3)(Nov. 2004).

[44] See Carole L. Basri, Corporate Compliance. 2017, p. 22 – 23.

[45] See Joseph E. Murphy, "Policies in Conflict: Undermining Corporate Self-Policing", 69 *Rutgers University Law Review* 422, 427(2017).

证交会的调查。另外,证交会也设定了奖励举报人机制,截至2021年5月,证交会宣布其颁发给证券领域举报人的奖金已超过10亿美元。[46] 与此同时,公司在发现员工违法违规后,应当建立一种有效的、可靠的并有适当资金支持的调查程序,以及包括纪律惩戒和补救措施在内的企业回应程序。调查员必须身份独立,具有收集所有相关必要信息的能力和权力。企业根据违规行为吸取教训,更新其内控机制和合规计划,并为未来有针对性的专项培训提供素材。可靠审计机制的建立也不例外,所有企业都应建立高效的审计机制,堵塞财务漏洞。

5. 对第三方(合作方、并购对象等)的尽职调查

企业合规所面临的复杂问题,不只是对公司高管和员工的合规管理,同样重要的还有对公司合作方的合规管理。如果公司的子公司、合作方违法违规,公司也要承担其合作方违规的后果。企业在商业交易过程中,特别是跨国公司在进行跨国贸易时,经常通过合作国当地的代理商、顾问和分销商等在内的第三方,来掩盖其自身违法犯罪的事实。执法部门在评估企业合规计划时,亦应针对与企业合作的第三方,进行尽职调查,并对调查方案进行评估。尽职调查会根据企业所在行业、国家、交易模式和性质,以及与第三方的历史关系而有所区别,但尽职调查一般要遵照以下原则:一是企业应对第三方合作伙伴的资格、诚信情况,以及与外国官员的关系进行调查;二是企业与第三方合作的权利义务关系,应该尽量明确约定,明确第三方在交易或者合作中实际发挥的作用,第三方提供的产品或者服务的内容;三是企业应对第三方的行为进行持续的监督。企业也可以对第三方合作方定期更新尽职调查,并实施审计等,以确保第三方合作方的合规性。[47] 与此同时,公司如并购其他公司,在并购过程中也应对并购对象进行合规调查,因为如果并购成功,被并购方的违法犯罪行为将直接导致公司承担相应后果。

(二)效果保障机制

为了保障有效合规计划的施行效果,还需要建立效果保障机制,即事前风

---

[46] See Immediate Release, Sec Surpasses $1 Billion in Awards to Whistleblowers with Two Awards Totaling $114 Million, https://www, see, gov/news/press = release/2021 – 177.

[47] Fraud Section, *U. S. Dxpartment of Justice*, *Evaluation of Corporate Compliance Programs* 4 – 5 (2017), https://www. justice, gov/criminal-fraud/page/file/937501/download.

险预防、事中监督和事后处理机制。这个效果保障机制并不是独立于合规计划而构建的，而是合规计划的一部分，是合规计划实施和效果实现的制度保障。

1. 风险预防机制

事前风险预防，就是企业根据自身业务发展特性、企业规模、业务领域、自身商业模式和公司运作模式，对业务和经营中可能的合规风险进行综合风险评估，列明所有风险点，有针对性地制定预防政策和程序。由于企业的发展模式和合规风险不是一成不变的，因此，需要对风险评估进行动态检视和更新，以构建更有针对性和实效性的事前预防风险机制。[48] 第一，企业要评估风险，根据公司现有规章制度、合规章程等，结合公司业务线条的层级和流程，来分析可能存在的潜在风险，与此同时，企业合规部门还可以结合较大规模的员工访谈，来辅助分析企业存在的潜在合规风险。第二，及时调整和更新企业合规计划，企业合规官应该根据企业的业务发展和行业监管要求等，阶段性、实时性地更新企业合规计划，以最大限度地预判风险并进行防控。第三，对企业内部高管和员工的培训，也是合规事前预防风险机制的重要组成部分，企业应采取合理的措施和流程，定期介绍和推广合规计划，向各部门和各级员工以及第三方合作伙伴，提供针对性培训并记录培训情况。

2. 监督制衡机制

为了更有效地识别和监督可能发生的合规风险，企业应该建立顺畅、灵敏、高效的风险报告制度。风险报告制度是企业在常规建设和合规整改过程中的重要制度，可以避免让企业对整改计划失信、失察，及时发现漏洞、风险，避免企业再次陷入更严重的合规泥沼，因此，这项制度事关合规建设和整改的实际效果。从对待合规调查的态度方面讲，企业接受行政机关或检察机关的调查后，是否承认主要指控事实、积极地与执法机关展开合作，可以作为对涉违法犯罪企业是否适用不起诉协议或者暂缓起诉协议的考量条件之一。无疑，企业根据相关机关指控的风险和违规事实，以及自身实际情况，积极主动地制订针对性的合规计划，是非常有效的整改方式。[49] 但这种合规计划的执行过程，有待第三方的监督。从美国事中监督的经验看，法律鼓励公司根据《联

---

[48] See Carole L. Basri, *Corporate Compliance*, 2017, p. 221 – 225.

[49] 参见李奋飞：《论企业合规考察的适用条件》，载《法学论坛》2021 年第 6 期。

邦量刑指南》,设立匿名举报等多元举报机制,并制定保护举报人具体制度,来提高发现风险的概率和有效性。可见,事中监督机制可以鼓励全体员工,对于违反合规计划的事项和违规人履行必要的举报义务。这项义务的实现,需要采取开通专门电子邮件系统、举报网络平台或者举报热线电话等举措。当然,对举报人的保护、奖励机制好坏,也决定了举报制度是否可以运行良好。

3. 应急响应机制

事前对风险点的预判、事中对风险处理的监督,均是合规计划实施的主要方面,但如果没有严格的事后处理,整个防范机制还是难以奏效。事后处理机制的构建原则,是当企业高管或者员工违规行为发生或者被发现后,企业的应迅速启动应对反应机制,通过采取合理应对方式和步骤,及时纠正和制裁违法违规。[50] 企业违规行为发生后,它就可能受到外部行政监管机构、司法机构,甚或国际组织的介入调查,因此,企业的专业反应机制非常重要。事后处理机制首先要求企业迅速启动合规内部调查,尽快阻止违法违规行为的持续发生、发酵,尽可能地迅速减轻违法后果或损害。与此同时,如果涉及外部行政监管、司法机关或国际机构的介入,企业应积极配合调查,进行必要的信息披露,以争取合作激励,获得行政或者刑事方面的宽大处理,努力将企业发展受到的损失和不利影响降至最低,保护企业的整体利益和平稳运行。

四、我国有效企业合规计划的实践检视

在中美贸易争端背景下,我国技术企业遭遇打压,美国利用我国个别科技公司自身企业合规机制漏洞作为切入点,通过长臂管辖对域外公司进行制裁。姑且不讨论制裁行为是否是对特定公司的有意打压,但在客观上都达到了牵制相关公司发展的效果。在洞悉此类事件本质的基础上,这些案例也使企业合规走入我国公司治理和司法实践的视野。我国行政监管机构,特别是金融行业行政主管部门,率先通过发布合规指南等方式,推行强制合规建设;最高检自2020年年初已先后启动两批企业合规改革试点,进一步摸索适合我国国情和司法环境的企业合规刑事激励机制和行政激励机制。随着检察机关推行的企业合规改革试点范围的扩大和受理案件的不断增加,如何构建适合我国法治建设要求的企业合规制度,企业合规计划是否能够保障合规改革试点中

[50] Carole L. Basri, Corporate Compliance, 2017, p. 73 – 77.

的企业合规运行,如何判断和评价企业合规计划的有效性,如何为合规计划构建制度保障等问题,尚无统一立法规定,目前均处于探索中。

(一)我国企业合规建设实践考察

我国金融业最先以行业指导强制合规方式,促进行业合规整体发展,国务院国有资产监督管理委员会于2018年向所辖中央企业发布《中央企业合规管理办法(试行)》,促进中央企业构建合规、内控和风险管理协同运作机制。此外,随着最高检企业合规试点改革的不断推进,如何构建有效企业合规计划已成为亟待解决的重要命题。

1.行政监管部门主导的行业合规建设

随着国际经贸往来不断深化,金融领域企业、从事跨境业务的国企和央企,最先感受到域外营商和执法环境中对于企业合规的重视。针对全行业企业合规建设,最初主要以政府主导的方式发展,始于金融行业,后逐渐被推广到其他中央企业和开展境外业务的企业等。例如,原中国银行业监督管理委员会(以下简称原银监会)和原中国保险业监督管理委员会(以下简称原保监会)参照巴塞尔银行监管委员会(Basel Committee on Banking Supervision)发布的《合规与银行内部合规指引》(Compliance and the Com-pliance Function in Banks),先后制定了《商业银行合规风险管理指引》和《保险公司合规管理办法》,以指导银行业和保险构建合规管理制度建构。发展与改革委员会同商务部、外交部等行政部门,于2018年联合下发《企业境外经营合规管理指引》,指导开展境外服务业务的企业构建合规管理体系。中国证券业监督管理委员会(以下简称证监会)于2017年发布《证券公司和证券投资基金管理公司合规管理办法》,以行政规章的方式,向证券行业推行强制合规制度。该办法在对证券公司的合规管理提出强制要求的同时,也通过行政监管激励机制激发企业构建合规管理的内部动力。

现代行政法的平衡论理论认为,行政法机制由制约机制与激励机制平衡而成,从内、外部行政活动视角看,现代行政法机制可以细分为内部行政制约与激励机制,以及外部行政制约与激励机制。[51] 行政监管部门通过发布规章或行业合规指引的方式,一方面,制约监管对象合规发展;另一方面,也通过一些

---

[51] 参见罗豪才、宋功德:《现代行政法学与制约、激励机制》,载《中国法学》2000年第3期。

合规不处罚、合规从轻处罚的激励机制，促进合规建设。例如，根据《证券公司和证券投资基金管理公司合规管理办法》的规定，证券公司如果主动发现违法违规行为或合规风险隐患，完善内部控制制度并及时向证监会报告的，依法可以从轻、减轻处理，或不予追究责任；合规负责人如已尽职履行审查、监督、检查和报告职责的，不予追究责任。[52] 我国金融行业通过发布合规管理指引等方式，一方面，制定了行业合规样本，设定了行业最低合规标准；另一方面，推动了企业主动识别、预防和报告风险。可见，行政监管部门通过企业合规建设探索行政执法方式的变革，平衡规制与激励，提高行政效率和节约行政执法成本，最终促进行业内企业高质量发展。

2. 最高检推动的合规不起诉改革试点

民营企业是国家经济发展的重要生力军，我国加强了民营企业的司法保护，强调对其严管厚爱。在最高检推行的企业合规不起诉的改革试点中，检察机关通过企业附条件不起诉制度，对涉案企业进行合规整改，给予其合规整改考察期，并将合规整改情况作为定罪量刑的酌定情形。检察机关立足公诉职能，突破传统检察职能"外部性"特征，通过提前介入，引导并激励企业合规整改，建立有效预防类似犯罪行为发生的有效合规计划，以降低企业自身法律风险。[53] 对涉案企业合规整改情况的监管和评判，是一个关键环节，对此，有人提出了三种监管模式：检察机关主导监管模式、独立监控人监管模式和行政部门监管模式。[54] 三种模式各有优缺点，如何选择最佳第三方监督评估机制，还在探索中。对此，最高检会同多个行政部门出台的《关于建立涉案企业合规第三方监督评估机制的指导意见（试行）》明确提出，针对涉案企业，建立合规第三方监督评估机制，即对符合企业合规改革试点适用条件的，交由第三方监督评估机构选任组成的第三方监督评估组织，对涉案企业的合规承诺进行调查、评估、监督和考察，考察结果作为人民检察院依法处理案件的重要参考。

（二）合规建设中的弊端消解了有效合规计划的作用

涉案企业合规第三方监督评估机制是我国引入企业合规管理机制后的一项重要制度尝试，综观最高检先后发布的两批企业合规试点案例，有效企业合

[52] 参见《证券公司和证券投资基金管理公司合规管理办法》第36条。

[53] 参见董坤：《论企业合规检察主导的中国路径》，载《政法论坛》2022年第1期。

[54] 参见周绪平：《企业合规第三方监管制度的构建》，载《人民检察》2021年第9期。

规计划是考核和评价企业整改情况的重要证据支持，但企业合规改革中存在的合规组织体系缺失、实践缺位和行刑衔接不畅等问题，消解了有效合规计划的作用。

1. 合规组织体系缺失

合规建设蕴含了许多重要理念，如诚实信用、社会责任等，是外部观察了解以及对企业行为进行解读、判断的重要参考依据。企业合规计划的有效践行，必须基于公司高管层自上而下对公司合规经营的重视，并且有赖于公司现代治理结构的有效运行。在“上海J公司、朱某某假冒注册商标案”中，由于公司管理层和员工法律意识淡薄，特别对知识产权侵权及刑事犯罪认识淡薄，公司领导搞“一言堂”，导致朱某某作为公司股东和实际控制人的违法行为，没有受到公司董事会、监事会的管理和制约。[55] 在本案合规整改过程中，第三方监督评估组织指导企业制订合规计划，并督促企业结合自身经营风险情况，细化落实合规计划涉及的组织体系、政策体系、程序体系等相关体系建设，确保了合规计划的有效性。

学者们对公司合规的组织法定位有不同的看法。有的主张合规制度应在公司法中有所体现，将合规要求作为公司组织和公司成员的基本法定义务，同时将合规规定为公司全员的基本行为准则。[56] 也有学者主张应该区分合法性义务基础上的一般合规义务和组织化基础上的合规治理义务，公司法在立法上可以确立合规治理的有效性要求，但具体合规治理体系的建构应属于企业自治范畴。[57] 无论合规组织是否在公司组织法中有明确定位，通过对国内外合规建设的实证观察，有效合规计划的践行需要合规体系的良好运行来予以保障。

2. 合规建设实践不规范

合规建设实践不规范，会导致企业陷入违法犯罪境地的概率剧增。涉案企业必须基于自我分析，洞察、识别风险点，然后针对已涉嫌违法犯罪的风险点从整改和预防等角度制定有效合规计划。因此，只有基于自我风险评估制

---

[55] 参见《最高人民检察院企业合规典型案例（第二批）》，载最高人民检察院官网，https://www.spp.gov.cn/app/wwfbh/wsf-bt/202112/t20211215_538815. shtml#2。

[56] 参见赵万一：《合规制度的公司法设计及其实现路径》，载《中国法学》2020年第2期。

[57] 参见刘斌：《公司合规的组织法定位与入法路径》，载《荆楚法学》2022年第3期。

订有针对性的合规计划，才能真正事前预防，从源头遏制犯罪行为。综观指导案例的整改要求，检查验收的标准无一例外地要求企业针对自身风险进行合规建设。在指导案例"深圳王某某等对非国家工作人员行贿案"中，检察机关与公司签署合规监管协议后，主要围绕与犯罪行为商业贿赂相关的企业内部治理结构、人员管理等存在的问题，要求企业弥补监督管理漏洞，制订企业内部反舞弊和防治商业贿赂等一系列专项合规计划；在"新泰市J公司等建筑企业串通投标系列案"中，检察机关建议涉案企业针对自身所处建设行业招投标情况全面排查，并对合规建设情况验收，明确"从源头上避免再发生类似违法犯罪行为"。[58]

3. 行刑衔接缺乏制度化安排

如果涉案企业的合规整改，获得检察机关验收通过，涉案企业可能获得附条件不起诉处理。检察机关作出附条件不起诉决定后，会出现两个重要的后续问题。一是谁来对涉案企业合规整改的长期监督者？无疑，行政监管部门无论是从业务监管角度，还是职能本位角度，都更适合对企业进行长期监督管理。二是涉案企业对违法犯罪受害人的民事赔偿的监督落实，检察机关和行政监管部门谁来完成？这个问题更趋复杂。在现有公开案例中，未显示行刑衔接的制度化安排，一般采取个案处理的方式。有学者建议，鉴于行政监管部门在细分监管领域，具有无可比拟的专业化和技术化优势，而合规计划的制订、执行和验收又必须仰赖于专业的行政监管，故应该构建以行政监管为中心的企业合规体系。[59] 但也有学者认为，我国正在走一条以检察机关为主导、行政监管部门和第三方社会主体积极参与的合规体系建设路径。有些企业虽经合规不起诉不再作为犯罪处理，但是依旧会根据行政法律法规，追究其行政责任等，在这种情况下，可以采取检察机关向主管行政部门提供检察建议的方式，请行政监管部门介入，以促进行刑衔接。[60] 显然，企业合规领域的行刑衔接缺乏制度化安排，已经成为我国企业合规建设推进过程中，实体法、程序法兼而有之的软肋，亟待立法解决。

---

[58] 《最高检发布企业合规改革试点典型案例》，载最高人民检察院官网，https://www.spp.gov.cn/spp/wwfbh/wsfbh/202106/t20210603_520232.shtml。

[59] 参见张泽涛：《论企业合规中的行政监管》，载《法律科学（西北政法大学学报）》2022年第3期。

[60] 参见董坤：《论企业合规检察主导的中国路径》，载《政法论坛》2022年第1期。

五、我国有效企业合规计划的构建进路

中国企业发展所处的市场环境和政策环境都与美国存在较大差异，中美两国企业合规所依托的法治基础也截然不同，但企业合规所蕴含的通过行政激励和刑事激励机制促进企业建立自警自监的自我管理体系的新型执法理念，可以给我们启示。虽然企业合规建设在我国的兴起较晚，但在检察机关、行政机关、律师和学界力量的共同推动下，推进速度很快，可以通过借鉴美国企业合规理论和实务发展经验，吸取其教训，设计出更切合中国实际的企业合规制度。

（一）最高人民检察院主导制定有效企业合规计划评估指南

比较法学研究可以为我们提供世界法治发展样本和素材，但比较法学研究要注意避免纯粹的“权利本位论”或“法条主义”，研究必须生发于我国自有的法治土壤，结合“中国”时空维度的理论模型来研究。[61] 通过对美国《联邦量刑指南》等关于有效合规计划要素的考察，结合目前我国检察机关主导和推进企业合规改革试点工作的实际情况，建议由最高检主导制定程序、实体规范兼具、满足合规最低要求的“有效企业合规计划评估指南”，避免检察机关对合规计划有效性的评估陷入“一事一判”的泥沼。有效企业合规计划评估指南应包含以下内容。

1. 建立合规组织体系

合规组织体系是合规计划有效性的组织保障，合规计划必须由专门合规组织体系推进才能得到践行。根据国际惯例和我国一些国企、央企、大型民营公司等合规组织架构，合规组织体系一般包括：合规管理委员会、首席合规官、合规部、企业各部门，以及分公司合规部门等，各方需要协作配合，方能按照合规章程和专项合规计划，践行公司合规管理。值得注意的是，企业的各个部门，以及分公司、子公司等分支机构内，依据其规模，均应设置合规团队，保障部门间合规管理无缝对接。例如，在美国波音公司（Boeing）涉嫌违反《国际武器贩运条例》案件中，波音公司与美国国防部贸易管制办公室（State Department Office of Defense Trade Controls）签署了一份和解协议，该协议中明确约定合规计划的制订和执行由波音公司执行委员会负责，执行委员会由

---

[61] 参见邓正来：《中国法学向何处去——建构“中国法律理想图景”时代的论纲》，载《中国政法大学学报》2005年1月。

波音公司董事会主席、首席执行官、总裁、首席运营官、首席财务官、法律顾问,以及运营部门和人力部门分管副总裁共同组成。[62] 另外,从《联邦量刑指南》的要求看,它要求企业所建构的合规建设体系,需要打通合规部门和公司董事会、管理层的通路,打通员工发现违规事项后直接向公司权力机构和合规部门举报的通路,[63]否则,风险无法及时传达给公司董事会、高管层和法务合规部门,合规管理的监管真空隐藏着巨大的合规风险。

2. 制订合规章程和专项合规计划

(1)统领合规建设的合规章程

打造有效合规计划的第一步就是制定合规章程。传统的公司章程指引着公司的经营管理,合规章程则统领了公司的合规建设,因此,合规章程应该与公司章程一样作为公司全员需要遵守执行的合规行动纲领。[64] 合规章程一般应包含至少五项内容。第一,公司合规的基本理念和基本原则;第二,合规管理组织框架,尤其是列明公司高管、首席合规官、合规专员的具体工作职责;第三,合规工作流程清晰化,列明公司各部门间、分公司间合规一体化流程;第四,合规监督机制,如内部监督举报机制和举报热线等;第五,违规行为预警机制和相应的惩戒机制。合规章程或合规宪章不仅具有作为合规纲领而规制公司内部的作用,也是公司向行政监管部门、司法部门证明公司开展常规化合规建设的有力证据。

在我国处理的雀巢公司"企业合规无罪第一案"中,雀巢公司 6 名员工涉嫌侵犯公民个人信息罪。在该案审理过程中,雀巢公司向法院提交了《雀巢宪章》《雀巢公司指示》《员工培训教材》等合规文件,雀巢公司以其公司明令禁止非法信息收集,并且通过培训使所有员工知晓,作为企业脱罪的抗辩理由,申明企业已尽到合规义务,证明本案犯罪实为个人行为,并非企业犯罪。最终,雀巢公司说服法院,法院接受了认定员工的上述行为属于个人行为的主张。[65] 这可以被看作合规完章(章程)等合规体系建设,帮助企业成功脱罪的

---

[62] H. Lowell Brown, "Corporate Directors Compliance Oversight Responsibility in the Post Caremark Era", *Delaware Journal of Corporate Law* 26, 2001, p. 114,

[63] See United States Sentencing Commission, Guidelines Manual § 8B2. 1 (Nov. 2004).

[64] 参见陈瑞华:《企业合规基本理论》(第 2 版),法律出版社 2021 年版,第 115 页。

[65] 雀巢公司 6 名员工犯侵犯公民个人信息案,参见甘肃省兰州市中级人民法院(2017)甘 01 刑终 89 号刑事裁定书。

经典案例。

(2)结合风险评估制订的专项合规计划

合规章程或合规宪章是针对公司经营管理制定的原则性合规纲领,公司还需要根据自身所处行业、所处监管环境、公司自身发展情况和内部运营情况等,来进行风险评估,找到可能引发违法犯罪的"模糊地带",然后分别针对重大类别的风险点制订"专项合规计划"。通过分析那些接受过美国政府监管调查,或者国际组织制裁的企业重建合规计划的经验来看,保障合规计划有效性的解决方案,最为重要的就是"量身打造"专项合规计划。例如,西门子在受到美国和德国监管调查后,针对监管要求,深刻剖析自身海外贿赂违法犯罪事实,立即针对反海外腐败问题,建立了专项合规整改计划,又被称为"反海外贿赂合规计划"。又如,中国湖南某企业曾因涉嫌参与国际银行招投标中的欺诈问题,受到世界银行对其作出"附解除条件的取消资格"两年的制裁,直到其针对自身违规行为进行合规整改,公司制订有针对性的专项"诚信合规计划",最终,公司合规整改行为受到世界银行的认可而被撤销制裁。再如,Z 公司针对其进出口业务可能违反有关国家出口管制法律的问题,建立了专项合规计划,又被称为"出口管制合规计划";针对反贿赂领域建立"反贿赂合规计划",完善反贿赂合规体系,并确保合规体系有效地预防、监测与应对贿赂。总之,企业在合规章程或合规宪章的指引下,还应该针对自身经营管理的实际风险评估结果,制订具有针对性的专项合规计划,才能切实保障合规计划的有效性。

(二)合规计划的行业指导及其标准化

我国《法治政府建设实施纲要(2021—2025 年)》提出,要坚持改革创新,积极探索具有中国特色的法治政府建设模式和路径,我们在行政法治建设中应该积极探索转变政府职能,创新开放合作的法律机制。[66] 从市场监管的角度看,落实该纲要的一个重要方面,是行政监管部门在推进企业合规建设中,建构监管机构和监管对象通过平等理性商谈获得共识的开放场所。[67] 通过该开放场所平台,监管机构或行业协会在汇集行业发展突出合规问题后,可以制定适用于相关行业的企业合规指引,亦可针对监管对象或自律组织成员,制定具有标准化意义,符合企业自我管理和风险预防最低标准的"行业合规指引"。

---

[66] 参见马怀德:《迈向"规划"时代的法治中国建设》,载《中国法学》2021 年第 2 期。

[67] 参见罗豪才等:《行政法的治理逻辑》,载《中国法学》2011 年第 2 期。

1. 行政监管部门提供行政合规指导

我国金融行业的行政监管部门率先在业内推出了行业合规计划指引，以提升银行业和证券业的合规治理水平。2017 年，证监会制定了《证券公司和证券投资基金管理公司合规管理办法》规章（以下简称《合规管理办法》），为证券公司确立了行业最低合规管理标准，促进了证券行业合规建设发展。应该指出，不能得到落实的“纸面合规”是不能真正起到推进行业合规建设效果的。《合规管理办法》针对行业易见的合规管理漏洞，进行针对性的制度设计，使制度可执行，执行效果可保障。例如，合规管理办法对合规负责人职级、年度薪酬收入水平、考核标准等做了细化规定，从行业指导层面回应了此前证券行业合规工作人员普遍岗位偏低、在公司话语权较少、合规部门意见不受重视、合规风险往往被业务部门创收打败等长期存在的问题。此外，合规管理办法还规定，如果证券基金经营机构制定有效合规管理章程和文件，主动发现风险并积极采取补救措施，涉嫌违法时可减轻或者免予处罚，进一步激励证券经营机构合规建设。

2. 行业协会推进行业合规建设

行业协会推进企业合规建设，提升有效合规计划的实施，具有天然优势。一方面，行业协会等自律组织可以通过发布有效合规计划指引、开展行业培训等方式促进行业合规建设，例如，中国证券业协会作为证券公司自律组织，发布《证券公司合规管理有效性评估指引》，指导证券公司开展合规管理的有效性评估；中国化学制药工业协会制定《医药行业合规管理规范》，对中国境内经营的医疗企业提出合规要求，指明了具体合规管理体系建设路径，助推医药企业合规发展。另一方面，针对已经涉及合规整改的案例，行业协会可以挖掘行业合规风险点，对全行业开展合规自律整改。[68] 深圳市人民检察院在查处系列钻石走私案的过程中，发现钻石行业普遍存在涉嫌走私的违法犯罪倾向，深圳市人民检察院以个案合规为切入点，通过与深圳市黄金珠宝首饰行业协会开展合作，在检察院的指导下，由行业协会发布行业合规管理指引，并对行业内企业开展培训，更好地帮助企业防范走私合规风险。可见，通过行政监管部门

---

[68] 参见《罗湖检察的这份检察建议，促进了这个行业形成合规指引》，载深圳市罗湖区人民检察院官网，https://www. shenz-henlh, joy, gov, cn/news/getbyld, action? news, new Id = 202205161613273550198&news, state = 1。

或行业协会等自律组织发布行业合规管理办法或实施指引行动，可以起到推动行业合规管理的作用，对其他行业领域具有启示意义，相关行政监管机构和行业协会可以参照成熟经验，制定具有标准化意义的行业合规指引，以促进企业持续健康发展。

（三）行政合规与刑事合规相衔接

1. 统筹建立行刑衔接一体化机制

有效的企业合规计划应将预防企业行政违法作为合规体系建构的基本目标之一，实现源头治理，以避免企业从行政违法走向犯罪道路。我国行政监管部门和刑事司法部门应该在企业合规监管领域，建立一体化联动机制，协作推进企业合规建设，给予企业在合规建设和整改时，以整体、稳定的法治预期。例如，检察机关可以联合行政监管部门，推动建立“合规互认”机制，对于有效开展合规整改的涉案企业，统一给予宽大处理。同时，规范公安机关和检察机关提前介入行政执法程序制度，在追究涉案企业刑事责任时，应以行政执法机关认定的证据作为依据。

2. 行政监管措施的综合运用

行政监管部门可以综合应用行政措施规制企业整改行为，在“胡萝卜加大棒”的共同作用下，促进企业进行合规整改。首先，行政监管部门对于应建而拒建、未建合规计划，或者制订合规计划不合格的涉案企业，行政监管部门可以对企业予以处罚。其次，涉案企业未针对合规计划制定配套合规管理体系，或者虽然制订合规计划，但是在具体经营操作层面刻意拒绝执行，停留在“纸面合规”，行政监管部门可采取行政处罚措施。再次，对于企业合规计划运行不顺畅的企业，可以采取行政约谈等柔性执法方式，以劝导约谈并进的模式，或者调整行政检查的频次和方式，促进合规计划内化于企业合规建设和经营管理中。最后，行政机关也可以探索将企业合规管理、企业合规计划的有效性考核，作为依法颁发行政许可的考量因素。

契约行政理念下的企业合规协议制度构建

——以工程建设领域为视角

周佑勇*

企业合规协议,是指企业和执法机关之间签订的,通过建立企业内部合规管理机制实现行政管理目的的协议。该种制度彰显了契约行政的现代行政法治理念,可以有效回应复杂经济领域中传统行政监管的低效问题。对于具有长期性、复杂性、风险性特征的工程建设领域而言,传统高权行政监管模式的缺陷明显,引入企业合规协议制度非常必要。事实上,在实践中也已经出现了告知承诺制这类企业合规协议制度的改革举措。[①] 但是,企业合规制度目前仅局限于理论研究,既有研究存在本土化不足的局限。[②] 实践中的企业合规协议制度呈碎片化,没有正式提及企业合规协议,亦未揭示企业合规协议制度本质。基于此,本文拟选择工程建设领域作为研究场域,以企业合规协议制度为研究对象,考察工程建设领域高权行政监管模式的实践问题,明确契约行政理念下企业合规协议的回应机制和运作特征,初步构建工程建设领域企业合规协议的运用场景。

一、实践困境:工程建设领域高权行政监管模式现状检讨

我国工程建设法规体系的建构源自20世纪70年代末期的工程建设活动

---

* 中央党校(国家行政学院)研究生院院长,政治和法律教研部教授。

① 参见住房城乡建设部办公厅《关于开展建筑业企业资质告知承诺审批试点的通知》(建办市函〔2017〕773号)。

② 较有代表性的成果有:张红:《破解行政执法和解的难题——基于证券行政执法和解的观察》,载《行政法学研究》2015年第2期;高秦伟:《社会自我规制与行政法的任务》,载《中国法学》2015年第5期;喻玲:《从威慑到合规指引 反垄断法实施的新趋势》,载《中外法学》2015年第6期;于泽瀚:《美国环境执法和解制度探究》,载《行政法学研究》2019年第1期;陈瑞华:《企业合规制度的三个维度——比较法视野下的分析》,载《比较法研究》2019年第3期;谭冰霖:《论企业对企业的内部管理型规制》,载《法学家》2019年第6期。

市场化改革，经过40余年的发展，已经形成了一套以《建筑法》《城乡规划法》《安全生产法》《建设工程质量管理条例》《建设工程安全生产管理条例》为核心的，涵盖“规划、采购、设计、施工、使用、拆除”等工程全生命周期的法规体系。在这些工程建设法规体系中，行政监管措施主要通过“命令—控制”型手段实现，即主要通过行政审批和行政处罚等方式实现对工程建设主体的监管。现行工程建设法规体系构建完成后，有效改善了工程建设领域市场化改革初期粗放的发展生态，为工程建设领域行政监管提供了依据。但是，在工程建设法治建设已经相对完备的同时，工程建设实践却展现出另外一番景象。一方面，建设活动中的违法违规行为仍然保持着高发态势。根据住房和城乡建设部通报，2018年全年工程建设活动中存在违法违规行为的项目达8885个，占调查项目总数的3%。③ 另一方面，工程建设中质量安全事故也时有发生。仅就安全生产事故而言，根据国务院安全生产委员会办公室的通报，2018年上半年全国建筑业共发生安全生产事故1732起，死亡1752人，建筑业安全生产事故数位列工矿商贸事故的第一，建筑业已成为“高危行业”。④ 上述问题的出现源自现行工程建设法规体系所采用高权行政监管模式的局限性和工程建设活动的复杂性之间的紧张关系。

（一）监管事项设置冗杂繁复

工程建设活动涉及土地开发利用、城市规划、工程质量安全、环境保护、消防安全等多项内容，而不同行政职能部门在职权范围内均各自为政，最终形成数目庞大、多阶段、碎片化的行政审批事项。广州市政治协商会议委员会委员曹志伟制作的行政审批“万里长征图”显示，建设项目截至验收完成共需经历100个行政审批环节，全部完成最短需要799个审批工作日。⑤ 而且，部分工程建设行政监管措施之间逻辑关系混乱，互为前置。前述各职能部门均依据职权对工程建设活动设置行政审批事项，政府职能的条块划分在面对工程建

③ 住房和城乡建设部在调查中将违法违规行为的范围限定为工程转包、违法分包、未取得施工许可开工等。数据来源参见《住房和城乡建设部办公厅关于建筑工程施工转包违法分包等违法行为查处情况的通报》（建办市函〔2018〕235号、建办市函〔2018〕444号、建办市函〔2018〕648号、建办市函〔2019〕112号）。这个通报是按季度发布的，所以共有4个文号。

④ 参见国务院安委会办公室《关于2018年上半年全国建筑业安全生产形势的通报》（安委办函〔2018〕67号）。

⑤ 参见《广州审批“万里长征图”走南闯北》，载《南方都市报》2013年8月13日。

设活动的一体性和连续性时就可能出现多个行政审批事项之间存在互为前置条件的情形。以固定资产投资项目节能审查为例,根据2016年国家发展和改革委员会《固定资产投资项目节能评估和审查办法》第5条规定,建设单位在报送可行性研究报告之前须取得省级节能审查机关提供的节能审查意见;但是,开展节能审查需要根据建筑设计方案对建筑用能耗进行测算,而建筑设计是在项目可行性研究之后开展的工作。这一规定在客观上导致了项目节能审查、可行性研究和项目设计方案审批之间存在互为前置的逻辑混乱关系。类似逻辑混乱情况并不仅限于节能审查一项,据统计,在工程建设行政审批中互为前置的审批混乱情形至少有65个。⑥

此外,由于工程建设领域行政监管事项设置冗杂繁复,行政机关在对工程建设项目开展行政监管的过程中,为了实现工程建设活动质量安全的有效控制,倾向于采取强制手段贯彻自身意志,权力越位事件频发。如2018年2月7日佛山地铁一工地出现透水坍塌事故,当地政府基于"吸取教训、保证安全"的考量,要求全市所有在建工地停产并开展安全检查和隐患整治。⑦ 建设工程质量安全事故的发生存在一定程度的偶然性,并不意味着质量安全监管体系的全面失效,因事故发生而否定监管成效全面停工的方式严重违反了比例原则,增加了行政监管的实施成本和遵守成本。

(二)过程性监管措施缺位

工程建设活动相较于其他经济活动而言,具有长期性、连续性和隐蔽性特征。工程建设客观规律表明,工程质量形成植根于长周期内的各部分项工程,只有实现对各个建设环节的有效控制才能够最终保证工程质量安全。也就是说,行政监管的深度介入和广泛存在是保障工程建设领域行政监管效果的必要条件。我国工程建设法规体系对工程建设活动的监管主要通过事前行政审批限制、事后施加处罚威慑的方式实现。而实际上,数目巨大的工程建设项目和有限的行政资源之间存在严重冲突,行政机关无法借助有限的人力资源深入工程建设活动的具体环节中,仅通过设计规范、施工规范和监理规范等强制

---

⑥ 参见唐明良、骆梅英:《地方行政审批程序改革的实证考察与行政法理——以建设项目领域为例》,载《法律科学(西北政法大学学报)》2016年第5期。

⑦ 参见《中共佛山市委办公室佛山市人民政府办公室关于全市建设工程全面停工的紧急通知》(佛委办明电〔2018〕11号)、《佛山市安全生产委员会关于中交二航局佛山地铁2号线一期施工工地"2·7"隧道透水坍塌事故的通报》(佛安〔2018〕11号)。

性标准对工程建设主体的建设活动加以约束,无法对工程建设活动的各个环节实施监管。工程建设主体在单纯的强制性要求和处罚威慑下难以产生主动防控意识,在缺乏过程性监管措施的情况下极易产生违法违规施工行为导致工程质量安全事故的发生。在"2017 年西安地铁三号线问题电缆质量案"中,供货单位奥凯公司与建设单位串通以次充好提供不符合标准要求的电缆,施工单位、监理单位、检测单位等主体均未制止或停止施工并上报行政机关做出预警,问题电缆得以施工完成并通过验收。[⑧] 在该案中,行政机关管制失效固然存在腐败因素的影响,但是各级工程质量监督机关的层层失守也表明了当前监管方式存在漏洞,无法单一依靠行政机关力量实现对工程质量的全景式监管。在工程安全领域也存在同样的问题。据统计,2007 年至 2016 年全国共发生 152 起塔吊安全事故,其中因安全管理因素导致的事故占比高达 56%,其余 44% 的事故中也存在不同程度监管失守。[⑨] 究其缘由,工程建设实践中存在严重的信息不对称问题,行政机关单一依靠自身力量对工程建设活动开展监管模式难以应对工程建设活动的巨大监管需求,转而在现实压力下选择依靠行政审批开展监管,产生过程性监管措施不足的缺陷,而违法违规行为和工程质量安全事故的多发也是这一矛盾冲突的必然结果。

(三)监管责任主体错位

这主要表现为相对人在行政机关的直接管制下质量安全责任意识的缺失,导致在实践中二者对于工程质量安全保障义务的错位。在当前行政监管模式下,行政机关通过"命令—控制"手段直接对工程建设活动开展行政监管,对工程建设活动承担监管责任;相对人是工程建设活动主体,应当按照规定开展建设行为,对建设活动风险采取防范措施,保障工程质量安全。但是,行政机关采取的"命令—控制"型手段直接实现对相对人的监管,加剧了行政机关和相对人之间的对立关系,相对人在特定情形下会处于消极对抗状态,在工程成本、工期等压力下放松工程质量安全。2016 年 3 月,江西丰城发电厂三期扩建工程发生特别重大事故,造成 73 人死亡、2 人受伤的严重后果。该事故调查报告表明,事故发生的直接原因是施工单位为满足工期要求,在第 50 节筒壁

---

⑧ 参见刘回春:《"问题电缆"案监管部门为何层层失守》,载《中国质量万里行》2017 年第 7 期。

⑨ 参见陈宝春、陈建国、黄素萍:《2007—2016 年我国在役塔吊安全事故统计分析》,载《浙江建筑》2018 年第 2 期。

混凝土强度不足的情况下，违规拆除第50节模板。[10] 根据调查报告，建设单位、施工单位和监理单位在工期压力下违规施工直接导致了事故的发生，这也表明上述单位主体责任缺失，在未受到行政机关直接监管的领域严重违反安全操作规程。与前述“西安电缆案”相同，工程建设主体责任严重缺失是与行政机关强管制措施博弈的结果。对工程建设主体而言，违规施工后事故的发生是偶发结果，但是在不发生事故的情况下却可以实现成本、工期目标的追求，存在冒险实施违法违规行为应对工程现实压力的动机。

上述问题的存在，究其原因，均是由我国工程建设法规体系中所采用的高权行政监管模式导致的。在高权行政监管模式下，行政机关是行政监管体系的唯一中心，通过命令强制的方式向工程建设主体贯彻自身意志，并辅以处罚威慑的方式保证后者对自身意志的彻底执行。在这一对抗性的关系构造下，行政监管只有深度介入和广泛存在才能够保证效果。但是有限的行政资源和大量的工程建设项目之间的矛盾决定了行政监管的深度和广度均难以保证，故而不可避免地出现前述行政监管所面临的种种困境。

二、理念革新：从高权行政到契约行政之嬗变

工程建设领域行政监管遭遇困境的根源在于高权行政理念的局限性。高权行政理念下工程建设领域法治建构的主要考量是行政机关对工程建设活动的管制和对行政机关的控权，而相对人的主体性被行政机关意志吸收，行政机关和相对人之间的关系表现为控制者和被控制者的样态。在高权行政理念下，行政法学研究又存在对于实体政策面向和管制实践面向缺乏关注的危险，[11]这也就决定了单一通过高权行政具体措施的革新无法实现对上述局限的修正，而应当从根本上通过契约行政理念对高权行政所面临的缺陷加以填补。契约行政理念的勃发源自行政机关有限行政资源和日益扩大行政需求之间的矛盾。随着社会行政任务的不断扩大化，行政机关有限的行政资源在巨大行政需求面前力有不逮，通过契约方式与社会力量合作实现行政任务成为必然之路。契约行政最早应用于公共服务提供领域，后逐渐发展出被视为“传统行

---

[10] 参见《江西丰城发电厂“11·24”冷却塔施工平台坍塌特别重大事故调查报告》，载中华人民共和国应急管理部网，https://www.mem.gov.cn/gk/sgcc/tbzdsgdcbg/2017/201709/P020190415546100001991.pdf。

[11] 参见朱新力、唐明良：《现代行政活动方式的开发性研究》，载《中国法学》2007年第2期。

政机关主导之实施活动的一种替代品”⑫的实施强制性管制的契约,已形成包括服务性契约和管制性契约的二元行政契约制度。管制性契约是对行政行为形式选择自由理论的具体运用,行政机关采用管制性契约的方式确定双方行政法上权利义务关系,⑬用以实现行政管理目的。契约行政是柔性治理理念的具体体现。相较于传统的高权行政,契约行政的权力色彩淡化,更多地体现出民主协商的品格,从单一、强制、威慑转向多元、协商、平等。⑭ 契约行政理念这一转向可以有效填补高权行政模式的局限,在主体上从单一中心转向多元主体,在行为上从单方强制转向双方协商,在效果上从片面威慑转向激励制约相容。

(一)单一中心到多元主体

在高权行政监管模式下,以行政机关作为实施行政监管单一中心的结构安排存在缺陷,难以实现对工程建设实践活动的有效规制。首先,在单一中心结构中,工程建设活动复杂的利益关系被简化为行政机关所代表公益和工程建设主体所代表私益之间的对峙,是以规则中无法设置相应机制吸纳工程建设主体的智识和专业技术能力作为辅助的。但实际上,工程建设活动目标是多元的,行政机关和工程建设主体的目标追求存在重叠交错的情况。例如,在工程质量安全监管中,行政机关以保证工程质量、确保生产安全为主要目标;尽管工程建设主体存在因成本追求降低工程质量安全的动机,但是在大多数情况下保证工程质量安全也是符合工程建设主体利益的。简单地将双方目的追求对立化,直接导致了在法规体系建构中单一依靠行政机关,对工程建设主体的行为处处设防、层层监管,使工程建设行政监管中存在海量监管需求,行政机关在调配资源时捉襟见肘。其次,在单一中心结构下,行政机关在面对工程建设活动时,长期存在技术能力不足和行政资源短缺的问题;与此相对,工程建设主体尽管具备更强的风险预见和防范能力,但是丧失主体性而处于被

---

⑫ 参见[美]朱迪·弗里曼:《合作治理与新行政法》,毕洪海、陈标冲译,商务印书馆2010年版,第538~539页。

⑬ 参见程明修:《行政行为形式选择自由——以公私协力行为为例》,载《月旦法学》2005年第5期。

⑭ 参见刘智勇:《柔性组织网络建构:基于政府、企业、NPO、市民之间参与与合作的公共服务供给机制创新研究》,载马骏、侯一麟主编:《公共管理研究》(第6卷),格致出版社、上海人民出版社2008年版。

控制者地位,无法有效利用技术优势和地位优势协助开展监管。同时,单一中心建构模式下对相对人理性的忽视在工程建设领域也导致了大量法律规避现象的发生。相对人作为理性个体,尽管在规则构造上其选择理性被行政机关吸纳,但是仍会在利益和意志的驱动下规避于己不利的强制。⑮ 工程建设行政监管措施设置繁复冗杂,工程建设主体在开展工程建设活动中往往会受到行政监管措施的掣肘,在工程成本和工期压力下,违法违规的动机强烈,前述住建部调查中的工程建设项目违法比例高就是这一问题的直接例证。

基于双方合意的契约行政理念,则明显区别于单一中心的高权行政,引入契约行政理念能够有效填补后者因单方意志性特征在工程建设领域所受的限制。在契约行政理念下,工程建设主体被定位为治理主体而非治理对象。行政机关通过和工程建设主体合意的方式实现对工程建设部分过程或者全生命周期的监管。这一模式承认行政机关和作为相对人的工程建设主体之间存在共同利益,并且双方可以就共同利益部分达成合意,以工程建设主体作为治理主体发挥技术优势和地位优势,在缓解行政监管压力的同时发展社会自治。同时,在契约行政模式下,将工程建设主体转化为治理主体,可以恢复在高权行政下被吸收的主体性,认可工程建设主体的选择理性在规制中的作用,为双方就工程建设规制开展协商提供基础。

(二)单方强制到双方协商

在高权行政模式下,行政机关主要通过设置行政审批等单方强制命令的方式对工程建设活动开展监管,存在明显的缺陷和不足。首先,单方强制行为模式下存在形式主义法治的倾向。在高权行政监管模式下,行政机关倾向于遵循严格的规则主义,仅考虑规则本身的适用,缺乏对管制实践面向的关注,对于规则是否适合和管制实践效果问题则缺乏回应。其次,在单方强制行为模式下,监管效果完全依赖于行政机关。工程建设主体的主体性丧失,沦为行政监管客体,所具备的技术优势和地位优势被忽视,行为被简化为纯粹的守法行为。但是,“人在自己的活动中追求符合自己目的的结果,在不违抗自然必然性的范围内,总试图在自己所把握的选择范围内做出最好的选择,这就是人

⑮ 参见崔卓兰、蔡立东:《从压制型行政模式到回应型行政模式》,载《法学研究》2002 年第 4 期。

类理性的功能”。[16] 工程建设主体在自身理性选择下,可能对行政监管措施的不认同而出现对抗,“破坏和抵制这种制度的行为很可能广为蔓延,并将逐渐削弱该制度的基础和强力”。[17] 最后,在单方强制下,行政机关需要对相对人进行持续性、广泛性的监管,行政成本巨大。行政机关所实施的行政监管措施并非全部取得相对人的信任和支持,还需要采取足够措施保证所实施行为被有效执行。在较为简单的经济领域尚可采取此种操作,但工程建设领域复杂度较高,行政机关的监管成本也随之急剧上升,无法应对工程建设活动的管制需求。

双方协商方式则可以有效降低监管成本,利用双方智识,实现实质法治。首先,经由协商,可以提高行政效率,增强决策的可接受度,降低行政成本。在工程建设领域中,行政机关和工程建设主体通过协商,可以了解对方所掌控的信息,打破行政信息单向度流动通道。一方面,对行政机关而言,可以通过协商通道向工程建设主体提出非正式要求或者建议,提高决策和事实之间的契合程度。另一方面,对工程建设主体而言,可以事先知道行政机关的态度,从而决定工程建设活动更优化地开展,降低工程建设活动中的违法违规动机。其次,通过协商可以还原工程建设主体的主体地位,便于借用其优势开展工程建设规制。双方协商在对等的基础上展开,保留了利用对方智识的可能。在协商过程中,工程建设主体为自身利益辩护基于技术优势展开,可以将技术优势注入工程建设领域的行政监管中,也可以在协商过程中确立规则,开展自我规制,有效地将其地位优势发挥到工程建设规制中。经协商可以实现事实和规范之间的沟通,促使形式法治走向实质法治。协商沟通“是事实与规范之间的桥梁,是促使形式法治走向实质法治的重要途径”。[18] 经协商程序,可以促使行政机关在适用规范时充分考量工程建设活动的特点,对规则是否适用于事实进行考量,有助于实现实质法治。

(三)从片面威慑到激励制约相容

在高权行政监管模式中,行政机关采用的片面制约机制易坠入威慑陷阱

---

[16] 葛晨虹:《道德是人类具有的一种价值理性智慧》,载《湖北大学学报(哲学社会科学版)》2008年第6期。

[17] [美]博登海默:《法理学——法哲学及其方法》,邓正来、姬敬武译,华夏出版社1987年版,第335页。

[18] 周佑勇:《论行政裁量的利益沟通方式》,载《法律科学(西北政法大学学报)》2008年第3期。

而导致行政监管失效。威慑陷阱概念源自反垄断法领域,指“在规制的过程中,由于处罚的不恰当所导致的,既不足以威慑违法行为,也不会超出企业所能够承受的范围,而只会损害无辜的雇员和债权人利益的情况”。[19] 处罚不恰当导致威慑失效的情况不仅发生在反垄断法领域,在工程建设领域也会出现。在工程建设领域,行政机关主要通过行政处罚和刑事处罚的方式提高工程建设主体的违法成本,以吓阻、威慑工程建设主体,促使其遵守法律法规。根据这一逻辑,要实现有效的威慑需要满足违法行为发现概率高、违法成本适当、违法后果影响不大或易挽回,工程建设领域的特点无法满足前述要求。首先,工程建设活动本身就具备很强的隐蔽性和长期性,违法行为不易被发现。其次,在工程实践中对未产生较大社会后果的违法行为,行政机关的处罚一般是限期整改和有限罚款,这对于现金流量庞大的工程建设主体(建设单位和施工单位)通过违法行为获得的收益而言,违法成本较低。再次,工程建设活动的违法行为极易发生非常严重的后果。如在前述的“丰城电厂事故”中,因为拆模工序的失误直接导致了73人死亡、2人受伤、直接经济损失10197.2万元的严重后果。故而,通过片面威慑的制约机制无法实现对工程建设主体有效驱动。

激励制约相容机制的方式则可以补足片面威慑制约机制所面临的问题。在管理学视角下,人具有趋利避害的本性,通过设置激励机制可以从正负双向驱动被规制对象,“因此,无论对于企业职工,还是对于政府公务人员,都要既加以制约又加以激励,才能提高效率”。[20] 激励制约相容机制的设立是基于契约行政理念下的多元主体和多方协商的。在契约行政下,行政机关和相对人就规制内容展开协商,并在合法范围内达成协议。根据双方达成协议的内容,相对人违反协议约定所需承担的责任即制约机制的实现,遵守协议约定所能够享受到的收益或者便利即激励机制的实现。相较于片面威慑机制,激励制约相容机制中行政机关和相对人不再处于冲突对抗的关系中,而是通过合作的方式共同实现行政任务。在激励制约相容机制下,相对人主体性得到充分的认可,以合作者的身份进入规制环节中,这也能够提高对规制行为的遵从度。在工程建设领域,通过建立激励制约相容机制,行政机关和工程建设主体

---

⑲ 喻玲:《从一元到多元:寡头的反垄断法规制》,复旦大学出版社2016年版,第72页。

⑳ 罗豪才、宋功德:《现代行政法学与制约、激励机制》,载《中国法学》2000年第3期。

之间转化为平等合作的关系。在趋利性的驱动下工程建设主体隐藏工程建设违法行为的动机会被削弱,由此,也就解决了片面威慑机制下工程建设领域违法行为不易发现、违法成本偏低的问题。

三、理论展开:契约行政下企业合规协议制度之引入

由上述可知,工程建设领域中源自高权行政治理逻辑的行政监管模式在实践中所遭遇的困境,需要借助契约行政理念予以填补。而通过引入在其他领域较为成熟的企业合规协议制度,可以有效实现契约行政理念在工程建设领域的注入,以回应工程建设领域中高权行政模式所面临的困境,实现对工程建设领域规制的改造。

企业合规协议制度源自作为企业内部治理模式的合规。企业内部治理模式中的合规是指企业通过公司章程和管理制度等工具实现,以遵守法律法规、企业自身制度和商业伦理及准则为目的,防范企业生产经营风险的内部制度构建。[21] 作为企业治理机制的企业合规,目的取向在于为企业日常管理工作提供规则指引,通过企业自身资源的组织降低企业管理成本。企业合规的构建不仅能够为企业管理带来优势,同时具有很强的外部性,能够有效降低执法机关的执法成本,后逐渐被行业协会和国际组织作为引导性规范并加以推广。如巴塞尔银行监管委员会所发布的《合规与银行内部合规部门》、经济合作与发展组织发布的《内部控制、企业道德及合规最佳实践指南》和国际标准化组织发布的《合规管理体系指南》中均有对企业建立有效合规管理体系的建议和要求。可见,企业合规治理模式在诸多领域已经有较为广泛的应用,并且逐步彰显出外部化趋势。

企业合规协议制度是企业合规内部治理模式的外部化。为更好地发挥企业合规内部治理模式的外部性、提升规制效率,各国执法机关设立企业合规协议制度规则。此即企业承诺制定并遵守符合执法机关要求的企业合规制度,执法机关对该类型企业给予提前许可、放松监管、减轻和免于处罚的“回报”。以合规协议制度运用较为成熟的反垄断法领域为例,在对企业开展反垄断规制中,往往面临违法事实发现难度低、企业和执法机关对抗关系强、处罚威慑不足的情况,为有效应对这些问题,美国、澳大利亚、韩国等国规定,企业做出

[21] 参见陈瑞华:《企业合规制度的三个维度——比较法视野下的分析》,载《比较法研究》2019年第3期。

合规承诺是在面对反垄断诉讼时和解和适用缓刑的前提条件。[22] 通过这一正面激励手段促使企业作出合规承诺,实现企业合规协议制度对规制效率的提升。因此,通过企业合规协议制度将企业合规内部治理模式提升为政府规制工具,以有效发挥企业合规的外部性,提升规制效率。

(一)作为契约行政理念制度载体的企业合规协议

企业合规协议是企业和执法机关之间经过协商签订的,以企业构建内部合规管理制度为手段,以实现执法机关行政管理目的为目标,包含激励和制裁措施的协议。企业合规协议具有双方性、协商性和激励制约共融性特质,契合契约行政理念。

首先,企业合规协议是企业和执法机关分别就执法机关行政管理目的的实现作为目标,符合契约行政下的多元主体性。在企业合规协议制度中,规制信息的流向是双向互动的,而不是单一中心的。以美国财政部海外资产控制办公室(The Office of Foreign Assets Control of the US Department of the Treasury,OFAC)所发布的《合规承诺框架》为例,文件中规定,"建议所有受美国管辖的实体以及在美国境内与美国人开展业务或使用美国原产货物或服务的外国实体,建立一套有效的制裁合规体系"。[23] 前述合规承诺就是企业和OFAC 就行政管理目的达成的合规协议。企业并没有受到来自 OFAC 的强迫要求作出承诺,而是根据自身需求可以选择是否达成协议,享有拒绝的权利。同时,尽管在反垄断执法中存在"从自愿向附条件强制的转向",[24]但是该附条件强制表现为企业若不作出合规协议承诺,则无法在反垄断调查期间进行和解,但并不影响企业其他权利,应当认定企业的主体性并未丧失。故而,在企业合规协议制度中企业和执法机关是双重核心,符合契约行政多元主体的特征。

其次,企业合规协议的事项、标准、程序等内容是在企业和执法机关之间协商的条件下制定的,契合契约行政下的多方协商属性。企业合规协议的核心内容是企业根据法律法规的规定制定企业内部合规制度,并承诺严格遵守

---

[22] 参见喻玲:《从威慑到合规指引 反垄断法实施的新趋势》,载《中外法学》2015 年第 6 期。

[23] 参见陈瑞华:《行政监管合规体系的基本标准——美国 OFAC〈合规承诺框架〉简介》,载《中国律师》2019 年第 12 期。

[24] 参见喻玲:《从威慑到合规指引 反垄断法实施的新趋势》,载《中外法学》2015 年第 6 期。

制度进行组织设计、开展生产经营、组织审计检查等。就企业内部合规制度而言，需要由企业和执法机关共同确定，一方面，需要严格符合法律法规的要求；另一方面，需要考虑企业个性特征并保持灵活性。在这个过程中企业可以通过协商表达自身意志，并对协议内容产生影响，而非完全按照执法机关的强制设定协议内容。企业对于合规协议的内容和标准制定能够产生影响，并非单向接受来自执法机关的单方意志。

最后，企业合规协议中的效果内容包括对企业的激励和制约双重机制。在企业合规协议制度中，为了保证执法机关能够获得足够多的企业合规承诺，往往通过正向激励和负向制约的方式驱动企业制作合规计划。根据《合规承诺框架》的规定，OFAC 会将企业是否建立有效的企业合规承诺作为判断违规行为是否恶劣的考量因素。建立合规承诺的企业会被认为采取了积极的措施防范违规行为的发生，并通过这一要素降低企业违规行为的恶性定性；并且，将这一情节继续作为处罚情节的裁量要素，对处罚金额予以裁减、处罚手段缓和。与此同时，在企业发生违规行为的情况下，OFAC 再次以企业签订合规协议、作出合规承诺作为前提条件和企业作出和解；在和解考验期满后，可以根据合规协议的执行情况确定是否停止调查、减免惩罚，或者重新启动调查并采取更为严厉的惩罚措施。在企业合规协议中，执法机关通过激励制约相容机制一方面充分吸引企业签订企业合规协议；另一方面充分发挥企业合规协议的作用，提高规制效果。这也与契约行政中激励制约相容机制的特性吻合。

（二）企业合规协议对解决实践困境的作用

企业合规协议制度并非全然是舶来品，在我国工程建设领域已通过告知承诺制行政审批制度改革的形式对其有所运用。自 2017 年起，我国在建筑企业资质许可、工程施工许可等多个行政审批事项中试行告知承诺制度改革。[25]在告知承诺制行政审批中，申请人作出《行政审批告知承诺书》的行为实质上是与行政机关之间签订的行政协议，承诺的内容即是企业合规的具体要求。已有的实践表明，企业合规协议制度在工程建设领域实践中具有积极的作用。

在治理逻辑面向上，企业合规协议制度作为契约行政的制度载体，具有交

㉕ 参见住房和城乡建设部办公厅《关于开展建筑业企业资质告知承诺审批试点的通知》（建办市函〔2017〕773 号）、住房和城乡建设部办公厅《关于在部分地区开展工程监理企业资质告知承诺制审批试点的通知》（建办市函〔2019〕487 号）。

涉性、商谈性特质,能够把主体性重新赋予工程建设主体,将高权行政监管模式的压服性、强制性执法转变为说服性、合作性执法,有效回应了工程建设领域行政监管的实践困境。在企业合规协议制度下,企业在协议构建过程中与执法机关处于平等地位,能够通过自我意志的表达影响到协议的具体内容,由此可增强企业对规制政策和工具的理解力和遵从度。在高权行政监管模式中,行政机关将工程建设主体客体化,倾向于采用压服性、强制性的执法方式。在这种执法方式下,工程建设主体往往存在对执法目的或措施的不认同,和行政机关处于消极对抗的关系之中。在现代社会行政任务不断扩张的背景下,行政机关采取柔性治理模式实现更好规制已经成为理论界和实践界的共识,由柔性治理理念展开,释放工程建设主体的主体性,实现行政机关和工程建设主体之间的交互合作也是发展的必然趋势。契约行政理念下的企业合规协议可以充分实现柔性治理的目标。在企业合规协议改造中,充分承认了行政机关和工程建设主体的利益并非决然对抗关系,并通过程序设计实现二者利益的沟通互动,以填补工程建设主体所缺失的意志表达,实现主体双方之间的合作规制。可见,企业合规协议制度通过改造压服性、强制性执法方式为说服性、合作性执法方式,能够有效解决工程建设领域面临的实践困境。

在经济理性面向上,通过企业合规协议制度对传统高权行政监管模式加以改造符合经济理性,行政机关和工程建设主体能由此而获得双赢。对行政机关而言,企业合规协议制度下可以降低管制成本、提高管制效果、增加管制手段。第一,行政机关可以经由企业合规协议制度构建,对工程全生命周期开展具有针对性的监管。行政机关通过企业合规协议,将对工程建设碎片化、长期化、多段化的监管转化为对工程建设主体的守约监管,并根据守约情况对监管措施加以调整,提高监管的针对性和灵活性,降低了管制成本。第二,行政机关通过企业合规协议可以激活工程建设主体,通过双方合作的方式对工程建设活动开展规制,能够避免因行政机关缺陷导致的监管低效,可以提高管制效果。第三,行政机关透过企业合规协议可以在法定权之外新增约定权,[26]以此在法定范围之外获得新规制手段,保证规制效率。对工程建设主体而言,在企业合规协议制度改造下能够降低遵从成本、提高管理效果、获得额外激励。

㉖ 参见杨小君:《契约对行政职权法定原则的影响及其正当规则》,载《中国法学》2007 年第 5 期。

第一,通过工程建设主体和行政机关之间的协商,可以有效减轻行政监管措施的冗杂度、防止逻辑混乱监管措施的出现,降低工程建设主体制度遵从成本。第二,工程建设主体通过建立企业合规管理制度,能够降低自身管理风险,提高企业内部管理效果。第三,工程建设主体在激励机制的影响下享受预先许可、监督放松、处罚缓和等"优惠条件",获得额外激励。

可见,企业合规协议制度在我国工程建设领域已有一定程度的运用,其实践效果表明,不仅可以实现工程建设领域规制中压服性、强制性执法方式向说服性、合作性执法方式的转变,符合治理逻辑发展趋势,也可以实现行政机关和工程建设主体双方的利益,符合经济理性,具有可操作性。

(三)工程建设领域企业合规协议制度的特征

企业合规协议本质属性为管制性行政契约,协议双方在契约行政理念指导下,就可协商部分达成合意,形成全新的行政法上权利义务关系。行政契约附着于行政裁量之上,[27]工程建设领域的企业合规协议同样应当是行政机关和工程建设主体就行政裁量范围内事项协商一致所产生的创设或确定双方行政法上权利义务关系的文件。工程建设领域企业合规协议制度是契约行政理念因应工程建设领域特殊性拟合后生成的具有工程建设特色的制度,其特征具体表现在主体要素、过程要素、效果要素和反馈要素四个方面。

1. 主体的双方性

企业合规协议应当是由行政机关和工程建设主体双方所共同签订的。在我国现行工程建设法规体系下,工程建设主体包括建设单位、勘察单位、设计单位、施工单位、监理单位五方主体,行政机关应当分别就各工程建设主体的工作内容签订合规协议。企业合规协议中的双方性主要是满足工程建设主体在工程建设行政监管中主体性的回归,工程建设主体应作为行政活动的主体而非客体存在。故而,主体要素的双方性不仅是指企业合规主体中应包括行政机关和工程建设主体,还包括企业合规协议中意志应当具备双方性,是双方意志共同作用形成的,而非单方强制的。同时,工程建设活动中涉及的行政监管事项分属于不同的行政机关,受职权法定原则的约束,行政机关不得对不属于自身职权范围的事项作出处分,故而可能出现多个行政机关分别与工程建

[27] 参见余凌云:《行政契约论》,中国人民大学出版社2000年版,第20页。

设主体签订企业合规协议的情形。但是,工程建设活动具有连续性,人为割裂的行政监管事项设置和工程连续性之间的矛盾不仅会导致高权行政监管模式的困境,也会对企业合规协议的效能产生消极作用。因此,多个行政机关可以协同与工程建设主体进行协商,就多个行政机关的事项共同签订企业合规协议,更能够发挥企业合规协议灵活性和全周期性优势。

2. 过程的协商性

行政机关和工程建设主体应当通过协商的方式订立企业合规协议。协商性包括是否签订合规协议和签订何种合规协议两方面。一方面,工程建设主体对于是否签订企业合规协议应当具有选择性。前已述及,行政机关可以通过正向激励手段或者负向制约手段诱使工程建设主体达成合规协议,但是行政机关不应当通过强制性命令要求签订。否则,企业合规协议会丧失协商性特质,退化为高权行政下的行政命令。另一方面,工程建设主体可以就合规协议的事项、标准、程序等内容和行政机关开展协商确定。企业合规协议的目的在于通过协议的形式充分发挥工程建设主体的技术优势和地位优势,促使工程建设主体与行政机关共同实现对工程建设活动的规制。确定企业合规协议内容实质上是行政裁量的契约化,保证作为相对人的工程建设主体充分表达意志、参与协商,实质上也是在工程建设领域引入企业合规协议的正当性基础。

3. 动因的激励性

企业合规协议中需要对工程建设主体设置相应的"优惠"条件,以激发参与企业合规协议的动机。如前文所述,企业合规协议改造对双方而言是符合经济理性的,即双方均能够通过企业合规协议制度获得相应的"收益"工程建设主体通过企业合规协议制度能获得额外"收益",这也是其签订企业合规协议的主要动力,所以企业合规协议中需要设置相应的激励机制。就工程建设领域而言,企业合规协议中的动因要素可包括以下三种:(1)预先许可,指行政机关根据工程建设主体在企业合规协议中所做承诺,在审查符合许可条件后,不另行事实审查即授予许可;(2)放松监管,指行政机关在获得工程建设主体合规承诺后,对承诺工程的降低检查频率、减小检查范围,从对工程实体的检查转化为对企业遵守合规协议承诺的检查;(3)处罚缓和,指行政机关在进行处罚裁量时将是否签订企业合规协议及其执行情况纳入裁量因素,在工程建设主体积极作为的情况下可以予以从轻处罚。

4. 反馈信息的循环性

行政机关在企业合规协议中对合规协议的履行情况实施过程性监督，并根据监督结果对措施加以调整，实现信息循环闭环。"合同外包过程中为公众做个好交易并不只是取决于是否要签个合同、合同给谁，而是取决于对合同从头到尾整个过程的管理。"㉘工程建设活动的一次性、外部性特征决定了行政机关需要严格控制风险，保证工程全生命周期各建设活动均符合法律法规和强制性标准的要求。工程建设领域的监管活动"不应该'事前放水'加上'事后抽查'的方式进行行政管制，因为一旦建筑完成或居民入住完成后，纵使抽查出不依法令规定兴建完成（或接近完成）的个案，再要求补正瑕疵或重新设计在技术上及事实上通常都是事倍功半或成本过高"。㉙ 行政机关对工程建设主体的合规协议承诺行为开展持续性的过程监督，确保后者能够切实履行合规协议所承诺的内容。根据企业合规协议的约定，行政机关可以要求工程建设主体完成相应文件记录工作，并以节点检查的方式对记录结果进行检查，以此实现监督内容的广度和深度。行政机关根据监督结果，对监督措施进行动态调整，并通过激励制约机制反作用于工程建设主体，保证工程建设主体严格履行协议约定。

四、实践运用：工程建设领域企业合规协议制度之展开

综上可知，企业合规协议的实质是行政机关裁量权的契约化，其法律属性是行政协议。但与其他行政协议不同的是，企业合规协议与作为基础的行政处分行为之间具有更为深刻且紧密的联系。传统观念认为，"行政契约行为和行政处分行为之间存在竞争与取代的关系"。㉚ 此即一旦选择了契约形式，就不能再度退回到行政处分行为，以此保护相对人的信赖利益，避免出现行政遁入协议。企业合规协议则不同，其一，行政机关履行义务的方式主要表现为行政处分行为的作出；其二，企业合规协议中企业的义务内容是对法律法规规定的细化和内部化；其三，企业合规协议功能表现为对行政机关裁量空间的限缩。所以，企业合规协议是一种特殊形式的行政契约，不同于传统理论中行政

㉘ ［美］菲利浦·库珀：《合同制治理——公共管理者面临的挑战与机遇》，竺乾威、卢毅、陈卓霞译，复旦大学出版社2007年版，第5页。

㉙ 林明锵：《消失的行政审查责任》，载《月旦裁判时报》2017年第4期。

㉚ 袁文峰：《论行政形式自由选择权》，载《财经法学》2018年第1期。

契约是用以取代行政处分行为的,而是依附于原有行政处分行为的。故而,企业合规协议制度的具体展开,既需要遵守行政协议的一般原理,又与该协议所附着的行政处分行为密切关联。

(一)企业合规协议的适用范围

企业合规协议的适用范围,是指行政机关能够采用与工程建设主体签订合规协议的方式完成行政任务的范围。前已述及,根据行政行为形式选择自由理论,[31]当法律无强制规定时,行政机关为达成公共行政目的,可以自行选择行政行为方式。就企业合规协议制度而言,由于行政机关享有行政行为形式选择自由权,通过企业合规协议的方式实现对原有高权行政行为的填补。企业合规协议对行政行为的依附性决定了其适用范围实质上应当受限于所依附行政行为的裁量空间是否可以通过契约方式加以限缩,亦即取决于行政机关在具体行政管理事项上享有的行政行为形式选择权边界。

由于行政机关享有的行政行为形式选择权要受到行政法定原则的限制,因此,企业合规协议的适用范围不能违背法律规范对行政行为的强制性要求。其一,企业合规协议在内容上必须符合行政机关的法定权限。根据法律保留原则,行政行为必须有法律的明文规定或明确授权。即使转由通过企业合规协议的方式加以填补,仍不得违背原始行政行为的强制性法律规定。其二,企业合规协议适用的事项必须要有互动性,不得为行政机关单方行为作出的事项。这是由企业合规协议多元性、协商性特征决定的,在法律规定应由行政机关单方作出并完成的事项中,并不存在企业合规承诺,自然没有企业合规协议的适用可能性。

概言之,工程建设领域中适用企业合规协议,存在两个限制性条件。第一,缔约内容不得违反法律的强制性规定。在建设工程领域,企业合规协议不可适用的范围,主要是包括以下内容:(1)行政机关单方作出的事项,如国有土地使用权出让。在此类事项中,工程建设主体仅为单纯的接受来自行政机关的权利授予,双方之间并无互动性,因而不得使用企业合规协议。(2)因公共性过强而不得协议执行的事项,如城市规划许可等。此类事项公共性较强,涉及的利益群体较为复杂,为防止出现牺牲第三方利益的情况,不能通过双方协

---

[31] 参见程明修:《行政行为形式选择自由——以公私协力行为为例》,载《月旦法学》2005 年第 5 期。

商即予以裁量限制,应排除出企业合规协议的适用范围。第二,在行政处罚情形下,工程建设主体可以和行政机关签订具有和解性质的企业合规协议,此时企业合规协议对于前序行政处罚行为具有一定程度的替代性。可见,工程建设领域的企业合规协议从性质上可以分为两种:(1)纯粹呈现为对行政行为过程填补的企业合规协议,该种协议中工程建设主体承诺遵守协议约定,行政机关按照协议限缩后的裁量权范围作出行政行为,此即关系填补型企业合规协议;(2)具有行政和解属性的企业合规协议,该种协议是在行政行为的中途转变为行政协议行为,在企业正确履行合规协议内容后,前序行政行为不再执行,完全被企业合规协议取代,此即行政和解型企业合规协议。传统观点认为,行政和解的范围应限于在违法事实无法查明或者不易查明的情形,[32]但是企业合规协议的施行过程可以被视作行政裁量权的行使过程,可将和解视作裁量的一个因素,适当扩大行政和解的适用范围。[33] 在企业合规协议制度中,为推动工程建设主体更多作出合规承诺,实现更好的规制效果,可以将和解范围做适当的扩大。此即在事实或法律状态易查或者已经查清的情形下也可以适用和解。[34]

(二)企业合规协议的效力类型

企业合规协议是兼具行政性与协议性双重属性的行政协议,因此,应该满足行政协议的效力规则。在我国,最高人民法院《关于审理行政协议案件若干问题的规定》(以下简称《行政协议司法解释》),明确了行政协议行为的专门司法审查规则,其中规定的行政协议效力类型具体包含有效、无效、可撤销、解除四种。

1. 企业合规协议的有效、无效要件。《行政协议司法解释》第12条规定行政协议的无效条件,即当行政协议出现了行政机关不具有行政主体资格、行政协议没有依据等重大且明显的违法情形时,行政协议无效。而且,民事法律规范亦可以成为行政协议无效的理由。据此,企业合规协议的有效要件涉及两个方面:一是行政机关在缔约时享有行政主体资格与行为权限;二是行政机关与企业之间协商一致。

---

[32] 参见张红:《破解行政执法和解的难题——基于证券行政执法和解的观察》,载《行政法学研究》2015年第2期。

[33] 参见周佑勇、李俊:《论行政裁量中的和解——以德国法和美国法的考察》,载《行政法学研究》2007年第1期。

[34] 参见方世荣、白云峰:《行政执法和解的模式及其运用》,载《法学研究》2019年第5期。

如果行政机关违法,企业合规协议是否无效？对此,需要对行政机关违法程度进行区分,只有达到了“重大且明显”的违法程度,企业合规协议才构成无效。换言之,企业合规协议事实上存在违法却有效的情形。以工程建设领域的告知承诺制改革为例,[35]此改革表现为工程建设主体通过书面形式承诺自身满足相应条件,行政机关根据承诺发放资质、施工许可证等相应许可文件。这一举措看似违反了《行政许可法》规定的“经审查后作出许可决定”,但只要工程建设主体所做的“满足法定条件、标准”承诺实质上得到满足,则应当允许企业合规协议和法律规定中的部分偏差存在,肯认这种行为的合法性。[36] 此即书面承诺这种企业合规协议应被视为有效。由此引发的问题是,究竟如何识别企业合规协议是有效还是无效？换句话说,企业合规协议的有效性边界,应当如何划定？这从根本上有赖于企业合规协议所依附的行政行为的具体类型。基于此,结合我国建设工程制度实践,应当根据关系填补型和行政和解型两种类型中的权利义务关系不同而有所区别。

(1)就工程建设领域关系填补型企业合规协议而言,最为典型的是预先许可协议。预先许可协议,是指行政机关和工程建设主体关于某行政许可事项达成的协议,协议中工程建设主体承诺已经或者在某时点满足许可条件的要求,行政机关根据承诺在未经事实审查确认条件是否具备前,预先授予行政许可。前述工程建设领域告知承诺制即关系填补型企业合规协议,由于行政机关对承诺的预先授予,能够激励工程建设主体积极守法以获取行政许可,由此也就能够同时提高工程建设主体守法收益和行政机关监管效能。当然,为了避免行政机关与企业之间通过协议方式损害国家、集体、第三人利益,出现权力寻租,在制度上需要对预先许可的约定内容进行限制。具体而言,应从可填补性和危害后果两个层面分别展开。首先,从规制措施看,企业合规协议项下的监管放松应当可以通过企业合规协议中其他措施实现功能填补。参考《行政许可法》第 13 条的规定,对于“行政机关采用事后监督等其他行政管理方式能够解决的”事项,行政机关可以不设置行政许可;举重以明轻,行政机关在企

---

[35] 国务院办公厅《关于全面开展工程建设项目审批制度改革的实施意见》(国办发〔2019〕11 号)规定,“对通过事中事后监管能够纠正不符合审批条件的行为且不会产生严重后果的审批事项,实行告知承诺制”。

[36] 参见周佑勇、李俊:《论行政裁量中的和解——以德国法和美国法的考察》,载《行政法学研究》2007 年第 1 期。

业合规协议中获得工程建设主体合规的承诺，能够实现向工程建设主体释放一定“利益”、同时保证监管的存在，在规制措施层面实现均衡。其次，从规制效果看，在企业合规协议项下预先许可事项不得有严重危害后果。行政机关尽管采取了企业合规协议的形式开展监管，但是保证监管目标仍是首位追求，所以在监管放松所能够带来的收益应该远大于监管失败可能的后果。故而，对于涉及工程质量安全的重大事项和可能产生严重社会影响的内容，应当坚持严格管制，防止出现恶劣的社会后果；对于危害程度较小，并且能够通过事后措施补救的许可事项，应当肯认可以存在许可条件的放松。最后，从规制内容看，企业合规协议应当以法律规定为基础，根据本工程的特殊情况对具体内容和标准进行情节细化，对法律效果进行效果格化，不得超出已有规定的范围，否则会导致无效后果。对于新增约定权这一特殊情形，其可能存在一定程度的逾越，但同样应当遵守法律保留原则的限制，不得侵害工程建设主体的基本权利。就工程建设领域而言，一般应局限为有限额度的罚款、检查措施的加剧或有限期限的停工等。同时，为激发工程建设主体主动遵守企业合规协议，还需要设定的责任机制与预先许可相适应，在内容上需要保证获得预先许可的利益与不具备许可条件遭受的惩罚形成平衡。

（2）就行政和解型企业合规协议而言，工程建设领域最为典型的是处罚和解协议。与关系填补型企业合规协议不同，行政和解型企业合规协议是在行政行为之后作出的，即存在确定的前序行政处罚行为。在该类型企业合规协议中，工程建设主体通过遵守企业合规承诺的方式，换取行政机关减轻或者从轻处罚。行政机关为保障工程建设主体严格遵守在协议中所作出的承诺，需要同时设置虚假承诺后的加重处罚机制，以此实现行政和解性企业合规协议中的利益均衡。因此，在行政和解型企业合规协议除受到关系填补型企业合规协议的合法性限制之外，还需要同时满足“加重处罚机制”的合法性。

2. 企业合规协议的可撤销、解除要件。企业合规协议的可撤销和解除均是协议效力归于终结的类型，其实质判断标准是行政机关、企业与社会公众之间达到利益均衡与否，可撤销或解除要件的达成需要以各方利益保持均衡为基础。除此之外，对企业合规协议是否可撤销与是否解除展开利益权衡时，还需要考虑第三人利益或信赖利益保护。

（1）在企业合规协议制度中，不存在协议可撤销情形。根据《行政协议司法解释》第 14 条的规定,行政协议的可撤销要件是“行政协议存在胁迫、欺诈、重大误解、显失公平等情形”,即企业合规协议中存在表意瑕疵或者显失公平的情况下,才允许撤销协议。但是由前述可知,两种类型的企业合规协议均是工程建设主体和行政机关经过协商的方式确定的,以工程建设法规体系为基础的情节细化和法律效果的格化。换言之,工程建设主体实质上所遵守的协议义务是对法律规定的契约化改造。关于上述义务的确定,工程建设主体事实上不存在被欺诈、胁迫或重大误解可能性;同时,双方也不存在构成重大误解的可能。最后,如果在企业合规协议中存在显失公平的情形,应当表现为工程建设主体所需遵守义务严重超过法定范围,此时,企业合规协议会因为违反行政法定原则而归于无效。故而,在企业合规协议制度中不存在可撤销制度的适用空间。

(2)《行政协议司法解释》中规定解除的情形包括约定解除、法定解除和单方解除三种,企业合规协议中三者应当具备不同的要件。约定解除的要件最为宽松,在双方协商一致的前提下,仅需要满足不损害社会公共利益即可解除。以关系填补型企业合规协议为例,预先许可的作出可能伴随工程建设主体某项资格事实上并未具备,此时,解除合同就有可能造成行政许可效力的待定状态,会损害社会公共利益。在此种情形下,为保护公共利益,应当禁止双方约定解除企业合规协议。法定解除的要件为企业合规协议所附着行政行为的依据发生变化,导致企业合规协议的基础不再存在,此时,应当赋予工程建设主体请求解除合同的权利。单方解除要件应当参照《行政协议司法解释》第 16 条第 1 款的规定。行政协议单方变更、解除权是行政协议中行政机关享有的优益权,是基于行政机关保护国家利益和社会公共利益职能定位而产生的“特权”。如前所述,企业合规协议实质上是行政机关行政裁量权的契约化,行政机关所负担的义务是按照约定执行经格化的法律效果,其在可能出现严重损害国家利益、社会公共利益的情况下,存在进行单方变更企业合规协议的权利。但是需要注意的是,因为企业合规协议中行政机关和工程建设主体之间的权利义务关系是对行政裁量权的契约化,较为单一且互相对应。如果行政机关对企业合规协议内容作出单方变更,则需要对工程建设主体所负担义务作出调整,双方需要对协议重新协商,事实上达成单方解除的效果。此即在企业合规协议中行政机关不享有单方变更权,仅在可能严重损害国家利益、社会公共利益的情况下享有单方解除权。

（三）企业合规协议的司法救济

前已述及，企业合规协议不同于传统意义上作为取代单方行政行为的行政协议，而是附着于原有的行政行为，保持着密切关联，因此，企业合规协议所产生争议的司法救济也有明显差异。

1. 工程建设主体可以根据《行政协议司法解释》的规定，就企业合规协议争议直接提起行政诉讼。前述可知，企业合规协议实质上是行政机关裁量权的契约化。工程建设主体经由与行政机关协商一致，确定在达成某一协议约定条件的情形下，获得请求行政机关按照约定作出特定行政处分行为的权利。此即，在工程建设主体正确履行企业合规协议约定的情形下，行政机关的裁量权被限缩为“按照协议约定作出相应行为”。此时，事实判断可以通过协议内容明确、裁量空间被限缩为零，法院在审查过程中并不会逾越“司法尊重行政”原则。需要注意的是，工程建设主体在诉讼过程中仅能够对协议之后产生的行政行为依据企业合规协议提起行政诉讼，不得对前序行为提起行政协议诉讼。如在前述行政和解型企业合规协议中，工程建设主体是在行政机关作出或者即将作出行政处罚时签订企业合规协议的。处罚行为发生在企业合规协议订立之前，工程建设主体因签订和解协议对该处罚行为丧失提起诉讼的权利。

2. 行政机关直接作出裁量权细化类的行政行为，向人民法院申请强制执行新增约定类的行政行为。裁量权细化类行政行为是指行政机关原本已经具备，通过协议约定进行情节细化和效果格化的行政行为，包括作为义务内容的行为和作为反馈要素的行为。首先，企业合规协议是附着于行政行为之上的，作出行政行为是企业合规协议中行政机关义务的重要组成类型。因此，对于作为义务内容的行政行为，行政机关可以根据协议约定直接作出。其次，对于企业合规协议中作为反馈要素存在的行政行为，包括行政处罚、行政检查等内容，行政机关可在满足法律规定的前提下直接作出。其原理为，行使该类行政行为本属行政机关法定职权，并非企业合规协议中新的权利义务关系创设，故不会因契约关系的存在而影响行使程序。新增约定类行政处分行为，是指前述合规协议中行政机关法定权之外的新增约定权。此类行政处分行为超出法律规定范围，是工程建设主体为换取行政机关更多监管放松措施所作出的自我限制，因其存在侵害基本权利的可能，所以其合法要件和行使程序都需要受到严格的限制。前已述及，对于其合法要件需要满足法律保留原则的限制。就行使过程而言，为防止出现行政恣意，应限定为根据《行政协议司法解释》第24条的规定作出行政决定后向法院申请执行。

除了作为协议相对人的企业之外，是否存在第三人可以对企业合规协议提起行政诉讼？对此，笔者认为，在实践中不存在与企业合规协议相关的利害关系人。因为企业合规协议能够有效的条件，就是不能对第三人利益造成损害。如果第三人确实因为企业合规协议造成损害，该主体应当依据原行政行为对行政机关提起行政诉讼；也可以基于企业的侵害事实，对企业合规协议中的工程建设主体提起民事诉讼。综上所述，企业合规协议属于行政协议行为，具有较强的双方性甚至内部性，协议行为本身不会涉及第三人权益。只有当协议约定内容对行政机关增设了权利义务关系时，作为协议相对人的企业才能提起行政诉讼。否则，相对人或利害关系人，仍应该根据原行政行为规则提起行政诉讼。

结　语

我国现行工程建设法规体系囿于高权行政理念的固有逻辑缺陷，导致工程建设领域行政监管成本高企、违法违规行为高发、工程质量安全事故频繁，在实践中遭遇较大的困境。而通过引入契约行政理念下的企业合规协议制度，则可以填补高权行政理念单一中心、单方强制、片面威慑的缺陷，实现多元主体、多方协商、激励制约相容监管模式改造。经由改造恢复工程建设主体在行政监管活动中的主体地位，发挥其技术优势和地位优势，实现行政监管措施灵活性、科学性，在提高行政监管措施遵从度的同时，也降低监管的成本，实现监管效能的提升。当然，要充分发挥企业合规协议制度的作用，还需要对现有法律体系作出适当调整，一方面，通过机制设计倡导行政机关和工程建设主体选择签订企业合规协议的方式开展行政监管；另一方面，通过对监管中各行政行为进行调整，包括扩大预先许可、监督放松、处罚缓和措施适用范围的扩大和适用程序的放松等。同时，为保障企业合规协议的有效履行，还应当探索作为事后监督和激励机制的信用体系建设，将企业合规协议履行情况纳入行业信用记录，并根据信用记录对工程建设主体作出限制或奖励。以此督促工程建设主体主动接入企业合规协议制度，实现对企业合规协议制度闭环。

涉案企业合规改革还需强化“刑行衔接”

李奋飞*

最高人民检察院近年来积极回应人民诉求和时代需要，部署启动现已推向全国的涉案企业合规改革，创造性地将企业合规纳入涉企案件的办理过程之中，使之成为依法对涉罪企业或负有责任的自然人作出不起诉等从宽处理的附带要求，并将“严管”和“厚爱”相结合，避免了起诉定罪给一些涉案企业贴上“犯罪标签”所引发的“水漾效应”，也有助于激励、督促其进行“以合规为中心”的结构修正类处理举措，比单一的经济类制裁措施更有助于预防犯罪的再次发生。虽然此项改革推进时间不长，但其影响和前景却获得了社会各界的高度认可。涉案企业合规改革的推行和深化，离不开行政监管部门的全面配合。但是，由于刑行机关之间相互独立的执法体系，企业合规改革需在程序启动、合规考察、处理结果三个方面强化刑行衔接。

第一，程序启动衔接。企业犯罪案件的处理一般先由有关行政机关进行查处，发现违法行为涉嫌构成犯罪的，移交公安机关立案侦查，再由检察机关审查起诉。在实践中，三机关经常在企业犯罪案件的定性、调查和侦查路径、处理方式等方面存在分歧。目前，检察机关正探索建立“双向衔接”机制。2021年10月，最高人民检察院发布《关于推进行政执法与刑事司法衔接工作的规定》，以检察机关法律监督职能为纽带，搭建刑行衔接桥梁，既包括对涉嫌犯罪案件由检察机关通过监督督促行政机关及时向公安机关移送；也包括检察机关对已经进入刑事司法环节的拟不起诉案件，需要给予行政处罚的，在作出不起诉决定的同时向有关主管机关移送案件。该“双向衔接”机制应进一步考虑企业犯罪案件的特殊性，以更充分地服务企业合规改革。一方面，企业犯罪案件的侦查较为复杂，公安机关需得到行政机关的技术支持才能高效办理

---

* 中国人民大学法学院教授，企业合规检察研究基地主任。

案件,如需要行业认证、数据监测等;另一方面,企业犯罪案件对社会公共利益的影响较大,检察机关在决定是否将涉案企业纳入合规考察时,应当对企业经营情况、违法历史、影响力等进行社会调查,这一过程需要行政机关的充分配合。

对此,可采取以下应对方案:(1)建立“检察引导下的行刑联合办案小组制度”。对于企业涉嫌犯罪的案件,行政执法机关固然应当移送,移送后如公安机关已经决定刑事立案,行政机关不得先行作出处罚决定,但也不应当停止调查程序,而是应当与公安机关联合执法。此时,可以由检察机关进一步发挥法律监督职能,提前介入案件侦查,主导刑行机关成立联合办案小组,统筹各机关的执法资源,共同发现企业犯罪案件的事实真相。(2)建立“合规准入联席听证制度”。在决定是否将涉案企业纳入合规考察时,一些试点地区的检察机关举行了听证会,邀请行政机关、公安机关、人大代表、相关专业人士等参与,听取他们的意见。这类联席听证会议的做法应当进一步制度化,确保检察机关在决定合规准入时充分了解涉罪企业信息、尊重行政机关意见。

第二,合规考察衔接。目前存在的问题是,对于合规考察的评判标准,刑行机关没有形成统一意见。企业合规研究形成的共识是,有效合规不仅要求企业实现经营和管理模式的去犯罪化,也要实现前置的去违法化,才能防微杜渐。目前,我国检察机关正处于积极探索制定有效合规标准的过程中,但行政机关参与不足,这容易导致刑行合规标准分立的结果,妨碍刑行配合,不利于预防违法犯罪。在合规考察的活动实施方面,刑行机关缺乏有效配合。目前,我国已经在行政机关的参与下建立了第三方监督评估机制,但检察机关自行监管和第三方监管之间的关系规定尚不够明确。泛用第三方监管,也容易造成不必要的资源消耗。

对此,可采取以下应对方案:(1)刑行机关联合制定有效合规标准。我国行政机关已经出台了一些合规指引性文件,在“大合规”和部分专项合规的标准制定方面具有一定经验。检察机关在制定刑事合规标准时,应当组织有关行政机关参与进来,在行政合规经验的基础上,强化犯罪风险点的预防,并根据中小微企业的实际情况作出简化和调适。(2)明确适用第三方监管的“必要性”原则。应当明确第三方监督评估机制只适用于那些合规整改难度较大的案件,如企业规模较大、涉罪情节较重、合规基础较差等。对于那些合规整改难度较小的案件，检察机关自主履行合规监管更能实现社会资源的优化配置。

第三，处理结果衔接。目前存在的问题是，合规对企业刑事责任和行政责任的减免作用没有被确认，存在刑行执法效果相左的风险。我国企业的刑事责任制度和行政责任制度都没有将合规作为减免责任的因素，行政执法机关和刑事司法机关间也缺乏处罚手段配合原则和处罚结果互认原则。当检察机关作出不起诉决定时，刑事司法当然不会再对涉罪企业施以任何刑罚，但如果行政机关的处罚裁量权不受限制，可以任意地决定对企业施以罚款、责令停业整顿、吊销营业执照等，这显然存在刑行执法效果相左的风险，难以保障合规激励的有效性。

鉴于此，可考虑建立合规结果互认事先协议制度。在刑事实体法确立合规的罪责减免功能以前，检察机关有必要商请行政执法机关一起与涉罪企业达成包含补救措施在内的合规监管协议。涉罪企业是否承诺履行以及在合规考察期内是否最终履行包括行政处罚在内各种补救责任，也应当成为检察机关是否对其启动合规考察程序和是否对其予以从宽处理的重要依据。

涉案企业合规刑行衔接的初步研究

李奋飞

引 言

自2020年3月起,中国检察机关在加强民营企业司法保护的政策背景下,积极将办案职能向社会治理延伸,先后启动了两批涉案企业合规改革试点工作,尝试将企业合规纳入办理涉企案件的过程之中,使之成为对涉罪企业或负有责任的自然人作出不起诉等从宽处理的重要依据,并形成了合规考察模式和检察建议模式两种基本办案形态。在160余家试点检察机关的推动下,涉案企业合规改革实验取得了初步成效,特别是检察机关将“严管”和“厚爱”相结合,挽救了不少对经济发展有重要意义的企业。一些“情有可原”的企业通过合规考察制度提前实现“去犯罪化”经营,摆脱了被起诉、被定罪的命运,避免了因此造成员工失业、科技创新流失、地区经济受损等连锁后果;也有一些高风险企业在企业合规检察建议的指导下,①进行有针对性的合规整改,弥补了企业管理上的制度漏洞,消除了潜在的违法犯罪隐患。

涉案企业合规改革不仅是一场司法改革,更是一场社会综合治理改革,既离不开公安机关、人民法院的积极参与,也需要行政监管部门的全面配合。在涉企刑事案件的办理过程中,刑事执法机关需要在企业行为定性、企业案件侦查、合规整改监管和验收、制订专项合规计划等诸多方面得到行政监管部门的配合和支持。毕竟,受限于专业知识、办案经验、司法资源等现实情况,检察官监督和指导企业实现有效合规的能力具有明显局限。而且,只有充分调动行政监管部门的积极性,才有望推动企业通过建立刑事合规与行政合规有效衔接的专项合规管理体系,对风险行为在构成行政违法、构成刑事犯罪进行层递式阻断,从源头上预防和治理企业的违法违规经营问题。

① 参见李奋飞:《论企业合规检察建议》,载《中国刑事法杂志》2021年第1期。

在美国等西方国家,企业可能因同一不当行为而触发大量的执法行动,包括被检察官起诉、被政府监管部门追究违法责任等,并同时面临多重制裁。例如,在证券类案件当中,美国证券交易委员会(United States Securities and Exchange Commission,SEC)和相当于联邦检察机关的司法部(Department of Justice,DOJ)可能同时提起针对企业的民事诉讼和刑事诉讼。美国司法部经常会同其他政府监管部门与涉案企业达成所谓的"一揽子和解协议"。[②] 但是,中国对行政违法与刑事犯罪采取的是"双轨执法体制",[③]且企业犯罪一般属于"行政犯",都是违反行政法规在先,故对企业的违法犯罪,一般先由有关行政执法机关进行查处,发现违法行为涉嫌构成犯罪的,再移交公安机关立案侦查。行政处罚程序的"前置"地位,不仅引发了行政执法与刑事司法之间的衔接问题,也使涉案企业合规改革可能面临"一些制度安排上的挑战"。正如有学者所担心的,如果行政监管部门在行政执法环节已对涉案企业作出了诸如取消特许经营资格、取消上市资格、吊销营业执照等严厉的行政处罚,检察机关怕是很难再吸引涉案企业选择合规监管程序,所谓的"合规不起诉"也就无法实施了。因此,在现行的"双轨执法体制"下,检察机关如何与行政监管部门加强衔接和沟通,争取其支持和配合,共同指导涉案企业实现有效合规整改,"防止再次发生相同或者类似的违法犯罪",这是涉案企业合规改革持续推进中一个亟待解决的难题。

在涉案企业合规改革试点探索过程中,一些地方检察机关尝试寻求与当地行政监管部门展开合作,或者在启动合规考察程序时听取行政监管部门的意见,或者邀请行政监管部门对涉案企业合规整改情况进行考察和验收,并以此作为是否对涉罪企业提起公诉的参考依据。甚至还有一些检察机关推动成立"企业合规监管委员会",吸收行政监管部门参与,推行刑事合规与行政合规的有机衔接,遴选若干家当地大型企业,督促其建立合规管理体系,实现企业违法违规行为的"源头治理"。最高人民检察院等九部门联合发布的《关于建立涉案企业合规第三方监督评估机制的指导意见(试行)》(以下简称《合规指导意见》),也正式将与企业监管相关的行政机关引入涉案企业合规改革试点工作之中,共同负责与企业合规整改相关的监督工作。

---

② 参见陈瑞华:《企业合规基本理论》(第2版),法律出版社2021年版,第276页。

③ 参见朱孝清:《企业合规中的若干疑难问题》,载《法治研究》2021年第5期。

不过,由于涉案企业合规改革目前仅由检察机关主导,而检察机关与行政执法机关又没有行政隶属关系,行政执法机关在企业已经涉嫌犯罪的情况下,不再对案件行使行政调查权和行政处罚权,行政执法机关并没有配合刑事执法机关办理企业犯罪案件(包括但不限于企业合规案件)的法定义务,加上标准、规则和程序的缺乏,刑事执法机关与行政执法机关在办案程序衔接上出现问题也就不可避免。此外,就实体衔接和合规标准衔接而言,既难以保障合规激励的有效性,也难以实现对违法犯罪行为的统一预防。鉴于此,本文拟对涉案企业合规刑行衔接问题作出初步的讨论。本文将对各地检察机关探索涉案企业合规刑行衔接的经验进行尽可能充分的考察,并对涉案企业合规刑行衔接的主要问题作出有针对性的分析。在此基础上,本文还将对涉案企业合规刑行衔接的问题解决作出理论上的展望。

一、涉案企业合规刑行衔接的实践考察

美国的执法系统是"多重执法"模式(Multienforcer Model),即多个联邦或州的检察机关和行政监管机构,以及私人诉讼当事人,在针对同一企业不当行为进行制裁时,有重叠性的权力。④ 这一体系允许多个联邦机构提起并行的刑事诉讼、行政制裁、民事诉讼,也允许国家执法者和私人诉讼当事人提起并行的、连续的诉讼。例如,在2003年至2011年,德意志银行(Deutsche Bank)伙同其他银行一起操纵伦敦银行间同业拆借率(London InterBank Offered,LIBOR),以牺牲同行利益为代价,为自己的客户牟利。当这一同业拆借率丑闻曝光后,美国以及其他地区的执法机关对其展开了联合多重执法行动。以美国司法部、美国商品期货交易委员会(Commodities Futures Trading Commission,CFTC)、纽约金融服务部(Department of Financial Services,DFS)、英国金融行为监管局(Financial Conduct Authority,FCA)为代表的许多国内外执法机构都采取了行动。2015年,德意志银行支付25亿美元以达成和解,该金额包括返还不当得利和罚款。德意志银行案成为迄今为止最大的同业拆借率案件。然而,德意志银行因该行为而需与执法部门达成和解的活动并未结束。2017年,德意志银行与45个州的检察官达成和解,支付2亿美元。2018年,德意志银行又以2.4亿美元了结了对此的私人反垄断集体诉讼。"多

④ See Elysa M. Dishman, "Enforcement Piggybacking and Multistate Actions", 2019 *Brigham Young University Law Review* 421, 424(2020).

重执法"模式虽存在"经常造成对企业过分处罚"的弊端,但也具有能够整合并扩大执法资源的优势。毕竟,"检察官拥有其他执法者所缺乏的专业侦查知识和诉讼经验。与此同时,行政监管机构等其他执法者对复杂的监管体制有着细致入微的了解,这是一般检察官不可能(或也不想)达到的水平"。⑤

中国一些地方检察机关在涉案企业合规改革探索过程中,也较为注重发挥行政监管部门在涉案企业合规整改中的作用,并试图利用现有的制度空间解决好与行政监管部门的衔接配合问题。有的检察机关在决定对涉罪企业适用合规考察制度前听取行政监管部门的意见;有的检察机关邀请或委托相关行政主管部门负责对涉罪企业合规建设情况进行考察和验收;有的检察机关针对案件办理过程中发现的行政监管漏洞等行业普遍性问题,向行政监管部门发出《检察建议书》;还有一些检察机关甚至在企业犯罪案件发生之前,就试图引入行政监管部门的合规管理机制,以使行政监管部门在预防企业违法行为方面发挥"防洪堤"和"阻隔墙"的作用。⑥ 不过,从刑事执法机关办理企业合规案件的实践来看,刑行衔接主要体现在企业犯罪立案侦查环节中的衔接、合规考察对象准入上的衔接、企业合规考察验收上的衔接以及"企业合规不起诉"后的衔接。

(一)企业犯罪立案侦查环节中的衔接

企业所涉嫌的犯罪,绝大多数都属于"行政犯"。"与传统的自然犯不同,行政犯往往本身并无道德可谴责性,只是因为违反了国家行政法规,构成了行政违法,其行为的社会危害性已经达到了刑法调整的严重程度,这种双重违法性决定了对行政犯必须同时处以刑罚和行政罚。"⑦因此,《行政处罚法》第8条规定:"违法行为构成犯罪,应当依法追究刑事责任的,不得以行政处罚代替刑事处罚。"也就是说,企业对其实施的犯罪行为,通常既要承担行政责任,又要承担刑事责任。而行政责任和刑事责任又均属公法上的责任,"不仅在行政法和刑法上均应得到实现,而且须以正当的行政程序和刑事司法程序两种不

---

⑤ Anthony O'Rourke, "Parallel Enforcement and Agency Interdependence", 77 *Maryland Law Review* 985, 988 (2018)

⑥ 参见陈瑞华:《论企业合规在行政监管机制中的地位》,载《上海政法学院学报(法治论丛)》2021年第6期。

⑦ 张泽涛:《行政监管是企业合规之本》,载《民主与法制》2021年第29期。

同的路径分别予以实现。”⑧

例如,对于企业污染环境的行为,首先构成了行政违法,有管辖权的环境保护部门将对该企业开展违法调查,并对确实构成违法的企业实施行政处罚。该行政处罚包括罚款、限制生产、停产整治、责令停业、关闭等。如果环保部门在调查过程中发现企业造成环境污染,后果严重,已经构成刑事犯罪,则应将案件交公安机关立案侦查。而公安司法机关在认定污染环境行为是否构成犯罪时,则须援引相关的国家行政管理法规,并结合刑法的相关规定,才能确定具体的罪名、“入罪”标准及其法定刑。但是,在行政执法机关处理行政犯罪行为的实践中,多年来却一直存在有案不移、有案难移、以罚代刑等现象。这也是为什么在行政执法与刑事司法衔接工作中,较为强调行政执法机关发现涉嫌刑事犯罪案件向司法机关移送的原因。不过,从已有的研究来看,国家对“两法衔接”不畅的解决已经持续十几年,出台的规范性文件不少,但却都无太大成效。⑨

在涉案企业合规改革持续推进的大背景下,最高人民检察院 2021 年 10 月 11 日发布了《关于推进行政执法与刑事司法衔接工作的规定》(以下简称《行刑衔接工作规定》)。《行刑衔接工作规定》明确要求,人民检察院依法履行职责时,应当注意审查是否存在行政执法机关对涉嫌犯罪案件应当移送公安机关立案侦查而不移送,或者公安机关对行政执法机关移送的涉嫌犯罪案件应当立案侦查而不立案侦查的情形。人民检察院审查后,认为行政执法机关应当依法移送涉嫌犯罪案件而不移送的,经检察长批准,应当向同级行政执法机关提出检察意见,要求行政执法机关及时向公安机关移送案件并将有关材料抄送人民检察院。行政执法机关收到检察意见后无正当理由仍不移送的,人民检察院应当将有关情况书面通知公安机关。对于公安机关可能存在应当立案而不立案情形的,人民检察院应当依法开展立案监督。刑行衔接工作的持续推进,无疑有助于保障涉案企业合规改革的顺利实施。特别是在企业犯罪立案侦查环节,检察机关既可以通过强化对行政执法机关不依法向公安机关移送涉嫌犯罪案件的监督,确保企业犯罪案件能够顺利进入刑事程序

⑧ 田宏杰:《行政优于刑事:行刑衔接的机制构建》,载《人民司法》2010 年第 1 期。

⑨ 参见赵旭光:《“两法衔接”中的有效监督机制——从环境犯罪行政执法与刑事司法切入》,载《政法论坛》2015 年第 6 期。

轨道，还可以通过强化公安机关对单位犯罪立案侦查的监督，防止公安机关在企业构成犯罪的情况下仅对自然人立案侦查的情况发生，从而为企业合规考察制度的适用奠定基础。

（二）企业合规考察对象准入上的衔接

企业合规考察对象的确定问题，既是一个容易引发质疑的问题，也是一个非常关键的问题。因为，从企业合规改革试点实施以来的情况看，几乎所有被纳入合规考察的涉罪企业和相关责任人员，在经过6～12个月的合规考察之后，通常都获得了不起诉、轻缓量刑建议等宽大的刑事处理。从一些地方试点探索的情况来看，检察机关在拟决定对案件适用合规考察制度时，通常都要听取行政监管机关的意见，并在充分考量其意见的基础上作出相关决定，这也是中国刑事诉讼中专门机关决策模式的应有之义。有的检察机关甚至赋予了行政监管机关一定的否决权。例如，辽宁省人民检察院《关于建立涉罪企业合规考察制度的意见》第8条规定："检察机关应当自企业犯罪案件移送审查起诉之日起三十日内，对案件是否适用合规考察制度进行审查，并向涉罪企业、行政监管机关征询是否适用合规考察制度的意见。检察机关经审查认为可以适用合规考察制度，涉罪企业、行政监管机关均同意适用的，应当适用合规考察制度；检察机关经审查认为不应适用合规考察制度，或涉罪企业、行政监管机关不同意适用合规考察制度的，检察机关应按照一般刑事案件处理程序对案件作出处理决定。"

相较于检察机关而言，行政监管部门对行业背景、企业情况等都更为熟悉，且行政监管部门本身即具有对企业行为进行规制的行政职权。因此，检察机关在确定合规考察对象时，听取行政监管部门的意见，不仅可以对企业自身状况、行业情况、配合情况等有更为全面的了解，进而才能更为客观地对案件是否符合合规考察的适用条件作出判断，也可以让行政监管部门参与到企业合规案件办理中，使其能够在企业合规监管程序的启动问题上施加自己的积极影响，从而为后续检察机关与行政监管部门的协调、配合乃至合作打下坚实的基础。

在2021年6月3日最高人民检察院公开发布的企业合规改革试点典型案例之一的"新泰市J公司等建筑企业串通投标系列案"中，检察机关就曾多次到住建部门座谈，了解到6家企业常年承接全市重点工程项目，年创税均达

1000 万元以上,其中,1 家企业年创税 1 亿余元,在繁荣地方经济、城乡建设、劳动力就业等方面作出了突出贡献。如作出起诉决定,6 家企业 3 年内将无法参加任何招投标工程,并被列入银行贷款黑名单,将对企业发展、劳动力就业和全市经济社会稳定造成一定的影响。在最高人民检察院发布的企业合规改革试点典型案例之一的"张家港市 L 公司、张某甲等人污染环境案"中,检察机关在对 L 公司作出合规考察决定前,也听取了行政机关的意见。在最高人民检察院公开发布的企业合规改革试点典型案例之一的"上海市 A 公司、B 公司、关某某虚开增值税专用发票案"中,检察机关除向当地政府了解其纳税及容纳就业情况外,还到多地税务机关对企业提供的纳税材料及涉案税额补缴情况进行核实。

(三)企业合规考察验收上的衔接

"从全球视野来看,科学、合理的监管制度是有效企业合规计划的前提与保障。"⑩中国检察机关在企业合规改革探索过程中,也积极探索监管制度建设,并设立了多种制度模式。有的采取了检察机关主导下的合规监管人模式(例如,深圳市南山区人民检察院设立了"刑事合规专员",协助配合承办检察官对案件的启动审查、协议签订、监督考察等程序,并做好后续跟进工作);有的采取了由外部专业机构担任独立监管人的监管模式(例如,深圳市宝安区人民检察院创设了受犯罪嫌疑单位委托的"独立监控人",对涉案企业履行合规承诺和执行整改任务情况进行监督考察),还有的检察机关则采取了联合或委托行政监管部门担任考察机关的监管模式。

例如,辽宁省人民检察院与辽宁省市场监督管理局、辽宁省地方金融监管局、辽宁省生态环境厅、辽宁省自然资源厅、国家税务总局辽宁省税务局、中华人民共和国沈阳海关等十余家行政监管机关联合制定的《关于建立涉罪企业合规考察制度的意见》规定,由检察机关就涉罪企业在合规建设中存在的问题,与行政监管机关进行会商,由行政监管机关向检察机关提出考察建议。再如,宁波市检察机关《关于建立涉罪企业合规考察制度的意见(试行)》则规定,企业合规的考察由政府行政主管部门或企业所在辖区的街道、乡政府部门担任,检察机关应当结合企业涉嫌犯罪的性质、合规的实际需要等,确定企业

---

⑩ 马明亮:《论企业合规监管制度——以独立监管人为视角》,载《中国刑事法杂志》2021 年第 1 期。

合规的考察机关,并在企业合规考察决定作出前与其积极沟通,确保监督考察取得实效。将企业合规的监管,交由熟悉监管法规且本就对企业行为规制负有责任的行政监管部门承担,可以确保企业合规监管的专业性、权威性、有效性,但却有赖于检察机关与行政主管部门之间协作机制的有效建立。[11] 有学者也已指出,"由行政主管部门来主持对犯罪嫌疑企业的监督考察,就又形成一个新的'行刑衔接'问题,更为准确地说是'刑行衔接',也就是检察机关如何让行政主管部门来进行监督考察"。[12]《宁波市检察机关关于建立涉罪企业合规考察制度的意见(试行)》明确要求,检察机关在考察期间内应当加强与考察机关的沟通联系,切实掌握涉罪企业合规计划实施情况,针对合规建设中存在的问题,及时向涉罪企业提出整改意见。在考察期限届满后,承办检察官还应当根据考察机关出具的涉罪企业合规考察报告,结合具体犯罪情节等对案件提出是否起诉的意见,经提交检察官联席会议讨论后,报检察长审批决定。对涉罪企业是否起诉存在争议的,则可以采取公开听证等方式听取考察机关等的意见,并提请检察委员会讨论决定。在"张家港市 L 公司、张某甲等人污染环境案"中,检察机关就邀请相关行政主管部门等各界代表,召开公开听证会,参会人员一致建议对 L 公司作不起诉处理。检察机关经审查认为,符合《刑事诉讼法》相关规定,当场公开宣告了不起诉决定。

作为企业合规改革的顶层设计者,最高人民检察院对自身监督和指导涉案企业实现有效合规的专业能力和实际困难显然是有充分认知的。为加强与企业监管相关的行政机关、团体组织的联合协作,共同负责企业合规整改相关的监督工作,首先出台了《合规指导意见》。《合规指导意见》明确规定,由最高人民检察院、国务院国有资产监督管理委员会等部门组建第三方机制管委会。《合规指导意见》还明确要求第三方机制管委会各成员单位建立联席会议机制,由最高人民检察院、国务院国有资产监督管理委员会、财政部、全国工商联负责同志担任召集人,根据工作需要定期或者不定期召开会议,研究有关重大事项和规范性文件,确定阶段性工作重点和措施。各成员单位应当按照职责分工,认真落实联席会议确定的工作任务和议定事项,建立健全日常联系、

---

[11] 参见叶伟忠:《检察环节构建涉罪企业合规考察制度的探讨》,载《人民检察》2021 年第 5 期。

[12] 时延安:《单位刑事案件的附条件不起诉与企业治理理论探讨》,载《中国刑事法杂志》2020 年第 3 期。

联合调研、信息共享、宣传培训等机制，推动企业合规改革试点和第三方机制相关工作的顺利进行。

（四）“企业合规不起诉”后的衔接

根据《刑事诉讼法》第177条第3款的规定，对被不起诉人需要给予行政处罚、处分或者需要没收其违法所得的，人民检察院应当提出检察意见，移送有关主管机关处理。有关主管机关应当将处理结果及时通知人民检察院。可见，不起诉只具有法律上宣告被不起诉人无罪并终结刑事诉讼进程的效力，并不意味着被不起诉人需要承担的责任可以因此“一笔勾销”。对于那些被“合规不起诉”的涉罪企业而言，其之所以被“出罪”，主要的原因也不是犯罪情节轻微，依照《刑法》可以免除处罚，而是因为其在涉案后能够认罪认罚、积极配合、补救挽损，并进行了被验收合格的合规整改，消除了管理漏洞和治理缺陷，对于再次实施同类犯罪进行了有效的预防。⑬ 但是，检察机关对被提出合规检察建议或者被纳入合规考察的涉罪企业作出不起诉决定，并不能“一放了之”，而是需要通过涉罪企业的积极补救，对被侵害的“法益”进行及时修复，有效弥补犯罪行为所造成的社会危害，并使其受到相应的经济处罚，为自己的违法犯罪付出代价，并借此发挥刑罚所固有的惩罚和威慑功能。

不过，我国尚未建立行政处罚与刑事处罚一体化的责任制度，检察机关作为宪法和法律规定的国家法律监督机关，并不拥有对涉罪企业进行罚款或科处罚金的权力，而只能通过检察意见等方式督促行政机关对涉罪企业进行行政处罚。这就需要检察机关在办理涉企案件时依法做好不起诉与行政处罚、处分的有效衔接，督促行政执法机关积极履行职责，发挥检察机关与行政执法机关的执法合力。在企业合规改革探索过程中，一些检察机关已认识到了“合规出罪”后刑行衔接工作的重要意义，并通过规范性文件作了明确规定。例如，辽宁省人民检察院等十机关《关于建立涉罪企业合规考察制度的意见》第29条规定：“检察机关对涉罪企业作出不起诉决定后，认为需要给予行政处罚的，应将不起诉决定书一并移送行政监管机关，由行政监管机关依法依规处理。”再如，《宁波市检察机关关于建立涉罪企业合规考察制度的意见（试行）》第18条规定：“被不起诉的涉罪企业需要给予行政处罚的，检察机关应当提出

⑬ 参见陈瑞华：《企业合规出罪的三种模式》，载《比较法研究》2021年第3期。

检察意见,连同不起诉决定书一起移送有关主管机关处理,并要求有关主管机关及时通报处理情况。”

在2020年12月18日最高人民检察院公开发布的第81号指导性案例“无锡F警用器材公司虚开增值税专用发票案”(以下简称“第81号指导性案例”)中,检察机关在对该公司及乌某某等4人作出不起诉决定,就没收被不起诉人违法所得及对被不起诉单位予以行政处罚,向公安机关和税务机关分别提出了检察意见。后公安机关对倪某、杜某某没收违法所得共计4万余元,税务机关对该公司处以行政罚款46万余元。在“张家港市L公司、张某甲等人污染环境案”中,检察机关也在对涉罪企业“合规不起诉”后,依法向生态环境部门提出对该公司给予行政处罚的检察意见。在“新泰市J公司等建筑企业串通投标系列案”中,检察机关在对J公司等6家企业作出不起诉决定后,依法向住房和城乡建设部门提出对6家企业给予行政处罚的检察意见,6家涉案企业缴纳171万余元行政罚款。

二、涉案企业合规刑行衔接的主要问题

美国司法部通过霍尔德备忘录(Holder Memo)确立了检察机关与其他机关合作的基本规则。“每个联邦检察官办公室、部门、诉讼组成部分都应有相应的政策和程序,以适当地协调政府的刑事、民事、监管、行政救济。这些政策和程序应强调刑事的、民事的、机构的代理人员之间应尽早进行有效的、定期的沟通,应在法律允许的范围内,找出最适合解决案件的途径。”[14]在企业合规改革探索过程中,一些试点检察机关尽管也注重发挥行政监管部门在涉案企业合规整改中的作用,并在办理企业犯罪案件中加强与行政监管部门的衔接配合。但由于作为涉案企业合规改革主导者的检察机关与行政机关并无行政隶属关系,行政执法部门和刑事执法部门分属不同的系统,行政执法部门并没有配合刑事执法部门参与企业犯罪案件办理的法定义务,作为国家法律监督机关的检察机关通常只能在对涉罪企业作出不起诉后,依法向行政执法部门发出对涉案企业进行行政处罚的建议。因此,刑事执法机关和行政执法机关在沟通、协商和配合上出现问题不可避免,特别是无法保障行政执法机关参与企业合规监管工作的积极性。加上,相关标准(包括但不限于合规考察和验收

---

⑭ U.S. DOJ Justice Manual, 1 – 12.000 Coordination of Parallel Criminal, Civil, Regulatory, and Administrative Proceedings.

标准)和规则的缺失,刑事执法机关与行政执法机关在办案程序衔接上出现问题更是不可避免。就实体衔接而言,合规对企业刑事和行政责任的减免作用没有被确认,“双轨执法体制”下的企业合规改革难以保障合规激励的有效性。就合规标准衔接而言,涉罪企业为换取合规激励,在较短的考察期内(试点探索过程中最长设置为12个月),所进行的有针对性的刑事合规整改,通常只能完成“去犯罪化”改造,即使建立起有针对性的专项合规计划,也未能实现刑事合规和行政合规有效衔接,难以对违法犯罪行为进行统一预防。

(一)关于程序衔接问题

虽然涉案企业合规改革刚刚开始进行,与此相关的刑行程序衔接的问题尚未充分暴露出来,但是,从“两法衔接”不畅问题多年来始终未得到有效解决的情况来看,公安机关和行政执法机关在配合检察机关办理企业合规案件方面出现敷衍、应付乃至抵触等程序衔接不畅通问题,几乎是不可避免的。

一方面,作为涉案企业合规改革主导者的检察机关与对企业负有规制义务的行政执法机关分属不同的系统,并无行政隶属关系,行政执法部门并没有配合刑事执法部门参与企业合规案件办理的法定义务。作为国家法律监督机关的检察机关通常只能在对涉案企业合规考察不起诉后,依法向行政执法部门发出对涉案企业进行行政处罚的笼统的检察意见或检察建议。检察建议或检察意见尽管可被看作一种职权行为,但并未获得立法的“刚性赋权”,如果行政执法机关无正当理由不予接受,检察机关往往也没有后续的制约手段。

从《行刑衔接工作规定》的相关表述来看,即使承担着移送涉嫌犯罪案件职责和义务的行政执法机关收到检察意见后,无正当理由仍不移送涉嫌犯罪案件,检察机关也只能将有关情况书面通知公安机关,而不能对涉嫌犯罪案件直接立案侦查。企业犯罪案件的立案侦查权,绝大多数都属于公安机关。但是,接到书面通知的公安机关最终是否立案,也将带有很大的不确定性。毕竟,根据《刑事诉讼法》的规定,只有公安机关经过审查,认为有犯罪事实需要追究刑事责任,且属于自己管辖的,才会立案侦查。而诸如危害税收征管秩序、侵犯知识产权、污染环境、破坏网络安全管理秩序等企业犯罪的认定,既涉及援引内容极为繁杂又时常变动不居的国家行政管理法规问题(因而需要得到行政监管部门的支持),也会涉及诸多较为复杂的专业问题,甚至有时还面临行政违法和刑事犯罪的界限本身就难以准确界定的问题。而且,在我国的立案侦查实践中，即使对原本已经涉嫌构成犯罪的企业，公安机关也可能基于“没有追究刑事责任的必要”等各种理由，拒绝将涉罪企业纳入侦查视野，或者侦查终结后拒绝将涉罪企业移送审查起诉。[15] 检察机关要想将这些被遗漏的涉罪企业纳入合规考察的轨道，只能通过提前介入、审查逮捕、退回补充侦查等方式，督促公安机关将涉罪企业纳入侦查范围，从而为合规考察制度的适用打下基础，但能否成功仍存不确定性。

另一方面，由于缺乏协作配合的规则和程序，刑事执法机关与行政执法机关在办案程序衔接上出现问题不可避免，合规考察的效果也将带有很大的不确定性。例如，一些地方检察机关在对企业犯罪案件是否适用合规考察制度进行审查过程中，要向行政监管机关征询意见。但是，对具体采用何种方式征询意见，是口头征询，还是书面征询，相关的规范性文件却未予明确。被征询意见的行政监管部门通过何种途径获取案件信息，以及可以获取哪些案件信息？又以什么方式在什么时间内回复检察机关？这些与衔接配合有关的规则和程序都语焉不详。再如，在前期改革实验中，一些地方检察机关将企业合规的监督考察交由行政部门担任，但却仅仅宣示性地要求检察机关要结合企业涉嫌犯罪的性质、合规的实际需要明确企业合规的考察机关，并在合规考察决定作出前与其积极沟通，确保监督考察取得实效。

但是，在此项改革由检察机关主导的背景下，并无法定职责的行政监管部门如果对专业复杂的考察工作不积极配合，检察机关又该如何处理？如果行政机关对检察机关的委托敷衍应付，例如，对涉案企业合规计划履行情况疏于检查和评估，导致合规考察流于形式，要不要承担责任以及承担什么责任？由于缺乏明确的沟通、配合的规则和程序，也缺乏必要的责任约束，检察机关只能更多地依赖“多动嘴、勤跑腿”的方式来推动和行政执法机关的配合衔接。在改革初期，刑事执法机关和行政执法机关或都具有改革的热情和愿望，配合衔接方面或许尚不至于出太多的问题。但是，在改革的热情退却之后，如果仍然没有必要的规则和程序，配合衔接中可能会不发生推诿扯皮等问题。

（二）关于实体衔接问题

在实体法的层面，合规对企业刑事和行政责任的减免作用没有被确认，

---

⑮ 参见孙国详：《企业合规改革实践的观察与思考》，载《中国刑事法杂志》2021 年第 5 期。

“双轨执法体制”下的企业合规改革难以保障合规激励的有效性。一般而言,检察机关制发的检察意见书或检察建议书既不明确建议行政执法机关将“合规整改效果”作为行政处罚的考量因素,也不会建议行政机关对涉案企业减轻或免除处罚,更不会明确建议具体处罚种类、内容和幅度等。假如行政执法机关不能够对涉案企业合规改革的精神“心领神会”、积极配合,甚至本身就对企业合规的罪责减免功能心存疑虑,不但未给予合规考察“出罪”的涉案企业从轻、减轻处罚,反而又对其作出了诸如取消特许经营资格、责令关闭、吊销营业执照等(相比定罪后判处罚金)严厉的行政处罚,将导致企业合规的激励效果大打折扣甚至毁于一旦,检察机关以企业合规保护民营经济的愿望也会落空。

“站在国家治理企业的角度,行政执法和刑事司法具有一定的相似性,包括证券监督管理委员会(证监会)、市场监管局、生态环境局等在内的一系列国家行政机关,具有对企业执法的强制力,其执法程序也具有一定的准司法性质,处罚决定与刑事判决同样会给企业的生存和发展带来严重影响。”⑯行政执法机关和刑事执法机关处理企业案件的程序衔接是手段,实现案件处理结果的实体公正才是目标。在域外,不仅刑事实体法将合规作为企业减免刑事责任的因素,行政法规也将有效合规计划规定为企业从轻甚至免除行政制裁的因素。无论企业是事先就建立了有效合规计划,还是在事后进行了有效合规整改,都有机会获得行政机关的从宽处理。⑰ 此外,美国多重执法模式也一再强调:“在解决一个企业案件时,若多个部门正在调查同一企业不当行为,执法人员应相互协调,以避免不必要的罚金、罚款、没收财物等。具体来说,每个部门的执法人员应将企业支付给其他部门的罚金、罚款、没收财物等考虑在内,无论这些财物是已经支付还是将要支付,只要它们是因为同一不当行为而起,这样才能实现追求案件公正结果的目标。”⑱这要求行政执法机关和刑事执法机关在对企业执法时,遵循处罚手段配合原则和处罚结果互认原则,在国家执法机关间形成配合,统筹可用的制裁性措施,以补救企业危害行为所带来的社会损害,既要追回案件利益相关方的损失,消除企业的再犯风险,又要防止企

---

⑯ 陶朗逍:《论中国治理企业违法的和解合规模式》,载《东北大学学报(社会科学版)》2021年第2期。

⑰ See U. S. SEC Enforcement Manual, 6. 1. 2 Framework for Evaluating Cooperation by Companies.

⑱ U. S. DOJ Justice Manual, 1 – 12. 000 Coordination of Parallel Criminal, Civil, Regulatory, and Administrative Proceedings.

业因重复处罚而面临不公正的结果。

然而,我国企业的刑事责任制度和行政责任制度都没有将合规作为减免责任的因素,行政执法机关和刑事执法机关间也缺乏处罚手段配合原则和处罚结果互认原则。在"双规执法体制"下,当行政处罚与刑事处罚发生竞合,如果是"先罚后刑"的情况,同质罚相折抵,不同罚则各自使用;如果是"先刑后罚"的情况,同质罚不再罚,特有罚可再处罚。⑲ 当检察机关作出不起诉决定时,刑事司法当然不会再对涉罪企业施以任何刑罚,但如果行政执法机关的处罚裁量权不受限制,可以任意地决定对企业施以罚款、责令停业整顿、吊销营业执照等,这显然存在刑行执法效果相左的风险。

值得肯定的是,已有一些试点地区出现了合规实体规定刑行衔接的制度雏形。例如,浙江省人民检察院等 23 部门联合发布的《关于建立涉案企业合规第三方监督评估工作机制的意见(试行)》第 18 条就明确了合规成果在行政处罚中的运用。此即,对于刑事程序终结后需给予涉案企业行政处罚的案件,人民检察院应将合规考察报告副本移送相应行政机关,并视情况以检察建议或其他适当方式,建议行政机关对涉案企业减轻或免除处罚,行政机关对企业合规情况和检察机关建议进行评估后,原则上应对涉案企业减轻或免除处罚。但是,该规定仅限于适用第三方机制的案件,还缺乏促使行政机关将合规纳入裁量的实体法律依据,检察机关主导的企业合规改革实践仍有不被行政机关认可的风险。

(三)关于合规标准衔接问题

自检察机关自开展涉案企业合规改革试点以来,虽然办理了不少涉企合规案件,但尚未能出台切实可行的合规考察标准。从一些地方检察机关(主导)发布的相关改革文件来看,有的只是要求涉罪企业向检察机关书面提交合规计划,而涉罪企业制订的合规计划,须针对企业治理结构、规章制度等方面引发犯罪的问题与漏洞,其主要内容可包括制定完备的合规管理规范、建构有效的合规组织体系、健全合规风险防范及违规应对机制等。有的要求涉罪企业提交的刑事合规计划需要包括但不限于合规组织架构、合规管理规章制度、合规审查监督体系、合规风险预警及应对机制、合规审查评估机制、违规行为

⑲ 参见黄小伦、罗关洪:《区别情形处理行政处罚与刑事处罚竞合适用》,载《检察日报》2017 年 6 月 26 日,第 3 版。

上报机制、合规奖惩机制、纪律处分程序、合规文化培养体系等;而有的则仅仅向涉案企业提出了诸如“堵塞制度漏洞”“消除制度隐患”“防范合规风险”等方面的要求。即使是《合规指导意见》,也同样只是要求涉案企业提交的合规计划应主要围绕与企业涉嫌犯罪有密切联系的企业内部治理结构、规章制度、人员管理等方面存在的问题,制定可行的合规管理规范,构建有效的合规组织体系,健全合规风险防范报告机制,弥补企业制度建设和监督管理漏洞等。合规考察期届满后,第三方组织应当对涉案企业的合规计划完成情况进行全面检查、评估和考核,并制作合规考察书面报告。合规考察书面报告等合规材料,作为对涉案企业起诉或者不起诉的重要参考。可以说,无论是在合规监管的启动方面,还是在合规评估验收方面,都还缺乏客观可操作的标准,这既不利于规范合规考察过程的检察裁量权,也会给检察机关和(被委托担任考察机关的)行政监管机关的衔接配合带来不利影响。

涉案企业合规改革的实质和目的是,通过现有检察权能所蕴含的从宽处理空间,检察机关可激励和督促那些符合合规考察条件的涉罪企业在合规考察期内进行有效的合规整改,对商业模式、经营模式、管理模式中的“涉罪因素”进行有针对性的消除,实现“去犯罪化”改造,堵塞和修复企业在经营管理上导致犯罪发生的制度漏洞和缺陷,并针对相关的犯罪行为实施专项合规计划,以达到减少和预防相同或者类似违法犯罪再次发生的目的。这意味着,作为涉罪企业“出罪”依据的合规整改,只有能够做到对相关违法犯罪管理漏洞的全面堵塞,并实现对违法犯罪行为的统一消除和预防,才能认为是合格有效的。换句话说,涉罪企业在“第三方机制”的监管下所建构的专项合规计划,不仅应实现刑事合规,能够预防刑事犯罪行为发生,还应实现与之相关的行政合规,能够预防前置行政违法行为发生。毕竟,如前文所述,企业犯罪行为绝大多数都是“行政犯”,多是因为“未虑于微”才酿成大患的。即“小错误”(行政违法违规行为)未及时阻断,以致积累成“大错误”(刑事犯罪行为)。因此,检察机关要想通过此项改革达到从根本上预防涉案企业再次“犯大错”的目的,必须确保“合规整改”实现刑事合规和行政合规有效衔接,从源头上预防企业“犯小错”。这与域外的做法其实是一致的。暂缓起诉协议的合规整改,就不仅要求涉罪企业不再违反相关刑事规定,还要求其遵守有关的行政法律法规。例如,2021 年 1 月,波音公司因向美国联邦安全官隐瞒飞机设计的信息而构成

"密谋欺诈政府罪"一项罪名,但其暂缓起诉协议的合规整改部分则要求波音的合规计划能够"有效发现和预防所有违反美国欺诈相关法律的行为,这种欺诈不仅可能发生在波音与国内外的行政机关之间,也可能发生在其与监管机构、航空客户之间"。[20]

然而,遗憾的是,由于认识上的偏差(不少人认为,检察机关主导下合规整改就是刑事合规),也由于受合规考察期限过短的限制,涉案企业在试点检察机关的监督下目前所进行的有针对性的合规整改,基本上就是"去犯罪化"改造,可以说是以预防企业再次实施同类犯罪为归宿的。"这一目标实现了,检察机关对企业的合规整改也就成功了。"[21]至于如何对涉罪企业进行"源头治理",避免其实施行政违法违规行为,则被认为是行政监管部门通过后续日常的合规监管所要解决的问题。当前,试点探索中合规整改刑行衔接的整体缺位,或将导致"预防再次实施同类犯罪"的努力功亏一篑。

三、涉案企业合规刑行衔接的未来展望

涉案企业合规刑行衔接问题,和其他各种"行"和"刑"问题具有一定的共性。比如,在衔接程序方面,都存在行政执法机关向公安机关移送案件、公安机关受理移送案件以及检察机关对案件移送进行监督等环节的衔接问题;再如,在衔接不畅的原因方面,也都与"法律层面的职责及衔接程序上设计粗陋"有关。但是,涉案企业合规刑行衔接问题,除了涉及刑事执法机关与行政执法机关在办案程序上的衔接问题,还涉及企业合规实体规定上的衔接问题和合规考察验收标准上的衔接问题。因此,涉案企业合规刑行衔接问题的有效解决,除了需要在法律上明确和细化行政监管部门配合刑事执法机关办理企业合规案件的法律职责和衔接配合的规则、程序以外,还需要制定刑行合规有效衔接的专项合规整改标准,确立企业犯罪案件侦查中的"检察引导"制度,以及对"双向衔接"的继续优化。

(一)合规整改评估标准的"刑行协同"

为促进与行政监管部门的衔接配合,有效规范合规考察过程中的检察裁量权,确保企业合规改革持续深入展开和取得预期成效,需要尽快在社会危害

---

[20] U. S. Deferred Prosecution Agreement with Boeing Company, Attachment C., Corporate Compliance Program.

[21] 陈瑞华:《企业合规不起诉改革的八大争议问题》,载《中国法律评论》2021 年第 4 期。

性较强的企业行为规制领域制定专项合规整改评估标准。例如,针对涉税犯罪案件,需要制定税收合规整改标准;针对商业贿赂犯罪案件,需要制定反商业贿赂合规整改标准;针对侵犯商业秘密犯罪案件,需要制定知识产权保护合规整改标准;对于污染环境罪犯罪案件,需要制定环保合规整改标准;等等。

专项合规整改标准的制定,是一项专业性和技术性很强的工作,不仅需要依据特定领域的刑事法律规范,还需要参考该领域变化频繁、数量庞大的行政法律法规,更需要结合容易导致违法犯罪发生的常见管理漏洞、制度隐患等,因此,专项合规整改评估标准的制定工作难以由检察机关独立完成。而且,检察机关主导的合规整改更倾向于"去犯罪化",以刑事思维为主。而行政机关发布和制定的合规标准注重"去违法化",预防的违规行为范围更广。要做到专项合规整改标准的刑行衔接,检察机关需要联合相关行政监管部门一起制定专项合规整改标准,不仅将犯罪行为作为预防对象,而且在前置违法阶段就防止行为升级为犯罪。

就合规计划的内在运行原理而言,在已经搭建具备合规章程、管理层承诺、合规组织、内部举报、奖惩规则、员工培训、第三方管理等核心要素的合规管理体系之后,通过针对企业情况和行业风险的若干制度调整,能够实现对同一类违法犯罪行为的协同预防,不会造成过大的成本负担。例如,在进行员工培训时,告知员工排放污水的行为会构成行政违法,而且达到一定排放量会涉嫌污染环境罪,明确企业管理制度和商业文化对这类行为的坚决抵制态度。

(二)企业犯罪侦查中的"检察引导"

在美国等西方国家,针对企业犯罪的侦查行为通常由检察官主导,警察处于次要地位,[22]这不仅有利于确保这类犯罪案件得到专业化的处理,还有利于确保合规监管程序得以尽快启动,更有助于检察机关和行政监管部门展开联合执法行动。然而,在中国,企业犯罪的侦查主要由公安机关负责,检察机关虽可以通过审查批捕介入侦查环节,但通常只能在案件被移送审查起诉后,才能通过阅卷、讯问犯罪嫌疑人、听取公安机关意见等途径,对涉罪企业是否符合合规考察条件有更为全面的了解。这显然既不利于对那些符合条件的案件尽快启动合规考察,影响了合规考察制度激励涉罪企业积极配合侦查、节约侦

---

[22] 参见陶朗逍:《美国企业犯罪的审前转处协议研究》,载《财经法学》2020年第2期。

查资源的功能发挥,[23]也不利于实现企业犯罪案件办理中行政执法机关、公安机关和检察机关的有效衔接。

为确保企业犯罪案件得到专业化的处理,特别是确保公安机关的侦查能够满足企业合规案件办理的需要,有必要在完善检察机关提前介入侦查制度的基础上,[24]确立企业犯罪案件侦查中的检察引导制度。这里的"检察引导",既不是让检察机关代替公安机关侦查,也不是让检察机关与公安机关联合侦查,而是让检察机关在尊重公安机关法定职权的前提下,通过立案监督、(受邀或主动)提前介入、审查批准逮捕等多种途径,对企业是否构成犯罪、[25]在案证据是否确实充分、案件是否符合合规考察的适用条件,以及在案件初步符合合规考察对象条件的情况下,公安机关后续应如何围绕合规案件办理展开侦查取证工作等发表引导性的意见和建议。未来,即使不能在法律上明确检察机关的意见和建议对公安机关具有强制约束力,也应当使其成为公安机关办理企业犯罪案件的重要参考。

毕竟,目前公安人员办理企业犯罪案件的专业能力本就不足,尤其是在企业犯罪的调查取证方面,更是难以适应涉案企业合规改革的需要。如果公安机关能够在立案侦查环节得到检察机关的引导性意见,不仅有助于实现行政执法机关与刑事执法机关之间的配合衔接,也有助于公安机关及时调取诸如涉罪企业的性质、商业模式、经营模式、管理模式、经营状况、纳税情况、容纳就业情况、发展前景、违法犯罪记录、违法犯罪事实、管理漏洞和缺陷等信息,以及在当地的经济地位等与案件定性关系不大但却与适用合规考察程序密切相关的事实,从而可以帮助检察机关尽早对案件是否适用合规监督考察作出客观判断,并尽早将涉罪企业纳入合规监管程序,减弱刑事诉讼对涉罪企业带来的"殃及效果"。

(三)"双向衔接"的继续优化

《行刑衔接工作规定》发布后,"双向衔接"的提法进入我们的视野。所谓

---

[23] 参见李奋飞:《论企业合规考察的适用条件》,载《法学论坛》2021 年第 6 期。

[24] 参见陶朗逍:《民营企业刑事合规的解构与展望》,载《浙江工商大学学报》2021 年第 1 期。

[25] 判断组织体是否构成犯罪是世界范围内的法律原理性难题。在中国立案侦查实践中,行政执法机关和刑事执法机关也经常在企业是否构成单位犯罪的问题上存在分歧。判断"是不是企业犯罪"是考虑"是否应当以从宽处理激励企业落实合规整改"的前提,也是正确处理企业与企业家罪责关系的基础。

“双向衔接”，指的是既包括对涉嫌犯罪案件，检察机关通过监督督促行政执法机关及时向公安机关移送；也包括检察机关对已经进入刑事司法环节的拟不起诉案件，需要给予行政处罚的，在作出不起诉决定的同时向有关主管机关移送案件。而在涉案企业合规改革的背景下，“双向衔接”都需要继续优化。

首先，对于涉嫌犯罪案件，行政执法机关固然应当移送，移送后如公安机关已经决定刑事立案，对同一违法行为原则上也不得先行作出行政处罚，而应当在司法机关作出最终处理之后再决定是否给予行政处罚。这里还存在两个方面的程序衔接问题。其一，在案件移送公安机关前，行政执法机关是否可以先行实施行政处罚？对此，《行政处罚法》显然未予明确。《行政处罚法》第8条仅规定“不得以行政处罚代替刑事处罚”，并未禁止其实施行政处罚后再移送。假如行政执法机关对涉嫌犯罪的企业在移送前已先实施了取消特许经营资格、取消上市资格、吊销营业执照等严厉的行政处罚，也会影响涉案企业接受合规监管、参与合规建设的积极性。其二，在案件移送公安机关后至正式立案前，仍然存在一个“时间差”，假如行政执法机关在此期间对涉案企业实施了前述严厉的行政处罚，同样会影响涉案企业接受合规监管、参与合规建设的积极性。为解决上述问题，需要借助行政执法机关就刑事案件立案追诉标准、证据收集固定保全等问题咨询人民检察院，或者公安机关就行政执法机关移送的涉嫌犯罪案件主动听取人民检察院意见建议之机，提前介入行政执法机关办理的企业违法案件中来，与行政执法机关就推动企业合规建设达成共识，争取其配合和支持，暂不对其实施行政处罚或者不对其实施上述严厉的行政处罚。

其次，对被不起诉企业需要给予行政处罚的，检察机关固然能够提出检察意见，并将案件移送有关主管机关处理，有关主管机关也应当依法将处理结果及时通知检察机关。但是，在对涉罪企业作出不起诉后，检察机关再向行政执法机关提出检察意见，要求行政机关对被不起诉企业进行行政处罚，不仅会面临刑行执法效果相左的问题，也难以给积极参与合规考察的涉案企业提供稳定可靠的心理预期。要推动企业合规与经济、行政处罚相衔接，在确立“检察罚”“法院罚”之前，检察机关有必要商请行政执法机关一起与涉罪企业签署包含补救措施在内的合规监管协议。涉罪企业是否承诺履行以及在合规考察期内是否最终履行包括行政处罚在内各种补救责任，也应当成为检察机关是否对其启动合规考察程序和是否对其予以从宽处理的重要依据。

余　论

涉案企业合规刑行衔接问题,既涉及刑事执法机关与行政执法机关在办案程序上的衔接问题,也涉及企业合规实体在规定上的衔接问题,还涉及在合规考察验收标准上的衔接问题。这些问题的解决,既关乎企业合规考察程序能否顺利启动,也关乎企业合规激励效果的充分发挥,更关乎企业犯罪能否实现"源头治理"。笔者相信,如果能够在法律上明确行政监管部门配合刑事执法机关办理企业合规案件的法律职责,细化衔接配合的规则、程序,如果能够在实体法层面确认合规对企业刑事和行政责任的减免作用,又如果能够制定出刑行合规有效衔接的专项合规整改标准,确立企业犯罪侦查的"检察引导"格局,并继续优化"双向衔接",涉案企业合规刑行衔接问题或将得到较好的解决。但是,这一切措施的落实,又都离不开涉案企业合规改革的持续深入推进。

作为一场国家层面的法律制度革新,涉案企业合规改革无疑需要统筹立法、司法、行政等多方资源,由检察机关牵头主导已明显力不从心。别的不说,审判机关、公安机关至今在此项改革中还处于缺位状态,就很能说明问题。显然,检察机关继续推动这场改革,既需要与公安机关在企业犯罪立案侦查环节充分协调,又需要与法院就合规的量刑功能达成一致。例如,检察机关认为案件是企业犯罪案件,但公安机关仅对自然人立案应当如何处理?公安机关是否可以通过建议检察机关适用合规从宽措施激励涉罪企业配合侦查?检察机关依据涉罪企业合规整改的情况对其提出从宽量刑建议,但审判机关不采纳应当如何处理?

或许,要让这场意义重大、影响深远的改革得以持续深化,需要由中央将其纳入政法领域全面深化改革的大框架下,统筹推动公、检、法三机关全面配合协作。建议由党委、政法委牵头成立企业合规改革工作领导小组,确定公、检、法三机关在司法推动企业合规建设中的角色,系统化地分配职能、明确责任,形成公、检、法三机关协作推动企业合规改革的实施办法,建立公、检、法三机关共同激励企业合规的制度体系,并在充分实验和效果评估的基础上,[26]将司法推动企业合规建设的制度创新写入法律。企业在诉讼流程中提前实现有

---

[26] 参见李奋飞:《司法改革的实验方法——以试点方案的类型化设计为研究对象》,载《法学》2017 年第 8 期。

效合规,降低了再犯风险,再对其定罪并施以刑罚的必要性降低。合规整改作为涉罪企业被从宽处理的事由,不应只适用于检察机关掌控的审查起诉环节。考虑企业犯罪案件的社会影响力和公众关注度,特别对其建立细密化分流的刑事诉讼程序具有正当性。对于那些情节显著轻微或涉罪风险较高的危险企业,有效合规整改应当能够成为公安机关对其免于立案的理由,在刑事诉讼的最早阶段就实现案件的初步分流;对于那些进入审查起诉阶段的涉罪企业,由检察机关裁量决定是否作出合规不起诉决定或提出合规从宽量刑建议;对于那些进入审判阶段的涉罪企业,法院也应当可以作出合规免责、合规从轻的判决结果。在第三方监督评估机制的保障下,由公、检、法机关在侦查、起诉和审判三个诉讼阶段要求企业落实合规整改,都不会造成过大的司法资源负担。

未来,党委、政法委还应在司法改革经验的基础上,领导、推动行政监管机关在企业行政违法治理的过程中,纳入合规从宽、合规整改的制度设计,激励企业调整内部治理结构,去除隐藏于经营方式和商业模式中的风险根源,建立起专门化的行政监管合规体系,激活自我监管能力,培育合规文化,有效预防行政违规违法行为的发生,从而实现企业犯罪的“源头治理”,提升营商环境法治化水平。

涉案企业合规改革的若干疑难争议问题*

李奋飞

引 言

“21 世纪的大趋势不是对公司罚款和定罪，而是检察官改变公司的治理方式。如今，检察官正尝试重塑公司，协助建立和发现预防雇员犯罪机制。更广泛地说，培养内部的道德和诚信文化。”①自 2020 年 3 月起，在服务“六稳”、“六保”、优化营商环境、加强民营企业司法保护的背景下，我国开启一场由检察机关主导的涉案企业合规改革，探索以更为谦抑和轻缓的方式办理涉企犯罪案件，尝试将合规作为从宽的理性依据。这场由最高人民检察院部署启动现已推向全国的改革最为原始的效仿对象和灵感来源是域外的“审前转处”程序。② 可以说，正是在借鉴域外审前转处程序运转经验的基础上，我国检察机关在现有法律框架内创造性地提出了一种通过释放现有检察权能所蕴含的从宽处理空间尤其是相对不起诉来处理涉企犯罪案件的新思路。此项改革不仅在稳定就业、促进经济发展等方面发挥了积极效果，也为检察机关参与社会综合治理、维护社会公共利益开拓了实践路径。截至 2022 年 4 月，此项改革试验已在全国范围内推开。

两年多来，各地检察机关在最高人民检察院的推进和指导下，将“严管”和“厚爱”相结合，积极延伸检察职能，大胆探索实践，办理了一大批企业合规案

* 本文系中国人民大学科学研究基金重大项目“企业刑事合规的中国化路径”（项目编号：22XNL003）研究成果。

① ［美］布兰登 · L. 加勒特：《美国检察官办理涉企案件的启示》，刘俊杰、王亦泽等译，法律出版社 2021 年版，第 7 页。

② 自 2007 年美国金融危机时期，司法制度的设计者们开始认识到，企业定罪会带来巨大的负效应、损害社会公共利益，其前车之鉴就是 2002 年的安达信案件。参见陶朗逍：《美国企业犯罪的审前转处协议研究》，载《财经法学》2020 年第 2 期。

件。截至2022年8月底,全国检察机关累计办理涉案企业合规案件3218件,其中,适用第三方监督评估机制案件2217件,对整改合规的830家企业、1382人依法作出不起诉决定,③可以说积累了相当丰富的办案经验。也正是得益于实践经验的逐步积累,一些改革初期呈现的难题和争议已经基本解决,④包括"合规不起诉"能否适用于"企业家"犯罪案件、中小微企业如何开展合规整改、如何建设第三方监督评估机制等,检察机关和社会各界已经形成了初步共识。

但是,随着改革试验的深入推进,一些更深层次的难题争议也凸显出来。例如,具体哪些"企业家"犯罪案件可以适用"合规不起诉";再如,在办理企业合规案件时,检察机关应当如何在检察建议模式和合规考察模式两种办案模式间做出合理选择;又如,应当如何在检察机关和第三方监督评估组织间配置合规监管权;等等。笔者以近期实践调研积累的信息和经验为基础,总结了改革现阶段的几个疑难争议问题,实际上也是需要避免的几个认识误区。这些疑难争议问题的解决,是继续深化涉案企业合规改革,探索形成刑事立法修改方案的必要前提。⑤

一、"合规不起诉"的适用对象问题

"合规不起诉"的适用对象包含涉罪企业和涉罪"企业家",这是改革现阶段的基本共识。但是,对于两个对象的具体指代、涵盖范围、概念限度等,尚缺乏清晰规定,这使得实践中产生了一些分歧和争议,也导致了一些认识上的误区。

(一)涉罪企业的概念范围

合规是专属于企业的词汇,是指企业为防范外部的法律风险而建立的内部管理体系。但是,"企业"并非既定法律概念,究竟哪些市场主体属于涉案企业合规改革所涵盖的对象,仍存在分歧观点。在"雷某某涉嫌非法采矿案"的专家研讨过程中,笔者发现,分歧的核心在于,不具有法人资格的市场主体是否属于此项改革的适用对象。在该案中,涉案的主体是一家登记为个体工商

③ 参见蒋安杰:《树高千尺总有根——新时代刑事司法走出中国特色社会主义法治之路》,载《法治日报》2022年9月28日,第1版。

④ 参见陈瑞华:《企业合规不起诉改革的八大争议问题》,载《中国法律评论》2021年第4期。

⑤ 参见李奋飞:《"单位刑事案件诉讼程序"立法建议条文设计与论证》,载《中国刑事法杂志》2022年第2期。

户的采石场，不具有民商事法律意义上的法人资格。笔者之所以认为该主体属于涉案“企业”，主要是因为我国刑事法律和涉案企业合规改革都不以法人资格限定市场主体范围。“公司、企业、事业单位、机关、团体实施的危害社会的行为，法律规定为单位犯罪的，应当负刑事责任。”这是我国《刑法》第30条针对单位犯罪作出的规定。其中，没有涉及法人资格的问题，而企业通常包含合伙企业、独资企业两种不具有法人资格的市场主体，许多人合性较强的律所、会计师事务所都属于此。

在实践中，只要市场主体依法成立，有独立于自然人的名义和财产，能够独立承担刑罚，就能够成为单位犯罪的主体。我国《关于建立涉案企业合规第三方监督评估机制的指导意见（试行）》（以下简称《指导意见》）第3条明确规定改革的适用对象包括：“公司、企业等市场主体在生产经营活动中涉及的经济犯罪、职务犯罪等案件”，这也将不具有法人资格企业、个体工商户等市场主体包含在内。因此，“合规不起诉”对象所包含的“涉罪企业”，应当能够涵盖非法人市场主体，但也需要检察机关在个案中作出具体裁量，并审慎决定是否将其纳入合规考察程序。毕竟，合规改造涉及如何将合规机制融入现有的公司治理结构的问题，因此，对于那些个人与企业意志、行为、财产严重混同，没有独立管理结构的市场主体，可以将企业视作自然人的“犯罪工具”，按照自然人犯罪案件处理，不宜将该“犯罪工具”纳为涉案企业合规改革试验的对象。

（二）涉罪“企业家”的概念范围

“企业家”不是既定法律概念，社会各界较为一致地将其理解为负责企业经营和管理活动的自然人，包括企业实际控制人、董事长、总经理等，但实践中这些人所涉及的犯罪案件类型较为多样，具体哪些可以纳入涉案企业合规改革试验，也是争议较大的问题。有观点认为，所有“企业家”犯罪案件都可以作为企业合规案件办理；也有观点认为，仅少数“企业家”犯罪案件能符合涉案企业合规改革的适用条件。在企业涉嫌轻微单位犯罪的案件中，企业及“企业家”（作为单位犯罪的责任人）以企业合规整改换取检察机关的相对不起诉决定，不存在障碍。从最高人民检察院公布的两批企业合规典型案例来看，也已经呈现既放过企业又放过个人的“双不起诉”现象。⑥

⑥ 参见李玉华：《企业合规本土化中的“双不起诉”》，载《法制与社会发展》2022年第1期。

但是,在“企业家”涉嫌个人犯罪的案件中,企业并不涉罪而仅仅涉案,此时,企业进行合规整改是否能够成为对“企业家”个人不起诉等从宽处理的理由,争议较大。⑦ 最高人民检察院等9部门联合发布《指导意见》明确将可以纳入改革范围的“企业家”犯罪案件,限定为“公司、企业实际控制人、经营管理人员、关键技术人员等实施的与生产经营活动密切相关的犯罪案件”,但尚未对“与生产经营活动密切相关”的限定条件作出具体的解释和说明。在实践中,已出现“企业家”在涉嫌危险驾驶、职务侵占等纯正自然人犯罪的案件中,也申请启动合规考察的情况。此时,检察机关就面临案件是否符合改革试点范围的判断难题。

对此,需结合我国涉案企业合规改革的基本精神,对“与生产经营活动密切相关”这一条件作出合理解释。一般认为,此项改革之所以将“企业家”个人犯罪案件也纳入范围,主要考虑两方面原因:一方面,“企业家”在生产经营活动中实施犯罪行为,有为企业集体利益考虑的一面,也与早期市场监管不力的历史原因有关,有情有可原之处;另一方面,在市场经济发展初期,受限于国家监管资源和企业管理能力,我国企业特别是不少民营企业在早期发展阶段就缺乏必要的规范,治理结构普遍存在先天的缺陷。甚至不少中小微企业存在着法人与法定代表人或实际控制人“人格混同”的问题,使企业经营的人身依附性较强。因此,“企业家”在被起诉定罪后,企业往往也难逃经营严重受损甚至走向破产倒闭的命运。正所谓如不保护“企业家”,就保护不了企业。而企业(尤其是大型企业)的命运又可能会与不少人(有的案件可能达到数万人)的就业密切相关,与一些(有时可能达到数十个)关联企业的生存相关,与地区发展和税收相关,甚至与行业经济和国家命运相关。⑧ 因此,基于避免造成员工失业、地区经济受损等社会公共利益的考虑,检察机关与其“一诉了之”,将定罪后果经由市场和经济链条传导给更多无辜者,不如以保住“企业家”的方式激励相关企业建立合规管理制度,弥补企业治理缺陷,消除企业经营和管理模式中的“犯罪因子”,以促进企业依法依规经营,从根本上降低再犯

⑦ 有学者指出,“企业合规,本质上是企业自身具有独立意思的体现,是在企业经营活动中出现犯罪行为时,让企业全身而退、免受处罚的理由,而不是让其中的自然人免责的理由”。参见黎宏:《企业合规不起诉:误解及纠正》,载《中国法律评论》2021年第3期。

⑧ 参见全国“八五”普法学习读本编写组编:《企业合规通识读本》,法律出版社2022年版,第38页。

风险。

笔者认为,在改革精神的指引下,“与生产经营活动密切相关”的“企业家”犯罪案件应当具备两个条件。第一,“企业家”为企业利益而实施犯罪行为。“企业家”从事挪用公款、职务侵占、违规发放贷款等个人犯罪行为,其目的一般只为个人利益,涉案企业不会直接或间接获利,甚至可能成为案件的被害人。此时,要求企业为“罪魁祸首”的个人“出罪”而花费成本、开展合规整改,于情理明显不符。第二,“企业家”的犯罪行为需与企业的管理制度漏洞有关。企业开展合规整改的前提,是企业确实存在合规管理漏洞,“企业家”能够顺利实施犯罪行为,也与这种漏洞存在着因果联系。依据企业合规理论,合规能成为“出罪”等从宽的理由,是因为其修正了企业的治理结构,降低了企业及相关自然人的再犯风险,提前实现了犯罪预防,使刑罚不再具有落实的必要性。但是,在那些“企业家”犯罪与企业管理制度没有明确因果联系的案件中,合规无法预防该类犯罪,“企业家”刑罚有落实的必要性,因此,不宜作为企业合规案件办理。

在“夏某某涉嫌操纵证券市场罪案”的专家研讨过程中,笔者之所以建议检察机关将该案作为企业合规案件办理,是因为夏某某作为上市公司的法定代表、实控人(其持16%,是第一股东,第二股东仅持2%)、核心专利持有人,其违法行为与公司生产经营活动密切相关,暴露了公司在信息披露等方面存在管理漏洞。毕竟,按照《公司法》的规定,法定代表人的经营行为可以代表公司,其接盘大股东减持及后续演变成参与操纵,主要是担心大股东减持造成公司股价下跌。发布相关消息是其法定职责,后果是股票上涨,公司商誉提高,大小股东均获益。这一切既与公司经营密切相关,也暴露出公司在信息披露管理等方面的合规漏洞。因此,将其作为合规案件办理,无论是采取合规考察模式,还是采取检察建议模式,都有助于通过保住实控人而维护企业的生存和发展能力,同时,有助于督促企业修补信息披露等方面的管理漏洞,符合最高人民检察院涉案企业合规改革试点的规定和精神。该案与最高人民检察院发布的第三批典型案例中的“王某某泄露内幕信息、金某某内幕交易案”具有一定的相似性。在该案中,涉案公司是一家年产值超20亿元的汽车电子制造企业,该公司高管王某因法律意识淡薄,将工作中获知的项目信息泄露给第三人,涉入一起泄露内幕信息案件。2021年8月,北京市人民检察院第二分院受理了该案,经该公司提交了合规整改申请,启动合规考察和第三方监督评估机制。在验收合规整改合格后,对二位被告提出有期徒刑两年至两年半,适用缓刑,并处罚金的量刑建议。最终,北京市第二中级人民法院判决认为,检察机关开展的合规工作有利于促进企业合法守规经营,优化营商环境,可在量刑时酌情考虑,采纳该量刑建议。

二、企业犯罪分离追诉的可行性问题

涉案企业合规改革引发了我国单位犯罪刑事责任制度的反思,[9]特别是单位与责任人的罪责关系问题。在英美法系国家,企业与自然人的刑事责任自产生之时起即为分离状态,企业和直接构成犯罪的自然人是同一个罪名的平行犯罪主体,二者分别承担刑罚:自然人并非作为企业犯罪的责任人而承担责任,而是构成独立犯罪、承担独立刑罚。所以,当企业通过合规实现“出罪”时,仍依据该罪名追究自然人的刑事责任不存在任何障碍。[10] 而在我国,如涉罪企业通过合规整改实现“出罪”,检察机关是否仍需继续追究责任人的刑事责任,尚缺乏明确规定。在最高人民检察院发布的第一期和第二期企业合规典型案例中,“双不起诉”的做法较为常见,[11]但也出现了企业与“企业家”分离追诉的司法探索。例如,在最高人民检察院发布的人民检察院行刑衔接工作典型案例中,“上海某电子科技有限公司、某信息技术有限公司涉嫌虚开增值税专用发票案”就采取了“放过企业、严惩责任人”的做法。在该案中,涉案两公司因虚开增值税专用发票行为而涉嫌单位犯罪,后通过合规考察获得检察机关的不起诉决定。对单位犯罪直接负责的主管人员姜某,检察机关另案处理,提起公诉。

根源于对单位犯罪构成形态的认识误区,在实践中,有不少人对涉案企业合规改革中单位和责任人分离追诉的做法并不认同,其认为应当依据我国单位犯罪双罚制的规定,认定单位犯罪具有牵连形态,单位构成犯罪是追究内部

---

⑨ 有学者认为,“双罚制可能人为制造出数量众多的企业犯罪,不利于企业犯罪的预防”。参见欧阳本祺:《我国建立企业犯罪附条件不起诉制度的探讨》,载《中国刑事法杂志》2020年第3期。

⑩ 参见李奋飞:《“单位刑事案件诉讼程序”立法建议条文设计与论证》,载《中国刑事法杂志》2022年第2期。

⑪ 对此做法,已有学者提出了批评:“在企业合规改革中,一些地方将涉罪企业与涉罪的企业成员捆绑在一起,涉罪的企业成员也一并纳入合规考察的范围予以不起诉,这并不妥当”。参见孙国祥:《单位犯罪的刑事政策转型与企业合规改革》,载《上海政法学院学报(法治论丛)》2021年第6期。

成员刑事责任的依据和前提,因此,司法机关需将单位犯罪和单位成员同案捆绑处理。[12] 正如有论者所指出的,"双罚制之下,企业和其员工之间处于'一损俱损、一荣俱荣'的连带关系。这种关系的直接结果是,对单位员工的业务违法行为只有两种选择:或者作为单位犯罪,被'双罚';或者作为个人犯罪,被'单罚'。绝无可能构成单位犯罪,但只处罚其员工'个人',单位不担责的选项"。[13]

但是,随着域外企业犯罪暂缓起诉制度的扩张,以及国内涉案企业合规改革的发展,企业犯罪治理遵循"放过企业、严惩责任人"原则的必要性逐渐清晰化,即需要将企业内部违反合规文化的"毒瘤"剔除,不仅检察机关应当对涉罪责任人依法追诉,企业也需要依据内部规章制度作出降薪、开除、决定永不录用等制裁决定,这样穿透企业负责的管理结构,将刑事责任和违规责任落实到个人,能够更好地发挥制裁措施的威慑功能。[14] 对此,我国早有学者提出,《刑法》规定的单位犯罪实则为聚合形态,而非牵连形态,即单位犯罪是两类犯罪的聚合体:一类是客观实在的作为单位成员的自然人犯罪,另一类是拟制的单位犯罪,二者是独立的两类犯罪行为。[15] 这为二者的分案处理和分离追诉提供了理论基础。

在法学理论方面,单位犯罪的聚合形态能够破解单位和责任人"双向牵连"的"反责任主义"困境:一方面,单位作为拟制的犯罪主体,受到责任人行为的牵连而承担刑事责任;另一方面,主管人员、法定代表人等责任人又因单位成立而被归罪。这两种情形都违反了刑法的罪责自负原则,易导致单位犯罪处罚范围不当扩张。

在司法实践方面,我国单位犯罪的分案处理、分离追诉的做法也已被司法解释确认。最高人民法院《关于适用〈中华人民共和国刑事诉讼法〉的解释》第283条规定:"对应当认定为单位犯罪的案件,人民检察院只作为自然人犯罪起诉的,人民法院应当建议人民检察院对犯罪单位追加起诉。人民检察院仍以自然人犯

---

⑫ 参见李勇:《涉案企业合规中单位与责任人的二元化模式》,载《中国检察官》2022年第12期。

⑬ 参见黎宏:《企业合规不起诉改革的实体法障碍及其消除》,载《中国法学》2022年第3期。

⑭ See Nick Werle, "Prosecuting Corporate Crime When Firms Are Too Big to Jail: Investigation, Deterrence, and Judicial Review", 128 *The Yale Law Journal* 1366, 1366 (2019).

⑮ 参见叶良芳:《论单位犯罪的形态结构——兼论单位与单位成员责任分离论》,载《中国法学》2008年第6期。

罪起诉的，人民法院应当依法审理，按照单位犯罪中的直接负责的主管人员或者其他直接责任人员追究刑事责任，并援引刑法分则关于追究单位犯罪中直接负责的主管人员和其他直接责任人员刑事责任的条款。”基于此，检察机关本就享有裁量决定是否追加单位被告人的权力，本就可以通过不追加企业为被告人而达到“放过企业、严惩责任人”的效果。这也佐证了我国单位犯罪为聚合形态的基本事实，即单位犯罪成立不以单位被追究刑事责任为前提。在实践中，也有大量分离追诉的企业犯罪案件，即检察机关经过非正式的公共利益权衡，拒绝追加企业为被告人，而“企业家”仍被作为单位犯罪责任人定罪和处罚。

在涉案企业合规改革推进过程中，检察机关将涉罪企业作为“合规不起诉”的对象，但对涉罪“企业家”仍继续追诉，既不存在理论障碍，又符合我国司法实践的传统。而且，相较于传统司法中，一些检察机关通过不追加被告人而直接放过企业的做法，以“合规”为由对涉罪企业进行事后考察出罪，能补足罚金刑再犯预防功能的不足，因而更具有正当性和可行性。毕竟，对合规整改合格的企业虽不再予以定罪处罚，但并非“一放了之”。正如有学者所指出的：“企业不仅为合规计划建设投入大量经济成本，还在治理结构、商业模式、组织人事等方面完成‘断尾求生’式的自我改造，合规整改这种非刑罚制裁方式较之罚金刑更具严厉性。”⑯

三、检察建议模式的实践性质问题

试点检察机关在将企业合规纳入办理“涉企犯罪案件”的过程之中，大体形成了检察建议模式和合规考察模式（也称附条件不起诉模式）两种基本办案形态。⑰ 在第一期试点中，检察建议模式为主要的办案形态。在最高人民检察院 2021 年 6 月 3 日公布的第一批（共 4 起）企业合规典型案例中，有 3 起采取了检察建议模式。其通常做法是，检察机关在对涉罪企业或者负有责任的自然人作出酌定不起诉的同时，向涉案企业提出建立合规管理体系的检察建议，一般也不为企业设置确定的考察期。⑱ 检察建议虽具有制发时间、对象较为灵

---

⑯ 参见刘艳红：《企业合规不起诉改革的刑法教义学根基》，载《中国刑事法杂志》2022 年第 1 期。

⑰ 参见陈瑞华：《刑事诉讼的合规激励模式》，载《中国法学》2020 年第 6 期；李奋飞：《涉案企业合规刑行衔接的初步研究》，载《政法论坛》2022 年第 1 期。

⑱ 参见刘译矾：《论企业合规检察建议激励机制的强化》，载《江汉论坛》2021 年第 6 期。

活的独特优势,[19]但却存在约束力不足、专业性不够等内在局限性;而合规考察模式则可以弥补检察建议模式的这一不足,因而成为了第二期试点的主要办案形态。在最高人民检察院2021年年底公布的第二批(共6起)企业合规典型案例中,全部采取的是附条件不起诉模式。其通常做法是,检察机关为那些被纳入考察对象的企业设立一定的考察期,并根据其在考察期内的合规整改情况,再作出是否对涉罪企业或涉罪"企业家"起诉的决定。

但是,笔者在最近调研的过程中发现,有的检察机关认为,企业合规案件的办理模式只有合规考察模式一种,这显然降低了改革工作的灵活度。从最高人民检察院公布的办案数据和典型案例来看,检察建议模式在第一期试点工作中的适用比例较高,而合规考察模式在第二期试点工作中的适用比例迅速提升。这种趋势导致有人误以为,检察建议模式不再属于企业合规案件的办案模式,检察机关应当首选以合规考察模式办理案件。在最高人民检察院发布的第二批企业合规典型案例"张家港S公司、睢某某销售假冒注册商标的商品案"中,张家港市人民检察院联合公安机关对只有3名员工的S公司也启动了合规监督考察程序,并为其确定了6个月的整改考察期。

实际上,两种办案模式虽各有利弊,但都属于合规改革的办案模式,应当区别地适用于不同类型的企业合规案件。在有关大型企业涉嫌的重大犯罪案件中,由于企业的"犯罪基因"掩藏于复杂的治理结构当中,开展合规整改的难度较高,这时选择有司法强制力支撑的合规考察模式,更具有必要性;在那些有关中小微企业涉嫌的轻微犯罪案件中,企业的治理结构较为简单,涉嫌犯罪类型也较为单一,企业合规整改的难度不高,通常没有必要对其开展耗时费力的合规考察。检察机关在作出不起诉决定后,制发合规检察建议,一般就足以督促企业实现有效合规整改。如若担心检察建议的强制力不足,检察机关也可以考虑在审查起诉过程中向涉案企业提出合规检察建议,或向行政机关制发检察意见,建议行政机关继续监督企业完善合规建设。毕竟,行政机关通常更为熟悉监管法规且本身就对涉案单位行为规制负有责任。此外,对于那些拒不整改的企业,检察机关还可以通过提起公益诉讼的方式,对其予以制裁。

而且,检察建议模式独具中国特色,不应当被排除在涉案企业合规案件的

---

⑲ 参见李奋飞:《论企业合规检察建议》,载《中国刑事法杂志》2021年第1期。

办案模式之外。尤其是就学理而言,对于那些不构成犯罪的企业,检察机关适用柔性的合规检察建议,更有助于充分尊重合法企业的经营管理自主权。有学者认为,"如果企业的实际控制人、经营管理人员、关键技术人员等实施了与企业生产经营活动密切相关的犯罪行为,说明企业在内部管理与风险控制方面存在问题。因此,即使涉案企业没有受到追诉,要求其接受合规考察也完全符合涉案企业合规的制度目的"。[20] 笔者认为,这种观点有待商榷。合规考察不仅具有保护功能,也具有惩罚功能(因此,其才能有效地替代刑罚)。这种惩罚功能体现在,企业一旦被纳入合规考察,就需要承担诸如积极配合、退缴违规违法所得,补缴税款和滞纳金并缴纳相关罚款、提交合规计划、接受合规监管等义务,其最终所付出的经济代价可能比起诉定罪后被判处的罚金还要多,因而才能够实现惩罚涉罪企业、形成威慑作用的目的。[21] 而且,在企业不涉罪的情况下,如果检察机关对其启动合规考察,并为其设置一定的考察期,那么考察不合格又会产生何种法律后果呢?因此,在这种情况下,适用柔性的检察建议模式可能更为妥当。即使启动合规考察,也应当以企业自愿申请为前提。例如,在最高人民检察院发布的第二批企业合规典型案例"随州市Z公司康某某等人重大责任事故案"中,曾都区人民检察院经审查认为,康某某等人涉嫌重大责任事故罪,属于企业人员在生产经营履职过程中的过失犯罪,同时反映出涉案企业存在安全生产管理制度不健全、操作规程执行不到位等问题。征询Z公司意见后,Z公司提交了开展企业合规的申请书、书面合规承诺以及企业经营状况、纳税就业、社会贡献度等证明材料,检察机关经审查对Z公司作出合规考察决定。

四、合规考察和第三方监督评估的关系问题

"合规体系建设是专业性较强的公司治理问题",而受限于专业知识、办案经验、司法资源等现实情况,检察官要在所有案件中亲自监督和指导企业实现有效合规整改,可以说是无法完成的任务。在涉案企业合规改革推进过程中,我国检察机关对企业合规监管问题进行了卓有成效的探索,并主要形成了两种合规监管方式:一种是检察机关自行监管,即由检察官在合规考察期内调查、评估、监督和考察企业的合规整改活动;另一种是第三方监管,即由合规专

---

[20] 参见周振杰:《涉案企业合规刑法立法建议与论证》,载《中国刑事法杂志》2022年第3期。

[21] 参见李奋飞:《论企业合规考察的适用条件》,载《法学论坛》2021年第6期。

家、律师、相关监管官员以及其他专业人员组成的第三方监督评估组织，由其弥补检察机关合规专业能力的不足，代行部分合规监管职能，对涉案企业的合规整改活动进行调查、评估、监督和考察，相关结论和建议可以作为检察机关“依法作出批准或者不批准逮捕、起诉或者不起诉以及是否变更强制措施等决定，提出量刑建议或者检察建议、检察意见的重要参考”。

相较而言，由检察官自行监管的便宜度较高，且因介入的主体较少而更为经济、节约，但其通常欠缺有关公司治理、合规管理以及企业犯罪学等方面的知识，也缺乏督导企业开展合规整改的经验和技能，㉒而第三方监管的专业度较高，但第三方专家的选任、管理、履职等需要消耗大量的社会资源。

随着我国第三方监督评估机制的迅速发展，加上我国《指导意见》规定的第三方监督评估机制适用案件范围，与我国涉案企业合规改革的适用案件范围相一致，一些人开始将涉案企业合规改革等同于第三方监督评估机制建设，或者将其中的合规考察活动等同于第三方监督评估活动，主张在所有企业合规案件中广泛地适用第三方监督评估机制。此即，“无论是民营企业还是国有企业，无论是中小微企业还是上市公司，只要涉案企业认罪认罚，能够正常生产经营、承诺建立或者完善企业合规制度、具备启动第三方机制的基本条件，自愿适用的，都可以适用第三方机制”。㉓

笔者认为，为避免合规监管资源的浪费，应将合规考察条件与适用第三方监督评估机制的条件作出区分。此即，不是所有符合启动合规考察条件的案件，都同时符合启用第三方监督评估机制的条件。在那些企业规模较小、涉嫌罪名较为常见、犯罪情节较为轻微、合规整改难度不大的案件中，即使启动合规考察程序，通常也没有必要启用高消耗的第三方监管，否则就有“杀鸡用牛刀”的嫌疑。在美国检察官与企业达成的暂缓起诉和不起诉协议中，也仅有1/4 要求聘请合规监管员，其中涉及证券欺诈或违法《反海外腐败法》的案件最为普遍。㉔ 未来，应当明确第三方监管的启动原则，即只有在充分考量合规

㉒ 参见陈瑞华：《合规监管人的角色定位——以有效刑事合规整改为视角的分析》，载《比较法研究》2022 年第 3 期。

㉓ 封莉：《涉案企业合规改革试点全面推开　适时推动完善立法》，载《中国经营报》2022 年 4 月 9 日，第 4 版。

㉔ 参见［美］布兰登·L. 加勒特：《美国检察官办理涉企案件的启示》，法律出版社 2021 年版，第 215 页。

整改难度、合规监管难度等因素后认为确有必要的情况下才予以启动，尤其是在企业仅涉案而不涉罪的案件中尽量避免适用，在小微企业涉嫌常见犯罪的案件中审慎适用，[25]并进一步区分“范式合规”与“简式合规”，鼓励检察机关采用自行监管方式办理简单案件。目前，已有试点检察机关认识到，应当审慎适用第三方监督评估机制。例如，在“江苏F公司、严某某、王某某提供虚假证明文件案”中，考虑涉案企业为仅有39名员工的小微企业，江宁区人民检察院决定开展“简式”合规，不启动第三方监督评估机制，而是由检察院自行履行合规监管职能，以便降低合规成本、减轻企业经济负担。

五、合规整改验收的决策主体问题

“合规计划的有效性评估充满挑战”，[26]因此，涉案企业合规改革顺利推进离不开第三方监督评估机制的良好运行，这甚至可以被看作涉案企业有效合规整改的基本保证。2022年4月，全国工商业联合会、最高人民检察院等9部门联合发布了《涉案企业合规建设、评估和审查办法（试行）》（以下简称《审查办法》），明确了第三方机制管委会和人民检察院审查第三方组织合规监管工作的方法，也规定了对第三方组织及成员违规行为的基本处理流程，为第三方组织评估企业合规管理体系有效性提供了初步标准，也为检察机关、第三方机制管委会评价第三方组织履职情况提供了初步依据。这甚至可以被看作我国第三方监督评估活动开启标准化和规范化进程的重要标志。

但是，随着第三方监督评估机制的广泛适用，有人误以为，第三方监督评估组织是涉案企业合规整改的唯一验收主体，检察机关应当尊重其验收结论，没有责任就合规整改的有效性进行独立评估和验收。这种观点没有认识到第三方监督评估活动的司法辅助属性，易降低合规整改验收的准确性，难以有效预防“纸面合规”。

在我国，合规刚刚引入刑事司法，学校课程、职业培训等都尚未注重培育合规专业人才，许多被纳入第三方监督评估组织候选名录库的律师、会计师、行政机关人员等也是初学者，缺乏合规实践经验，对于企业如何开展有效合规整改，缺乏充分认识。在此背景下，如果检察机关仅仅依靠社会力量验收合规

---

[25] 参见李奋飞：《完善第三方机制促进企业合规发展》，载《法治日报》2022年6月29日，第5版。

[26] ［美］菲利普·韦勒：《有效的合规计划与企业刑事诉讼》，万方译，载《财经法学》2018年第3期。

整改,将"纸面合规"错认为"有效合规"的风险较高。因此,检察机关作为办案机关,即使在有第三方监督评估组织参与的情况下,也应对涉案企业的合规整改承担主导责任,其不仅有权监督企业的合规整改工作,还可以对第三方监督评估组织的履职情况进行监督。此即,对于涉案企业是否通过合规整改,最终要由检察机关作出决定。根据《指导意见》的规定,第三方监督评估组织的合规整改验收结论只是"人民检察院依法处理案件的重要参考"。该规定与域外的通行做法相一致,即将最终决策权交给检察机关,将第三方监督评估组织对合规整改效果的验收结论视为如"专家鉴定意见"一般的参考性意见,而不是唯一的依据,避免造成社会人员左右司法决策的结果。

作为合规整改验收的决策主体,检察机关有权独立审查第三方监督评估组织的验收结论,并可以依据《人民检察院审查案件听证工作规定》开验收听证会,邀请人民代表大会代表、政治协商会议委员会委员、人民监督员和相关行业专家等参见,也可以邀请第三方组成人员到会发表意见,以对第三方监督评估组织的工作情况进行审查。㉗ 有些试点地方还规定,检察机关可以对涉罪企业进行回访检查,如发现涉罪企业合规整改仍不够彻底,工作制度仍可能为犯罪提供便利条件,实现合规目的仍有困难,或者再次发生违法犯罪等情况的,经检察机关审查确认,还可以撤销原合格评定。㉘

六、有效合规与不起诉决定的关系问题

对于涉案企业而言,其开展合规整改的主要目标还是换取检察机关的不起诉决定。而自涉案企业合规改革试验推行以来,除了少数提出宽缓量刑建议和合规考察不合格的案件,绝大多数被作为企业合规案件办理的涉罪企业和"企业家"也都获得了不起诉处理。以最高人民检察院发布的典型案例"深圳 X 公司走私普通货物案"为例。在该案中,第三方工作组通过查阅资料、现场检查、听取汇报、针对性提问、调查问卷等方式进行考察评估并形成考察意见。工作组经考察认为,X 集团的合规整改取得了明显效果,制定了可行的合

㉗ 未来,在明确合规验收应当召开听证会的基础上,应当对听证会的具体程序进行统一规范。需要明确参与听证会人员的数量、身份、组成方式等,确定听证会的发言顺序,规范听证会的表态和决策方式。有效的听证会应当主要围绕两个文件展开:一是企业方提交的合规整改报告;二是合规监管人提交的合规评估和验收报告。长期来看,也可以推动合规听证员的专业化,引入更有经验的合规专家参与,提升合规验收结果的公信力。

㉘ 参见《深圳市检察机关企业合规工作实施办法(试行)》。

规管理规范,在合规组织体系、制度体系、运行机制、合规文化建设等方面搭建起了基本有效的合规管理体系,弥补了企业违法违规行为的管理漏洞,从而能够有效防范企业再次发生相同或者类似的违法犯罪。检察机关借此对X公司及涉案人员作出了相对不起诉处理。

正因如此,有观点认为,只要企业开展了合规整改,弥补了企业管理上的制度漏洞,且合规整改的结果被验收为合格,检察机关就必须作出不起诉决定。这种观点过分关注了改革的合规整改面向,而忽略了检察机关裁量决定诉与不诉过程的复杂性。毕竟,涉案企业合规改革是由最高人民检察院部署启动的,尚未获得全国人民代表大会常务委员会的立法授权,检察机关通常只能在现行刑事诉讼法律的框架和范围内,将一些犯罪情节轻微、符合相对不起诉适用范围的涉企刑事案件作为试验对象。在不起诉裁量权缺乏明确标准和指引的情况下,究竟需要纳入何种考量因素,对一些轻微案件(包括但不限于"涉企刑事案件")予以"出罪"处理,实际上属于检察机关裁量的范畴。通过将企业合规因素纳入起诉裁量,检察机关可以激励和督促涉案企业在考察期内进行有针对性的合规整改。对于合规计划无效、合规整改不合格的企业,检察机关当然可以在考察期届满时提起公诉。例如,在"随州市L公司、夏某某非法占用农用地案"中,第三方监督评估组织在经过近两个月的合规考察后出具了考察报告,认为:虽然经过法律政策讲解,L公司认识到其占用农地行为不符合土地管理法,但仍然认为自身受当地镇政府邀请投资建设没有过错,导致现场整改不主动;多名股东对夏某某的整改处理意见提出异议,但并未得到尊重,夏某某的个人意见最终仍代表公司意见,《企业合规计划》中规定的完善内部决策程序、法务审核程序,加强与政府相关监管部门的协调配合等整改措施落实不到位,其申请适用企业合规程序的主要目的是想通过相关单位的协调,帮助其补办土地使用手续,企图将其非法占地行为合法化。在考察期到期时,该公司既未办理用地合法手续,也未拆除违建的厂房,其违法占用农用地一直处于持续状态。综合认定合规考察结果为"不合格"。结合第三方监督评估组织的考察结果,随县人民检察院检察委员会于2021年8月3日经讨论决定,依法对L公司提起公诉,同时向随县自然资源和规划局发出公益诉讼诉前检察建议。

不过,即使企业落实了有效合规整改,也只是检察机关行使起诉裁量权时的考量因素之一。除此之外,检察机关还需要将维护社会公共利益作为办理涉企刑事案件的新要求,[29]并结合企业的犯罪性质、配合调查、“法益修复”的情况等因素,作出综合性的司法决策。考虑企业所涉嫌的犯罪绝大多数是“行政犯”,道德可责性较低,而且,“相较于严格惩罚整个企业集体,公众更加愿意看到企业对社会的规范化、可持续服务”,[30]因此,对于合规整改合格的企业,检察机关应尽可能对其予以“出罪”处理,以激励更多的(涉案)企业能够“加入合规管理体系建设中来”。

当然,笔者在近期调研中发现,有的涉罪企业虽然完成了合格的合规整改,但在考察期内对认罪认罚反悔,或者拒绝充分修复受损法益,甚至涉嫌其他违法犯罪。此时,若检察机关仅以合规整改的有效性决定是否追诉,不符合我国涉案企业合规改革“办理一案,治理一片”的价值目标。对于那些付出了合规整改努力,但没有达到有效合规标准的企业,以及那些存在其他因素导致合规考察不合格的企业,检察机关既可以依法提起公诉,也可以同时提出从宽处罚的量刑建议。

值得肯定的是,在涉案企业合规改革试验过程中,合规考察程序的启动并非检察机关“单向性的法律适用活动”,[31]而是在涉罪企业、个人认罪认罚的前提下,通过与涉案企业、犯罪嫌疑人的沟通、协商和对话,就涉案企业配合调查、采取补救措施、进行合规整改、接受合规监管等事项上达成合意,从而将涉案企业纳入合规考察的轨道。未来,我国在建立企业附条件不起诉制度之后,可以在立法中将此改革经验固定下来,即由检察机关和涉罪企业在合规考察程序启动后,通过平等协商并在“附条件不起诉决定书”中明确考察条件,诸如承认涉案事实、在合规考察期内进行有效合规整改、配合(执)司法、赔偿损失、缴纳罚款等,并明确检察机关对符合条件的企业决定不起诉,对违反条件的企业提起公诉,以增加制度运行结果的确定性,实现合规从宽激励的稳定预期。[32]

---

[29] 参见李玉萍:《论公诉裁量中的公共利益衡量》,载《政法论丛》2005 年第 1 期。

[30] 陈学权、陶朗逍:《企业犯罪司法轻缓化背景下我国刑事司法之应对》,载《政法论丛》2021 年第 2 期。

[31] 参见时延安:《单位刑事案件的附条件不起诉与企业治理理论探讨》,载《中国刑事法杂志》2020 年第 3 期。

[32] 参见孙国祥:《涉案企业合规改革与刑法修正》,载《中国刑事法杂志》2022 年第 3 期。

七、第三方监督评估的工作属性问题

无论是《指导意见》，还是《审查办法》，都未对第三方监督评估组织的薪酬问题予以明确。在涉案企业合规改革前期探索过程中，一些地方检察机关在联合相关部门制作的规范性文件中明确了合规监督考察费用的承担问题。例如，湖北省黄石市人民检察院联合黄石市司法局制发的《企业合规第三方监管人选任管理办法》明确规定合规监管考察费用由涉案企业承担，并设置了“企业合规监管保障金”，由市司法局统一管理、专款专用，用于支付第三方监管人及合规考察验收小组专家费用。《深圳市检察机关企业合规工作实施办法（试行）》第17条也明确规定：“第三方监控人进行监督考察所需费用以考察所发生的实际费用为准，由涉案企业承担。”

但是，也有不少检察机关至今仍将第三方监督评估工作视作公益性活动，不向第三方监管人支付费用，或者仅要求涉案企业支付微薄劳务。应当承认，此举在改革试验阶段确实有其现实合理性。毕竟，所谓“合规不起诉”就其性质而言就是相对不起诉。甚至有些试点检察机关所制定的改革实施方案，就直接冠以“企业犯罪相对不起诉适用机制”。也就是说，即使在此项改革推行以前，检察机关原本也可以对其直接裁量“出罪”。因此，有学者也指出，“试点单位将该类企业纳入合规考察，以涉案企业承诺并履行合规计划、修复受损法益等事由为根据，不起诉企业是出于促进涉案企业改善内部控制机制从而预防犯罪的政策考虑。由于合规考察具有准刑罚性质，因此，对本可以通过相对不起诉程序获得宽大处理的轻罪范围内企业启用合规考察，不要求其承担制裁成本（监管费用）具有一定合理性”。[33]

不过，从长远来看，容易导致第三方监督评估机制中的专业人才流失，降低合规整改的质量。笔者在调研中发现，一些有能力、有经验的律师已经不再有改革初期的热情，对作为第三方监管人参与办理企业合规案件的兴趣并不高，而是更愿意担任企业的“合规顾问”，以获取更高额的专业报酬。

在域外，担任合规监管人的专家资质较高、人员较为固定，其薪酬标准较高。例如，依据美国检察机关公布的《合规监管人名录》，爱立信案的合规监管人曾经担任西门子、福乐斯多、兰万灵等多家著名跨国企业的首席合规官，沃

---

[33] 参见李本灿、王嘉鑫：《论企业合规第三方监管人启用机制》，载《江西社会科学》2023年第1期。

尔玛案的合规监管人是前任联邦调查局局长，其在 2010 年就曾经担任戴姆勒案的合规监管人。[34] 依据媒体公布的信息，在为期 18 个月的合规监管工作中，合规监管人的费用总价甚至可能高达数千万美元。[35] 域外采取高额收费方式，是因为其法律服务市场本身专业费用标准较高，且大型企业的合规监管难度较大，需要以经济利益保障合规监管人的独立性，使其无须为后续的小额商业贿赂而改变监管立场。虽然这种收费标准并不一定适合我国国情，[36]但是其也为合规监管行业的可持续发展提供了借鉴思路。

我国涉案企业合规改革应当为第三方监管人确定合理的薪酬标准，以不低于市场服务的价格吸引人才涌入。虽然律师、注册会计师、税务师等社会专业人员被选为合规监管候选人，纳入第三方监督评估机制专家名录库，能够为其带来声誉收益，并可以间接地为其带来商业利益。但是，一方面，各区、县、市等已发布较多份合规监管人候选名单，甚至有大量律师事务所、社会组织被整体纳入，[37]这导致合规专家声誉的商业价值急速下降；另一方面，律师、注册会计师、税务师（注册税务师）等中介组织人员一旦被选任为第三方组织组成人员，不仅在履行第三方监督评估职责期间内无法接受可能有利益关系的业务，而且在履行第三方监督评估职责结束后一年以内，其以及其所在中介组织也不得接受涉案企业、个人或者其他有利益关系的单位、人员的业务。也就是说，目前担任第三方监管人不仅较为费时费力（特别是在那些涉案企业规模较大、治理结构较为复杂的案件中），潜在收益也不高，而且还可能失去未来一年内的诸多商业机会，不支付报酬或仅支付微薄报酬，已无法起到足够的激励作用。

在这种情况下，要保障第三方监管人的积极性，保障合规整改的质量和成效，就需要改变工作的法律援助属性或公益属性，及时引入市场化的薪酬支付机制，尤其是在企业附条件不起诉制度确立在《刑事诉讼法》中之后，应明确规定由涉案企业按照市场价格支付合规监管费用。在第三方监督评估机制管委

---

[34] See DOJ, List of Independent Compliance Monitors for Active Fraud Section Monitorships.

[35] See Veronica Root, The Monitor—"Client" Relationship, 100 *Va. L. Rev.* 523, 580 (2014).

[36] 毕竟，绝大多数被纳入试验对象的企业都是存在经济困难的"中小微企业"，没有支付高额监管费用的能力，且其短期合规监管活动本身也并不复杂。

[37] 有学者建议，第三方监管人应由个人担任，由独立专家领衔组建监管人团队，而不应由机构担任。参见陈瑞华：《企业合规不起诉改革的八大争议问题》，载《中国法律评论》2021 年第 4 期。

会和办案检察院的双重监管下,已经无须过分警惕第三方监管人的独立性和中立性问题,企业以高额薪酬贿赂第三方监管人的风险也大大降低,而是应当着手解决合规专家参与第三方组织的积极性不高的问题。只有确定恰当的薪酬标准和支付路径,才能保障第三方组织吸纳真正懂合规的专业人才,并确保其尽职尽责提供合规监管服务,避免合规监管流于形式,进而防止企业利益因第三方监督评估机制的运行而遭受损害。笔者建议,由第三方机制委员会确立统一的合规监管费用标准,由其向企业统一收取,形成支付隔离,以避免腐败。[38]

八、合规犯罪预防功能的绝对化问题

在涉案企业合规改革推行以前,不起诉权就存在不敢用、不愿用、不会用等现象。[39] 此项改革推行后,各试点地区的企业合规案件办理量存在很大差异。甚至,有些试点检察机关仅仅制发了规范性文件,几乎没有办理"合规不起诉"案件。笔者通过近期的调研发现,一些检察机关"不敢""不愿"启动"合规不起诉"的原因主要在于,担心涉罪企业通过合规考察后企业或责任人仍会再犯,导致案件成为"错案"。这种观点对合规的犯罪预防功能存在绝对化的认识误区,以"结果中心主义"的立场判断企业合规整改的有效性和企业合规案件办理的适当性。

刑罚理论的共识是,没有哪一种刑罚或措施能够完全预防所有罪犯再犯,其只能通过惩罚、矫正、失能等手段尽量降低再犯可能性。[40] 企业合规整改亦然。与有血有肉的自然人不同,企业是一种法律拟制主体,其行为需要通过自然人代理实施,但企业无法完全控制其代理员工的行为,即使企业建立最完善的合规管理制度,也可能有员工实施犯罪。[41] 从考察结果的视角出发,要求企业建立能实现完全犯罪预防的管理制度,严密管控和预防其代理人的所有行为,不具有期待可能性和现实可行性。因此,在评价企业合规管理制度的有效

---

[38] 参见陈瑞华、李奋飞:《"涉案企业合规改革"二人谈(下)——推动企业合规改革,探索本土化的有效合规标准》,载《民主与法制》2022 年第 38 期。

[39] 参见童建明:《论不起诉权的合理适用》,载《中国刑事法杂志》2019 年第 4 期。

[40] See Albert Alschuler, "The Changing Purposes of Criminal Punishment: A Retrospective on the Last Century and Some Thoughts about the Next", 70 *University of Chicago Law Review* 1, 1 (2003).

[41] See Maurice E. Stucke, "In Search of Effective Ethics & Compliance Program", 39 *The Journal of Corporation Law* 769, 799 (2014).

性,以及在评价企业合规案件的办理效果时,不能将涉罪企业是否发生再犯作为唯一衡量标准。需要从"结果中心主义"走向"过程中心主义",客观地理解合规有限的犯罪预防效果。

在合规整改方面,只要涉案企业尽到了合理努力,建立了符合合规管理体系特征的制度,为该制度的运行投入了充分的资源,并确认该制度在实践中实现了降低犯罪发生概率的效果,那么就应当认定该合规整改为有效合规整改。即使合规考察期内有再犯事件发生,也不应该直接认定该合规整改为无效合规整改,应进行嵌入场景的具体分析,区分案件情况。对于那些违法违规事件是偶发的、难防控的情况,可以通过延长合规考察期、完善合规整改方案等方式,继续推动企业提升犯罪预防效果。对于那些违法违规事件是企业合规整改过程努力不足所导致的情况,才能确认合规整改的无效性,再据此对涉罪企业提起公诉。在案件评价方面,只要检察机关及第三方监督评估组织按照办案流程和合规考察流程履行职责,在履职过程中尽到了合理注意义务,不存在故意或者重大过失,[42]那么,即使企业或者责任人在合规考察结束后再次涉嫌违法犯罪行为,也不应当认定该案为"错案",更不能对承办检察官进行追责。

在域外,企业在合规整改后再涉嫌犯罪的案例不少。例如,捷迈邦美是美国一家医疗器械制造公司,该公司于 2012 年因贿赂海外医疗人员而违反《反海外腐败法》,与美国检察机关达成第一个暂缓起诉协议,缴纳近 2000 万美元罚款,在合规监管人的监督下进行为期 18 个月的合规整改。在监管期内,该公司发现其巴西分支机构仍继续贿赂行为,于是向合规监管人和美国检察机关自行披露,最终合规监管期被延长至 2016 年。但在合规验收合格后,该公司于 2017 年又因为海外贿赂和账目问题而再次违反《反海外腐败法》,与美国检察机关达成第二个暂缓起诉协议,又缴纳近 2000 万美元罚款,进入为期 3 年的新合规监管期。[43]

再如,著名的摩根大通集团在 2016 年因贿赂外国官员而违反《反海外腐败法》,与美国检察机关达成不起诉协议,支付超过 2000 万美元罚款,进行为期 3 年的反腐败合规整改,最终于 2019 年解除监管。但是,摩根大通集团又

---

[42] 参见朱孝清:《错案责任追究的是致错的故意或重大过失行为——再论错案责任》,载《人民检察》2015 年第 21 期。

[43] See Zimmer Biomet Holdings, Inc. DPA with U. S. DOJ.

于2020年因市场操纵行为而涉嫌欺诈类犯罪,再与美国检察机关达成为暂缓起诉协议,约定支付9.2亿美元的罚款,进入为期三年的新合规监管期。[44]

可见,对许多大型企业而言,复杂的经营领域、大量的员工数量、多重的管理结构导致企业管理的难度较高,违法犯罪的风险点较多,合规犯罪预防功能的有限性更为明显。此时,若检察机关采取"结果中心主义"的严格态度,那么将加剧大型企业的生存困境,同时降低企业开展合规整改工作的积极性。因此,域外检察机关对企业合规整改后的再犯处理,采取了较为包容的司法态度。

在此项改革试验过程中,涉嫌犯罪的企业在被纳入合规考察后,要进行有效的合规整改,除需要采取诸如停止犯罪行为、采取补救措施、处理责任人、堵塞和修复企业经营管理上导致犯罪发生的制度漏洞和缺陷等"去犯罪化合规"整改措施以外,还需要在必要时根据第三方监督评估组织的要求,针对相关的犯罪行为实施专项合规计划(进行"体系化合规")。[45] 这意味着,在有限的考察期内,企业一般只能建立一种专项合规管理制度,而无法做到建立一个"大而全"或者"毕其功于一役"的合规管理体系,[46]其只能降低相同或类似犯罪行为的发生概率,既无法完全预防再犯,也无法预防企业构成其他类型的犯罪。因此,检察机关应当客观看待企业或者关联人员于合规考察合格后再涉嫌违法犯罪的情况,对完善企业合规建设采取逐步推进的"过程中心主义"方式,避免因对合规功能的刻板认识而阻碍改革的广泛推开。

结　语

我国涉案企业合规改革已经进入"深水区",继续深化改革,除了需要在避免上述八大认识误区的前提下,办理更多的企业合规案件,保障涉案企业进行有效的合规整改,使其能够真正发挥超越刑罚的实质制裁和犯罪治理效果,还需要尽快形成公、检、法三机关协作推动企业合规改革的实施办法,明确合规从宽制度体系的内涵,确定合规从宽制度的适用范围,制定合规整改的监督和评估标准,等等。只有这样,涉案企业合规改革才能获得更为充分的正当性,

---

[44] See JPMorgan Chase & Co. DPA with U. S. DOJ.

[45] 有学者认为,专项合规计划的适用是例外而非原则。参见李本灿:《企业合规程序激励的中国模式》,载《法律科学(西北政法大学学报)》2022年第4期。

[46] 参见陈瑞华:《企业有效合规整改的基本思路》,载《政法论坛》2022年第1期。

并凝聚更多的社会共识,也才有望通过《刑法》《刑事诉讼法》的及时修改,将司法推动企业合规建设的制度创新和成功做法加以固定和确认,以促进中国特色的企业行为制度的发展完善,助力推进国家治理体系和治理能力现代化。

就此项改革对刑事诉讼理论的影响而言,我们认为,“涉企犯罪案件”中逐渐形成的“附条件不起诉”办案样态,意味着一种以教育矫治和预防犯罪为价值追求的新型司法模式,已在中国刑事诉讼中初步形成。这种新型的司法模式,或可称为“诊疗性司法”,以区别于传统的单纯注重查明案件事实、实现合法合理处理结果(起诉或者不起诉)的公诉模式(或可称为“查处性司法”)。

作为协商性刑事司法理念的最新发展,“诊疗性司法”的本质特征就是,通过释放现有检察权能所蕴含的裁量“出罪”空间,激励涉案企业针对犯罪暴露出来的特定合规风险,“进行有针对性的制度纠错和管理修复”,乃至建立专项合规计划,以达到有效预防相同或类似犯罪再次发生的效果。因此,“诊疗性司法”虽脱胎于“协商性司法”(又称“合作性司法”),但却有别于“协商性司法”,也不同于“恢复性司法”,更与“对抗性司法”有着明显的区别。“协商性司法”的本质特征是,被追诉人在承认犯罪的前提下,与控诉方就某些事项达成合意。[47] “恢复性司法”则重在吸纳特定案件的利害关系人参与司法过程,并强调加害人与被害人之间的对话、协商,“以求共同地确定和承认犯罪所引发的损害、由该损害所引发的需要以及由此所产生的责任,进而最终实现对损害的最大补救这一目标”。[48] 至于“对抗性司法”,则是一种控辩双方围绕各自(不同)的诉讼立场,通过法律赋予的手段进行平等对抗,所形成的具有一定紧张(竞技)关系的刑事诉讼模式。[49] 而近年来方兴未艾的附条件“出罪”改革实践所孕育的“诊疗性司法”,则重在激励、监督和教育涉案企业在考察期内调整内部治理结构,改造商业模式,去除犯罪基因,堵塞管理漏洞,消除制度隐患,以有效地防止再次发生相同或者类似的犯罪行为。未来,还可以针对特别犯罪类型,如“醉驾”案件,借鉴涉案企业合规改革的基本经验,以医学治疗、戒酒课程、社区服务等行为矫正措施替代刑罚,建立“矫正不诉”“矫正轻缓量刑”

㊼ 参见王新清:《合意式刑事诉讼论》,载《法学研究》2020 年第 6 期。

㊽ [美]霍华德·泽尔:《恢复性司法》,载狄小华、李志刚编著:《刑事司法的前沿问题——恢复性司法研究》,群众出版社 2005 年版,第 46 页。

㊾ 参见李奋飞:《论控辩关系的三种状态》,载《中外法学》2018 年第 3 期。

等程序路径,探索在保障刑罚威慑力的同时,防止过度入罪损害社会公共利益。不过,论题所限,只能期待未来在获取更多经验事实的基础上,对这种新的司法模式进行系统论述。

合规科技在企业整改中的价值与实现路径

马明亮

一、问题的提出:如何避免合规整改无效?

简单而直观地解读,我国的企业合规可以概括为两种模式:一是以市场竞争为导向的合规;二是以危机处理为导向的合规。① 两者可以简称为日常合规管理与涉案企业合规(企业合规整改)。涉案企业合规改革第二批试点于2022年3月结束,最高人民检察院在全国检察机关全面推开。其中的重点是,防止企业以"纸面合规"逃避刑事追责。②

要从根本上避免无效合规,防止企业再次出现新的同类型犯罪行为,督促企业依法依规经营,必须深挖成因,即到底有哪些因素制约或影响合规的有效性?按照实务界人士的普遍看法,有效合规计划一般由三个要素组成:合规计划设计的有效性、执行的有效性以及结果的有效性。目前,在合规整改方案的设计方面,在实践中出现两个方向性误区要么"权宜之计"——针对违法犯罪发生的制度原因确立非常具体的纠正措施;要么格式化的"大而无当"——不顾及排查违法犯罪原因和修复相关制度。③ 这背后的一个重要原因在于,人为地割裂日常合规管理与合规整改计划。因为从初衷来看,两者并非"水火不容";恰恰相反,它们在合规管理体系架构与原理上是相通的,都旨在确保企业依法经营,也都具备有效预防犯罪与防止行政违法的能力。④ 其主要区别为起因不同,前者是企业主动构建合规管理体系,后者是借机督促涉案企业建立有

① 参见尹云霞、李晓霞:《中国企业合规的动力及实现路径》,载《中国法律评论》2020年第3期。

② 参见孟亚旭:《最高检:涉案企业合规改革将在全国推开》,载北青网,http://t.ynet.cn/baijia/32070942.html。

③ 参见陈瑞华:《有效合规管理的两种模式》,载《法制与社会发展》2022年第1期。

④ 参见陈瑞华:《企业有效合规整改的基本思路》,载《政法论坛》2022年第1期。

针对性或体系化的合规管理体系,企业是因为涉案被动构建而已。[⑤] 而且,在企业合规管理体系的建构方面,这两种模式既可以相互转化,也可以相互补充和完善。[⑥] 申言之,合规整改不应作为减免行政处罚、刑事制裁的权宜之计,而应当被纳入企业的合规管理体系之中,涉案整改企业尚无日常合规管理体系的借机予以构建,已经具备的则借机完善。合规整改应成为企业构建或完善日常合规管理的契机。据此,未来制订企业合规整改计划应当遵循合规协同发展的思路,秉承合规与风控协同运行的路径。[⑦] 虽然这种方向性的调整从立场上保证了合规设计的合理性,但不能解决问题的全部;因为从企业合规经验丰富的美国实践来看,企业合规计划设计得再精致,在运行过程中仍然难以避免"合规失败",还需要从运行的视角加强有效合规的保障机制。

要建立有效的合规计划,就需要进行专业化的合规风险评估,发现企业的风险点和重点风险领域,并围绕企业的合规风险来建设有针对性的合规计划。不能让合规管理流于形式化和表面化,[⑧]从我国的实践来看,企业合规在执行有效性方面的要领在于,如何实现合规监督评估的有效性。其中,将人工智能等数字技术融入企业合规整改的方案意义重大,作为企业治理方式,这不仅与企业数字化转型的要求相吻合,而且是技术创新发展的必然产物。在数字经济时代,数据是企业合规的关键,构建企业合规人工智能检察监督平台,既是预防企业违法犯罪、促进企业合法经营的内在需求,又是技术创新的必然。[⑨] 在实践中也进行了有益探索,比如,江苏省张家港市人民检察院研发合规智能管理平台,实现合规监督评估第三方组织随机规范抽取。[⑩]

---

⑤ 例如,2004 年 11 月生效的《美国量刑指南》(U. S. Sentencing Guidelines,USSG)第 8B2. 1 条,便将企业腐败犯罪量刑与企业合规体系相关联,促使美国公司被动建设合规体系。

⑥ 参见陈瑞华:《有效合规管理的两种模式》,载《法制与社会发展》2022 年第 1 期。

⑦ 这在中央企业已经展开。为全面推动中央企业合规管理工作再上新台阶,国有资产监督管理委员会要求积极探索深化法治框架下法律、合规、风控协同运作的有效路径,及时总结经验,完善工作机制。参见《国资委召开中央企业"合规管理强化年"工作部署会,提出全面推动合规工作的五点要求》,载搜狐网,https://www. sohu. com/a/508649930_121106832。

⑧ 参见陈瑞华:《论企业合规在行政监管机制中的地位》,载《上海政法学院学报(法治论丛)》2021 年第 6 期。

⑨ 参见韩曜旭:《将人工智能引入企业合规为检察监督提供技术支撑》,载《检察日报》2021 年 9 月 11 日,第 3 版。

⑩ 参见丁继华:《应用平台思维与智能技术 提升合规监督评估效能》,载《检察日报》2021 年 10 月 9 日,第 3 版。

目前,学界对数字技术在合规整改中的价值及其运用尚缺乏深入而系统的讨论。鉴于此,本文以刑事合规整改为对象思考并尝试回答如下问题:目前普遍展开的企业数字化转型对合规整改会带来哪些影响甚至是挑战?数字技术融入企业合规如何回应这些新的挑战?以及,未来如何积极有效并稳妥地推进数字技术的合规应用?最后,从日常合规管理与企业合规整改一体化或协同发展的视角来预判数字技术融入的前景,以及如何规避技术风险,即在充分发挥科技力量的同时还要保障"技术合规",防止在追求合规的道路上埋下不合规的隐患、出现新的不合规现象。

二、企业数字化转型对合规整改的影响

2021 年 3 月颁布的《中华人民共和国国民经济和社会发展第十四个五年规划和 2035 年远景目标纲要》,明确要求加快数字经济建设。事实上,"十三五"以来,数字化管理、平台化设计、个性化定制、网络化协同、服务化延伸等融合发展新模式、新业态已然蓬勃发展。在企业的生产经营与管理不断走向数字化、网络化、智能化的背景下,作为企业治理方式的企业合规不可能置身事外。

企业合规这一犯罪治理模式自诞生之日就因面临诸多局限而被诟病,[11]而企业的数字化转型会进一步放大企业合规整改自身的不足与局限,加剧运行中的困难,尤其是与科技密切相关的领域,如金融服务,随着网络金融创新所带来的海量数据与系统风险使合规监管的复杂程度不断增加,如果完全依靠"纸上谈兵"的文件作业,刑事合规工作就无法有效开展。[12] 总体看来,这种影响主要表现为以下几个方面。

(一)企业合规整改成本的攀升

从全国情况来看,企业合规改革试点暴露的一个重要问题是合规投入高昂。[13] 这种高成本有两方面原因。一是企业合规整改设计的复杂性。合规设计的复杂性,包括企业治理、高管员工行为监控、规章制度调整、组织架构、合

---

⑪ 关于企业合规刑事司法化潜在风险的详细讨论,参见马明亮:《作为犯罪治理方式的企业合规》,载《政法论坛》2020 年第 3 期。

⑫ 参见李晓龙:《数字化时代的网络金融刑事合规》,载《南京大学学报(哲学·人文科学·社会科学版)》2021 年第 5 期。

⑬ 参见邱春艳:《最高检调研组赴江苏省张家港调研企业合规改革试点》,载最高人民检察院网,https://www.Sppgov.cn/tt/202105/t20210516_518255。

规文化、OA系统设计与改造、规则变化监控与应对、持续改进与监督等。在此基础上,还有外在刺激因素,如不断更新的法律法规,使得企业合规内容更为复杂,尤其在特定法规的实施领域。二是合规监管的高成本。即便整改结束,因为还需要持续的监控、管理、风险评估和监管更新,合规投入不会结束。在数字经济时代,上述两个高成本因素都被扩大了。首先,企业合规整改设计更加复杂,如截至2021年年底,70多家中央企业在业务部门和一线项目设立合规联络员,全系统专兼职合规管理人员超过3万人。[14] 其次,企业业务的网络化协同不断加深,这也促使合规整改从封闭地域整改到跨地域性整改,从单个企业整改向关联企业共同整改延伸,企业合规整改功能也从个案处理延伸为行业治理。在此背景下,执法机关为了实现有效监管必然设计复杂的运行机制,这些跨地域、跨部门的行业性合规整改,其监管成本远高于一般的合规整改。

(二)监管部门与合规人员获取企业数据与信息的困难加剧

在日常合规管理领域中有一个普遍共识,即数据是企业合规的基石。在数字时代,企业合规的一个重要挑战是数据的匮乏。[15] 因为企业数据与信息日渐呈现复合性、跨地域性与跨部门性等特点,在人力驱动型的企业整改范式下,监管部门与合规人员很难及时获得合规材料所需要的全面、真实的数据,尤其是大型跨国企业。这又直接影响合规风险评估的科学性与有效性。因为数字时代的合规风险具有多样性、联动性和复杂性等特点,所以风险的实时发现与监测越来越困难。监管部门与合规人员除了依靠经验对合规风险进行自上而下的全局判断之外,如果离开大数据和人工智能提供的业务关联分析和异动分析,就难以识别微观层面各种业务中的合规风险。

综观各类合规建设指南,比如,2004年11月生效的《美国量刑指南》、2011年3月英国司法部的《反贿赂法案》与2014年《ISO19600合规管理体系指南》,不难发现风险评估是公认的构成有效合规计划的核心要素之一,甚至是基础与首要条件。[16] 企业合规风险评估的开展必须具备深入性且符合经济

---

[14] 《国资委召开中央企业"合规管理强化年"工作部署会,提出全面推动合规工作的五点要求》,载搜狐网,https://www.sohu.com/a/508649930_121106832。

[15] See Sally Simpson, "White—Collar Crime: A Review of Recent Developments and Promising Directions for Future Research",39 *ANN. REV.* OF Soc. 1(2013).

[16] 参见张远煌等编著:《企业合规全球考察》,北京大学出版社2021年版,第184、449页。

规律。比如,在美国,评估合规计划是否为“纸面计划”的重要标准是,是否与业务密切相关,是否与公司运营脱节。[17] 在意大利,2004 年米兰法院的一份判决中提出了合规方案是否适格的判断原则与特征。其中有两个重要因素为:一是从实务以及经济本质的角度阐述,而不是一个纯粹法律或官方的角度;二是基于深入的风险分析,以便能够具体地预防犯罪,同时制定了正式的决策程序。这都需要完整、准确、及时的商业信息与数据。在我国,作为监管方的第三方机制委员会、第三方组织与作为验收方的检察院,审查合规报告材料的真实性与可信性时也离不开相关企业数据与信息支撑。[18] 从目前的实践来看,监管机构与检察院尚未采用数字技术手段确保企业整改数据的全面、真实可信,如此一来,即便企业提供了虚假材料与信息,检察院也很难发现。[19]

(三)执法部门“人力组合”的监管方式升级为以信息共享为前提的监管协同

在数字经济时代,执法部门在企业整改中越来越离不开信息共享与监管协同,尤其是在跨地域、跨部门的企业整改中。从理论上讲,信息共享适用于企业整改中的多个场景,除了行政机关与司法机关的“行刑”衔接场景之外,根据《关于建立涉案企业合规第三方监督评估机制的指导意见(试行)》(以下简称《指导意见》)的规定,信息共享还将适用于三个场景:一是第三方组织对涉案企业的合规承诺进行调查、评估、监督和考察;二是第三方机制管委会对第三方组织开展日常监督和巡回检查;三是第三方机制管委会对地方的第三方机制管委会和第三方组织开展日常监督和巡回检查。

在实践中,针对跨地域的企业合规整改,屡屡出现合规监管的异地合作情况。比如,针对涉案企业注册地、生产经营地和犯罪地分离的情况,上海、浙江检察机关依托长三角区域检察协作平台,通过个案办理探索建立企业合规异

---

[17] 比如,美国司法部 2020 年第二次修订《公司合规计划评估》,对核心问题中的“有效运作”予以明确,更加关注合规计划在“企业康复”方面的实效。参见莫丽华:《从摩根大通案看美国〈公司合规计划评估〉新近发展》,载《中国检察官》2021 年第 18 期。

[18] 根据《指导意见》第 13 条、第 14 条的规定。合规材料包括第三方组织合规考察书面报告、涉案企业合规计划与定期书面报告等。

[19] 企业作伪证会直接影响整改的有效性。在意大利,由法院对企业合规方案进行司法审查。如果企业向法院作伪证,就会被认定为无效合规计划。参见张远煌等编著:《企业合规全球考察》,北京大学出版社 2021 年版,第 180 ~ 185 页。

地协作工作机制,确立了"委托方发起""受托方协助""第三方执行"的合规考察异地协作模式。[20] 这种做法在很大程度上可以破解异地社会调查、监督考察、行刑衔接等难题,但由于数据不能同步共享,不仅导致社会调查报告的信息真实性与全面性不足,而且难以形成执法部门之间实质意义的监管协同,结果是成本攀升的同时却难以保障质效。虽然很多行政执法部门已经将信息化技术用于预防与治理涉企犯罪,如企业涉税案件,税务机关会用"金税三期系统"来识别与筛查风险,[21]但遗憾的是,目前并没有整合到检察院主导的合规整改机制之中。

(四)企业合规监管中的公开性与商业秘密、个人隐私、数据安全保护之间的矛盾加剧

《数据安全法》《个人信息保护法》强化了数据安全与隐私保护的要求,但目前主要基于"人力驱动"的企业整改模式对此并没有充分关照。根据《指导意见》第 17 条的规定,我国的第三方组织及其组成人员在合规考察期内享有基于监督、评估需要的调查权,同时也承担系列监管义务。比如,不得干扰、影响企业正常生产经营活动,不得泄露履职过程中知悉的国家秘密、商业秘密和个人隐私,其中也包括企业生产经营信息。虽然没有明确要求第三方组织在调查过程中的公开与透明要求,但在实践中,为了确保程序的公正性,检察院在整改验收时往往采用公开听证的方式,以提升合规的公开性与可视化。虽然目前并没有发生企业经营信息、商业秘密与个人隐私泄露事件,但如果不在企业合规整改过程中融入现代密码学技术,潜伏期间的风险将会与日俱增。合规人员可以在不依赖技术的情况下为企业提供合规管理和帮助,但逐渐发现这是一种不可持续的方法。从工作流程管理到风险评估和管理,最终形成报告,其间的数据保护和隐私压力越来越大。[22]

三、企业整改中的合规科技价值与实现方案

为了应对来自数字经济时代的挑战,企业合规整改需要思考如何数字化

---

[20] 参见《最高检发布第二批企业合规典型案例》,载最高人民检察院网,https://www.spp.gov.cn/xwfbh/wsfbt/202112/t20211215_538815.shtml#1。

[21] 金税工程是经国务院批准的国家级电子政务工程,是国家电子政务"十二金"工程之一,是税收管理信息系统工程的总称。自 1994 年开始,历经金税一期、金税二期、金税三期工程建设,为我国税收工作取得巨大成就和不断进步做出了重要的贡献。

[22] See Evgeny Likhoded, *What opportunities lie ahead for compliance technology in* 2020 *and beyond*, https://e27.co/what-opportunities-lie-ahead-for-compliance-technology-in-2020-and-beyond-20200522/.

转型。接下来,将在深入分析数字技术融入合规整改中的价值的基础上,探讨合理的实现方案。

(一)合规科技的兴起

从学理上说,以数据为驱动力,以区块链、云计算、人工智能等技术为依托,以提高合规和监管效率为价值导向,以标准化、数字化、智能化为特征的解决方案,都可以统称为合规科技。[23] 作为社会治理手段的企业合规,数字技术的融入乃数字经济时代的必然产物。广泛的合规技术再设计和集成,可以适用于包括合规整改在内的系列企业业务流程,包括创建统一的合规风险类别,更好的监管风险识别,合规标准的自动化监管,监管变化和应用等。[24] 从目前我国的现状来看,合规科技在企业整改中只有零星探索,更多地适用于日常合规管理。具体方式是引入大数据、人工智能等数字化技术对合规风险进行智能化的监控、识别和分析,并对合规实施效果进行实时、可视以及量化的评价,旨在有效帮助企业预防、监测合规风险,实现事后快速响应,推动企业合规数字化转型。比如,医药行业的区块链监管平台,重庆市渝中区于 2019 年探索并构建了电子处方区块链流转平台,不仅可以实现政府对诊疗过程事前提醒、事中监控、事后追溯的全方位监管,而且实现了电子处方合规流转,确保用户隐私和数据安全。[25]

除此之外,数字技术还适用于公安机关探索的合规预警监管模式——企业的日常合规管理与合规整改的“中间地带”。基于社会治理与维护稳定的需要,公安机关在没有立案的情况下,将地方所有企业可能存在的违法犯罪风险通过数字化方式更为直观地展现出来,将数据提供给地方政府用于决策,同时,要求风险比较高的企业予以整改。比如,某市公安局构建的企业恶意逃废风险预警防控平台,初衷是汇聚企业能耗、信贷等反映企业运行情况的数据,

---

[23] 在具体表现形态上,科技运用于监管端称为监管科技;运用于客户端称为合规科技。参见丁晨:《新形势下的合规科技创新——数据驱动的智能风险分析体系》,载《清华金融评论》2019 年第 6 期。

[24] See Ernst & Young, *Innovating With Regtech: Turning regulatory Compliance Into A Competitive Advantage*(2016), http://www.ey.com/Publication/vwLUAssets/EY-Innovating-with-RegTech/$FILE/EY-Innovating-with-RegTech.pdf,2021 年 12 月 19 日访问。

[25] 《重庆市渝中区电子处方区块链流转平台应用落地——链客区块链技术开发者社区》,载 https://www.liankexing.com/notetwo/14853。

通过建模的方式判定企业恶意逃废债的风险。

(二)合规科技应用于企业合规整改中的价值

如前文所述,企业日常管理合规与企业整改在目标与价值上具有共通性,因此,合规科技在企业整改中发挥作用也是顺理成章的。

首先,基于合规科技的优势,执法部门与合规人员可以及时获取真实、全面的数据,这不仅为企业合规整改做好信息准备,而且能促进监管执法协同。比如,通过神经网络可以识别来自不同来源的非结构化数据文件中的文本和逻辑模式,用于搜寻和分类记账过程中的不合规现象。这一过程包括对大量文件进行无监督的培训,以便找到后来可能与这些过程中的不合规群体相关联的语义群体。[26] 通过机器学习解决方案则能生成大量数据;利用区块链技术基于共识算法的防篡改功能可以确保数据的真实可靠。[27]

其次,合规科技可以赋能企业整改的每个环节,提升整改质效。其一,在风险识别方面,大数据分析等智能技术不仅可以对来自合规、业务和会计流程的海量企业数据,以及来自企业外部的媒体等互联网数据进行审核,还可以进行推理,在存在不合理模式和/或违反政策的任何地方识别危险信号。认知机器学习可以将其提升到另一个层次,因为系统可以继续消化这些数据并自我学习,以做出主动预测并提前发出警报。[28] 其二,在风险评估方面,通过数字技术的应用,可以将风险发生、合规失误、报告事项、审计结果、发生频率等各种合规流程的数据喂养,以模式、趋势、图表和热点地图的形式进行解释和呈现。所有此类分析都可用于风险评估活动,以确定风险及其优先级。其三,在审计与监测方面,如果以检察院为发起方建立企业合规整改监管联盟链,[29]那么,涉案企业与监管机构都可以在联盟中利用区块链中的记录,如任务创建记录、数据流转过程、数据指纹、数据申请和调用方式等,对企业整改整体流程进行高

---

[26] See Fabrizio Bon Vecchio, DéboraManke Vieira, "Compliance programs and artificial intelligence", *Studies in Law: Research Papers*, 2021, No. 1(28). p. 66.

[27] 关于区块链中的共识算法,详细讨论参见陈晓红等编著:《区块链技术及应用发展》,清华大学出版社2020年版,第93~97页。

[28] Naveen Bhardwaj, *The Role of Smart Technologies in Data-Driven Compliance Programs*, https://www. Corporatecomplianceinsights. com.

[29] 根据参与者的不同,区块链技术可以分为公有链、私有链和联盟链,关于联盟链结构的详细讨论,参见杨保华、陈昌编著:《区块链原理、技术与应用》(第2版),机械工业出版社2020年版,第19页。

效的监督和审计。其四,在出具定期书面报告方面,企业可以依托大数据指标平台与智能算法平台,将海量信息数据结合指标化定义,实现一键式快速生成监管报表。同时,通过可视化技术进行数据分析,实现对数据进行可视化、透明化披露。[30] 这同时也有利于第三方组织对书面报告开展检查、评估工作。

最后,合规技术因为能够简化复杂的合规流程进而提高效率,节省成本。比如,区块链技术能够跟踪每一个商品或者信息的完整路径,这将大大提高审计效率。目前,阿里、腾讯、招商银行都推出了自己的区块链电子发票系统。这对企业员工而言,因为不用贴发票而提高了工作效率;对税务系统来说意义更大,核税会变得更容易,执行成本会变得很低,同时会解决很多偷税漏税的问题。[31]

除了上述三方面价值之外,合规技术还能发挥诸多场景化功用,比如,在解决第三方组织的调查、监管中的公开性与商业秘密、个人隐私保护的矛盾问题方面,"区块链 + 隐私计算"技术的应用可以缓解甚至消弭该紧张关系。又如,构建企业合规整改监管联盟链,利用区块链技术的存证溯源功能,从技术路径防范基于人为因素的监管腐败问题。

(三)企业整改中的合规科技应用:目标、思路与具体方案

企业整改中的合规科技应用,旨在提升企业数字技术应用、软件应用、数据管理等数字化能力,其未来的理想蓝图是,第三方机制管委会、第三方组织、企业合规人员乃至检察官可以通过单击按钮监控多个合规流程,仪表板上可以提供所有关键指标和数据。实现愿景过程中的底线是确保合规科技的适格性,目前来看,以有效性、兼容性和集成性为主要考量因素为宜。有效性是以技术自身功能为视角的判断,需要结合合规整改的场景与具体环节来衡量。而兼容性和集成性则是以技术关系为视角的判断,即任何加入合规技术库的新工具不仅能够与其他现有工具集成,而且能够通过数据喂养保持彼此学习的能力。[32]

合规科技在企业整改中的部署思路,以整改的内容与需求为指针可以分

---

[30] 参见童玲:《大数据与智能驱动的合规平台实践》,载《金融电子化》2017 年第 5 期。

[31] 参见《区块链与合规:合规是最直接的区块链落地方向》,载简书网,https://www.Jianshu.com/p/9880c5871f27。

[32] See Naveen Bhardwaj, *The Role of Smart Technologies in Data-Driven Compliance Programs*, https://www.Corporatecomplianceinsights.com.

为两个：一是针对跨部门、涉及行业的企业整改构建综合性智能平台。比如，在金融服务领域，银行和监管方可以协同合作构建针对银行现有审计业务流程的合规平台，将各项监管政策与合规性要求“翻译”成数字化监管协议，对接监管平台的应用程序编程接口，实现监管规则的机器可读、可执行、可对接。[33]二是针对“类型化合规体系”构建专门化智能平台，[34]比如，针对涉嫌实施侵犯公民个人信息、帮助信息网络犯罪活动等犯罪的企业，建立数据保护合规管理信息系统。当然，无论哪类平台都应当围绕合规整改的基本要素来制订合规科技的融入方案，即围绕业务运营与合规流程展开，设定系统的功能目标及技术类型。

在具体的推进路径方面需要把握三个要点：第一，推进的原则。应当采用“匹配原则”，即针对大、中、小微各类企业，分类分级地推进企业合规整改的数字化转型。毕竟合规科技本身又带来新的合规成本，其实际运行也需要诸多技术条件。从整改企业的角度来讲，合规科技的推进应当结合涉案罪名、企业规模、企业 IT 基础设施、经营性质、合规整改的要求与复杂程度等综合判断，决定是否优先以及采用何种规模的合规科技。比如，大型企业宜采用大规模的合规科技平台；重点行业如大数据、金融科技公司、平台企业、智能科技公司应当重点推进；人力驱动的合规整改面临困难大、复杂程度高的领域，如跨地域的合规整改优先适用数据共享平台。第二，推进的主体。由合规整改的参与主体单独或联合构建平台。按照目前探索的企业合规整改机制，企业、第三方组织、第三方机制管委会与检察院四方主体参与其中。涉案企业可以构建合规风险自测系统，通过公共法律服务网站平台入口，借助智能化系统开展企业合规风险自测，获得风险评估报告和等级评价，提升合规整改的质效；而第三方机制管委会与检察院可以构建合规智能化系统，对企业或者第三方组织评估提交的合规材料进行分析研判扫描。当然，四方主体也可以联合构建智能化系统。第三，推进的立法依据。刑事企业合规的顺利实施，离不开未来的修法跟进，或者修改《刑事诉讼法》，在其中增加刑事合规特别程序；或者立法

[33] 丁晨：《新形势下的合规科技创新——数据驱动的智能风险分析体系》，载《清华金融评论》2019 年第 6 期。

[34] 关于类型化合规体系的思维与设想，详细参见陈瑞华：《企业有效合规整改的基本思路》，载《政法论坛》2022 年第 1 期。

机关制定企业合规的专门法律，参与企业合规的各部门可以联合或单独发布企业合规规范性文件。㉟

四、合规科技的前景与技术规则治理体系

随着数字经济时代来临，如何就法律、合规、风险、内控管理体系进行有效衔接、协调统一，如何进一步整合管理资源，提升管理效能，已经成为企业合规的发展趋势。比如，2020年国有资产监督管理委员会发布的《关于开展对标世界一流管理提升行动的通知》提出，央企要“构建全面、全员、全过程、全体系的风险防控机制”。2021年10月17日，国有资产监督管理委员会又印发了《关于进一步深化法治央企建设的意见》，明确要求央企“探索构建法律、合规、风险、内控一体化管理平台”。在此背景下，有必要从日常合规管理与企业合规整改一体化的视角来思考合规科技的前景。

（一）合规科技的发展趋势

这可以从全球趋势与我国实践情况两个视角来分析。

第一，从全球范围来看，运用数字技术实现合规的数字化与基于算法的大数据汇总，以处理好企业日常管理风险、新技术与合规计划的关系，已经成为全球近来的一个发展方向。围绕企业管理风险、新技术与合规关系的诸多讨论，已然影响了企业合规的发展走势，尤其是金融服务领域。事实上，自20世纪80年代以来，有企业就将合规科技用于日常管理之中，如高盛的风险建模技术。与其他竞争对手不同，高盛的系统将基于复杂的定量风险预测程序的每日趋势报告纳入其监测能力。正是这种准备，尽管高盛在2007年遭受了损失，但其受损程度远远低于其同行㊱，仅2009年就增长至520亿美元，而且这一增长势必呈指数级增长。㊲ 2019年，汤森路透（Thomson Reuters）监管情报第十次年度合规成本报告预测了未来10年合规方面的最大变化，排在首位的

㉟ 参见杨宇冠：《企业合规与刑事诉讼法修改》，载《中国刑事法杂志》2021年第6期。

㊱ Kenneth A. Bamberger, “Technologies of Compliance: Risk and Regulation in a Digital Age”, 88 *TEX. L. REV.* 669（2010）. Vol. 88, p. 739 – 742. 已经倒闭的竞争对手很多，如贝尔斯登蒸汽公司、雷曼兄弟公司和美林公司。高盛不仅避免了倒闭的命运，相反，在2009年便获得了创纪录的利润。See William S. Laufer, “The Missing Account of Progressive Corporate Criminal Law”, *New York University Journal of Law & Business*, Volume 14, Fall 2017, Number 1, 89.

㊲ See Kenneth A. Bamberger, “Technologies of Compliance: Risk and Regulation in a Digital Age”, 88 *TEX. L. REV.* 669（2010）. Vol. 88, p. 669.

是合规活动的自动化,包括增加机器学习和人工智能的使用。[38]

企业合规整改领域也不例外。2020 年 6 月,美国司法部继 2019 年之后再次更新了《企业合规机制评估指南》。其中显著的变化是,改变了检察官三个基本问题之一的询问方式,即“合规体系是否得到公司认真且诚实地实施”。因为在此之前,指南要求检察官审查公司的合规体系是否“得到了有效实施”。而更新后的指南具体阐明了这一问题关键,即要求检察官审查公司的合规体系是否“有足够的资源和权力来有效运作”。除此之外,合规职能部门能否访问相关数据十分重要,更新后的指南首次谈到合规职能部门如何能够访问“相关数据源”,是否能够及时访问数据,以及此类访问是否存在障碍。有论者认为,合规职能部门能否获得“数据资源和访问权限”将是确定“合规计划是否有足够资源并有权有效运作”的关键参数之一。[39]

第二,反观我国可以发现,合规科技在企业日常合规管理的应用越来越普遍,在合规整改中的应用趋势也日益明显。这不仅是企业业务数字化转型背景的必然产物,更关键的是有国家在政策、立法层面的顶层支持与实务部门的强力推动。比如,国务院 2021 年 12 月印发的《“十四五”数字经济发展规划》(国发〔2021〕29 号),要求通过基于大数据、人工智能、区块链等新技术的统计监测和决策分析体系,提升数字经济治理的精准性、协调性和有效性。在数据安全合规领域,《数据安全法》第 16 条明确指出:国家鼓励培育、发展数据开发利用和数据安全产品、产业体系。[40]

（二）理性审视合规科技的价值边界

虽然合规科技在推进企业合规制度发展方面有着重要甚至是不可替代的价值,实践也证明了这种预期,比如,助力企业合规的质效及其社会治理功能的实现[41],

---

[38] See Susannah Hammond & Mike Cowan, *Cost of Compliance: New decade, new challenges*, Thomson Reuters Regulatory Intelligence, https://corporate. thomsonreuters. com/Cost-of-Compliance - 2020. 虽然这主要针对非涉案合规,也是有启发意义的。

[39] See“Guidance on Evaluation of Corporate Compliance Programs”, released in July 2020 by U. S. Department of Justice, p. 3.

[40] 至于如何研发数据安全产品,很多地方出台指导意见,比如,广州市国有资产监督管理委员会印发了《广州市国资委监管企业数据安全合规管理指南(试行 2021 年版)》。

[41] 目前的典型例证是,金融服务业已经从金融技术、监管技术和保险技术的有效实施中获益良多。See Susannah Hammond & Mike Cowan, *Cost of Compliance: New decade, new challenges*, Thomson Reuters Regulatory Intelligence, https://corporate. thomsonreuters. com/Cost-of-Compliance - 2020.

但我们不能因此陷入技术崇拜主义的错误倾向，认为通过合规科技可以解决企业合规中的所有问题，甚至视之为"定海神针"，让企业合规走向全盘科技化。因为无论是从数字技术内省还是从外部功能实现来看，合规科技有内部价值边界与外部价值边界，必须时刻警醒其有所不能；否则，数字技术的融入将带来更多的负面作用，甚至会毁损企业合规的功能。

首先，作为现代科技的组成部分，合规科技能够发挥的作用有其限度，可以称之为合规科技价值的内部边界。这主要因为技术既受自身的制约，又受自然规律的制约。[42] 以人工智能为例，截至目前，人工智能研究已形成了至少几千种不同的技术路线，其中最成功、影响最大的有两种：基于模型的暴力法与基于元模型的训练法，但它们都不能有效应对现实层的不确定性问题，[43]这主要源于两种方法"以数学原理为基础的机器思维"的本质。[44] 作为一种科学的立场，只有知道了人工智能的"不能"，对人工智能的了解才算全面。[45] 对待合规科技的应用转化也是如此，必须充分考虑技术上的"不能"，不可将全能型合规科技作为一个目标；相反，应当确立具体的场景适用准则，这可以借鉴人工智能的封闭性准则。有论者将现有人工智能技术的能力边界称为"封闭性"并提出封闭性准则。如果满足下列两条件之一的，该应用场景就具有封闭性，可以通过人工智能技术实现预期目标：(1)存在一个可计算的和语义完全的模型，并且所有提问在该模型的可解范围内；(2)存在有限确定的元模型，并且代表性数据集也是有限确定的。在此基础上又提出强封闭性准则，即在满足强封闭性准则的场景中，现有人工智能技术可以大规模应用，而在不满足该准则的场景中难以获得成功应用。[46]

其次，合规科技在企业合规实践中发挥正向作用，需要外部条件与特定的制度保障，可以称之为合规科技价值的外部边界。具体分为两个层面：一，企业接受合规科技离不开诸多现实条件。因为数字技术的融入会改变合规模式——从仅仅依赖人力资本转变为更加数字化的路径，这会引发一系列新的

---

[42] 参见刘同舫：《技术的异化与技术的边界》，载《理论界》2006年第7期。

[43] 参见陈小平：《人工智能的历史进步、目标定位和思维演化》，载《开放时代》2018年第6期。

[44] 详细论述参见马兆远：《人工智能之不能》，中信出版集团股份有限公司2020年版，第187～253页。

[45] 参见马兆远：《正视人工智能的"不能"》，载《中国科技报》2020年3月26日，第7版。

[46] 参见陈小平：《封闭性场景：人工智能的产业化路径》，载《文化纵横》2020年第1期。

挑战，比如，对合规人员提出新的要求，他们需要掌握实时技术才能“与时俱进”。监管技术在金融合规领域的应用就是典型，因为监管技术能够分别处理大量非结构化和结构化数据并使其自动化，合规人员因此将注意力不断转移到调查和评估数据上，而且越来越多地成为数据分析师而不是数据收集者。[47]据此，相关企业监管部门或企业协会，应当进一步强化对企业合规人员技术原理与实操的培训，丰富其知识结构，尤其是树立其数字技术思维。除此之外，企业接受合规科技还包括其他条件，比如，合规科技平台尤其是综合性智能平台，其目标设定必须能够解决具体问题而不能过于抽象，企业硬件、软件基础设施要与合规科技相匹配，如此，企业才可能接受合规科技。二是，数字技术的应用会衍生系列风险，必须构建技术规则治理体系予以应对。从技术层面来看，科技向来是把“双刃剑”，它们在释放红利的同时，也会衍生出安全风险、合法合规风险、伦理风险等。正如“自反性现代化”的经典命题所揭示出的那般，用以消弭风险的技术手段有时“恰恰是风险生产的诱因”，[48]适用于企业合规的技术可能带来新的不合规现象。因此，未来必须构建技术规则治理体系，以有效地防范合规科技应用所衍生的风险。其核心是建立和完善数字技术的应用审查机制和监管法律体系。中央网络安全和信息化委员会印发的《“十四五”国家信息化规划》对此指明了方向，主要包括如下四个方面。(1)技术算法规制。比如，GRC技术系统提供了强大的合规工具，但也带来了真正的危险。它们允许计算机程序员解释法律；它们掩盖了政策制定者所关心的危险的不确定性；它们通过“自动化偏见”来扭曲决策，这种偏见将个人利益置于合理判断之上；它们缺乏透明度，妨碍了监督和问责制。[49] (2)技术标准制定。与任何有可能影响许多利益相关者的新颠覆性技术一样，合规科技的发展往往超过法律改革和监管治理的步伐，开发、使用和监督缺乏标准化是一个普遍现象。(3)技术安全评估审查。一般认为，备案制度和安全评估制度是实现敏

[47] See Compliance Officer of the Future, *Fusion Compliance Technology*, https://www.fusioncompliancetech. com/compliance-officer-of -the-future/. 美国司法部还强调，跨职能部门持续访问相关数据是合规官的关键工作，See Updates and Revisions, Risk Assessmen, t “Guidance on Evaluation of Corporate Compliance Programs”, released in July 2020 by U. S. Department of Justice, p. 3.

[48] 参见许可：《个人信息治理的科技之维》，载《东方法学》2021年第5期。

[49] See Kenneth A. Bamberger, “Technologies of Compliance: Risk and Regulation in a Digital Age”, 88 *TEX. L. REV.* 669(2010). Vol. 88: 669.

捷治理目标的良好制度设计。(4)伦理论证。从域外经验来看,为平衡技术创新和人权保障,人工智能伦理框架的构建必不可少,[50]将伦理道德融入包括人工智能在内的合规科技全生命周期,为从事相关活动的自然人、法人和其他相关机构等提供伦理指引乃当代之需。[51] 其间,需要明确人工智能、区块链等关键应用法律主体及相关责任。合规科技的使用包含系统错误风险、技术责任和问责制的问题。因此,实施带有这种系统错误风险的监管科技和合规解决方案会导致一个关键问题,即当发生此类技术故障事件时,尤其是在技术本身不具有法律主体资格的情况下产生大量受害者,那么,谁之过错或责任?是实施和使用该技术的企业(机构)、创建软件的监管科技公司、输入或提供数据的承包商、提供不正确数据的客户,还是未能监督和识别应负责任的合规官?该答案必然取决于错误本身的性质,并且在因果链中涉及多方时可能会变得更加复杂。[52]

因此,必须审慎地把握合规科技的内部与外部价值边界,在此基础上做好应对准备,如此,才可以确保数字技术在推进企业合规制度建设中发挥正向功能。

五、结语:"通过设计实现合规"的智能合规时代

在数字经济时代,企业行为工具不断数字化,但作为企业治理方式的企业合规整改,存在其工具的数字化程度匹配不足问题并暴露出整改能力的局限性。比如,在金融服务领域,算法决策、软件代理、智能合约等技术工具逐渐成为金融机构标准化基础架构,但传统刑事合规所面临的信息偏差、技术劣势与监管障碍日趋严重。[53] 鉴于此,合规整改的工具必须与企业行为工具"平等武

---

[50] 比如,2019年4月8日,欧盟委员会发布了《人工智能道德准则》(Ethics Guidelines for Trustworthy AI),对未来人工智能的发展提出7个要求:受人类监管、技术的稳健性和安全性、隐私和数据管理、透明度、多样性、非歧视性和公平性、社会和环境福祉以及问责制。

[51] 2021年9月25日,国家新一代人工智能治理专业委员会发布了《新一代人工智能伦理规范》的宗旨。而且,该规范明确提出了增进人类福祉、促进公平公正、保护隐私安全、确保可控可信、强化责任担当、提升伦理素养等6项基本伦理要求,以及特定活动的18项具体伦理要求,这为合规科技发展提供了基本遵循。

[52] See Amy Wang, *The Role of Regtech In Augmenting Regulatory Compliance: Regulating Technology*, Accountability And Liability, [2019] UNSWLawJlStuS10, http://classic. austlii. edu. au/au/journals/UNSWLawJlStuS/2019/10. htm.

[53] 参见李晓龙:《数字化时代的网络金融刑事合规》,载《南京大学学报(哲学·人文科学·社会科学版)》2021年第5期。

装”,如此,才能实现合规计划的预期效能,也才能确保其在数字时代的敏捷性与广泛适用性。目前的重点问题是,如何逐步推动以“人力驱动”为主的企业合规整改模式转向“人力+科技”驱动的模式。合规科技的本质是“通过设计实现合规”,这与数字时代的内在要求相吻合,所以,尽管有着来自公司结构与监管模式的挑战以及技术合规的风险,但合规科技的发生发达仍然是不可阻挡的趋势。虽然合规科技在我国目前企业合规整改中的应用寥若晨星,但是,制度改革者、推动者与企业必须以积极的姿态迎接“数据驱动”的智能合规时代,并从技术思维、基础设施与规则治理等方面做好准备,这是实现合规有效整改的技术保障。

检察机关合规不起诉裁量权限制的三种模式

唐彬彬*

一、问题的提出

2020年,最高人民检察院为督导涉罪企业防范刑事风险,激励企业合规经营,正式引入合规不起诉制度,并在深圳市宝安区人民检察院等6家基层检察院开展对涉罪企业"不捕、不诉、不判处实刑"的合规不起诉制度探索。2021年4月,最高人民检察院在总结探索经验的基础上,将试点范围进一步扩大到山东、北京等十个省、直辖市。各地检察机关尝试将合规不起诉制度与认罪认罚从宽制度相结合,以企业合规整改为前提,对积极退赃挽损并采取补救措施的涉罪企业,通过两种模式作出不起诉决定。第一种模式是"附条件不起诉模式"。检察机关对积极认罪认罚的涉罪企业暂时作出不起诉决定,并设定考察期,对企业合规整改进行持续性的监督考察,期满后,视整改的具体情况作出是否起诉的决定。① 深圳市宝安区人民检察院与宁波市人民检察院在合规不起诉制度探索中主要采用该种模式。然而,根据《刑事诉讼法》的规定,附条件不起诉制度仅适用于未成年人,对于合规不起诉制度如何与该制度兼容,还需进一步探索。第二种模式是"相对不起诉+检察建议模式"。检察机关责令积极认罪认罚的涉罪企业采取补救措施,在作出相对不起诉决定的同时,依据《人民检察院检察建议工作规定》,向涉罪企业提出检察建议,督促涉罪企业建立合规体系。受限于现有刑事诉讼立法,大多数检察机关在探索合规不起诉制

---

* 中国人民公安大学法学院讲师,中国人民公安大学企业合规与社会治理研究院研究员。

① 参见陈瑞华:《企业合规不起诉制度研究》,载《中国刑事法杂志》2021年第1期。

度时，主要采用第二种模式。② 从实践情况来看，合规不起诉制度作为一种以合规激励为核心的合作性司法模式，③已经且还将继续对我国刑事诉讼理论的发展产生深远影响。

现阶段，我国的合规不起诉制度仍处于探索阶段，相关配套制度尚未被完全确立。检察机关在具体适用该制度的过程中，具有较大的自由裁量权。合规不起诉制度以协商为主要手段，因此，应当警惕检察机关适用该制度时由协商带来的权力滥用风险。尽管对自由裁量权的限制可能会损害个别化的正义（individualized justice），但是，所有的权力都必须受到合理的制约与审查。④检察机关对合规不起诉程序的启动、监督方式的选择以及合规整改的验收等事项的决定权力的边界还有待立法明确。合规不起诉制度关乎企业的“生死”，并涉及刑罚实施和犯罪预防等法律问题。如何妥当限制检察机关的自由裁量权，既防止合规不起诉制度成为企业逃避刑事处罚的“护身符”，又防止其成为限制企业发展的“枷锁”，是现阶段应当关注的问题。

从比较法视野来看，目前存在两种主要的合规不起诉模式，即美国的“自由裁量模式”和英国的“司法审查模式”。⑤ 在限制检察官的自由裁量权方面，前者主要采用内部控制模式，后者则采用以法官司法审查为主要内容的司法监督模式。这两种限制裁量权的模式对限制检察官的合规不起诉裁量权均发挥了积极作用。然而，从实践效果来看，这两种模式也具有难以被克服的缺陷。例如，内部控制模式对检察官的自由裁量权的制约力度较小，美国检察官在合规不起诉中拥有近乎不受限制的裁量权。司法监督模式虽然对该问题进行了矫正，但其导致暂缓起诉制度在企业犯罪治理中的适用率低，难以发挥出应有价值。本文根据既有的指导意见与各地检察机关的探索方案，归纳出我国的限制裁量权的模式，即双重控制模式。美国的内部控制模式和英国的司

---

② 参见陈瑞华：《企业合规不起诉改革的八大争议问题》，载《中国法律评论》2021 年第 4 期。比如，鉴于一批虚开发票的企业能认罪认罚，积极退赃，并促进经济发展，故上海市长宁区人民检察院、普陀区人民检察院对这些企业作出相对不起诉决定。参见《上海长宁检察如何护航企业“轻装”再出发？合规检察建议 + 相对不起诉！》，载 http://www.chinapeace.gov.cn/chinapeace/c100045/2020-10/19/content_12405238.shtml。

③ 参见陈瑞华：《刑事诉讼的合规激励模式》，载《中国法学》2020 年第 6 期。

④ See Kenneth Culp Davis, *Discretionary Justice: A Preliminary Inquiry*, Louisiana State University Press, 1969, p. 216-217.

⑤ 参见陈瑞华：《企业合规视野下的暂缓起诉协议制度》，载《比较法研究》2020 年第 1 期。

法监督模式在实践中如何展开？我国的双重控制模式与内部控制模式、司法监督模式相比，有何优劣之处？我国在探索合规不起诉制度的过程中，是否能够从内部控制模式和司法监督模式中汲取有益经验？本文拟围绕上述问题展开论述。

二、美国的内部控制模式

（一）内部控制模式概述

美国的合规不起诉制度起源于未成年人审前转处协议（pre-trail diversion agreement），[⑥]包括不起诉协议（Non Prosecution Agreement，NPA）和暂缓起诉协议（Deferred Prosecution Agreement，DPA）两种类型。在企业行为涉嫌商业贿赂、金融欺诈、环境污染、非法经营等犯罪时，检察官可以通过与涉罪企业签订不起诉协议或暂缓起诉协议，替代传统的不起诉决定或辩诉交易。2002 年，安然（Enron）公司的财务欺诈行为被法院定罪，造成至少 2.8 万名员工失去工作。该事件促使美国司法部在处理企业犯罪时彻底向合规不起诉制度转身，以期能避免因企业被起诉或被定罪而产生的附带后果（collateral consequence），[⑦]维护第三方利益和社会公共利益。简单来说，相较于惩罚单位犯罪，合规不起诉制度更加重视社会治理与犯罪预防。

美国的立法赋予检察机关较为广泛的执法权，也授予检察机关与涉罪企业达成不起诉协议或暂缓起诉协议的权力。暂缓起诉协议是企业与检察机关达成的临时性协议（probationary agreement），检察官向法官提出指控后，根据企业能否满足协议要求来决定是否正式起诉。在达成不起诉协议的过程中，检察机关并未向法院提交正式的指控文件，法官根本无法参与审查，自然难以对检察官的权力行使司法审查权。[⑧] 而且，相较于对暂缓起诉协议的签订，检察机关在签订不起诉协议之后，向公众公开的信息更少，公众的参与程度因此降低。虽然检察官与涉罪企业达成的暂缓起诉协议需要接受法官的司法审查，但是，法官一般都消极对待该项权力，不对检察官提交的协议进行实质性

---

⑥ 参见叶良芳：《美国法人审前转处协议制度的发展》，载《中国刑事法杂志》2014 年第 3 期。

⑦ See Ryan D. McConnell et al.，"Plan Now or Pay Later：The Role of Compliance in Criminal Cases"，*Houston Journal of International Law*，Vol. 33，No. 3（Sum. 2011），p. 563.

⑧ See Candace Zierdt & Ellen S. Podgor，"Corporate Deferred Prosecutions Through the Looking Glass of Contract Policing"，*Kentucky Law Journal*，Vol. 96，No. 1（Nov. 2007），p. 14.

审查或修改。[9] 这是因为,检察官拥有绝对的权力决定是否起诉某一案件。若法官对协议内容进行实质性审查,则检察官会更倾向于选择适用不起诉协议,以替代暂缓起诉协议,从而彻底将法官排除在程序之外。2016 年,Fokker 案(United States v. Fokker Services B. V.)的二审判决进一步削弱了法官对暂缓起诉协议进行司法审查的权力。判决书中的多数意见认为,初审法官对检察官与被告方所签订的暂缓起诉协议的否定明显超出了法官的职权范围。[10] 暂缓起诉决定权属于联邦检察官的职权范围,法官只能对其进行有限的形式审查。因此,检察官在签订协议的过程中拥有绝对的主导地位。[11] 然而,即便如此,根据统计数据,不起诉协议的适用比例也明显高于暂缓起诉协议的适用比例,这在一定程度上反映出检察官对自由裁量权的偏好。[12]

在实践中,美国检察官对不起诉协议内容的确定、监管方式的选择以及合规整改的验收等事项,拥有近乎绝对的自由裁量权。[13] 为限制检察官的合规不起诉裁量权,美国司法部自 1999 年开始,陆续颁布了大量的备忘录(Memo),为检察官的权力行使提供指导,加强检察官权力行使的确定性。本文将这种限制裁量权的方式归纳为内部控制模式。

(二)内部控制模式的具体展开

1. 明确合规不起诉适用对象的遴选标准

美国司法部颁布了一系列备忘录,明确了联邦检察官在决定是否起诉时所应当考量的条件。这些条件被视为判断检察官是否妥当运用合规不起诉裁量权的"试金石"。具体的条件如下。其一,客观条件。《霍尔德备忘录》首次明确了检察官不起诉企业的部分条件,将企业存在适当且有效的合规计划与企业积极落实合规计划等作为检察官不起诉企业的重要条件。随后,2003 年的《汤普森备忘录》进一步细化了合规不起诉适用对象的遴选标准。之后,该备忘录作为

---

⑨ See Candace Zierdt & Ellen S. Podgor, "Corporate Deferred Prosecutions Through the Looking Glass of Contract Policing", *Kentucky Law Journal*, Vol. 96, No. 1(Nov. 2007), p. 16.

⑩ See United States v. Fokker Services B. V., 818 F. 3d 733, 747 (D. C. Cir. 2016).

⑪ See Benjamin M. Greenblum, "What Happens to a Prosecution Deferred? Judicial Oversight of Corporate Deferred Prosecution Agreements", *Columbia Law Review*, Vol. 105, No. 6 (Otc. 2005), p. 1885.

⑫ 参见陈瑞华:《企业合规基本理论》,法律出版社 2020 年版,第 239 页。

⑬ 参见陈瑞华:《企业合规视野下的暂缓起诉协议制度》,载《比较法研究》2020 年第 1 期。

《联邦起诉商业组织的原则》被纳入《司法手册》(Justice Manual)之中。《联邦起诉商业组织的原则》要求检察官应当综合考量企业所实施的涉嫌犯罪的行为的性质、合规计划的有效性、起诉企业的后果等相关因素,进而决定是否对企业适用合规不起诉制度。其二,主观条件。《汤普森备忘录》将企业的真诚性作为遴选合规不起诉适用对象的重要标准。《反海外腐败法执法政策》也将企业"自愿披露信息,彻底的合作"作为合规整改的首要条件。该条件的具体内容为"自愿并及时披露内部信息"和"放弃律师—当事人特权(The Attorney-Client Privilege)的保护"。有关放弃律师—当事人特权的保护的相关内容被之后的《麦克诺蒂备忘录》⑭和《菲利普备忘录》⑮进一步细化。检察官若要获取律师与企业之间的沟通信息,则经副总检察长的书面授权后,方可执行。

2. 明确合规计划有效性的标准

首先,美国在2004年修订《联邦量刑指南》第八章"单位量刑"时,明确了"有效合规与伦理计划的标准"。⑯ 有效的合规计划应当满足能够有效预防与发现犯罪、能够形成遵守法律的企业文化等七个条件。虽然该指南难以限制检察官的权力,但可以为检察官行使自由裁量权提供一定参考。其次,从《霍德尔备忘录》开始,美国司法部就为判断合规计划是否有效设置了大量的标准,以限制检察官的自由裁量权。2020年,美国颁布的《刑事合规计划评估》对"合规计划的有效性"提出三个要求,即合规计划设计合理、合规计划被认真实施以及合规计划可发挥作用,并进一步细化出12项具体的评估内容,⑰即要求合规计划应当具有培训机制、沟通机制、匿名举报机制和调查程序等内容。

3. 明确选任合规监管人(Corporate Compliance Monitors)的标准

为确保合规计划具有有效性,检察官可以选任合规监管人,让合规监管人

---

⑭ See Memorandum from Paul J. McNulty, Deputy Att'y Gen., U. S. Dep't of Justice, to Heads of Dep't Components & United States Attorneys, Principles of Federal Prosecution of Business Organizations (Dec. 12, 2006).

⑮ See Memorandum from Mark R. Filip, Deputy Att'y Gen., U. S. Dep't of Justice, to Heads of Dep't Components & United States Attorneys, Principles of Federal Prosecution of Business Organizations (Aug. 28, 2008).

⑯ See United State Sentence Guidelines, § 8B2. 1, 18 U. S. C. A.. "有效合规计划的标准"于2004年被《联邦量刑指南》明确后,在2010年、2011年和2013年得到了进一步细化。

⑰ 参见李玉华:《有效刑事合规的基本标准》,载《中国刑事法杂志》2021年第1期。

参与企业合规整改过程。为避免合规监管人制度被滥用,《莫福德备忘录》和《格林德勒备忘录》对合规监管人的资格、选任、定位、职能等重要内容进行了规定。[18] 其中,《莫福德备忘录》要求检察官在决定是否为企业选任合规监管人时,需要考虑以下因素:一是聘任合规监管人对企业与社会所产生的潜在收益;二是聘任合规监管人的费用以及合规监管人对企业经营的影响。美国司法部于 2018 年颁布的《刑事司事务中的监管人选任》(Selection of Monitors in Criminal Division Matters)中对这些因素进行了细化。首先,对聘任合规监管人的潜在收益的评价必须集中于以下几方面:第一,企业的不当行为是否涉及操纵公司的账簿记录,或涉及利用不完善的合规计划和内部控制系统;第二,企业的不当行为在整个商业活动中是否普遍存在,或得到高级管理层的批准和协助;第三,企业是否对合规计划和内部控制系统进行重大改进;第四,企业是否对合规计划和内部控制系统的补救措施进行测试,以证明这些补救措施将可防止或发现类似的不当行为。也就是说,如果企业有意愿和能力,且已经对合规计划进行整改,能够确保合规计划满足有效合规的标准,那么,基于企业合规整改成本的考虑,检察官就不应再选任合规监管人。同时,检察官在进行成本收益分析时,除了应当考虑企业要支付报酬这一显性成本以外,还应当考虑合规监管人给企业带来的隐性成本,如降低企业的经营效率。因此,在暂缓起诉协议中,检察官应当与企业约定需要合规监管人介入的情形。其次,若企业需要聘请合规监管人,则检察官需要事先与企业就合规监管人的选任条件与程序、任职的时限、合规监管人的替换、合规监管人的权限范围与责任、监管整改的期限等内容进行明确。最后,在选任合规监管人方面,检察官还需要遵循提名候选人、初步审查、准备合规监管人推荐备忘录、常务委员会审查、副总检察长审查、代理总检察长办公室批准六个步骤。

4. 公开协议书及其签订过程

在签订不起诉协议或暂缓起诉协议后,美国司法部会在官网上将案件情况向公众公开,具体需要公开的信息包括检察官与涉罪企业所签订的协议书

---

[18] 参见马明亮:《论企业合规监管制度——以独立监管人为视角》,载《中国刑事法杂志》2021 年第 1 期。

及其签订过程。[19] 暂缓起诉协议的内容包括犯罪行为的相关信息、协议期限、暂缓起诉决定所考量的因素、罚款的支付情况、被没收的财产数额、附条件的责任免除、企业合规计划、企业合规报告、对违反协议的处置措施、公司的公开声明等。检察官需要在作出暂缓起诉决定所考量的因素中强调签订暂缓起诉协议的特殊原因与事实情况，具体包括，应依据《美国量刑指南》(United State Sentence Guidelines)的规定，对犯罪性质、特定罪行的犯罪等级、企业信息的披露情况以及事后的补救措施等内容进行说明。美国司法部以此措施来防止检察官对自由裁量权的滥用。相对而言，不起诉协议书的条款内容更为简单。检察官只需根据案件情况，对罚款及检察官与当事人约定的事项进行说明。

（三）内部控制模式的正当性与局限性

美国对检察官的合规不起诉裁量权的限制采用的是一种自上而下且以内部文件为指导的内部控制模式。在实践中，合规不起诉制度在预防和治理企业犯罪上具有独特价值。然而，在法官的司法审查缺位的情况下，合规不起诉制度中存在权力滥用的潜在风险，这引发了公众的质疑，即“谁来监督监督者”？[20]

1. 内部控制模式的正当性

第一，起诉裁量权是法律赋予检察官的权力。美国检察官对是否提起公诉拥有不受限制的裁量权。对刑事案件进行审查起诉时，检察官可以作出两种选择：其一，为严厉惩罚企业的犯罪行为，检察官可通过提起公诉和出庭指控的方式实现对公正的追求；其二，检察官放弃严厉的刑罚与简单的威慑，而更加侧重与涉罪企业的合作，关注企业对业已造成的损害所采取的补救措施以及事后的合规经营情况。在具体案件中，如何权衡上述两种选择的利弊，完全取决于检察官的自由裁量权。

第二，合规不起诉制度具有治理犯罪的重大价值。由于企业犯罪日趋复杂、隐蔽，涉及面越来越广，企业犯罪产生的社会影响日益严峻，因此，犯罪侦查成本越来越高。面对企业犯罪难以被侦查的现实，检察官通过行使合规不

---

[19] 具体内容可参见美国司法部官网(https://www. justice. gov/)。检察机关与企业签订的不起诉协议书和暂缓起诉协议书均可在美国司法部官网中查阅。

[20] See Michael Patrick Wilt, “Who Watches the Watchmen? Accountability in Federal Corporate Criminal Prosecution Agreements”, *American Journal of Criminal Law*, Vol. 43, No. 1(Fall. 2015), p. 89.

起诉裁量权,激励涉罪企业主动配合,积极披露相关信息,省却了证明繁琐且耗时过长的诉讼程序。尤其是在洗钱、金融诈骗等经济犯罪领域,合规不起诉制度在提升检察官的办案效率和节约司法资源方面具有显著成效,大大降低了犯罪治理成本。同时,因为涉罪企业能积极退赃,挽救损失,赔偿被害人,所以合规不起诉制度还可以实现恢复社会秩序的功能。

第三,合规不起诉制度具有预防犯罪的积极作用。检察官对企业作出合规不起诉决定的前提在于,企业经由合规整改,已经满足有效合规的标准。质言之,检察官之所以对企业作出合规不起诉决定,主要是因为检察官并不侧重于惩罚企业的犯罪行为,而是想要通过合规整改,确保企业健康经营,积极应对刑事风险,以实现预防犯罪的积极作用。

第四,合规不起诉制度具有社会治理的特殊价值。检察官通过与涉罪企业签订暂缓起诉协议或不起诉协议,可以避免因企业被起诉或被定罪而产生的附带后果,实现社会治理的价值,其中包括对第三人的保护以及防止社会产生动荡。这是美国检察官从安然事件(the Enron Incident)中总结出的经验之一。

2. 内部控制模式的局限性

虽然内部控制模式为限制检察官的自由裁量权,对合规整改的启动、有效合规的标准以及合规监管人的选任等关键内容进行了详细规定,但是,这些规定所能发挥的实质作用并不明显。首先,检察官在适用合规不起诉制度的过程中,其自由裁量权缺乏外部监督,法院难以发挥司法审查的作用。其次,检察官在作出不起诉决定后,并不存在任何的审查机制,故即使检察官的决定不正确,人们也难以对检察官进行追责。这将导致检察官在适用合规不起诉制度的过程中,容易产生贪污腐败或权力行使恣意的问题。然而,对于检察官选择作出不起诉决定的案件,法律并没有设置相应的监督方案与问责机制。

第一,检察官的自由裁量权过大可能滋生贪污腐败问题。美国检察官通过与涉罪企业签订不起诉协议与暂缓起诉协议,对大量的涉嫌经济犯罪的企业进行罚款与合规整改。企业除了要建立合规管理体系之外,还需要向执法机关支付和解金以及为应对执法而产生的合规监管人费用、会计师费用、律师费用等。在过去 40 年里,美国执法部门在执行《反海外腐败法》(Foreign Corrupt Practices Act)的过程中,对涉罪企业作出的罚款总金额超过 100 亿美元。检察机关与涉罪企业之间的巨额金钱往来极易滋生贪污腐败问题,导致合规不起诉制度的推行遭到“动机不纯”以及“敲诈勒索”外国企业的质疑。[21]以西门子公司为例,该公司为和解金与应对政府执法分别支付了16亿美元和8.5亿美元。[22] 合规监管人由政府部门负责选任,甚至可由前任检察官担任合规监管人。这引发了公众对检察官廉洁性的质疑。例如,在对中兴通讯公司的合规整改中,美国商务部任命曾担任哥伦比亚特区检察官的罗斯科·霍华德(Roscoe Howard)作为特别合规协调员(Special Compliance Coordinator)参与合规整改,并由中兴通讯公司向罗斯科·霍华德支付数百万美元的薪酬。又如,在捷迈邦美(Zimmer Biomet Holdings)的案件中,检察官同样选择由其前任同事担任合规监管人一职,并要求企业为合规监管人支付5200万美元的费用。[23]

第二,不起诉协议与暂缓起诉协议的条款内容存在随意性,导致企业难以进行预判。在大部分不起诉协议中,检察官会依据《美国量刑指南》之规定,根据犯罪行为的情节严重程度对罚款数额进行精确计算,避免公众对罚款数额的质疑。然而,在签订协议书时,无论是罚款数额,还是合规整改的具体内容,均无先例可循,检察官可以在个案中任意确定协议的内容。检察官所拥有的过大的自由裁量权导致不起诉协议与暂缓起诉协议出现确定性不足的缺陷。[24]例如,全球第四大制药商百时美施贵宝公司(Bristol-Myers Squibb Co.)涉嫌证券欺诈犯罪,在新泽西地区检察官办公室与该公司签订的暂缓起诉协议中,检察官要求该公司向西东大学(Seton Hall University)法学院捐赠一个讲授“商业伦理与公司治理”的教席。[25] 同样,俄克拉荷马州检察官在其与世界通信公司(WorldCom, Inc.)达成的暂缓起诉协议中,要求企业增加1600个工作岗位。[26]

---

[21] 参见陈瑞华:《企业合规视野下的暂缓起诉协议制度》,载《比较法研究》2020年第1期。

[22] 参见陈瑞华:《西门子的合规体系》,载《中国律师》2019年第6期。

[23] See John A. Gallagher, “Legislation Is Necessary for Deferred Prosecution of Corporate Crime”, *Suffolk University Law Review*, Vol. 43, No. 2(Sum. 2010), p. 470.

[24] See Erik Paulsen, “Imposing Limits on Prosecutorial Discretion in Corporate Prosecution Agreements”, *New York University Law Review*, Vol. 82, No. 5(Nov. 2007), p. 1460.

[25] See Deferred Prosecution Agreement Between United States Attorney's Office for the District of New Jersey and Bristol-Myers Squibb Co..

[26] See Deferred Prosecution Agreement Between State of Oklahoma and WorldCom, Inc..

第三,美国司法部的内部文件对检察官的自由裁量权的约束实效令人存疑。以检察官与美国国际集团(American International Group,Inc.)签订的不起诉协议为例,在该协议中,检察官并未对内部文件所规定的考量因素进行实质讨论。即便是对其中最重要的企业被起诉后可能产生的附带后果,检察官也并未进行说明。因此,公众难以从该协议中判断司法部所颁布的内部文件在本案中是否发挥了作用,以及发挥了何种作用。总之,在缺乏有力的外部监督的情况下,即便存在明确的内部规范,也无法确保检察官完全遵守规定,因而极易导致对案件处理的不公正,并缺乏可预期性。[27]

由于内部控制模式具有局限性,所以诸多美国法官在裁判中呼吁,国会应在暂缓起诉制度中建立强制性的司法审查程序。[28] 也有学者提出,立法应当强制要求检察官在向法院提交的暂缓起诉协议中,详细论证选择签订暂缓起诉协议而未选择提起诉讼的原因,并对暂缓起诉协议如何服务于公共利益进行说明。[29]

三、英国的司法监督模式

随着合规不起诉制度在世界范围内的推广,英国、法国、澳大利亚、加拿大等国在引入合规不起诉制度时,吸取了美国的经验教训,即检察官在签订不起诉协议时,其自由裁量权难以被限制,均倾向于选择暂缓起诉制度,并在程序设计上强化法官司法审查的实质权力,创新性地形成了以法官为主导的司法监督模式。也就是说,检察官与涉罪企业签订的暂缓起诉协议只有经过法官的实质审查和批准,才可生效。由于英国系司法监督模式的典型代表国家,所以本部分主要围绕英国关于限制检察官暂缓起诉裁量权的规定展开评述。

(一)司法监督模式的特征

2014 年,英国的《2013 年犯罪与法庭法》(Crime and Courts Act 2013)附

---

[27] See Erik Paulsen, " Imposing Limits on Prosecutorial Discretion in Corporate Prosecution Agreements", *New York University Law Review*, Vol. 82, No. 5(Nov. 2007), p. 1460 – 1461.

[28] See United States v. The Hongkong and Shanghai Banking Corporation Limited, 863 F. 3d 125, 143(2d Cir. 2017)(Pooler, J., Concurring, "I respectfully suggest it is time for Congress to consider implementing legislation providing for such review. "); United States v. Saena Tech Corporation, 140 F. Supp. 3d 11, 30(D. D. Cir. 2015)("Congressional action to clarify the standards a court should apply when confronted with a corporate deferred-prosecution agreement may be appropriate. ").

[29] See Nick Werle, "Prosecuting Corporate Crime When Firms Are Too Big to Jail: Investigation, Deterrence, and Judicial Review", *Yale Law Journal*, Vol. 128, No. 5(Mar. 2019), p. 1418.

表17正式确立了暂缓起诉制度。该制度的实施主体为英国严重欺诈办公室(Serious Fraud Office)与皇家检察署(Crown Prosecution Service),适用对象为涉嫌欺诈、贿赂等经济犯罪的组织,并不包括个人。该制度的规范目标在于:第一,避免企业因被定罪而产生附带后果;第二,协议的签订程序完全由法官主导,协议条款只有在公平、公正、合理、合比例的情况下,才可被实施;第三,避免耗时过长且成本高昂的庭审活动;第四,提升公共活动的透明度。[30] 随后,英国严重欺诈办公室与皇家检察署联合颁布了《暂缓起诉协议实践准则》(Deferred Prosecution Agreements Code of Practice),进一步为暂缓起诉协议的签订提供指引。在实践中,英国对检察官的自由裁量权的限制主要体现在以下四个方面。

其一,强化法官司法审查的权力。暂缓起诉协议只有经过刑事法院(Crown Court)的审查和批准,才可生效。检察官在与涉罪企业达成初步的暂缓起诉协议后,必须将该协议提交给刑事法院。首先,法院会组织预备听证(Preliminary Hearing),由检察官对暂缓起诉协议的公平性、公正性、合理性和合比例性进行解释说明,并对签订协议的一系列情况进行说明。若法官认为案件事实存疑,则可以暂停预审。[31] 之后,检察官再将其与涉罪企业签订的最终协议、案件陈述等相关支撑文件私下提交给法官。[32] 之所以不允许检察官公开向法官提交文件,是因为法官对暂缓起诉协议拥有一票否决权,若检察官直接公开申请对企业适用暂缓起诉而被法院拒绝,则可能对企业造成难以预料的不利影响。若法院在充分审查案件事实和暂缓起诉协议等内容之后,仍认为事实存疑,则还可以决定延期再议。法官若同意检察官所提交的暂缓起诉协议,则需要公开宣布该协议获得批准,并说明协议获得批准的理由。除非公开协议会产生重大风险,否则,协议都会在网站上被及时公开。[33] 若法官发现企业违背了协议事项,则可以邀请检察官与企业共同作出合理的补救方案。[34] 也就是说,英国法官会持续地参与企业的合规整改,并监督整改工作。与英国

---

[30] See *Deferred Prosecution Agreements*, Serious Fraud Office(Mar. 20,2021), https://www.sfo.gov.uk/publications/guidance-policy-and-protocols/deferred-prosecution-agreements/.

[31] See Deferred Prosecution Agreements Code of Practice, § 9 Preliminary Hearing(s).

[32] See Deferred Prosecution Agreements Code of Practice, § 10 Application for Approval.

[33] See Deferred Prosecution Agreements Code of Practice, § 11 Declaration in Open Court.

[34] See Deferred Prosecution Agreements Code of Practice, § 12 Breach of a DPA.

的做法类似,法国的暂缓起诉协议也是只有经过法官的批准,才可生效。法国的法官将以听证会的形式,从必要性、可执行性、合法性以及合比例性等方面,对协议内容进行实质审查。[35] 由法官对暂缓起诉协议进行实质审查的做法,同样被新加坡、加拿大等国所采纳。[36]

其二,明确检察官启动暂缓起诉程序的条件。《暂缓起诉协议实践准则》第2.2条对检察官启动暂缓起诉程序提出了三项明确的条件:第一,证据已经满足完整法规检测(Full Code Test)[37]要求,或存在对企业的行为构成犯罪的合理怀疑;第二,检察官所指控的事实已经被查清;第三,暂缓起诉决定符合公共利益的需要。与普通刑事诉讼程序相同,在暂缓起诉的听证程序中,检察官对案件事实的证明应满足"证据确实、充分"的证明标准,以防止检察官对无辜企业错误追责。在暂缓起诉程序启动所应满足的条件中,最具特色的条件是应满足公共利益的需要。也就是说,检察官在案件证据确实、充分的前提下,还必须进行公共利益衡量,进而才能决定是否对涉罪企业适用暂缓起诉。[38] 法国将检察机关与涉罪企业达成的暂缓起诉协议称为"公共利益司法公约"(Convention judiciaire d'intérêt public),将符合公共利益的需要作为启动暂缓起诉程序的前提条件。加拿大也在其《刑法典》第715.32条第(1)款中明确规定,暂缓起诉制度只有在满足公共利益需要并具有适当性的情况下,才能被推行适用。在实践中,检察官还需要对涉罪企业的合作态度、罪责程度以及定罪可能造成的第三方利益受损等情况进行衡量。[39] 同时,应禁止对危害公共利益的犯罪行为人适用暂缓起诉制度,例如,严重损害国家利益或国防利益的犯罪行为人、参与恐怖组织犯罪的行为人等。[40]

其三,法官负责对企业是否满足有效合规的标准进行审查。2011年,英国司法部针对《反贿赂法案》(Bribery Act),颁布了具体指南,帮助企业防止雇员

---

[35] 参见陈瑞华:《法国〈萨宾第二法案〉与刑事合规问题》,载《中国律师》2019年第5期。

[36] 参见李本灿:《域外企业缓起诉制度比较研究》,载《中国刑事法杂志》2020年第3期。

[37] 根据《皇家检察官守则》(The Code for Crown Prosecutors)对完整法规检测的规定,该检测包括证据检测与公共利益检测两个层面。证据检测是指对证据的可靠性和可采性进行检测,公共利益检测指对起诉是否符合公共利益的需要进行检测。

[38] See Deferred Prosecution Agreements Code of Practice, para. 1.1–1.6.

[39] 参见陈瑞华:《暂缓起诉协议的司法审查模式》,载《中国律师》2019年第10期。

[40] See Criminal Code § 715.32(1), Remediation Agreements(2021).

或代理人以企业名义实施贿赂行为。该指南围绕有效合规标准,确定了六项框架性指导原则,由法官根据具体案件事实进行审查。该六项指导原则如下。一是相称程序。企业需要设计可预防贿赂行为的方案,且该方案应内容清晰,并能得到有效实施和执行。二是高层承诺。该承诺来自董事会、股东大会或其他同等性质的机构。三是风险评估。对可诱发贿赂行为的内部因素和外部因素进行评估,且该评估是定期的、有记录的、公开的。四是尽职调查。对代表企业行使职权的人展开尽职调查,降低行贿风险。五是有效沟通与组织培训。企业应通过内部和外部的沟通,组织相关培训,确保预防贿赂的政策得到贯彻。六是监管与评估。应对预防贿赂的制度进行监管与评估,必要时应进行相应改进。虽然这些指导原则适用于所有类型的企业,但是,对于中小微型企业(small or medium-sized enterprises),法官可以降低审查标准,选择适当的替代程序。

其四,要公开暂缓起诉协议及其签订程序。与美国的做法相同,英国也将所有的与暂缓起诉相关的文件公开,公众随时可在英国严重欺诈办公室的官网上获取相关文件。暂缓起诉协议的内容应当包括案件事实、法律适用分析、公共利益分析、暂缓起诉协议条款、法庭的决定、企业违反协议条款时所应当承担的后果等。其中,具体的暂缓起诉协议条款的内容应当包括对企业的经济处罚措施、对受害者的补偿措施、被没收的违法所得金额、向慈善机构或第三方的捐款数额、对检察机关所产生的合理费用的支付情况、对执法机构的调查的配合情况等。

(二)司法监督模式的正当性与局限性

1. 司法监督模式的正当性

如前所述,美国的内部控制模式的缺陷主要体现在以下两方面。第一,缺乏有力的外部监督。仅仅依靠美国司法部的内部文件对检察官的合规不起诉裁量权进行限制,限制力度必定是有限的。第二,检察机关拥有绝对的自由裁量权,这使得企业与检察机关的协商地位不平等,进而导致协商性司法的合意性要素缺失。由于涉罪企业无法承受被起诉和被定罪的风险,该风险主要包括企业被起诉和被定罪的事实对企业、股东、雇员、合作方所造成的负面影响,所以,涉罪企业在与检察官进行协商时,常处于不平等的地位。这决定了在签订不起诉协议或暂缓起诉协议的过程中,涉罪企业即使不完全同意检察官所提出的要求,也希望能够签订协议。因此,企业对协议内容的"同意"并不能被称为真正的"自愿选择"。

英国吸取美国在实施合规不起诉制度过程中的教训,基于权力制衡理论,通过立法明确了法官在暂缓起诉制度中的主导地位,强化法官在暂缓起诉协议审查中的实质权力。在签订暂缓起诉协议时,检察官除了需要严格遵守证据规则之外,其签订的协议内容还需要接受法官严格的司法审查,由法官判定暂缓起诉协议的签订有效与否。检察官的合规不起诉裁量权在法官的司法监督下,被滥用的可能性不大。

2. 司法监督模式的局限性

从实践情况来看,暂缓起诉制度在 2014 年被引入英国后,其适用情况并不乐观。迄今为止,检察机关仅与 11 家企业达成了暂缓起诉协议。[41] 与之形成鲜明对比的情况是,2010 年至 2014 年,美国检察官与涉罪企业签订的不起诉协议与暂缓起诉协议的数量总共为 147 份。[42] 仅在 2019 年,美国检察官与涉罪企业就签订了 8 份暂缓起诉协议与 7 份不起诉协议。在协议书的签订数量上,英国和美国之间的差距之所以如此悬殊,主要是因为以下事实。

第一,英国过于严格的司法审查可能导致检察官对启动暂缓起诉程序的积极性不高。按照《暂缓起诉协议实践准则》的规定,检察官在签订暂缓起诉协议的过程中,需要经历的程序有法官的司法审查、检察官的解释说明、法官对合规整改的监督等。虽然该规定在实践中可产生制约检察官的自由裁量权的效果,但是,它也存在以下弊端:一方面,它未能使暂缓起诉程序发挥节约司法资源和提升司法效率的作用;另一方面,相较于直接提起公诉,暂缓起诉的程序更为繁琐且严格。因此,检察官可能更倾向于选择对案件提起公诉,而非适用暂缓起诉。而且,暂缓起诉协议一旦被公开,检察官就将面临公众的监

---

[41] 英国严重欺诈办公室官网公开的 11 项暂缓起诉协议分别为:Standard Bank, 2015; Sarclad Ltd, 2016; Rolls-Royce, 2017; Tesco, 2017; Serco Geografix Ltd, 2019; Güralp Systems Ltd, 2019; Airbus SE, 2020; G4S Care &Justice Services(UK) Ltd, 2020; Airline Services Ltd, 2020; Amec Foster Wheeler Energy Limited., 2021; Twocompanies for Bribery Act offences, 2021。具体内容可参见英国严重欺诈办公室官网(https://www.sfo.gov.uk/publications/guidance-policy-and-protocols/deferred-prosecution-agreements/)。

[42] See Michael Patrick Wilt, "Who Watches the Watchmen? Accountability in Federal Corporate Criminal Prosecution Agreements", *American Journal of Criminal Law*, Vol. 43, No. 1 (Fall. 2015), p. 96 – 103.

督,这也会对检察官造成负担。

第二,相较于美国的暂缓起诉制度,英国的暂缓起诉制度需要同时面临实体法与程序法的检验。在程序上,为启动暂缓起诉程序,英国检察官需要对案件进行完整法规检测,具体包括检测证据是否充分、事实认定是否清楚以及是否有助于维护公共利益等,这为暂缓起诉程序的启动设置了更高的门槛。另外,在实体法上,英国检察官受限于"同一视原则"[43]的要求,公司无须为员工或代理人的行为承担责任,而只需对其独立的行为和主观过错负责。由于检察官难以证明企业的客观犯罪行为与主观意志具有同一性,因此,对企业定罪变得十分困难。[44] 在暂缓起诉的适用对象是组织架构复杂的大型企业时,该困难更为凸显。

第三,相较于美国检察官,部分英国检察官更倾向于选择提起诉讼,以严厉惩治犯罪,而非选择适用暂缓起诉。[45] 英国严重欺诈办公室前负责人大卫·格林(David Green)于任期内(2012 年至 2016 年)在处理单位犯罪案件时,明显表现出对提起公诉的偏好。[46] 他认为,美国的合规不起诉制度是企业免费走出监狱的通行证,使刑事司法完全丧失了惩治犯罪的功能。他还将英国的暂缓起诉制度定性为"绝非涉罪企业为脱离困境而买单的机制",[47]进而忽视了暂缓起诉制度的犯罪治理与犯罪预防价值。

综上所述,英国为限制检察官在暂缓起诉制度中的自由裁量权,采用的是法官实质介入审查的司法监督模式。加之英国检察官对暂缓起诉制度持有审慎态度,导致暂缓起诉制度在被引入后,并未发挥出与美国的暂缓起诉制度相同的企业犯罪治理功能。

---

[43] "同一视原则"是指,只有企业代表或高级管理人员的意志和行为,才能被视为企业的意志和行为,才能成为追究企业刑事责任的依据。

[44] 参见欧阳本祺:《我国建立企业犯罪附条件不起诉制度的探讨》,载《中国刑事法杂志》2020 年第 3 期。

[45] See Peter Reilly,"Sweetheart Deals, Deferred Prosecution, and Making a Mockery of the Criminal Justice System: U. S. Corporate DPAs Rejected on Many Front", *Arizona State Law Journal*, Vol. 50, No. 4 (Win. 2018), p. 1159.

[46] See Robert Amaee, *A Close Look at Deferred Prosecution Agreements: US vs. UK*, Law 360 (Apr. 23, 2021), https://www. law360. com/ articles/972193/a-close-look-at-deferred-prosecution-agreements-us-vs-uk.

[47] See *Deferred Prosecution Agreements: New Guidance for Prosecutors*, Serious Fraud Office (Apr. 23, 2021), https://www. sfo. gov. uk/2014/02/14/deferred-prosecution-agreements-new-guidance-prosecutors./.

四、我国的双重控制模式

基于社会治理格局变化、民营企业发展需求提升等多方面因素的影响，我国开始主动探索合规不起诉制度。该制度体现的是检察机关职能的主动扩张，是能动检察的一种表征。如前所述，内部控制模式与司法监督模式作为限制检察官的合规不起诉裁量权的两种典型模式，在实践中均面临难以突破的局限。在现有的立法规定与司法制度之下，我国兼采内部控制模式与司法监督模式的优势，形成了一种限制检察机关的合规不起诉裁量权的混合型模式，即双重控制模式。

（一）双重控制模式的特征

1. 内部约束：明确制度的基本原则与适用对象的遴选条件

第一，应明确保护民营企业这一基本原则。我国推行合规不起诉制度的背景主要是，贯彻落实习近平总书记关于保护民营企业发展的重要指示精神。[48] 相关部门也多次强调，要“避免办好一个案子，垮掉一个企业”。[49] 检察机关不仅是犯罪行为的追诉者与法律实施的监督者，而且是企业建立并完善合规计划的积极推动者。[50] 我国政府对企业合规的重视始于国有企业领域。在“中兴通讯事件”发生之后，诸多大型国有企业在“走出去战略”的倒逼之下、在行政监管部门的督促之下，开始建立合规管理体系。[51] 目前，中央企业已经全部成立合规委员会。[52] 然而，民营企业尤其是小微型民营企业还未对合规引起足够重视。从我国民营企业的规模来看，90%以上的民营企业都是中小微型企业。由于内部结构不完善，所以中小微型企业成为刑事案件的主要责任主体。[53] 随着市场经济的发展，对民营企业进行司法保护作为一项刑事政策，被政府部门和司法机关反复强调。除了传统的“不捕、不诉”的保护民营企业

---

[48] 参见《习近平在民营企业座谈会上的讲话》，载 http://www.gov.cn/xinwen/2018-11/01/content_5336616.htm? cid=303。

[49] 参见王俊：《北京市检察院：避免办一个案子、垮掉一个企业》，https://www.bjnews.com.cn/detail/157905464315281.html；《坚决防止办理一个案件、垮掉一个企业》，https://zj.zjol.com.cn/news.html? id=1365092。

[50] 参见李奋飞：《论企业合规检察建议》，载《中国刑事法杂志》2021年第1期。

[51] 参见陈瑞华：《论企业合规的中国化问题》，载《法律科学（西北政法大学学报）》2020年第3期。

[52] 参见《中央企业已全部成立合规委员会》，载《上海法治报》2021年5月14日，第B08版。

[53] 参见《中国民营企业发展研究报告》，载《中国商界》2017年第5期。

的措施以外，还应当将合规不起诉制度作为激励企业合规经营、为企业健康发展提供有力司法保障的制度，为民营企业提供平等保护。合规不起诉制度可确保民营企业建立刑事风险防范机制，促进营商环境法治化，以更大的力度保障民营企业和企业家的权益。因此，督促并激励民营企业完善合规管理体系是保护民营企业的必备措施。现阶段，合规不起诉制度中的改革措施大多可适用于小微型企业，因为该制度的探索主体主要是基层检察院。随着第二轮合规不起诉制度改革的全面启动，省级检察机关和市级检察机关都将参与改革，以大型企业作为合规整改对象的案件将逐渐进入诉讼程序之中。[54]

第二，在适用对象的遴选上，企业所涉嫌的罪名必须满足特定的类型要求，即企业的犯罪行为具有特定性。另外，涉罪企业需要积极配合调查，即企业应当具有主动性。

首先，《刑法修正案（九）》对单位犯罪罪名的增加体现出我国对单位犯罪的治理和防控的重视。[55] 若企业存在或经整改后存在有效的合规计划，则检察机关可以通过不起诉或不予追究刑事责任的方式，为企业提供出罪空间。其一，若企业已存在有效的合规计划，则合规计划可以作为检察官作出不起诉决定的依据，或作为企业作无罪抗辩的依据。2017 年，雀巢公司就以其具有完整且有效的合规体系为由，成功地将员工所实施的侵犯公民个人信息的犯罪行为所导致的责任与单位责任进行切割，成为我国合规无罪抗辩第一案。[56] 其二，对于非系统性的企业犯罪，[57]若企业并未存在合规计划，则可以通过合规整改，换取检察机关的不起诉决定或宽大处理。从探索方案来看，各地均规定了可适用合规不起诉制度的罪名范围。与英国、法国等国的暂缓起诉协议仅适用于经济犯罪的做法不同，我国在罪名筛选上采用与美国相同的方式，即合规不起诉制度几乎可适用于所有的单位犯罪，具体的罪名包括生产销售伪劣产品罪、走私罪、破坏金融管理秩序罪、危害税收征管罪、破坏环境资源保护罪等。2021 年 6 月 3 日，最高人民检察院联同多部门印发了《关于建立涉案企业合规第三方监督评估机制的指导意见（试行）》（以下简称《指导意见》）。《指

[54] 参见陈瑞华：《企业合规不起诉改革的八大争议问题》，载《中国法律评论》2021 年第 4 期。

[55] 参见韩轶：《企业刑事合规的风险防控与建构路径》，载《法学杂志》2019 年第 9 期。

[56] 参见陈瑞华：《合规无罪抗辩第一案》，载《中国律师》2020 年第 5 期。

[57] 参见陈瑞华：《企业合规出罪的三种模式》，载《比较法研究》2021 年第 3 期。

导意见》明确将为犯罪而设立的企业、以实施犯罪为主要活动的企业、实施危害国家安全犯罪等犯罪的企业排除在合规考察的范围之外。然而,对于是否可以将合规不起诉制度适用于自然人以及是否需要限定单位犯罪的刑罚条件,不同地区的检察机关的探索方案还存在差异。

其次,符合特定条件的企业还需要积极配合检察机关的工作。为能实现刑事合规的预防功能与提升企业合规的改造实效,检察官在合规不起诉中不仅要求企业承担配合调查的义务,而且还要求企业主动进行合规整改。从实践上说,各地检察机关均将合规不起诉制度与认罪认罚从宽制度相结合,将企业自愿赔偿、配合调查、积极整改等情节作为衡量企业是否"认罪认罚"的标准;从理论上说,认罪认罚从宽制度与合规不起诉制度在"协商性"方面具有天然的契合性,认罪认罚从宽制度可以通过实体上与程序上的从宽处理,为企业合规整改提供激励。[58]

2. 外部监督:建立第三方监督评估机制与合规听证程序

第一,应确立第三方监督评估机制。从上述比较法研究可知,为确保合规计划的有效性,美国司法部、商务部、财政部等机构通过选任合规监管人的方式参与企业合规整改,并协助政府部门进行合规有效性评估。美国检察官应当按照司法部颁布的《刑事司事务中的监管人选任》的规定,对合规监管人进行确定与选任。我国在探索合规监管方式的过程中,各地曾出现检察机关自行监管、行政机关监管和选任独立监管人三种合规监管方式。[59] 例如,青岛市人民检察院选择由检察官自行介入企业合规整改,督促企业完善合规计划,此方式主要适用于小微型企业。宁波市人民检察院则选择由行政机关作为监管机关,如企业所在地的街道办事处或乡镇政府。深圳市宝安区司法局则印发《关于企业刑事合规独立监控人选任及管理规定(试行)》,其第5条规定,应从律师事务所中选任独立监控人并纳入名录库。

《指导意见》明确了我国企业合规的外部监督机制,即第三方监督评估机制。按照《指导意见》第8条的规定,试点地方的人民检察院和国有资产监督管理委员会(以下简称国资委)、财政部门、工商业联合会应当结合本地实际情况,组建第三方机制管委会并建立联席会议机制,由第三方机制管委会负责选

---

[58] 参见李玉华:《以合规为核心的企业认罪认罚从宽制度》,载《浙江工商大学学报》2021年第1期。

[59] 参见陈瑞华:《企业合规不起诉制度研究》,载《中国刑事法杂志》2021年第1期。

任第三方监督评估组织。第三方监督评估组织负责对企业合规整改方案进行审查,对合规计划进行有效性评估,对合规整改进行随机的现场抽查与跟踪监督,并形成书面考察报告。该考察报告应当作为检察机关作出逮捕、变更强制措施、起诉等决定的重要参考依据。由于合规不起诉的启动、监督以及对合规整改验收等环节均是检察机关可能滥用裁量权的高危环节,因此,第三方监督评估组织通过上述方式,可以实现限制检察机关自由裁量权的目的。目前,苏州市、温州市、广州市从化区、杭州市滨江区等地区的检察机关已陆续发布了公开选任合规监管人的公告,并建立了合规监管人名录库。

第二,构建合规听证程序,对合规不起诉程序进行诉讼化改造。根据我国《宪法》对法院和检察院的定位,应由检察官行使刑事案件的起诉裁量权,法官在诉前无法参与案件的审查活动。检察机关的权力行使过程具有封闭性和行政性的特征,这导致对其裁量权的行使缺乏必要的监督。此前,我国立法在审查批准逮捕程序中引入听证程序,使审查批准逮捕程序走上诉讼化轨道,以保障犯罪嫌疑人的诉讼权利,强化检察权行使的正当性。[60] 从域外经验来看,内部控制模式与司法监督模式在暂缓起诉制度的实施过程中,均存在法官司法审查制度的样态。然而,由于我国并不存在法官司法审查制度,因此,根据实践探索经验与《指导意见》的规定,构建以检察机关为主导的、由第三方监督评估组织参与的合规听证程序具有理论上与实践上的正当性基础。应通过程序公开以及多元主体共同参与的方式,对检察官的合规不起诉裁量权进行外部监督。

若要使合规听证实现外部监督的功能,则必须确保听证专家能实质性参与听证。从实践经验来看,可以通过提升参与主体的相关性和多元性来实现实质性参与。根据《指导意见》的规定,检察机关可以邀请第三方监督评估组织的组成人员到会发表意见。除此以外,按照《人民检察院审查案件听证工作规定》第6条的规定,参与合规听证会的相关人员可以包括案件当事人及其法定代理人、辩护人、第三人、相关办案人员、证人和鉴定人以及其他相关人员。

(二)双重控制模式的正当性与局限性

1. 双重控制模式的正当性

从上文来看,美国内部控制模式的最大优势在于,其可通过赋予检察官充

---

[60] 参见周新:《审查逮捕听证程序研究》,载《中外法学》2019年第4期。

分的自由裁量权，实现制度功能的最大化，但其不足之处也因此凸显。因为美国检察官在适用合规不起诉制度的过程中缺乏外部监督，所以极易产生权力滥用问题。英国的司法监督模式虽然矫正了检察官的自由裁量权难以被限制的问题，但是，这也导致对暂缓起诉制度的落实举步维艰，难以发挥暂缓起诉制度的应有价值。

我国的双重控制模式是综合内部约束与外部监督的模式，该模式通过强化内部约束的方式，确保检察机关依法适用合规不起诉制度。同时，我国吸取司法监督模式的教训，弱化了外部监督的审查力度，以赋予检察机关较大的能动性。

我国并不存在法官司法审查制度，故难以借鉴司法监督模式中的赋予法官实质审查权的方案，无法从赋予法官合规不起诉审查权的角度进行制度构建。根据《指导意见》的要求，第三方监督评估组织应作为外部监督者，参与合规不起诉制度，但其出具的合规考察意见仅作为检察机关的重要参考材料，并不具有决定性作用。同时，双重控制模式通过建立合规听证程序，对检察官的权力行使进行外部监督。因此，我国的双重控制模式是综合内部控制模式与司法监督模式的优势而形成的一种全新的裁量权限制模式。双重控制模式在实践中既能符合检察机关在合规不起诉制度中的角色定位，也能满足现阶段保护民营企业与治理企业犯罪的现实需求。

2. 双重控制模式的局限性

基于我国现实情况而产生的双重控制模式在限制裁量权方面具有积极意义。第三方监督评估机制和合规听证程序能够有力制约检察机关的合规不起诉裁量权。然而，过度的外部监督也有可能导致我国合规不起诉制度重蹈英国暂缓起诉制度“失活”的覆辙。因此，在实施合规不起诉制度的过程中，应当吸取英国的教训，赋予检察机关一定的自由裁量权。第三方监督评估机制与合规听证在进行外部监督时，应当避免因过多的外部干预而对合规不起诉制度的实施造成阻碍。

虽然现阶段的合规不起诉监督探索已经取得了阶段性成果，检察机关在合规不起诉中的权力行使规则已初具雏形，但是，外部监督的介入边界在何处，仍是我国双重控制模式应当重点完善的内容。从权力监督理论来看，监督是为保障权力代理主体的权力行使符合代理目的而设置的一种外部控制，以防止权力代理主体违背代理目的。[61] 对检察权设置的外部监督便是为了防止检察机关超越权力界限,违背制度的设置目的。从理论与实践经验来看,防止外部监督过度干预检察权行使最直接的做法就是对检察权的边界进行厘清。虽然在实践探索中,检察权的边界已被基本划定,但是,各地检察机关仍然面临着适用规则不统一的难题。现阶段亟须解决的问题是,确定合规不起诉适用对象的范围与有效合规的标准。同时,内部控制模式与司法监督模式共同拥有的协议书公开程序值得我国借鉴。

五、我国双重控制模式的完善

由于合规不起诉制度在我国尚处于探索阶段,且正在快速发展,因此,各地检察机关出台的探索方案存在诸多差异,导致对制度的实施缺乏统一标准。最高人民检察院作为探索合规不起诉制度的主管部门,应当陆续发布相应的司法解释或规范性文件,系统总结试点地区的实践经验,对尚需明确的问题进行统一回应。同时,最高人民检察院还应当以发布指导性案例的形式,规范检察机关的自由裁量权行使。

(一)进一步细化适用对象范围和适用条件

第一,检察机关应当明确将直接责任人排除在合规考察范围之外。从各地的探索方案来看,与其他国家的"放过企业,严惩自然人"的基本做法不同,我国检察机关将涉罪企业与直接主管人员、其他直接责任人员等一并作为合规考察的对象。[62] 比如,深圳市宝安区的试点方案就明确规定,只要直接责任人的犯罪情节轻微,能认罪认罚,且对企业的生产经营有重大影响,检察机关就可以对直接责任人进行附条件不起诉处理。按照《指导意见》第 3 条的规定,"实际控制人、经营管理人员、关键技术人员"属于合规试点中的第三方机制管委会的考察对象。从刑事合规的基本理念来看,检察机关之所以放弃追诉单位,是因为有效合规体系可以成为证明单位并未鼓励、容许或默认员工从事违法行为的证据。[63] 然而,在现阶段,若我国不对"既放过企业又放过自然人"的激励措施进行严格限制,则极易导致对涉罪企业与直接责任人"一放了

---

[61] 参见陈国权:《制约与监督:两种不同的权力逻辑》,载《浙江大学学报(人文社会科学版)》2013 年第 6 期。

[62] 参见《宁波市检察机关关于建立涉罪企业合规考察制度的意见(试行)》第 2 条和《深圳市宝安区人民检察院涉企刑事案件附条件不起诉适用办法(试行)》第 4 条。

[63] 参见黎宏:《合规计划与企业责任》,载《法学杂志》2019 年第 9 期。

之”。美国司法部颁布的《耶茨备忘录》明确强调,应当追究企业违法行为中的个人责任。[64] “霍斯金斯案”[65]以及上文论及的“西门子案”等均体现出美国执法机关严惩违法个人的态度。因此,若我国不对违法自然人追究责任,则合规不起诉制度可能失去正当性基础。检察机关应当将直接责任人排除出合规不起诉制度的适用范围。

第二,检察机关应当妥善解决各地对涉罪企业的刑罚条件限定各异的问题。部分检察机关在制度探索中,明确将可适用合规整改的案件范围限定于“依法应当被判处三年有期徒刑以下刑罚”的单位犯罪,如深圳市宝安区人民检察院与泉州市洛江区人民检察院。宁波市人民检察院明确规定,合规不起诉制度适用于“法定刑在三年以上十年以下有期徒刑”的单位犯罪案件。深圳市龙华区人民检察院则认为,对于“可能被判处十年以上有期徒刑”的单位犯罪案件,一般不适用合规不起诉制度。在实践中也有未对涉罪企业的刑罚条件进行限定的检察院,如舟山市岱山县人民检察院。[66] 按照《刑事诉讼法》第177 条和《刑法》第 37 条的规定,对于情节轻微(可能被判处 3 年以下有期徒刑)的案件,检察机关可以作出不起诉的决定。在此情况下,检察机关若要求涉罪企业进行合规整改,实际上是加重了企业的负担,企业很可能不愿意配合整改。在实践中,对于法定刑为 3 年至 10 年有期徒刑并存在自首情节的单位犯罪,检察机关也可以视情况作出不起诉的决定。在法院对直接责任人的宣告刑为 3 年至 10 年有期徒刑的单位犯罪中,企业更具有进行合规整改的意愿。若检察机关仅通过刑罚的高低对适用对象进行限制,则可能导致部分具有合规整改意愿且经营规模大的企业无法适用合规不起诉制度。当然,在现阶段,对于此前被检察机关作不起诉处理的企业,鉴于实际的惩罚情况与犯罪预防效果,应当将这些企业一并纳入合规考察的范围。[67] 因此,遴选合规不起

---

[64] See Memorandum from Deputy Attorney General Sally Q. Yates, Deputy Att'y Gen., U. S. Dep't of Justice, to Heads of Dep't Components & United States Attorneys, Individual Accountability for Corporate Wrongdoing (Sep. 9, 2015).

[65] See United States v. Hoskins, 902 F. 3d 69 (2d Cir. 2018).

[66] 具体内容参见《深圳市宝安区人民检察院涉企刑事案件附条件不起诉适用办法(试行)》《泉州市洛江区检察院涉企案件合规不起诉工作规程(试行)》《宁波市检察机关关于建立涉罪企业合规考察制度的意见(试行)》《深圳市龙华区人民检察院关于对涉民营经济刑事案件实行法益修复考察期的意见(试行)》《岱山县人民检察院涉企刑事合规办理规程(试行)》。

[67] 参见李勇:《企业附条件不起诉的立法建议》,载《中国刑事法杂志》2021 年第 2 期。

诉的适用对象,笔者认为,应当以合目的性为主要原则,将企业是否具有合规整改意愿、能否积极配合调查、是否退赃挽损、是否赔偿受害人等情况作为主要考量因素。若企业涉嫌严重犯罪(直接责任人可能被判处10年以上有期徒刑),那么,即便难以对其直接适用合规不起诉制度,检察机关也可以根据企业的合规整改意愿或合规整改的效果,提出量刑建议,建议法院降低对企业的刑事处罚幅度。[68]

(二)颁布有效合规的标准

有效合规的标准是指,检察机关在作出不起诉决定时,对涉罪企业的合规管理体系能否发挥防范、监控和应对违规行为的作用进行评估的标准。我们也可以将有效合规的标准称为评估涉罪企业是否"(恢复)健康"的唯一标准。企业若在案发前便存在有效的合规管理体系,则可将员工的责任与单位的责任进行有效切割。并且,合规管理体系还可以作为检察机关作出不起诉决定的依据,或者作为企业进行无罪辩护的依据。在案发后,检察机关可以要求涉罪企业在考察期内进行合规整改,考察期满后,检察机关对合规整改进行验收,再决定是否对涉罪企业提起公诉。企业需要对已经发生的违法犯罪行为,进行有针对性的制度纠错与制度修复。经合规整改后,涉罪企业若达到有效合规的标准,并通过验收,则涉罪企业便可以不被检察机关提起公诉。然而,何为有效合规的标准?这是各地检察机关在实践探索中面临的主要问题之一。我国合规不起诉制度兴起的原因有两点:一是为了满足保护民营企业的需要;二是为了在常态化疫情防控期间,发挥检察职能的服务功能,保障落实"六稳""六保"政策。也就是说,主动挽救民营企业,给予符合特定条件的涉罪企业一次"改过自新"的机会,是探索企业合规整改的重要目的。随着由省级检察院统一部署的第二轮企业合规探索的推进,对重大的单位犯罪案件的处理将逐步进入改革范围,对合规整改的验收工作势必更加复杂、专业。

由于合规整改在本质上是一项成本高昂的企业管理活动,因此,在确定有效合规的标准时,检察机关应当考虑我国合规考察制度的适用对象的多元性。针对不同类型和不同规模的企业,有效合规的标准应当体现出有序的差异性。[69] 2018年,国务院国有资产监督管理委员会印发了《中央企业合规管理指引(试

---

[68] 参见陈瑞华:《企业合规不起诉制度研究》,载《中国刑事法杂志》2021年第1期。

[69] 参见李玉华:《有效刑事合规的基本标准》,载《中国刑事法杂志》2021年第1期。

行)》,对以下内容进行了规定:第一,明确了董事会、监事会、经理层的合规管理职责,并要求企业组建专门的合规委员会,建立完善的合规体系;第二,对合规管理体系的构建应当围绕重点领域、重点环节、重点人员展开;第三,应从加强合规考核、强化合规信息管理、建设专业合规队伍、重视合规培训、培育企业合规文化、建立合规报告制度等方面,保障合规体系的良好运行。该内容与美国司法部刑事司颁布的《企业合规计划评估》中"设计良好、认真执行、运行良好"的要求相对应。对于国有企业和大型民营企业而言,国资委提出的合规管理要求具有可行性。然而,对于其他企业而言,执行国资委所提出的合规管理要求则比较困难。目前,我国绝大多数的民营企业还是以小成本或小规模的方式运营。以2015年的统计数据为例,在新登记设立的民营企业中,从业人员在20人以下的企业数量占比达到88.26%,其中,69.64%的民营企业的员工不足10人。[70] 因此,其一,对于大部分中小微型民营企业而言,实在难以构建成本高昂且耗时长的合规体系。对此,检察机关应当根据实际情况确立有差别的有效合规的标准。首先,在机构设计上,中小微型企业可以适当简化合规体系的架构,由企业负责人直接负责合规体系的构建。企业负责人可以通过日常巡视办公场所、与员工交流沟通、开放员工投诉渠道等方式,对企业的合规经营活动进行监督。其次,在合规整改被验收之后,企业还应当通过强化员工培训、建立合规报告制度、加强合规考核、塑造合规企业文化等方式,构建一个既守法又合规的企业经营环境。最后,各地检察机关还可以参考岱山县人民检察院的做法,在企业涉案前,通过调查和走访的方式排查企业可能存在的刑事风险,以检察建议的方式发放《刑事合规警告书》,督促企业提前进行整改。[71] 其二,不同业务类型的企业应当制定不同类别的合规计划。合规计划可包括,针对企业业务而制定的有关食品药品、数据保护、环境保护、反垄断、反商业贿赂等领域的专项合规计划。对于其行为可能涉嫌污染环境罪、逃税罪、金融诈骗罪等不同罪名的企业而言,它们应当针对具体的犯罪行为制订不同类别的合规计划。因此,针对不同规模或不同类型的企业,有效合规的标准必须体现出差异性。最高人民检察院应当及时会同各行政主管部门、各行业协

---

[70] 参见《中国民营企业发展研究报告》,载《中国商界》2017年第5期。

[71] 参见《岱山县院以三个"精"着力打造服务国家战略项目海岛检察样板》,载 http://www.zjdaishan.jcy.gov.cn/djdt/202008/t20200828_2933270.shtml。

会组织等机构，根据《指导意见》的规定，制定既有系统性又有针对性的合规验收标准。

（三）合规不起诉程序公开透明

2013年，最高人民法院发布最高人民法院《关于推进司法公开三大平台建设的若干意见》，强调应当进行司法公开的内容包括审判流程、裁判文书、执行信息。公开审判流程、裁判文书、执行信息，对健全司法权力运行机制具有重大意义。同时，上文论及的内部控制模式与司法监督模式均要求合规不起诉的程序应当公开透明，应当被公开的内容包括合规不起诉协议、签订程序、相关的案件事实等信息。以此内容为参考，为降低合规不起诉制度的政治风险与社会风险，我国应当积极探索并设置合规不起诉制度中的司法公开程序。[72] 同时，我们还应当为司法公开设置例外，这些例外包括但不限于涉及商业秘密的不宜被公开的案件。

第一，应公开合规听证会。首先，合规听证会应当公开举行。如前所述，检察机关应当邀请当事人及其法定代理人、辩护人、第三人、相关办案人员、证人和鉴定人等人员参与合规听证会。其次，关于合规听证会的信息应当向公众公开。在听证会开始前，检察机关应当通过适当的方式公开听证会的主题、时间、地点，以便于公众旁听。

第二，应公开合规不起诉决定书。检察机关若对涉罪企业作出合规不起诉决定，则应当将不起诉决定书、双方签订的整改方案以及合规整改风险告知书、合规整改权利义务告知书等文件材料在检察院官网的固定栏目中公开。其中，检察机关应当重点公开启动合规不起诉程序的原因、企业在第三方监督评估组织的监管下所进行的治理结构改革、对直接责任人的处理决定以及企业的退赃挽损等情况。

第三，应公开合规整改流程。在企业进入合规整改环节后，检察官机关应当对企业实施持续性监管，并将所有的监管文件公开。监管文件包括但不限于检察机关或第三方监督评估组织出具的抽检记录、验收记录、合规考察报告等持续性的文件记录，以及企业自行提交的报告。

---

[72] 参见陈瑞华：《企业合规不起诉制度研究》，载《中国刑事法杂志》2021年第1期。

数据保护合规体系研究*

毛逸潇**

一、问题的提出

网络时代的数据合规治理是社会治理的重要组成部分,数据保护合规迅速发展成为专项合规管理体系的重中之重。一方面,以欧盟《通用数据保护条例》和美国《加州消费者隐私法案》为代表,世界各国持续推进综合性数据保护立法进程,不仅为企业创设了严格的合规义务及罚则,而且通过数据访问地、业务关联者等长臂管辖规则拓宽了本国法案的域外效力。另一方面,各国的数据保护执法机构动作频繁,对违反数据处理规则和合规管理失职的违法行为作出严厉处罚,不断刷新执法金额最高纪录,并在多起案件中通过达成和解协议要求涉案企业进行合规整改、加强数据保护合规体系建设。面对日趋严峻的立法和执法态势,数据保护合规成为企业合规建设的刚性需求,为应对数据合规风险提供了最佳实践。

随着“数字中国”国家大数据战略的稳步推进,国内数据保护立法取得飞跃式发展。2017 年《网络安全法》与 2021 年新近通过的《数据安全法》《个人信息保护法》共同构成我国数据保护领域的行政监管法律体系,其中不仅规定了覆盖全生命周期的数据处理基本规则,而且设置了企业数据合规管理义务专章,这种预防性监管方式标志着数据领域全行业强制合规制度的确立。与此同时,中共中央网络安全和信息化委员会办公室(以下简称网信办)、市场监督管理总局等数据保护监管部门的执法力度大大增强,大量违法违规收集使用个人信息的应用程序被责令下架并立即开展合规整改;刑事执法部门更是

* 本文系 2021 年度国家社科基金重大项目“数字经济的刑事安全风险防范体系建构研究”(项目编号:21&ZD209)阶段性成果。

** 北京大学法学院博士研究生。

侦办了数万起侵犯公民个人信息犯罪案件,[①]帮助信息网络犯罪活动罪也出现井喷式增长。[②] 除了关于数据处理规则和合规管理义务的强制性法律规定极其严厉的执法机制,我国还建立了以合规出罪为特征的数据合规激励机制。一方面,数据保护合规体系的建立可以作为无罪抗辩事由,切割企业与高管、员工和第三方的责任;[③]另一方面,以检察机关推动的合规不起诉改革为依托,数据保护合规整改可以换取检察机关的不起诉决定或者宽缓量刑建议,南京市首例合规不起诉案件即为某企业涉嫌侵犯公民个人信息案,雨花台区人民检察院经过对涉案企业积极落实合规整改情况的验收和听证,最终作出不起诉决定。

国内外数据保护法律制度和执法实践的迅猛发展也为学术研究提出一系列理论问题。一是数据保护合规体系的性质与范围问题。数据保护合规是否等同于企业遵守数据保护法律条款的规定,涉及企业合规的基本性质;而数据保护法律中的合规条款是否仅指合规管理义务条款,则是数据保护合规体系的范围问题。二是数据保护领域合规风险的识别问题。数据保护合规的直接目的在于防控合规风险,准确识别企业面临的数据合规风险是保障合规体系有效性的基本前提。三是数据保护合规体系的搭建问题。在企业的日常性数据合规管理以及违法行为发生后的数据保护合规整改程序中,如何确立合规体系建设的基本标准和思路,成为亟待解决的理论难题。

我国学者关于数据保护合规体系的研究存在两种相互独立的路径:一是研究数据处理规则的遵守,二是研究数据管理义务的履行。数据处理规则的研究一般从数据的收集、利用、跨境流动等维度分析企业合法合规处理数据的规范,强调遵守合法、正当、必要的处理原则。[④] 数据管理义务的研究则讨论企业为保证数据安全所采取的管理措施和技术措施,强调从事前、事中、事后等

---

① 参见张天培:《维护社会安定　保障人民安宁(权威发布·全面建成小康社会)》,载《人民日报》2021 年 9 月 18 日。

② 参见最高人民检察院:《2021 年 1 至 9 月全国检察机关主要办案数据》,载《检察日报》2021 年 10 月 19 日。

③ 参见陈瑞华:《合规无罪抗辩第一案》,载《中国律师》2020 年第 5 期。

④ 参见李玉华、冯泳琦:《数据合规的基本问题》,载《青少年犯罪问题》2021 年第 3 期;许多奇:《论跨境数据流动规制企业双向合规的法治保障》,载《东方法学》2020 年第 2 期。

三个方面开展合规管理。⑤ 总体来看,当前研究仍然存在一些局限。首先,数据保护合规的范围界定过窄,将其局限于数据处理的合法性,在一定程度上将企业合规与遵纪守法等同;而将其限定为企业的管理和技术措施,则混淆了合规义务与管理义务。其次,缺乏对现阶段数据保护合规重大理论问题的系统回应,《数据安全法》和《个人信息保护法》的颁布使数据保护合规的法律内涵成为理论焦点;行政监管执法和合规不起诉改革的推行,则对合规体系建构提出迫切的理论需求。

有鉴于此,本文拟对数据保护合规体系的基本理论问题作出初步研究。本文首先讨论数据保护合规的性质与范围问题,再对企业在数据保护领域的合规风险作出类型化分析,随后,将重点研究数据保护合规体系的基本原则和搭建方法。本文的基本结论如下:其一,数据保护合规是以合规政策为核心内容,以合规管理流程为保障机制的治理体系,数据保护法律中的合规条款应包括合规政策性条款和合规流程性条款;其二,数据保护领域的合规风险包括数据滥用类风险和管理失职类风险,企业无论是违反数据处理规则,还是怠于履行管理义务,都可能面临行政和刑事处罚;其三,数据保护合规体系需要遵循有效数据合规、行政合规与刑事合规一体化建设等一系列基本原则,目前,数据保护合规建设存在合规政策针对性、合规管理流程体系性、合规组织体系专业性不足以及合规计划纸面化等问题,为此,企业需要从合规政策和合规管理流程两个层面完善数据保护合规体系。

二、数据保护合规的性质与范围

学界关于数据保合规的两种研究思路引出数据保护合规性质与范围的理论问题,无论是将数据保护合规视为对数据处理规则的遵守,还是视为对数据管理义务的履行,都无法表达完整内涵。这一问题产生的根源在于企业合规进入专项领域之后,一些基本理论需要针对专项合规的实际需求作出再阐释,以消除企业合规与专项领域学术研究和法律规范的分歧。

(一)数据保护合规体系的两大要素

数据保护合规是企业为防控数据合规风险所建立的一套公司治理体系,包括数据合规政策和数据合规管理流程两大要素。

---

⑤ 参见张新宝:《互联网生态“守门人”个人信息保护特别义务设置研究》,载《比较法研究》2021年第3期;张凌寒:《个人信息跨境流动制度的三重维度》,载《中国法律评论》2021年第5期。

首先,在数据保护领域中,企业合规的基本性质并未发生根本改变。根据企业合规基本理论,合规是企业为实现依法依规经营、防控合规风险所建立的治理机制,其并不是笼统地要求企业"依法依规经营",而是要求企业针对可能出现的违法违规情况,建立一套旨在预防、识别和应对合规风险的自我监管机制。[⑥] 数据保护合规仍然是这样一套公司治理体系,只不过为了防范数据领域的特定合规风险,合规政策需要针对数据处理和管理行为进行规范,合规组织体系应由数据保护合规官、数据保护合规部等专门组织构成,预防、监控、应对等流程体系也要围绕数据保护合规管理进行针对性建构。

其次,在有效合规计划的诸多要素中,合规政策处于核心地位,扮演了"实体法"的角色,为保障合规政策得到贯彻和执行,企业建立起"程序法"性质的合规管理流程体系。合规政策规定了专项合规的政策、标准和守则,一般表现为合规政策件文件和员工手册的形式,其实质是将专项领域的行政监管和刑事法律的禁止性和义务性条款转化为企业内部规章制度,为企业及其高管、员工、第三方合作伙伴确立行为规范和边界。合规管理流程则是围绕合规政策建立的一系列管理措施,包括建立首席合规官、合规部、合规专员等专项合规组织体系,以及风险评估、尽职调查、培训沟通、违规事件举报、审计监测、奖励惩戒、持续更新等管理机制。

最后,数据保护合规的范围同时囊括了数据处理规则的遵守和数据管理义务的履行。企业合规的基本结构是以合规政策为中心,以合规组织和各项管理流程为保障机制的治理体系,企业的合规义务既包括建立合规组织和管理机制的流程性义务,也包括制定专项合规政策的政策性义务。数据保护合规也是如此,数据专项合规政策源于专门法律体系所确立的禁止性和义务性规则,这成为合规管理流程体系的搭建基础和服务对象。

（二）法律确立的数据保护合规条款

我国数据保护法律围绕合规政策和合规管理流程这两大要素,确立了数据保护合规体系的法律框架。这些合规条款既包括以数据处理规则及其罚则为内容的数据合规政策性条款,也包括以数据管理和技术措施为内容的数据合规流程性条款。下文以《个人信息保护法》为例展开分析,该法的体例包括

---

⑥ 参见陈瑞华:《论企业合规的性质》,载《浙江工商大学学报》2021 年第 1 期。

个人信息处理规则、个人信息跨境提供的规则、个人信息处理者的义务、履行个人信息保护职责的部门、法律责任等七大章，按照法律条款的性质，可以分为个人信息处理规则条款、合规管理义务条款、行政监管职责条款、法律责任条款等类型。这种立法体例在一定程度上导致人们对数据保护合规范围的认识偏差，认为数据保护合规仅指特定管理流程，而数据合规条款也就是合规管理义务条款。事实上，个人信息处理规则条款和法律责任条款也是合规条款的范围，与合规流程性条款不同，属于一种合规政策性条款，代表了专项合规政策的制定内容。

1. 数据合规政策性条款

合规政策性条款由行为规范及其罚则组成，凡是法律对行为模式作出禁止性或义务性规定，并且创设违法的行政和刑事法律后果的条款，都属于合规政策性条款。

《个人信息保护法》对个人信息处理的原则和方式作出了规范，涵盖个人信息收集、存储、使用等全生命周期的处理要求。一是确立了个人信息处理的基本原则，强调处理个人信息要采取合法、正当的方式，遵循诚信原则；具有明确、合理的目的，并应当限于实现处理目的的最小范围；遵循公开、透明的原则，明示个人信息处理规则；所处理的个人信息应当准确，并采取必要措施保障所处理个人信息的安全，将上述原则贯穿于个人信息处理的全过程和各个环节。二是确立以“告知—同意”为核心的个人信息处理规则，并且根据个人信息处理不同环节和不同信息种类，对个人信息的共同处理、委托处理、向第三方提供、公开、用于自动化决策、处理已公开个人信息等提出专门要求。此外，该法对敏感个人信息设立了更为严格的限制，只有在具有特定目的和充分必要性的情况下，才可以处理敏感信息，并且要取得个人的单独同意和书面同意。

《个人信息保护法》的法律责任条款对违反数据处理规则条款的行为确立了罚则。首先，违法情节轻微的，由行政部门责令改正，没收违法所得，给予警告，对应用程序责令暂停或者终止提供服务；仍然拒不改正的，可对企业处以100 万元以下的罚款；其次，违法情节严重的，可以责令改正，没收违法所得，并处 5000 万元以下或者上一年度营业额 5% 以下的高额罚款，还可以作出责令暂停相关业务、停业整顿、通报有关主管部门吊销相关业务许可或者吊销营业执照等资格剥夺类的行政处罚；再次，违法处理数据的行为将被记入企业的信用档案并予以公示；最后，构成侵犯公民个人信息罪等犯罪的，依法追究刑事责任。

2. 数据合规流程性条款

数据合规流程性条款规定了合规组织体系、合规培训、合规风险评估、合规审计等管理流程，从事前预防体系、事中监控体系、事后应对体系的角度创设企业的数据合规管理义务。

《个人信息保护法》中的合规管理义务条款作为流程性条款，规定了个人信息处理者的法定数据管理流程，包括对于个人信息处理活动采取制定内部管理制度和操作规程、对个人信息实行分级分类管理、采取加密和去标识化等安全技术、合理确定个人信息处理操作权限、定期组织合规培训、制定应急预案等技术和管理措施，防止未经授权的访问以及个人信息泄露、篡改、丢失；指定个人信息保护负责人，对信息处理活动和保护措施进行监督；境外信息处理者报送专门机构或个人给信息保护部门；定期对个人信息处理活动进行专业审计；对个人信息处理活动进行个人信息保护影响评估；对信息泄露事件采取补救措施，并向信息保护部门报告；等等。

数据合规流程性条款不仅将合规组织和管理流程引入法律，而且在法律责任条款中确立了与合规政策性条款相同的罚则，企业违反法定数据处理规则和未履行法定管理义务，都将受到相应的行政或刑事处罚，这成为数据保护合规管理体系建设强大的反向激励机制，也使数据保护合规成为迄今为止我国最为先进的全行业强制性专项合规体系。

（三）对两种观点的回应

《个人信息保护法》颁布之后，数据保护领域的法律体系趋于成熟，但是理论界关于数据保护合规性质与范围的不同认识仍然存在。一方面，以数据处理规则的遵守为对象的研究，将企业合规理解为“遵守法律规定”的字面意思，因而数据保护合规也就是遵守相关法律的数据处理规则，在收集、存储、使用等各个环节遵纪守法，避免因违法违规处理数据遭受处罚。另一方面，以数据管理义务的履行作为数据保护合规主要范围的思路，将企业合规限制在合规风险评估、合规培训、合规审计等特定管理措施和技术措施，合规义务被等同于管理义务，而法律为规范数据处理所规定的一系列禁止性和义务性条款，则被排除在数据保护合规的范围之外。

从数据保护合规的性质来看，其是企业为防控数据合规风险所建立的一套公司治理体系，不同于“合乎数据处理规范”“遵守数据处理规则”的概念，具有公司治理的丰富内涵，尤其是数据合规流程性条款所规定的一系列管理和技术措施，当然属于数据保护合规的重要组成部分，以数据处理规则的遵守为对象的研究显然是片面的。

从数据保护合规的范围看，数据保护合规由数据合规政策和数据合规管理流程两大要素组成，数据保护合规条款也由合规政策性条款和合规流程性条款构成，而且，数据合规政策、标准、守则应当成为数据保护合规体系的中心，合规管理流程则处于合规政策的保障性措施的地位。以合规管理义务的履行为对象的研究专注于合规流程性条款，忽略了合规政策及其条款的中心地位，使得数据合规体系因缺乏合规政策要素而不完整，也使合规管理流程的搭建犹如无源之水、无本之木，无法发挥识别、监测、应对违法违规行为的风险防范效果。

唯有厘清数据保护合规的性质与范围，才能正确框定数据保护合规体系的研究对象。总结来看，需要将现有的两种研究思路加以结合，数据保护合规体系研究应兼顾数据合规政策和数据管理流程，将法律规定的合规政策性条款作为制定数据合规政策、标准、程序的主要依据，同时，将合规流程性条款融入合规组织和管理流程的打造中，保障合规政策的有效贯彻和落实。

三、数据保护领域的合规风险

企业建立合规计划的目的在于避免合规风险的发生，区别于企业的决策风险、经营风险、财务风险，合规风险专指企业因违法违规行为遭受行政处罚和刑事追究的风险，合规体系的政策和流程等都要围绕特定合规风险进行针对性构建。⑦ 通过分析我国企业在数据保护领域面临的行政风险和刑事风险，可以将数据保护合规风险分为两大类：一是违反合规政策性条款，违反数据处理规则的数据滥用类风险；二是违反合规流程性条款，怠于履行数据合规管理义务的管理失职类风险。无论是滥用类风险，还是失职类风险，都有赖于搭建数据保护合规计划予以一体化防范。

---

⑦ 参见毛逸潇：《合规在中国的引入与理论调适——企业合规研究述评》，载《浙江工商大学学报》2021年第2期。

(一)数据滥用类风险

我国数据保护法律制定了以“告知—同意”为核心的数据处理规则,并且设置了违反数据处理规则的罚则,此类数据合规风险被称为数据滥用类风险。从风险发生的场景维度看,数据滥用类风险可以分为数据采集风险、数据使用风险、第三方关联风险。

1. 数据采集风险

在数据采集阶段,常见场景分别是向用户直接采集、向第三方采集、通过爬虫获得数据,核心风险是未贯彻“告知—同意”规则,未满足充分告知、自愿同意、明确授权、变更再次告知并征得同意、允许撤回同意等完整的规范要求。具体而言,个人信息采集应保证遵守合法性、正当性、合目的性、透明性、最小必要性等原则,[⑧]告知个人采集信息的目的、用途、期限和个人行使查阅、复制、更正、补充、删除、限制处理、撤回同意、免受自动化决策、数据可携带等权利的方式,取得个人的授权同意,严格控制采集个人信息的数量和频率。尤其是对于特定身份、医疗健康、金融账户、行踪轨迹等敏感个人信息,只有在具有特定目的和充分必要性时方可采集,并且要取得个人的单独同意,向个人告知处理的必要性以及对个人权益的影响。在向第三方采集和网络爬虫场景中,更加需要关注多重授权机制的落实,确保取得个人向第三方、被爬虫网站、本企业等多个采集方分别作出的同意。

数据采集阶段的刑事合规风险主要包括:通过非法购买、收受、交换等方式获取公民个人信息,或者在履行职责、提供服务过程中非法收集公民个人信息的,可构成侵犯公民个人信息罪;通过爬虫等技术手段非法获取数据信息,可能构成非法获取计算机信息系统数据罪或者非法侵入计算机信息系统罪,获取数据过程中导致计算机信息系统不能正常运行的,可构成破坏计算机信息系统罪;明知是非法获取计算机信息系统数据犯罪所获取的数据而予以转移、收购、代为销售的,构成掩饰、隐瞒犯罪所得罪;建立网站、通讯群组非法获取公民个人信息的,还可构成非法利用信息网络罪。

2. 数据使用风险

在数据使用阶段,常见场景包括数据提供、数据共享、用于自动化决策、跨

---

⑧ 参见程啸:《论我国个人信息保护法的基本原则》,载《国家检察官学院学报》2021年第5期。

境流动,核心风险除了违反“告知—同意”规则以外,还包括将数据用于违法犯罪活动。第一,“告知—同意”规则同样适用于数据使用环节,企业不得超出事前告知的处理目的和处理方式使用个人信息,尤其是向他人提供个人信息的,应当向个人告知接受方的名称、联系方式、处理目的、处理方式和个人信息种类,并取得个人的单独同意。第二,在数据共享场景下,未经被收集者同意,不得向他人提供个人信息,即便是对原始数据进行清洗、匿名化处理后产生的衍生数据,也仍然不能免除信息保护义务,只有经过“去身份化”处理的信息确已不能识别到特定自然人,才能在无须再次征得个人同意的情况下流转和交易。[⑨] 第三,在利用个人信息进行自动化决策时,应当保证决策的透明度和结果的公平公正,并提供行使免受自动化决策权的便捷方式。第四,企业在进行数据跨境提供时仍应遵守“告知—同意”规则,取得个人的单独同意,关键信息基础设施运营者和达到规定数量的个人信息处理者还负有数据本地化存储义务,非经网信部门安全评估不得跨境提供。第五,企业还应防止客户、第三方将数据用于违法犯罪活动,不得设立用于实施违法犯罪行为的网站、通讯群组,确保所提供的网络产品和服务未设置恶意程序,不含有法律禁止发布的信息。

数据使用阶段的刑事合规风险主要包括:非法出售、提供公民个人信息可构成侵犯公民个人信息罪,即便是合法收集的个人信息,只要未经被收集者同意向他人提供,并且未采取匿名化技术措施的,也构成本罪;建立网站、通讯群组非法出售、提供公民个人信息的,构成非法利用信息网络罪;将获取的个人信息出售或提供给他人从事犯罪活动的,可构成帮助信息网络犯罪活动罪或者非法经营、诈骗、传销、侵犯知识产权等相关犯罪的共犯。

3. 第三方关联风险

企业所面临的数据合规风险常常并非来源于自身。企业作为一种具有法律人格的商业组织,经过集体决策或者经由企业负责人作出决定所实施的危害社会行为,被称为“系统性单位犯罪”,这意味着企业本身就是一个犯罪集团。虽然这种情况在现实中确实存在,但是大部分企业设立的目的不是犯罪,且不以犯罪为业,最终会构成犯罪是因为偶发性和不谨慎的因素。数据领域

⑨ 参见包晓丽:《数据共享的风险与应对——以网络借贷平台为例》,载《上海政法学院学报(法治论丛)》2021 年第 5 期。

的第三方包括上游数据提供方、中游的数据代理商、下游的数据接受方等等，企业经常受到牵连而承担第三方违法犯罪的连带责任。一旦第三方实施了违法行为，由于企业采取了接受、纵容态度，没有制止或纠正数据滥用行为，没有及时填补管理漏洞、消除制度隐患，最终被推定为构成“非系统性单位犯罪”。[⑩]

企业一方面可能构成侵犯公民个人信息罪或者帮助信息网络犯罪活动罪等新型犯罪；另一方面，如果对第三方利用数据实施的传统犯罪知情，还可能构成相关犯罪的共犯。例如，第三方利用网络平台进行赌博活动或者开设赌场，企业作为平台提供方可构成开设赌场罪；而第三方利用网络平台传播淫秽视频和图片的，网络平台可构成传播淫秽物品牟利罪。在快播案中，快播公司虽然没有直接实施传播淫秽物品的行为，但是利用 P2P 技术提供了用户下载和上传淫秽视频的平台，并且提供缓存服务，由于放任淫秽视频在本平台上大量传播，构成传播淫秽物品牟利罪。[⑪]

（二）管理失职类风险

数据合规管理失职类风险来源于法律通过合规流程性条款为企业创设的合规管理义务，企业怠于履行义务，就有可能受到监管部门的行政处罚，一旦造成用户重大敏感信息泄露的严重后果，经监管部门责令采取改正措施而拒不改正的，还可构成拒不履行信息网络安全管理义务罪。为贯彻等级保护和分级分类管理的要求，我国数据保护法律为关键信息基础设施运营者、敏感信息处理者、提供重要互联网平台服务的数据处理者确立了更加严格的数据保护合规管理义务。管理失职风险可以分为安全管理措施风险、安全技术措施风险、事件补救措施风险三大类。

1. 安全管理措施风险

安全管理措施是企业为履行数据安全保护义务而采取的管理措施。企业未采取法定安全管理措施，即被认定为未履行安全管理义务，可能遭受行政或刑事处罚。这些安全管理措施主要包括：第一，设立数据安全负责人和管理机构，公开负责人的联系方式并报送职能部门；第二，合理确定内部从业人员的

⑩ 参见陈瑞华：《企业合规出罪的三种模式》，载《比较法研究》2021 年第 3 期。

⑪ 参见刘艳红：《无罪的快播与有罪的思维——“快播案”有罪论之反思与批判》，载《政治与法律》2016 年第 12 期。

数据处理操作权限,并定期进行安全教育和培训;第三,定期对数据处理情况进行合规审计,加强风险监测;第四,成立主要由外部成员组成的独立机构对数据保护合规情况进行监督;第五,在处理敏感个人信息、利用个人信息进行自动化决策、向他人或境外提供个人信息、委托处理个人信息等场景下,应当事前进行个人信息保护影响评估,并报送评估报告;第六,建立安全投诉、举报制度,公布举报方式等信息,及时受理投诉和举报;第七,严格资质管理,如数据服务经营者依法取得经营业务许可或者备案;等等。

2. 安全技术措施风险

安全技术措施是指企业为保护数据安全所采取的必要技术措施,主要包括以下内容,第一,防范计算机病毒和网络攻击、网络侵入的网络运行安全技术措施;第二,检测、记录网络运行状态、网络安全事件的技术措施,留存网络日志不少于6个月;第三,防止未经授权访问以及个人信息泄露、篡改、毁损、丢失的安全技术措施,如加密、备份、去标识化;等等。一般而言,数据泄露和丢失的常见风险场景有数据存储的物理介质或逻辑映像失窃、内部管理员舞弊泄露数据、应用端的数据泄露等,企业应当采取必要的技术措施保障数据安全,为保护数据不泄露,需要采取数据加密措施;为保护数据不丢失,需要采取分类存储措施。

3. 事件补救措施风险

我国数据保护法律的合规流程性条款高度重视违法事件发生后的补救措施,企业在下列补救措施方面懈怠失职的,不仅构成合规管理失职行为,还会导致加重处罚。第一,发生或者可能发生个人信息泄露、篡改、丢失的,企业应当立即采取补救措施,并将信息种类、事件原因、可能造成的危害、补救措施、企业的联系方式等事项通知职能部门和个人;第二,网络经营企业发现网络产品和服务存在安全缺陷、漏洞等风险的,应立即采取补救措施,并按规定及时告知用户,保存有关记录,向主管部门报告;第三,网络经营企业对于违反法律、行政法规的信息,一经发现,应立即停止传输该信息,采取消除等处置措施,防止信息扩散;第四,制定数据安全事件应急预案,及时处置系统漏洞、计算机病毒、网络攻击、网络侵入等安全风险,发生危害数据安全事件时,应立即启动应急预案,采取相应的补救措施,并按规定向主管部门报告。

四、数据保护合规体系的基本原则

以合规政策为中心、以合规管理流程为保障的数据保护合规体系建设需要遵循一系列基本原则，包括处于核心地位的有效数据合规原则，以及为数据保护合规体系建设提供方法指导的行政合规与刑事合规一体化建设、对外合规与对内合规相分离、全流程数据合规、数据合规技术等原则。这些基本原则既体现了有效合规管理的理念和方式，也与数据保护领域相契合，贯彻了数据保护基本原则的要求，体现了数据保护合规体系的专业性。

（一）有效数据合规原则

合规计划的生命在于有效，从价值维度分析，企业合规有助于企业减少损失，切割责任，获得行政和刑事执法上的宽大处理，实现可持续发展。[12] 企业合规之所以具有法律评价和经济效益上的优待价值，关键在于其发挥了有效防控合规风险的功能。根据企业合规基本理论，有效合规计划在预防机制、识别机制、应对机制等三大标准体系中包括合规制度、合规管理机构、合规培训、合规文化、合规风险识别、合规风险评估、合规风险处置、合规审计、合规举报、内部调查、合规问责与惩戒、持续改进等十二项要素。[13]

数据保护合规计划同样以有效数据合规作为统领性原则，该原则的作用范围贯穿数据保护合规体系的设计、执行、效果三大环节。在设计环节，有效数据合规原则要求数据保护合规体系具有要素完备性、可行性、专业性，合规政策应穷尽相关法律对数据处理规则的禁止性和义务性规定，并针对内部员工和外部第三方涉及的业务场景进行细化制定；合规管理流程应囊括事前防范、事中监测、事后应对程序，建立数据保护管理和技术措施。在执行环节，有效数据合规原则要求企业的数据合规建设得到领导层的高度重视，具有专业的数据合规人才储备和成熟的现代企业管理结构，投入充足的人力、物力资源，具备执行合规管理体系的条件和能力。在效果环节，有效数据合规原则要求合规政策得到员工的切实遵守，合规管理流程高效运转而不至流于形式，例如，通过员工考试检验合规培训行之有效，通过受理举报、开展内部调查、处理责任人的实际案例确保合规举报和奖惩机制富有成效，通过停止存在数据安全隐患的产品和服务证明数据保护影响评估制度有效运行。

（二）行政合规与刑事合规一体化建设原则

行政合规与刑事合规的一体化建设在日常性合规管理体系中分歧不大，

---

⑫ 参见陈瑞华：《论企业合规的基本价值》，载《法学论坛》2021 年第 6 期。

⑬ 参见李玉华：《有效刑事合规的基本标准》，载《中国刑事法杂志》2021 年第 1 期。

毕竟,企业建立合规体系是为了避免遭受行政和刑事处罚,自然应当注重行政风险和刑事风险的一体化防控。但是在违法行为发生后的合规整改中,考虑整改期限较短,根据针对犯罪原因而采取补救措施、预防企业再次实施犯罪的刑事合规特性,⑭行政合规和刑事合规相分离的理念得到一定认可,主张企业在合规整改中应建设以制度纠错为主要方式的刑事合规,检察机关当重点审查合规计划的实施是否能够消除犯罪条件,⑮同时,建设行政合规则是既不必要也不现实的。

这种观点或许在其他专项合规领域具有一定合理性,但是对于数据保护合规体系而言,无论在日常性合规体系建设,还是在违法行为发生后的合规整改中,都应当遵循行政合规与刑事合规一体化建设原则。首先,行政违法和刑事犯罪之间的界限十分模糊。数据保护领域的犯罪均为法定犯,“违法国家规定”作为空白罪状意味着行政法律体系关于数据处理规则和管理义务的规定本身就是犯罪构成要件之一,在此基础上,只要符合数量、情节等特定构成要件就足以转化为犯罪。其次,数据犯罪特定构成要件的门槛极低。以侵犯公民个人信息罪为例,侵犯行踪轨迹、财产信息等敏感个人信息50条以上即可构成犯罪,对于从事海量化数据处理的现代企业而言,一旦忽视行政合规风险防控,任由侵犯50条以下公民个人信息的违法行为发生,再次构成犯罪几乎成为必然结果。最后,有效的数据合规管理体系足以实现行政合规风险和刑事合规风险的一体化防控。在合规体系建设方面,行政合规和刑事合规的区别仅在于合规政策的涵盖范围,而合规管理组织和流程则是通用和兼容的,只要合规政策将行政法律和刑事法律的规范均转化为内部守则,合规管理流程即可实现行政合规和刑事合规风险的一体化预防、识别与应对。

(三)对外合规与对内合规相分离原则

数据跨境流动中的合规问题始终是理论界和实务界关注的焦点。在维护数据主权和保障国家安全维度,数据本地化存储至关重要;而在参与国际贸易和发展数字经济维度,数据跨境流动无法避免。学界提出“双向合规”的理论

---

⑭ 参见王焰明、张飞飞:《企业刑事合规计划的制定要把握四个特性》,载《检察日报》2021年7月13日。

⑮ 参见石磊、陈振伟:《刑事合规的中国检察面相》,载《山东社会科学》2020年第5期。

构想,意指企业应实现对外合规与对内合规的兼顾与统合。[16] 但是,从数据保护合规体系建构理念和方法来看,仍应树立对外合规和对内合规相分离的基本原则。

首先,我国数据保护法律为对外合规设置了特殊的合规政策和管理流程。企业跨境提供数据应当满足网信部门安全评估、专业机构个人信息保护认证、与境外接收方订立合同三大条件之一,并且履行详尽告知义务,中共中央网络安全和信息化委员会办公室更是作出细化规定,要求企业应事先开展数据出境风险自评估,凭借自评估报告和与境外接收方拟定立的合同方能向网信部门申报出境安全评估。其次,国内外数据保护法律规定的合规政策性和流程性条款存在差异。目前,全球已有 130 余个司法辖区颁布了综合性数据保护法律,各国法律确立的合规条款不尽相同,如欧盟《通用数据保护条例》在个人信息处理合法性事由等政策性条款和数据保护影响评估等流程性条款方面,与国内法有显著区别。企业只有在国外设立营业机构或者提供产品服务时,才需要根据当地法律进行针对性的国别差异化管控。最后,对外合规与对内合规相分离原则有助于舒缓企业的合规压力。将双向合规视为提升国家在国际贸易和全球数据治理中的竞争力和话语权的思路给企业带来过重的合规负担,而企业合规不仅是企业的义务,福利性政府也应通过公共法律服务予以保障。在当前国内数据保护合规建设的起步阶段,对外合规和对内合规相分离原则的坚守也是基于企业有限合规资源的现实选择。

(四)全流程数据合规原则

全流程数据合规原则要求企业的数据保护合规体系既要涵盖收集、存储、使用、加工、传输、提供、公开、删除等数据全生命周期,也要贯彻研发、设计、生产、销售、服务全流程。企业打造专项合规计划时面临的巨大挑战,是如何将有效合规计划标准和要素嵌入企业生产经营活动的每一道流程,使合规计划由纸面文本顺利落地,在商业实践的各个业务环节发挥全方位风险防范和监测的作用。数据保护合规体系存在业务和数据处理两大环节体系,企业根据实际开展业务的需要,一般会选择将全生命周期保护的合规政策和管理流程嵌入业务场景。

---

⑯ 参见张凌寒:《个人信息跨境流动制度的三重维度》,载《中国法律评论》2021 年第 5 期。

全流程数据合规原则最为典型的立法例是欧盟《通用数据保护条例》规定的设计和默认数据保护制度(Data protection by design and by default),即在产品和服务的设计之初以及业务开展全流程贯彻数据保护要求,遵守数据全生命周期处理规则和管理流程。[17] 一方面,在设计之初直至所有业务环节确保数据信息采集、存储、使用等处理活动符合合法、正当、必要、诚信、目的限制、公开透明、数据质量等基本原则和政策性规则,例如,在开展数据处理前明确数据的范围和处理方式,履行告知义务,用数据最小化原则来尽量减少个人信息的处理,并且仅处理实现目的所必须的数据;另一方面,在业务全流程中建立数据保护合规管理流程,设置数据合规官、对个人信息采取分级分类管理、开展数据保护影响评估和第三方尽职调查、采取去标识化处理等技术安全措施,等等。

(五)数据合规技术原则

数据保护合规体系具有显著的技术依赖性,数据合规技术原则要求数据保护深入技术、利用技术、创新技术。首先,数据保护合规体系需要深入技术。数据与技术相伴而生,数据作为生产要素,往往需要通过技术手段打造成为产品和服务,方能投入市场经营。因此,数据保护合规政策的制定和管理流程的落实都必须深入技术内部,对业务活动开展所依托的网络爬虫、人工智能、区块链等技术环节实施合规管控。其次,数据保护合规体系需要利用技术。我国数据保护法律在合规流程性条款中将技术措施与管理措施并列,成为数据保护合规管理流程的重要组成部分。这些技术措施主要包括:(1)对数据进行匿名化或去标识化处理;(2)对数据进行分级分类,进行物理或逻辑隔离存储;(3)采用身份认证、进程监控、日志分析和安全审计等技术手段,对数据存取情况进行监测记录;等等。最后,数据保护合规体系需要创新技术。在对海量业务数据进行合规监测和管理的过程中,传统的数据清单等方式无法记录数据的全生命周期,尤其是无法涵盖大量的非结构化数据,更无法有效识别数据类型并合理配置管理资源。在实践中,一种称为数据流映射或者数据流测绘(Data flow maps)的技术应运而生,该技术可以通过系统或程序描绘数据的流动过程,清晰记录数据的使用情况;可以计算处理的特定数据元素,包括对不

---

[17] See General Data Protection Regulation (EU GDPR), Article 25.

同类型的敏感信息进行标记;可以识别数据在生命周期中不同阶段的风险,在业务流程的每个环节中进行数据保护合规管控的特别提示。[18] 数据合规技术原则深入技术、利用技术、创新技术的基本内涵,既是保障数据保护合规体系针对性和有效性的必然要求,也是持续改进合规流程体系、提高合规风险防控效果的关键措施。

五、数据保护合规体系的搭建

企业为有效防控数据合规风险,避免遭受定罪量刑、天价罚款、取消上市资格、吊销营业执照等严厉的行政或刑事处罚,产生建立数据保护合规体系的强烈意愿。根据企业合规基本理论,有效合规管理存在两种模式:一是日常性合规管理模式,是指企业根据常态化的合规风险评估结果,为防范企业潜在的合规风险,开展合规管理体系建设的一种方式;二是合规整改模式,是指企业在面临执法调查的情况下,针对其经营模式、管理方式、决策机制等方面所存在的漏洞和隐患,进行有针对性的制度修复和纠正错误的一种治理方式。[19] 两种模式的制度构造和建设方式虽然存在一定差异,但都需要打造一套有效的数据保护合规体系,以实现整体的和长效化的数据治理。

(一)目前合规体系搭建的主要问题

目前,多数企业的数据保护合规实践尤有诸多不足。由于《个人信息保护法》等法律只是数据保护领域的基本法律,在制度建设方面还有很多需要细化的地方,[20]企业在建设数据保护合规体系方面又缺乏丰富的经验,因此,有必要在分析合规体系实践问题的基础上提出系统性的构建方案。

1. 合规政策的针对性问题

数据保护合规政策在合规体系中处于中心地位,但是各个企业在制定合规政策和员工手册时常常出现同质化和形式化问题,缺乏针对性成为目前合规政策制定环节面临的首要问题。首先是合规政策没有针对国内法律制定,

---

⑱ See Jeremy Berkowitz, Michael Mangold & Stephen Sharon, "Data Flow Maps-Increasing Data Processing Transparency and Privacy Compliance in the Enterprise", 73 *Wash. & Lee L. Rev.* Online 802, 802 (2016 - 2017).

⑲ 参见陈瑞华:《有效合规管理的两种模式》,载《法制与社会发展》2022 年第 1 期。

⑳ 参见张新宝:《聚焦个人信息保护实践 推动个人信息保护法顺利实施》,载学习强国网站 https://www.xuexi.cn/lgpage/detail/index.html? id = 10433843177635395240&item_id = 10433843177635395240。

企业经常直接翻译国外数据保护法条作为合规政策，而不进行任何修改和本地化调整，从而违反对外合规和对内合规相分离原则。其次是合规政策没有针对本企业实际情况制定，而是直接复制头部企业的数据保护政策条款，既没有作出契合本企业经营情况的修改，也没有依据本企业的行业特征进行优化，使许多合规政策形同具文。最后是合规政策没有针对特定业务场景进行细化，只是对法律合规条款的简单重复，而没有深入设计、生产、经营等流程详细展开。这些合规政策都因为缺乏针对性而成为无效合规政策。

2. 合规流程的体系性问题

企业在实际打造合规流程时，常常只关注数据保护法律在合规流程性条款中列明的管理措施，而缺乏基本的体系性。我国数据保护法律只提及合规负责人、合规培训、合规风险评估、违规事件举报、合规风险处置、合规审计等内容，而且这些条款大多是较为简略的原则性规定，不能为流程体系搭建提供足够的规范支撑。至于合规内部调查、合规尽职调查、合规报告、合规问责与惩戒等管理流程，则没有出现在法律中。因此，企业如果仅以流程性条款为指导，一方面，特定管理流程的建设将不成体系，无法实现制度闭环。例如，企业的合规培训流程往往忽略组织员工签署合规承诺书，以及对培训效果进行测试等环节；响应主体权利流程经常不能形成接受权利主体请求、处理请求、反馈信息的内部工作流，导致请求淹没在数据保护、信息技术、业务等不同部门的流转之中。另一方面，由于缺失了有效合规计划的部分要素，各个合规管理流程之间可能无法形成贯穿事前防范、事中监测、事后应对的防控系统，使流程体系因体系化不足而存在疏漏。例如，在缺乏合规内部调查机制的情况下，风险评估和违规事件应对机制根本无从运转；合规尽职调查机制的缺失，则使得企业的第三方合规管理处于失控状态，仍然暴露在巨大的合规风险当中。

3. 合规组织的专业性问题

数据保护合规组织体系搭建的常见问题主要集中于完备性和专业性两个方面。不过，中小微企业由于客观条件的限制，无法构建完整的专项组织体系，此时，只要符合最低限度的组织要求即可，最具争议的理论问题在于合规组织成员的专业性。关于合规组织组成人员的专业背景，在实践中有两种模式：一种是以中兴通讯公司为代表的法律专业模式，合规团队主要由法律专业背景的人员组成；另一种是以华为公司为代表的技术专业模式，合规团队主要由通信、计算机等技术专业背景的人员组成。本文认为,企业合规是一种专业的法律风险管理活动,根据有效数据合规原则,数据保护合规组织的主体应由法律专业人员组成,确保合规政策和管理流程具有风险导向性,围绕防控行政和刑事违法事件展开。而根据数据合规技术原则,数据保护合规离不开技术措施的投入,以实现全流程数据合规管控,提升数据合规智能化和自动化水平。因此,在团队中也需要配备若干数据处理技术专业人员,专门从事数据合规技术措施的研发和运行监测。

4. 合规体系的纸面化问题

合规体系的纸面化问题是数据保护合规体系执行和效果环节暴露出的重大问题。即便合规政策和管理流程设计再良好,一旦无法得到有效执行落地,合规体系就必然是流于形式而无效的,爆发合规风险将只是时间问题。合规体系的有效执行可以通过最高层合规承诺、拥有自主权及必要资源的合规组织、有效的奖惩措施等方式来保障,效果环节的有效性则主要通过合规审计进行检查,并依据合规审计报告不断完善合规体系。[21] 当然,要使我国企业的数据保护合规体系进一步焕发生机,还要从改善合规制度的基础性条件和强化合规治理的激励性措施两个角度着力。一方面,有效合规计划需要现代公司治理结构作为基础性条件,我国公司治理中的两权分立不足、组织化水平低下、权力集中于股东会,依据公开透明的信息进行交往并不占据主导方式,导致合规的公司制度条件不足。[22] 另一方面,数据合规的行政和刑事正向激励机制有待强化,相对而言,刑事司法合规不起诉制度改革试点的稳步推进,使得数据保护合规获得刑事出罪的激励效果,未来应通过立法加以巩固;但是,数据保护行政执法中尚未建立起合规免罚机制,仍然采取严刑峻法的执法思路,如果能引入行政和解制度,引导企业通过数据保护合规整改换取行政免罚,[23] 将极大地激励企业建立"去纸面化"的数据保护有效合规体系。

---

[21] 参见中兴通讯全球法律政策研究:《公司合规监察官机制研究(第三期):合规监察官应对建议》,载微信公众号"合规小叨客"2020 年 12 月 2 日,https://mp. weixin. qq. com/s/71LCyFvNBd9fkhsewd5 - Cw。

[22] 参见邓峰:《公司合规的源流及中国的制度局限》,载《比较法研究》2020 年第 1 期。

[23] 参见周佑勇:《契约行政理念下的企业合规协议制度构建——以工程建设领域为视角》,载《法学论坛》2021 年第 3 期。

(二)数据保护合规体系的完善

面对实践中数据保护合规的纸面化和针对性、体系性、专业性不足等问题,企业需要从数据保护合规政策和合规管理流程两个层面完善数据保护合规体系。当然,在违法行为发生后的合规整改程序中,企业应当首先采取违法违规事件的处置和补救措施;其次,开展内部调查,查找违法违规原因;再次,针对管理漏洞、隐患和缺陷,进行有针对性的制度纠错和管理修复;最后,搭建有效的数据保护合规体系。㉔

1. 数据保护合规政策的完善

合规政策是面向客户、第三方、被并购企业的外向型规则,员工手册则是针对企业高管、员工、分支机构的内部守则。制定数据保护合规政策和员工手册要穷尽数据保护法律的禁止性和义务性条款,与数据合规风险和特定业务场景相结合,实现"风险导向"和"场景细化"。

例如,中兴公司建立了包括政策、手册、原则性规范、场景化指引的四级数据保护合规规则架构。首先,员工手册分为总册和业务领域分册,尤其强调引入具体业务场景后对总册进行细化。其次,在原则性规范方面,中兴公司分别制定《数据保护合规管理规范》等管理体系类政策、《隐私通知及设置规范》等通用要求类政策、《个人数据泄露响应规范》等专项治理类政策、《供应商数据保护合规管理规范》等相关方管理类政策。最后,场景化指引是原则性规范结合业务实际场景而形成的具体指导书,明确单个业务活动中整个数据生命周期的流转和具体的风险及管控点,使得一线员工能够清晰了解合规要求和具体的合规动作,在遇到具体的合规问题时有据可依,实现规则的透明化、可视化,保障规则的及时性和可落地性。㉕

2. 数据保护合规管理流程的完善

其一,数据保护合规组织体系一般包括数据合规管理委员会、首席数据合规官、数据保护合规部、每个业务单元中的数据保护合规专员等四级架构。

在数据合规管理实践中,中兴通讯公司成立了由总裁直接领导的合规管理委员会,作为负责合规管理体系运作的最高指导机构,听取数据保护合规重

㉔ 参见陈瑞华:《企业有效合规整改的基本思路》,载《政法论坛》2022 年第 1 期。

㉕ 参见《中兴通讯隐私保护白皮书(2020)》,载中兴通讯公司网站,https://www.zte.com.cn/china/about/trust-center/Legal-and-Compliance/201901230922/202004031553。

大事项汇报并进行指导。在其领导下,各业务单位、合规专业部门与合规稽查部各司其职,协调配合,构成中兴公司合规风险管理的三道防线。其中,由数据保护合规官领导的数据保护合规部是进行数据保护工作的专业部门,负责数据保护合规策略和合规规则的规划、制定、执行与监督,对具体业务流程的合规风险进行评估和审查;业务单元的数据保护合规专员关注合规政策的可落地性以及管理成本的最优化,推动合规政策落地,并评估合规政策的合理性;合规稽查部门关注规则盲点以及风控与管理的平衡问题,考察合规风险是否得到有效治理,验证合规体系的有效性。㉖

其二,数据保护合规防范体系由合规风险评估、合规尽职调查、合规培训三大板块构成。

数据保护合规风险评估制度又称数据保护/个人信息保护影响评估,企业对数据处理活动存在的风险点进行定期评估,并保存评估报告和处理情况的记录,以便发现处理敏感个人信息、利用个人信息进行自动化决策、委托处理个人信息、向第三方提供个人信息、向境外提供个人信息等过程中的合规风险点。数据保护影响评估包括三项内容:首先是个人信息的处理目的、处理方式等是否合法、正当、必要,其次是信息处理活动对个人的影响及风险程度,最后是所采取的安全保护措施是否合法、有效并与风险程度相适应。

合规尽职调查针对客户、第三方商业伙伴、被并购方,其具有三大目的:发现合规风险、诊断商业模式和经营模式、让被调查企业接受合规管理并建立退出机制。㉗ 首先,企业运用调查问卷、文件审阅、管理层访谈等方式展开合规风险评估;其次,建立分级管理机制,针对轻微风险等级的第三方只需进行日常合规培训,针对高风险等级的第三方则需要责令限期整改、提交整改方案和报告;最后,为建立退出机制,企业在合同中应设立合规条款或者单独签署合规协议书,在实践中常见的方式是与第三方单独签署一份融入合规条款的数据处理协议,在协议中记载授权范围等事项的同时,注明本公司的合规政策、合规管控措施和退出机制。

㉖ 参见《中兴通讯隐私保护白皮书(2020)》,载中兴通讯公司网站,https://www.zte.com.cn/china/about/trust-center/Legal-and-Compliance/201901230922/202004031553。

㉗ 参见陈瑞华:《律师如何开展合规业务(二)——合规尽职调查》,载《中国律师》2020 年第 9 期。

数据安全和个人信息保护教育培训的内容主要是数据保护合规政策和员工手册,企业要进行全程电子或书面留痕,以证明公司开展合规培训的事实,并要求员工签署合规承诺书,承诺严格依照法律法规和授权范围处理数据。

其三,数据保护合规监控体系是对违法违规行为进行实时监测和识别的管理体系,包含全流程合规监控、合规审计、违规行为举报、合规报告四项具体流程。

全流程合规监控要求企业在产品制造、销售、服务等生产经营全流程,针对数据全生命周期,采取必要的技术安全和管理安全措施,保障数据的有效保护和合法利用,对存在违规行为的环节实行合规一票否决制。首先,设计和默认数据保护制度要求在产品和服务的设计之初以及全流程贯彻数据保护要求,确保仅在目的范围内收集和处理个人数据、保证各项数据的质量和准确性、采取相关措施以实现数据最小化的要求、数据处理活动后会及时删除数据或进行去标识化处理。其次,数据主体权利响应制度要求企业针对相应数据主体的权利请求建立便捷的申请受理和处理机制,在产品服务端口和企业内部构建受理请求、处理请求、反馈结果的完整机制。最后,企业必须采取必要的技术和管理安全措施以保障数据信息安全,包括防范计算机病毒和网络攻击、检测记录网络运行状态和网络安全事件、数据分类、重要数据备份和加密、去标识化等技术安全措施,以及体系化的合规管理流程措施。

数据安全投诉、举报制度要求企业实行 24 小时举报机制,搭建专门的举报平台,开放并公布电话举报、网络举报等途径,并对举报人进行严格保护和高额奖励。

合规审计要求对数据信息处理活动进行专项审计或者定期审计,发挥合规监控作用。企业应定期对其遵守法律法规的情况进行合规审计,监管部门有权要求企业委托专业机构进行审计。合规审计的对象主要是数据保护政策以及安全措施的有效性,在审计过程中发现的个人信息违规使用、滥用等情况应及时进行处理。对审计过程和结果应形成完整记录并妥善留存,确保能对安全事件的处置、应急响应和事后调查提供支撑。

合规报告要求企业进行定期和专项报告,通过合规组织体系自下而上地将合规计划运行情况、合规风险、发生的违规行为报告给最高管理层。重要数据处理企业应将定期风险评估报告报送有关主管部门,重要互联网平台企业还应定期发布个人信息保护社会责任报告,接受社会监督。

其四，数据保护合规应对体系是指违规行为发生后的反应机制。针对违规行为的应对体系包含四项要求：首先，及时进行合规内部调查；其次，尽快处理违规员工和第三方；再次，尽快发现合规体系漏洞并进行整改；最后，要积极配合调查，主动进行报告披露。

我国数据保护法律尤其注重数据安全事件应急预案的制定和实施，以及违规事件发生后的补救措施和通报机制。围绕应对体系的四项要求，企业应针对个人信息泄露、毁损、丢失，以及系统漏洞、计算机病毒、网络攻击、网络侵入等引发的网络安全事件，制定内部调查细则、违规责任人处理办法、合规体系和技术漏洞修复措施、停止服务和消除影响补救方案等应急预案，在违规事件发生后立即实施预案，启动调查、处置和补救措施，并向主管部门报告，积极配合事件调查。

结　语

建构数据保护合规体系的根本目的在于防范数据保护领域的合规风险。为实现这一目的，数据保护合规应当包括数据处理规则的遵守和数据管理义务的履行。在数据保护法律中，前者对应合规政策性条款，后者则对应合规流程性条款；在数据保护合规体系中，前者是处于核心地位的专项合规政策、标准和程序，后者则是保障前者得到贯彻落实合规组织和管理流程体系，只有将两者相结合，数据保护合规体系才能得到完整建构，发挥有效防控风险的理想效果。相反，如果企业违反数据处理规则，或者怠于履行法定的数据管理义务，都可能面临相应的行政或刑事处罚，因此，数据保护合规风险可以分为数据滥用类风险和管理失职类风险。

进入数据保护合规体系的搭建环节，首先要明确应当遵循一系列基本原则，包括有效数据合规原则、行政合规与刑事合规一体化建设原则、对外合规与对内合规相分离原则、全流程数据合规原则、数据合规技术原则。目前实践中的数据保护合规建设存在合规政策针对性、合规管理流程体系性、合规组织体系专业性不足，以及合规计划纸面化等问题，企业唯有从数据保护合规政策与员工手册、组织体系、防范体系、监控体系、应对体系等方面完善数据保护合规体系，才能对企业违法违规行为发生的数据处理和合规管理全流程进行有效监测与防控，从而建立一种具有针对性的数据合规风险防范长效机制。

网约车平台安全运营的合规治理体系研究

舒　鑫*

一、问题的提出

网约车依托北斗应用、交通信息处理等互联网信息技术，使构成预约出租车服务供需关系的双边或多边主体，在特定载体提供的规则下交互，是能够实现个性化出行的智慧交通服务类型。① 出于盘活沉淀资源、实时匹配供需关系、服务效率高等传统巡游式出租车不具备的优势，网约车逐渐为大众所接受，市场规模不断扩张。② 然而，网约车在给生活带来便利的同时，也存在不少安全隐患。诸如“滴滴顺风车郑州空姐遇害案”“滴滴顺风车乐清女孩遇害案”等社会影响较大的恶性事件频频发生，司乘人员的人身安全遭受着巨大威胁。近些年，“滴滴赴美上市”造成大量数据出境，被网络安全审查办公室要求下架整改；③中共中央网络安全和信息化委员会办公室对滴滴公司处将近 80 亿元的罚款，其中涉及滴滴公司多项侵害信息主体权益的违法行为，④网约车安全问题逐渐延伸至虚拟网络空间层面。

以 2018 年前后发生的众多网约车安全事故为节点，针对网约车安全运营的立法节奏加快，《网络预约出租车运营服务规范》《关于加强网络预约出租

---

* 中国人民公安大学法学院诉讼法学博士研究生。

① 参见侯登华：《共享经济下的网约车法律制度研究》，华中科技大学出版社 2021 年版，第 15 页。

② 据全国网约车监管信息交互平台统计，截至 2021 年 12 月 31 日，全国共有 258 家网约车平台公司取得网约车平台经营许可，环比增加 3 家；各地共发放网约车驾驶员证 394.8 万本、车辆运输证 155.8 万本，环比分别增长 2.2%、3.9%。2021 年 12 月，共收到订单信息 68,123 万单，环比上升 9.3%。参见《2022 年网约车行业研究报告》。

③ 参见《国家互联网信息办公室等七部门进驻滴滴出行科技有限公司开展网络安全审查》，载中国网信网，http://www.cac.gov.cn/2021-07/16/c_1628023601191804.htm。

④ 参见《国家互联网信息办公室对滴滴全球股份有限公司依法作出网络安全审查相关行政处罚的决定》，载中国网信网，http://www.cac.gov.cn/2022-07/21/c_1660021534306352.htm。

汽车行业事前事中事后全链条联合监管有关工作的通知》等纷纷出台。各省市也陆续发布指导意见和实施细则,经在北大法宝网的检索,网约车相关的经营服务管理类地方政府规章达20部、经营服务管理实施细则类地方规范性文件达264部、方案通知类地方工作文件达130部,超过200个城市发布了网约车管理办法。此外,2018年9月,交通运输部、公安部组成安全专项工作检查组陆续进驻曹操专车、首汽约车、神州专车等网约车和顺风车平台公司,展开安全专项检查。⑤ 2021年9月1日,五部门在与11家网约车平台公司约谈中强调坚守依法合规经营底线、落实安全稳定主体责任、保障用户信息和数据安全等。⑥ 合规监管规范的逐渐完善、监管执法强度的持续提高,不断充实着网约车平台在安全运营方面的合规要求,可以预见,网约车平台将会面临前所未有的安全运营合规压力。

当下,针对网约车平台安全运营的合规研究有着企业合规理论探索与网约车行业安全治理的两方面需求。一方面,学界对于网络平台合规路径的研究,多为“合规整改模式”⑦的视角,针对网络平台日常性合规治理的研究还不充分;此外,企业合规的进一步理论探索,将逐渐以具体的合规场景为出发点,对网约车平台安全运营的合规研究为此提供了契机。另一方面,“订单合规率”正日益成为平台市场竞争力的重要组成部分,为应对人身、财产等传统安全问题以及虚拟空间中新兴的安全风险,如何搭建科学、有效的合规治理体系是网约车平台平衡安全与发展价值的重要途径。鉴于此,本文以网约车平台运营中的主要安全风险为出发点,厘清既有安全运营保障措施的局限,并基于技术赋能合规治理的理念,提出对网约车平台安全运营合规治理体系的完善建议。

二、网约车运营中的主要安全风险

网约车的运营过程可被概括为四个部分:用户首先通过平台发送订单,平台利用算法与数据中台促成服务,用户支付相应的费用,平台最后从交易金额中抽成。按挂靠形式的不同,网约车经营方式又可分为“私家车+私家车主”

---

⑤ 参见陈维城:《检查组进驻7家网约车顺风车平台》,载《新京报》2018年9月12日,第B07版。

⑥ 参见王连香、章斐然:《五部门联合约谈11家网约车平台公司:保障司乘人员合法权益》,载人民网,http://finance.people.com.cn/n1/2021/0902/c1004-32215608.html。

⑦ “合规整改模式”指的是当企业涉嫌违规违法行为,面临行政处罚、刑事追诉或资格制裁,所作出的合规整改行为。参见陈瑞华:《有效合规管理的两种模式》,载《法制与社会发展》2022年第1期。

"租赁公司车辆＋劳动公司驾驶员""平台自有车辆＋劳务公司驾驶员"三类。[8] 以开发共享经济为主要考量的网约车，在车乘安全性上较传统巡游式出租车更弱，其背后是两者运营模式与理念的差异。一方面，零工经济模式下的网约车在资质审核、司机管控等方面形式化严重，在"私家车＋私家车主"的经营方式中尤为明显，司机的安全素养普遍低于职业经济经营方式下的传统出租车模式。另一方面，网上预约出租汽车技术在优化城市出行供给能力的同时，也带来了其本身存在的不透明、易被攻击等虚拟空间中的安全隐患。在总结网约车安全运营实践的基础上，其主要安全风险包括：司乘人员的人身、财产等车内安全风险，交通秩序等车外安全风险以及虚拟网络空间的个人信息安全风险。

（一）人身安全风险

网约车平台负有承运人职责，应当保障司乘人员在服务进行中的合法权益，保证网约车运营的安全性，[9]这就要求网约车平台尽到在制度管理、技术保障、人员管控等层面的安全保障义务，采取必要的措施防止服务进行中发生的侵权违法行为。在实践中，网约车运营过程中的人身安全事故，因意外事件或侵害行为而发生，后者多为驾驶员对乘客实施的人身侵害行为，以故意伤害、强奸、抢劫居多，当然也存在因司乘矛盾引发的，乘客对司机实施的故意伤害行为。乘客为受害者的典型案例包括"郑州空姐打车遇害案""乐清女孩打车遇害案"等；司机在为不良乘客提供网约车服务中也可能成为受害者，如"2018年福建泉州滴滴司机被乘客割喉案"。网约车服务中的司乘环境具有一定的封闭性，在司机位于显著支配、管控地位的情形下，容易发生弱势一方权益被挤压的现象，而平台监管的目的在于打破其封闭性，保证两者的权利义务被正当履行。然而，在实践中多发对平台监管的规避情形，如"人车不符"，其包括接受平台管理的网约车由非平台登记在册的司机驾驶载客，或经过平台登记和培训的司机驾驶非平台管理的车辆进行载客等不规范情况；又如，"人车失联"，其主要指网约车在搭载乘客的过程中，间断性或持续性与网约车平台失

---

⑧ 参见侯登华：《"四方协议"下网约车的运营模式及其监管路径》，载《法学杂志》2016年第12期。

⑨ 《网络预约出租汽车经营服务管理暂行办法》第16条："网约车平台公司承担承运人的责任，应当保证运营安全，保障乘客合法权益。"

去联络,致使网约车平台无法确定网约车所在状态及所承载乘客安全状况。两者都将导致司乘环境返回封闭的状态,具有随机性、临时起意等特征的侵权行为严重威胁着司乘人员的人身安全。

(二)财产安全风险

维持与保障网约车运营的当属平台与驾驶员的营利性,以用户支付出行服务的费用为基础,在平台与驾驶员之间进行分红,该资金链上的平台、驾驶员以及用户皆可能成为财产权被侵害的受害者。在实践中,乘客的财产安全遭受平台与驾驶员的侵害居多,平台的侵权行为表现为"大数据杀熟"。"杀熟"是指,经营者依据对消费者个人消费偏好数据的收集、检索、分析与挖掘,利用忠诚客户的路径依赖和信息不对称,就同一商品或服务向其索取高于新用户的售价,并且该售价差别不反映成本差别。⑩ 该现象在网约车行业尤其明显,如2021年3月复旦大学孙教授团队基于800余次的打车样本进行调研并发布"手机打车软件打车"报告,得出"熟人"打车比"新人"贵;打车人越多,打车费越贵等"杀熟"结论。⑪ 算法通过数据分析描述用户的各类行为信息和性格特点,形成与用户支付意愿相符的动态定价机制,呈现"同物不同价"的价格歧视现状。另外,驾驶员的违规收费行为侵害了平台与乘客的财产权益。以《网络预约出租汽车经营服务管理暂行办法》第25条在北大法宝网进行行政处罚文书的全文检索,得2021年4篇、2020年9篇、2019年12篇。其中,网约车驾驶员违规收费现象占比最大,如驾驶员在行程快结束时要求乘客通过微信加价10元;⑫乘客违约之后驾驶员以耽误营运为由向乘客收费20元;⑬司机未接到乘客就接单将车辆开走并收取车费9.37元。⑭ 上述驾驶员绕过网约车平台进行额外收费的行为,对平台与乘客的财产安全造成了严重侵犯。当然,司机与平台的财产安全也可能遭受来自乘客的侵害。乘客在到达目的地后,因遗忘、恶意拖欠、对订单存有异议等原因而不付车费的现象也屡见不鲜,司

---

⑩ 参见邹开亮、刘佳明:《大数据"杀熟"的法律规制困境与出路——仅从〈消费者权益保护法〉的角度考量》,载《价格理论与实践》2018年第8期。

⑪ 参见《复旦教授疯狂打车800次,发现大数据杀熟的秘密!》,载搜狐网2021年3月19日,https://www.sohu.com/a/456476514_609133。

⑫ 绍运政罚〔2021〕06J16。

⑬ 绍运政罚〔2021〕05J42。

⑭ 绍运政罚〔2020〕05J44。

机的投诉、用户账户的封禁等措施并不能有效地追回乘车费。

（三）交通安全风险

网约车交通安全风险指的是，在网约车运营过程中，车辆在行驶过程中因人为过错或意外造成的人身伤亡或者财产损失的风险隐患。在实践中，网约车驾驶员的不当驾驶行为是造成交通安全隐患的主要原因。首先是驾驶员的违法驾驶行为，该行为严重违反相关法律法规，对交通安全造成的危害较大。其一为酒后驾驶，以2013年《关于办理醉酒驾驶机动车刑事案件适用法律若干问题的意见》规定的血液内酒精含量80毫克/100毫升为标准，可将该行为进一步划分为饮酒后驾驶与醉酒驾驶两种。醉酒会造成驾驶员运动反射神经迟钝、疲劳、对四肢的控制力下降等情形，在给自身造成危险的同时威胁了社会公众的生命安全。网约车驾驶员酒驾的行为屡禁不止，诸如2021年3月在深圳龙华区发生的三车相撞交通事故，[15]2021年1月在一次酒驾醉驾专项整治活动中发现网约车司机饮酒后接送乘客[16]等事件频频发生。其二是疲劳驾驶，2021年5月，清华大学团队发布《2021年中国一线城市出行平台调研报告》，报告显示网约车司机每日工作时间为11.05小时，每周平均出车时间为6.45天。超强的工作负荷很显然是网约车司机容易疲劳驾驶进而导致事故的原因之一，2022年11月发生的网约车追尾大货车事件[17]敲响了疲劳驾驶的警钟。其三是超速超载等其他违反安全驾驶规则的行为，例如，在上海市第二中级人民法院审理的一起李某某交通肇事案件中，“易到”网约车平台司机被告人李某某在路口停车下客，被害人陈某驾驶燃气助动自行车行至此处时恰遇车辆开门，避让不及导致撞击车门受伤，司机李某某不予理会随即逃逸，导致被告抢救无效死亡。[18] 除违法行为以外，陋习驾驶行为也在时刻威胁着交通安全，如在驾驶过程中进行接打电话、交谈、吸烟等容易分散驾驶员注意力，造成分心驾驶，构成交通安全隐患的驾驶行为。

---

⑮ 参见《网约车司机酒驾连撞两车！砸了饭碗还被拘》，载网易网2021年4月20日，https://www.163.com/dy/article/G812J6E70514UF1L.html。

⑯ 参见《本想约车回家，没想到网约车司机却酒驾?!》，载腾讯网，https://new.qq.com/rain/a/20210122A0CM0S00。

⑰ 参见《一天怒跑40单，疲劳驾驶造成惨烈车祸，网约车司机何时醒悟?》，载腾讯网，https://new.qq.com/rain/a/20221129A04NZ400。

⑱ 参见韩德强主编：《网约车纠纷案件裁判规则（一）》，法律出版社2021年版，第183页。

（四）个人信息安全风险

网约车的运营离不开对大量个人信息的处理，实名认证、车乘录音录像、车载导航等措施在保障运营安全的同时，也存在个人信息安全被侵害的风险。网约车行业中个人信息安全的主要隐患在于个人信息的泄露。[19] 个人信息泄露指的是个人信息被非法和未经授权的获取，该事件在实践中发生频率低，但一旦发生，将给平台企业带来公众声望受损、经济利益受损、诉讼等法律指控风险以及内部产生不和谐因素等危害，[20]数据作为一种“有害材料”，在网约车平台中聚集得越多，其遭受泄露的风险就越大。在实践中，网约车平台在个人信息管理方面的失责、安全保障技术上的滞后是引发个人信息泄露，导致个人信息安全保障合规风险出现的主要原因。在个人信息管理方面，存在员工失责或实施内部攻击致使个人信息泄露的情形。在未实现个人信息全面自动化管理的现状下，“人为因素”是造成个人信息泄露的重要原因，其在网约车平台运营实践表现有二：其一，内部员工因设备配置不当、工作疏忽，导致个人信息暴露在公开的互联网上；其二，平台内部人员监守自盗，内外勾结共同盗取个人信息以此牟利或者出于打击报复等心理，故意公开其掌握的用户信息，甚至由平台管理层作出泄露个人信息的决策。在网约车平台承担个人信息安全保障主体责任的前提下，其对于员工的管控、约束力度不足导致上述现象发生，是其承担合规风险的主要原因。公司未能遵守与隐私、数据保护或信息安全相关的适用法律或法规或任何其他义务，或导致未经授权访问、使用或发布个人身份信息或其他数据的任何安全妥协，或认为或指控发生了上述任何类型的故障或妥协，可能会损害公司声誉，阻止新的和现有的司机使用我们的平台或导致调查、罚款、暂停一个或多个应用程序，或受到政府当局和私人索赔或诉讼的其他处罚，其中任何一项都可能对业务、财务状况和经营业绩产生重大不利影响。

三、网约车平台既有的安全运营保障措施及其不足

随着“数字主义”进一步深入，网约车运营中的传统与新生安全风险呈不

---

[19] 不少用户在不知道的情况下收到滴滴打车平台注册成功的短信，网上有不少关于司机身份证号码被占用、车牌被注册的报道，在这些事件的背后是个人信息的泄露。参见王胜：《交通运输行业数据泄露现状浅析》，载《中国信息安全》2018年第3期。

[20] 参见金元浦：《大数据时代个人隐私数据泄露的调研与分析报告》，载《清华大学学报（哲学社会科学版）》2021年第1期。

断升级、影响逐步扩大、危害程度更加严重的态势。位于运营安全主体责任地位的网约车平台，应当保证在内部控制、治理流程、技术措施等方面，符合法律法规、政策、行业标准等规范的安全性要求，实现安全运营风险的合规治理。但网约车平台既有的安全运营保障措施，存在事前预防无力、事中识别滞后、事后处置消极三大局限，使得平台暴露在合规风险之中，面临资质剥夺、行政处罚甚至刑事制裁等法律风险。

（一）事前预防措施的无力

网约车平台目前的事前预防措施主要参照的是传统出租车的准入与退出规则。依据相关法律法规，平台承担平台内经营者的资质资格审核义务，在用户提供真实信息的基础上，筛选符合安全标准的驾驶员和车辆，不得向未取得合法资质的驾驶员和车辆提供信息，在发现资质资格不符合标准的时候予以及时清退。[21] 其目的在于保证驾驶员的安全素养、车辆的安全性能达标，来降低或者避免未来可能发生的安全风险。

首先是资质审查措施。在平台注册的司机必须完成《网络预约出租汽车驾驶员证》和《网络预约出租汽车运输证》的上传，确保其在双证齐全的前提下提供网约车服务。为取得双证，驾驶员除满足《网络预约出租汽车经营服务管理暂行办法》第 14 条规定的驾驶经历、无犯罪记录等规定外，还需符合城市人民政府规定的诸如户籍、教育经历、通过考试等其他规定。提供网约车服务的车辆除满足《网络预约出租汽车经营服务管理暂行办法》第 12 条规定的座位数量，定位装置、应急报警装置等条件外，还需满足相应出租汽车行政主管部门要求的“车籍”、轴距等具体规定。一般而言，驾驶员需根据地方具体细则，向服务所在地设区的市级出租汽车行政主管部门提供材料证明并领取双证，网约车平台只需作出驾驶员是否具备双证的判断；或者直接由网约车平台统一进行证件的办领，然而，在实践中平台对于“双证”的要求并未完全落实。以滴滴出行为例，注册成为以自有车辆提供快车服务的网约车司机，只需提供身份证、驾驶证、行驶证及车辆照片四项材料，平台并未对具备经营许可性质的“双证”要求作出规则上的回应；有司机反映注册完成后，派单时也未提示缺少“双证”的法律后果，导致大量提供网约车服务的行为属于非法运营，司机被

---

[21] 参见《电子商务法》第 38 条，《网络安全法》第 24 条，《网络预约出租汽车经营服务管理暂行办法》第 2 条、第 28 条。

查后才知晓。[22] 车辆资质的审查方面也同样存在较大风险，在实践中不乏租赁本地牌照提供网约车服务；在外地办领证件，于本地接单等规避资质审查的违规行为。[23] 网约车平台在对资质进行实质性审查上的缺失，为安全事故的出现埋下了较大隐患。此外，网约车平台对于驾驶员、车辆的资质审查并非局限在接入平台的节点，还应涵射至网约车服务进行的全过程，因为提供网约车服务的驾驶员、车辆在准入时满足要求并不等同于服务进行中都满足该资质要求。但在实践中出现的：驾驶员的《网约车驾驶员从业资格证》《驾驶证》《身份证》，车辆的《网络预约出租汽车运输证》、车辆年检过期；真正提供服务的驾驶员并非在平台注册的驾驶员，运营的车辆并非注册的车辆等“人车不符”“马甲车”现象，都反映出网约车平台在资质审查方面动态性不足的缺陷。其次是清退管控措施。行业初生，网约车平台为进一步抢占出行市场，将大量不合规司机、车辆投入运营。某出行负责人就曾经公开表示，“由于该公司从 7 月底正式进入运营，在招募第一批司机时确实存在先让司机先跑再考证的情况”。然而，网约车行业的可持续发展必然要进一步合规化，因此，行业内开始了针对不合规车辆、驾驶员的清退浪潮。为避免违规风险，网约车平台对驾驶员、车辆的安全管控义务延伸至对两者的清退层面，在驾驶员清退管控方面，需对驾驶员的不良行为进行管控，对行为恶劣的及时采取封禁账户，屡教不改的采取清退措施，保障驾驶员整体素质；在车辆清退管控方面，需对满足清退和报废标准的车辆进行处理。但在实践中，因资质不符而退出网约车经营的驾驶员，因某种潜在原因而“复活”，继续提供网约车服务，该“花钱洗白”现象造成了对清退机制的规避，给网约车平台公司、乘客带来了安全隐患。如在一篇记者采访中，滴滴司机的账号曾经因为违规操作被永久封禁了，之后与租赁公司合谋，以其父亲身份证注册，以此规避乘客的举报。

在尚未形成安全运营自动化的情形下，“人为因素”是导致网约车平台产生安全运营合规风险的关键。在各大网约车平台进行的安全运营建设中，有着众多资金投入下的制度机制、硬件软件应用等助力安全运营保障，但实践中

---

[22] 参见《重庆数千司机被罚款 10000 元！目前国内规模最大的一次》，载腾讯网，https://new.qq.com/rain/a/20210619A00QTO00。

[23] 参见《“外省注册、本市接单”，网约车现逃避监管新手段》，载腾讯新闻网，https://sh.qq.com/a/20190906/002332.htm。

的安全运营事故屡禁不止、问题频出,其根源在于网约车平台业务人员在安全运营素养方面的不足。网约车平台单靠资质准入措施来保障业务人员安全素养达标,是不足以实现安全运营风险的预防的:一方面,资质准入措施在实践中容易被规避、架空;另一方面,假使符合资质准入标准也不等同于在今后的服务提供中能够一直保持较高的安全素养,该静态型的事前预防措施在面对随机性的、临时起意的侵害行为防范上具有较大的局限性。同时,安全运营素质的提高在平台内部管理中不具有重要地位,专门针对安全运营的覆盖企业上下层的培训更是少数,甚至在内部人员违规的情况下予以包庇。在大多数企业内,安全运营问题都尚未得到高级管理层的充分重视,而是交由安全部门负责,由于缺乏高管的有效参与以及协调,安全运营风险的预防机制在推进过程中困难重重。

(二)事中识别措施的滞后

网约车平台的既有事中识别措施主要包括对投诉、举报的响应机制以及对一键报警系统等技术的利用,讲究当安全风险发生时,平台能够第一时间介入并提供帮助,将安全风险的危害降到最低甚至消除,以此保障网约车服务的可持续性。由此,事中识别的关键在于安全信息传递的准确性、及时性。

首先是对投诉、举报的响应方面。构建及时、有效的投诉、反馈渠道;以明显方式公开投诉反馈方式;及时响应投诉、举报,并保障举报人不被报复等合法权益构成网约车平台安全保障义务重要的一环。㉔《网约车服务规范》进一步将平台处理投诉的效率作为评价指标,并规定了处理的最低时间限制。从众多行政处罚、司法判决书中可以发现,大量涉及网约车经营行为违规事件的线索都由举报、投诉而来。网约车平台为及时处理投诉、反馈,一般会根据投诉类型及紧急程度,来设置相应的投诉渠道,并配备 24 小时专员予以受理,同时建立投诉处理档案,以此保证司乘人员在服务全流程中的安全性。在实践中阻碍平台及时响应投诉举报的因素有三:首先,大量的投诉、举报内容并不真实或者未涉及安全事故,专员的精力在审查举报内容的真实性、相关性上被分散,无法作出及时反应;其次,一种"科层管理理念"在其中大行其道,拉低了响应举报投诉的效率;最后,在《个人信息保护法》《数据安全法》等数据保障

㉔ 参见《电子商务法》第 59 条、《网络预约出租汽车经营服务管理暂行办法》第 25 条。

规范的出台下，依托互联网技术的网约车平台应承担相应的数据合规义务，在进行信息披露的同时也需保障司乘人员的数据主体权利，在此考量下，协助公安机关执法的积极性降低。来自司乘人员的投诉由于各种原因不能及时处理，从而酝酿成运营事故的发生。在“乐清女子顺风车遇害案”中，平台客服多次以“一线客服无权限”等理由拒绝为被害人好友提供订单具体信息，总计共7次延误关键时机。[25] 无独有偶，在“郑州空姐遇害案”中，客服响应投诉、举报的低效阻碍了公安机关的介入，给运营事故的发生留下了间隙。[26] 其次是一键报警系统的有效性方面。以2018年前后发生的网约车安全运营事故为节点，网约车平台纷纷推出相应的安全整治措施，一键报警系统在其中尤为重要，但该系统在实践中发挥的作用名不副实、形同虚设，甚至成为激怒犯罪分子的“帮凶”。在报道中，司机通过一键报警系统寻求帮助，不料在专员给他回电时激怒劫匪，加速了司机遇害。出租车公司的管理失范、涉事安全员的操作不当固然要为这名司机遇害负责，也再次暴露出了“一键报警”未与警方联网这个客观问题。[27] 2022年2月21日，当事人于网上曝出在发现司机存在危及自身安全隐患时，通过“安全专线”和“一键报警”寻求帮助却毫无反应，平台为乘客打造的风险防控防线相当于摆设。[28] 从目前来看，飞猪等平台的“一键报警”并非乘客想象的那样，在遇到危险时，点击一下直接报警，而是把信息发送给紧急联系人或者平台后台。比如，飞猪就是把乘客信息传给后台，由专人评估后再致电。“一键报警”形同虚设，这种漏洞或并非只发生在飞猪平台上。一些专业人士表示，网约车平台“一键报警”并入全国公安网络系统存在很多问题。首先是公安网与外网之间存在物理隔离，网约车平台若想互通，只能由公安机关布设专线并由公安机关负责维护；同时，目前，全国以及各省、各市的公安系统都存在差异性……种种指向的都是“一键报警”并入公安网络系统的

㉕ 参见《关于乐清“滴滴顺风车”司机杀人案　警方接处警工作核查通报》，载杭州网，https://hznews.hangzhou.com.cn/shehui/content/2018-08/26/content_7057290.htm。

㉖ 参见《郑州空姐滴滴顺风车遇害案，滴滴不要忘了互联网是有记忆的》，载观察者网2018年8月25日，https://user.guancha.cn/main/content?id=34790。

㉗ 参见《湖南的哥被劫用车载一键报警仍遇害，公司：系统未与警方联网》，载澎湃新闻网2019年1月17日，https://www.thepaper.cn/newsDetail_forward_2866236。

㉘ 参见《女子深夜坐网约车遭司机言语冒犯，一键报警为何形同虚设》，载腾讯网，https://new.qq.com/omn/20220222/20220222A06USK00.html，最后访问日期：2022年4月20日。

难度。在警企安全联动尚未普及、深入下,一键报警系统发挥的功能有限。

无法保障信息传递的准确性、及时性是事中识别滞后的主要原因,表现为平台内部信息流转效率不高、平台与公安机关之间数据不共享两方面。就前者而言,出于目前“由上至下”的中心化公司管理结构,由业务部门至管理层的信息流转受阻,信息在业务部门之间的流转存在隔阂,安全运营领域的信息不对称现象时有发生,极大地延误了安全运营风险管控的时机。于后者而言,警企联动的态势并未在实践中普及,以协作倡议为基础的数据共享平台并未真正搭建起来,警企两家的“数据孤岛”现象依旧存在;此外,出于用户隐私保护、协助执法成本高昂等考量,网约车平台在向公安等公权力机关履行信息披露义务时存有疑虑、激励性不足,甚至出现信息造假的情形。

(三)事后处置措施的消极

安全运营保障责任要求网约车平台,提前设置紧急预案,以在紧急事件发生时予以应对;在事故发生后,积极主动采取必要措施进行危险的消除、事故的通报、责任的追究以及侵权的赔偿。危险的消除讲究通过积极作为抑制损害结果的进一步扩大,如在危险发生后,第一时间采取措施联系乘客,了解侵权事实,在必要时派遣专员赶赴现场提供帮助,在实践中往往联系公安机关进行共同处置;事故的通报,旨在保障用户与社会的知情权,通过官方渠道进行侵害行为、损失后果、已采取的挽救措施、事故处置负责人的联系方式等信息的披露;责任的追究,指的是根据业已准备的车辆、订单等相关信息的备份或安全运营专项审计报告,复盘整个侵权事件的发生,必要时与公安机关联动进行,对违背相关规范的过错人员予以警告、罚款、账号永久封禁等处置措施;侵权赔偿指的是,网约车平台对于服务过程中发生的安全事故承担先行赔付责任,在其未履行安全保障责任的过错范围内承担最终意义上的经济赔偿。

但在实践中,平台对上述义务的履行往往持有比较消极的态度。以网约车平台的个人信息安全事故处置为例,网约车平台在遭受漏洞攻击、病毒利用、“撞库”等外部的恶意入侵事件,导致大范围的个人信息泄露后,出于平台声誉、受司法追究等不利后果的考虑,并没有积极实施紧急预案或事后处置措施,甚至有些平台企业试图隐瞒安全事件的发生,如 2017 年优步(Uber)数据大泄露事件中平台的消极应对态度。[29] 平台之所以选择以违规的方式应对个人信息侵权事件,原因是合规披露泄露行为将会带来用户信任危机,进而导致平台经济的下滑,在此意义上,平台不采取安全风险处置措施的利好较多。消极处置安全事故的事例不胜枚举,滴滴出行的"关怀宝"服务在实践中并未发挥其事后补偿、赔偿的功能。出于其本身规则的模糊性,赔偿责任的分配往往难以进行,该项服务的种种漏洞沦为各方责任推卸的理由。[30]

事后处置激励性不足的背后,有着处置成本高昂、外部监管缺失两大因素。在成本收益理论的视角下,行为人只在工具理性层面权衡利弊影响,[31]即通过比较分析其在不同完成方式下的成本与收益的匹配度来评估行为价值,并从中选择最优方案。网约车平台的安全风险处置措施落到实处的关键在于履行该项措施所需成本与所得收益的匹配度,合规的成本大于收益是导致平台消极应对安全风险的内在原因。另一方面,针对网约车平台的外部监管自2010年5月最早的网约车公司(易到用车)出现以来就未曾断绝。网约车行业经历了从自由发展到全盘否定,再到独立监管的阶段。出于新信息技术、新业态的冲击,政府监管部门处于一种矛盾复杂、谨慎应对、放管两难的境地,监管应对呈现反复性、多样性的特点。[32] 与此同时,网络空间市场的"自然垄断与增值业务的完全竞争二重属性"[33]促使网约车平台私权力兴起,其所拥有的资源优势、支配优势具有挤压公权力行使的可能,来自外部的监管无从落地。

四、技术协同下的安全运营合规治理体系搭建

面对事前预防不力、事中识别滞后、事后处置消极等既有安全运营保障措

---

[29] 彭博社爆出优步在得知数据被窃取后并没有第一时间向相关监管机构、用户履行报告及通知义务,而是向黑客支付了10万美元,试图销毁被盗数据以隐瞒泄露事件。参见《5700万用户数据被盗,黑客勒索赎金,优步的做法让人大跌眼镜!》,载每经网,http://www.nbd.com.cn/articles/2017-11-22/1163917.html。

[30] 参见《滴滴关怀宝,是保乘客还是保自己?》,载搜狐网2018年9月26日,https://www.sohu.com/a/256264989_100284313。

[31] See Hoffmann E A., "Dispute resolution in a worker cooperative: Formal procedures and procedural justice", *Law & Society Review* 39(1), 2005, p. 51-82.

[32] 参见马长山:《智慧社会建设中的"众创"式制度变革——基于"网约车"合法化进程的法理学分析》,载《中国社会科学》2019年第4期。

[33] 姜奇平:《论互联网领域反垄断的特殊性——从"新垄断竞争"市场结构与二元产权结构看相关市场二重性》,载《中国工商管理研究》2013年第4期。

施的缺陷,平台不仅需要建立有效的合规计划,还需创新“合规科技”,[34]形成“技术+制度”的合规治理体系。一方面,安全运营合规并不单指遵守规范,而是讲究平台自主建立的、以主要安全运营风险的防控为直接目的的规范落实机制,关注安全运营如何与法律法规、政策及行业标准等相关规范保持一致,从而实现行政责任的减免、刑事实体与程序上的“出罪”[35]以及资格制裁的撤销。在“预防性司法理念”的浪潮下,以“深度合规的全面管理”为核心的合规4.0版本日益普及,一种针对网约车安全运营的“日常性合规治理体系”正逐步被提上议程,其讲究将合规风险的管控融入企业日常的经营管理中,将引发合规风险的隐患尽早地消除,由“发展后再治理”转向“边发展边治理”。另一方面,全球正兴起合规技术的研究,甚至出现以行业标准等规范形式予以合规技术指引的现象,技术逐渐成为合规治理体系中不可或缺的一部分。“制度+技术”的合规治理体系将有利于促成平台营利与权益保障的“共赢”,为网约车平台安全运营的治理带来新的方案。

(一)基于知识图谱技术的安全运营合规政策设计

作为“责任切割”证据的合规政策,与员工手册同时发挥着划分平台对外、对内责任的功能:前者是面向客户、第三方、被并购企业的外向型规则,后者则是针对企业高管、员工、分支机构的内部守则。

两者的制定都需要穷尽并实时更新安全运营相关规范的禁止性和义务性条款,同时与安全运营合规风险和特定业务场景相结合,实现“风险导向”和“场景细化”,这就要求相关规范的变动能及时传达并转化为对特定业务场景下的内部约束,而知识图谱技术能够很好地实现上述功能。

知识图谱的正式概念由谷歌在2012年提出,指的是由代表不同实体的节点、揭示实体间关联性的边组成的语义网络,出于其将知识进行“结构化表达”的优势,常应用于搜索引擎、社交网络、辅助决策等领域,其体系建构基础在于

---

[34] “监管科技”最早出现在2015年英国政府科学办公室对金融科技优势的研究报告中,后成为全球监管讨论中的通用词语,狭义上仅指金融机构内部的合规程序通过使用科技的辅助手段变得更加有效和高效,广义上还包括为与金融行业的数字化发展同步,监管机构对技术创新加以利用。国内多数学者将狭义上的“监管科技”称之为“合规科技”。这里的“合规科技”不单局限于金融领域,而在整个被监管主体意义下使用,指的是平台企业为实现合规而进行的技术创新。

[35] 李玉华:《我国企业合规的刑事诉讼激励》,载《比较法研究》2020年第1期。

知识抽取、知识融合与知识推理三大要素。[36] 将该技术运用于安全运营合规政策的设计上具有三大优势。其一,该技术下的语义搜索功能能够突破技术、法律不同专业在知识表达上的差异,透过用户输入字面来捕捉背后的真正含义,从而帮助业务人员更为精准地查找相关合规政策。其二,可通过智能问答模块,设定安全运营合规场景,以人机交互的形式解决较为简单的合规政策咨询问题,释放部分劳动力。此外,知识图谱技术主要以 RDF、图数据库的方式表达知识,该种方式便于对复杂关联信息的查询与表示。在机器学习技术的支撑下,规范的更新动态能够被实时抽取与融合,再通过其中的自然语言处理技术转换为平台内部规则,打造网约车安全运营合规政策图谱,帮助平台在监管规范更新后及时响应合规要求;当然,该技术还拓展了合规的视野,如可对国内外相关规范进行知识抽取,以便安全运营经验的吸收与跨境业务的进行。

(二)构建安全运营合规组织体系

"合规"不仅仅局限于"守法"的范畴,更是强调规范在组织的有效执行,其关键在于建立科学的合规组织架构,以此保障合规工作的有效开展。依据有效的合规计划标准,合规组织的构成应当包括合规委员会、首席合规官、合规部门以及合规人员,[37]即合规组织的建构应当贯穿于平台企业的决策层、管理层、技术部门、业务部门及审计部门。安全运营合规属于专项合规的一类,在上述各层级的合规组织中应当分别、单独设立专门的安全运营合规组织。首先,在企业核心高级管理人员当中,设立专职或兼职的安全运营合规管理人员,是合规工作能够顺利、有效进行的前提,发挥着统筹规划、宏观指导、资源调配、部门联动等作用。其次,需依据法律法规、行业标准等平台安全运营相关规范,明确安全运营合规各级部门的职责范围与工作重点。再次,平台还需结合具体的业务,制定安全运营合规的追责制度,签订安全责任协议和保密协议,划定安全责任人员被追责的情形,对安全岗位人员的履职情况制定绩效考核方法并与工资待遇、惩戒措施挂钩。最后,平台企业在条件允许的情形下,可以设立与业务人员分离的安全运营监督员,对业务主体进行实时性和系统性的监控,并赋予其发现安全运营问题直接向管理层汇报的特权。

---

[36] 参见张吉祥等:《知识图谱构建技术综述》,载《计算机工程》2022 年第 3 期。

[37] 参见陈瑞华:《企业合规的基本问题》,载《中国法律评论》2020 年第 1 期。

(三)基于区块链技术的安全运营合规流程设计

平台管理正处于一场颠覆性的变革之中,具有典型科层制的商业智能模式出于滞后性、资源消耗大、容错率高等缺陷,逐渐被具备扁平化结构的智能商业模式所取代,一种"众创"式管理模式逐渐成型。为满足安全运营相关规范规定的持续性合规要求,平台需严格安全运营内部管理,实时把控驾驶员、车辆的安全运营,对业务进行动态监管,在提升安全防护能力的同时,建立安全事件的应对机制,并依据安全运营的反馈机制进行合规维护、予以合规整改。平台管理理念的转变、安全运营合规要求的提高推动着安全运营合规治理模式升级,区块链技术的引入在加快这一进程的同时,实现了安全运营的分布式管理,为动态管控提供了支撑技术,避免了由"管控不当"引发的平台违规风险。区块链技术作为数字加密货币的核心技术,突破了传统上以个人、制度等第三方为核心的信任建立模式,通过分布式数据库、共识机制、智能合约和密码等技术提供完全技术化的、去中心化的信任机制。区块链技术的本质是一种不依赖第三方、通过自身分布式节点进行网络数据的存储、验证、传递和交流的一种新型技术模式,[38]其可追溯、不可篡改、去中心化的信任建立、多方共同维护等特性,[39]与当下秉承着协同治理理念的安全运营合规治理模式不谋而合,具有赋能安全运营合规治理的重大意义。

1. 面向网约车安全运营的私有链搭建

一般而言,根据访问、管控权限的差异,可将区块链分为公有链、联盟链及私有链三种。公有链具备所有数据是默认公开的、程序开发者无权干涉用户、访问门槛低等特点,链上节点地位平等,并不适合用于作为平台内控机制的安全运营合规治理。联盟链具有部分中心化的特点,链上节点的权限被提前分配,一般用于企业之间的协作项目,在协作节点较多的情形下容易引发"多数人的暴政"。[40] 将管控权限严格的私有链运用在安全运营合规治理中有诸多优势:在内部管控方面,其具备区块链多节点运行的通用结构,适用于特定机构的内部管理与审计;在对外衔接方面,为外部不同的监管机构,依据不同的监

---

[38] 参见王兆君等编著:《主数据驱动的数据治理:原理、技术与实践》,清华大学出版社2021年版,第351页。

[39] 参见陈性元等:《大数据安全技术研究进展》,载《中国科学:信息科学》2020年第1期。

[40] 参见杨慧琴、孙磊、赵西超:《基于区块链技术的互信共赢型供应链信息平台构建》,载《科技进步与对策》2018年第5期。

管需求,通过区块链上的展示模块,设置相应的访问权限,能够在保障商业秘密的同时对接外部监管机构,实现监管的实时性、动态性。

将区块链技术应用在网约车安全运营合规流程设计的前提,是搭建网约车安全运营的私有链。一是账户管理模块,其将系统用户分为乘客用户、预备司机、司机用户以及管理员,并分别管理对应的用户信息,同时,将乘客用户与司机用户的相关信息在用户信息链中进行初始化存储。二是安全认证模块,即通过个人资料核实、犯罪记录筛查、车辆信息认证、驾驶能力考察以及服务品格在线测试的方式,将获得运营载客权限的预备司机注册成为司机用户,同时把相应的安全认证考核数据上传至用户信息链中。三是订单处理模块,指的是根据所述乘客用户发出的订单请求,并基于供需预测和延迟集中分单的策略处理所述订单,结合订单匹配算法将所述订单派发给符合要求的所述司机用户,并根据所述订单结束信息,所述乘客用户和所述司机用户所述订单已安全顺利结束,并自动扣除对应消费金额,同时存储所述订单的对应信息。四是应急救援模块,在所述乘客用户和所述司机用户未进行安全确认或所述订单消耗时间超过安全时间的情况下,进行车辆定位和人员安全确认,并在确认产生意外事故时,立即采取紧急救援措施。五是双方评价模块,采用动画表情和服务评星的方式,所述司机用户和所述乘客用户进行互相评价,同时审核留言评价内容以及对订单中的不文明行为进行记录,并上传至所述用户信息链中。六是阶段测评模块,根据测评时间阈值,对所述司机用户和所述乘客用户按照对应的测评标准进行综合测评,并分别按照降序进行排名后,将对应的排名信息和对应的奖/惩措施上传至所述用户信息链。七是分布式存储模块,主要用于采用区块链分布式存储技术构建所述用户信息链。八是区块链展示模块,用于将所述用户信息链中存储的信息进行系统通知与模块化展示。私有链的搭建是多方主体在网约车安全运营中协同治理的基础,有利于破除多主体之间的信息壁垒。

2. 基于区块链技术的安全运营合规风险防范

安全运营合规防范体系由合规风险评估、合规尽职调查、合规培训三大板块构成。板块一,安全运营合规风险评估在合规风险防范中不可或缺,出于全覆盖的合规风险评估之成本高昂且无必要,并非所有涉及安全运营的业务行为都需平台予以评估,评估内容囊括了驾驶员安全管理、车辆安全管理、平台内部管理三方面。另外,网约车平台还需开展常态化的安全运营合规风险评估,根据业务现状、威胁环境、法律法规、标准要求等情况持续修正安全运营的边界,调整安全运营保障措施,使安全运营处于风险可控的状态。当然,平台还需在此基础上形成安全运营合规风险评估报告,在一定范围内予以交付或公开。板块二,合规尽职调查针对客户、第三方商业伙伴、被并购方,其具有三大目的:发现合规风险、诊断商业模式和经营模式、让被调查企业接受合规管理并建立退出机制。[41] 随着"聚合平台"市场规模的进一步扩张,网约车平台的合作第三方呈现多样性、复杂性等势态,对合作第三方在安全运营方面的尽职调查成为重中之重。首先,平台需运用公开信息检索、调查问卷、背景调查、文件审阅、管理层访谈、现场调查等方式展开安全运营合规风险研判。其次,如果风险在承受范围之内,则需要建立分级管理机制,针对轻微风险等级的第三方只需进行日常合规培训,针对高风险等级的第三方则需要责令限期整改、提交整改方案和报告。最后,建立退出机制。一旦客户不按照要求进行合规整改,就可以责令退出、解除合同;第三方交易伙伴存在违法违规历史和隐患,未建立安全运营合规体系,拒绝进行合规整改,则立即结束合作。平台在合同中应设立合规条款或者单独签署合规协议书,在实践中常见的方式是与第三方单独签署一份融入合规条款的安全运营协议,在协议中记载授权范围等事项的同时,注明本公司的合规政策、合规管控措施和退出机制。板块三,安全运营合规培训应当定期对董事、高管、雇员和第三方进行,且根据培训对象职能、层次的不同,建立更有针对性的培训内容。管理层方面的安全运营培训的关键在于打通管理层与技术部门的"业务壁垒",强化管理层对安全运营合规的重视程度。为此,应定期让管理层参与涉及安全运营的重要会议中,同时,对管理层定期开展对国内外安全运营典型案例的研读活动,并对安全事件发生的原因、平台的先进应对经验以及风险预防措施进行探讨与学习。业务部门层面的安全运营培训的症结在于对安全运营相关规范的理解、最新进展以及相关司法案例不熟悉。所以需定期对内部工作人员进行安全运营相关知识培训,并对培训结果进行评价、记录,确保员工能够熟悉掌握安全运营相关法律法规及平台内部规定。此外,平台还要重视对合作第三方的培训,与合作第

---

[41] 参见陈瑞华:《律师如何开展合规业务(二)——合规尽职调查》,载《中国律师》2020 年第 9 期。

三方的安全运营合规培训重在合规信息的互通。第三方安全运营合规意识的强弱以及应对合规风险的能力大小,会对平台自身产生重要影响。因此,平台要主动重视与第三方的沟通,协调双方关系,定期开展安全运营合规业务交流和培训,提高第三方合规风险意识与抵御能力。公司对于网约车驾驶员开展的继续教育除交通运输部规定的出租汽车相关政策法规、社会责任和职业道德、服务规范、安全运营和节能减排知识等内容外,还应对网约车驾驶员进行医护急救处置培训、紧急火灾处置培训、车辆及人员遇袭处置培训等,增强驾驶人员遇突发状况临场应变能力。

在金融领域中,区块链技术在风险防范方面具有广泛的应用,同样将其应用在安全运营合规风险防范上也具有独特的优势。首先,风险评估方面。平台需对员工数据、二次系统策略信息(风险评估系统、故障检测系统、网络保护系统以及个人信息查询系统)、用户分布数据和用户投入信息等进行基础数据的准备,并在此基础上进行筛选形成区块,通过哈希算法将区块进一步生成私有链。网约车平台在链上实施对安全运营合规风险的评估:其一,对链上的第三方进行安全运营信用情况、合规隐患评估;其二,以安全系统故障发生的概率为标准,进行安全保障技术合规风险的评估;其三,以安全运营部门、员工的操作失误率及潜在的运营管理失责为标准,进行安全操作风险评估;其四,基于以上风险评估,列出可能性风险定义数据及风险评估矩阵数据,然后对链上的成员进行筛选。区块链在安全运营合规风险评估中的应用,使得链上各成员的业务行为处理处于透明、公开状态,为法律、技术、管理三者的协同式合规风险评估带来了可能,降低了形成共识的交流成本。其次,将区块链技术应用在合规尽职调查中,可以发挥作为其底层技术——智能合约在执行方面的优势,即将不符合风险评估要求的第三方自动地排除在合作之外。最后,将培训的效果上链,与员工的绩效考核相关联是避免培训形式化的良好途径,智能合约技术同样能够将不符合安全运营合规标准的员工自动排除在业务外。在区块链技术的赋能下,网约车平台安全运营合规风险的防范能够在多主体的参与下协同进行,在业务进行前自动消除安全隐患,有利于实现安全运营的防患于未然。

3. 基于分布式账本的安全运营合规风险监控

安全运营合规监控体系是对业务人员违法违规行为进行实时监测和识别的管理体系,包含全流程合规监控、合规审计、违规行为举报、合规报告四项具体流程。目前的“众管”型合规风险监控模式,由面向平台内部、公权力机关以及公众的监控措施组成。在平台内部与公权力机关监管的衔接方面,平台需对网约车运营的全流程进行记录,以便公权力机关的倒查,如为个人信息在网约车平台运营中的全生命周期建立数字档案。在平台内部监管方面,平台需进行合规审计,对安全运营活动进行专项审计和定期审计,必要时商请第三方机构予以定制,发挥安全运营合规自我检查作用。在公众监督方面,平台需设立有效的、合理的举报、投诉机制,以显著的方式披露投诉渠道,并对举报人进行严格保护,必要时予以奖励。最后,合规报告制度的确立涉及上述三方面监管措施,需通过合规组织将合规计划的落实情况予以自下而上的通报,并以绩效考核的方式将责任落实在个人。当然,在涉及特定安全运营行为时,平台还应将合规报告定期报送有关主管部门,大型互联网平台企业还应定期发布安全运营相关的企业社会责任报告,接受社会监督。

安全运营合规风险监控的功能性定位有二:其一,通过采取必要的技术与管理措施进行自我检查,及时发现合规隐患并对相应制度进行优化、整改;其二,记录完整的运营操作流程,包括操作主体、内容、时间等信息,以便监督主体进行核查。上述两功能的实现,都要求跟踪业务人员操作的每个步骤,保存包含操作人、内容、时间等信息的记录,同时保证检查的实时性、回溯的准确性。目前,对于“区块链+审计/会计”的提法不在少数,区块链技术具备天然的审计、记录功能,并发挥不可篡改、准确回溯等作用,该特性与构成区块链底层技术的分布式公共账本直接相关。分布式账本作为区块链的主要特征之一,指的是采用一种分布式数据库对链上的信息予以存储,链上其他节点的实时记录使得存储的数据具有一致性和唯一性;个人节点的错误在容错共识算法的支撑下不会影响整个账本数据的安全性。[42] 其可溯源性表现在为每一类数据建链的同时,数据的来源、权属、数据的操作者、对数据的操作内容(更新、访问下载等)、当前时间戳等都会形成一个区块接入链式结构,并被保存在分布式公共账本中。值得注意的是,区块链中的数字时间戳技术讲究将接收到的数据信息与接受的时间信息加密到该文件中去,以此形成数据签名,发挥了实时记录时间的功能;另外,由独立于数据处理双方的认证单位 DTS 负责时

[42] 参见刘杰等:《“区块链+审计”作业模式的理想与现实》,载《财会月刊》2019 年第 8 期。

间戳的添加,保证了时间记录的准确性、可信性。㊸ 上述功能能够很好地实现内外监管主体对安全运营的实时监控;同时,能够保证被监控的内容不会被伪造、破坏与篡改。具体而言,乘客和司机的订单一旦约定成功就立马被打包成一个信息区块,这个区块里包含着乘客的身份信息、司机的身份信息、车牌号、行程信息、大约所用时间等,并设置密钥。这个带有密码的信息区块会作为一个独立的项目上传到区块链上,全网都能见这笔交易的诞生。接着,平台将这个信息区块及密码同步给公安机关系统,并根据订单信息实时监控车辆行驶动态,确保用户安全到达目的地后关闭交易信息。

4. 基于智能合约的安全运营违规行为处置

安全运营合规风险处置是指违规行为发生后的反应机制,该机制在决定主体与实施主体混同的情形下,容易出现“规制者被待规制利益所俘获的风险”,即内部的利益关系、人情网络、相似的思维方式等将影响决策的正确性。违规行为的处置机制应当发挥如下功能:首先,将违规行为给权利主体、平台经济以及公共利益权带来的损害予以控制,即减少业已造成的损害以及限制损害进一步扩大,同时对业已造成的损害进行补救、赔偿;其次,总结、分析导致违规事件产生的原因,消除导致侵权事件出现的制度隐患,避免事故再次出现。为发挥违规事件的上述两大功能,网约车平台需明确以下几项措施:其一,在违规事件出现后,应及时进行合规内部调查,建立专项应对小组对事件性质、发生原因进行判断,尽快对违规员工或第三方作出处理;其二,及时上报主管部门,报告的内容应当包括安全事故发生的原因、现状及可能造成的影响,已采取的处置措施以及相关专员的联系方式;其三,履行违规事件的告知义务,将事件发生的原因、平台已采取的补救措施、可能产生的损害结果,以合理、有效的方式告知权利主体,并在此基础上提供自主防范风险的可行建议以及安全负责人的联系方式;其四,对违规事件的全流程进行记录,以备监管部门调查以及平台内部的经验教训总结,助力合规体系漏洞的修复与整改。在面对应对措施被不完全、消极执行的等实践多发问题上,智能合约技术有独到之处。

智能合约是一套以数字形式定义的、合约参与方同意的承诺,作为传统合

㊸ 每个数据块都携带着可信时间戳,这个好处应用到数据管理当中可以帮助准确记录数据的产生、交换、转移、更新、开发利用整个过程。参见周晓垣:《区块链时代:数字货币意味着什么》,天津人民出版社2018年版,第96页。

约的数字化版本，智能合约在区块链上是可执行的程序。[44] 在金融领域中，智能合约因其具备能够提高自动化交易水平、确保金融交易安全和效率、降低金融交易及合约执行成本、便于金融机构对交易行为进行管理的优势，而广泛应用在金融交易、保险、转换资产管理、杠杆贷款中，[45]其背后是因为智能合约能够实现权利义务的自动执行。具体而言，需由法律专业人员、技术维护人员、业务部门人员协同设定安全运营中的常见违规行为及其权重，同时，根据相关法律法规罗列平台在应然层面的风险处置措施，将其写入智能合约的代码之中，智能合约的不可篡改、自动执行等特性能够保证违规行为的有效处置。在违规事件发生后，智能合约将自动执行以下风险处置措施：对监管机构、权益主体、社会群众履行报告义务，将依据相关规范打包好的包括侵权行为、损害后果、已采取的挽救措施、事故处置责任主体的联系方式等分不同权限予以信息披露；根据设定好投诉、举报等触发情形，对违规人员进行警告、罚款、永久封禁账户等惩罚措施；履行先行赔付义务，并依据平台业已设定好的、经过法律评价的归责标准予以最终意义上的侵权赔偿，杜绝了人工的恣意性，实现了风险处置的智能化。

结　语

网约车运营经历了从自由发展到全盘否定，再到独立监管的阶段，安全问题成为阻碍网约车行业健康发展的重大因素。目前，人身、财产、交通以及个人信息等主要安全运营风险，呈不断升级、影响逐步扩大、危害程度更加严重的态势。然而，网约车平台既有安全运营保障措施，在应对上述风险时存在事前预防不力、事中识别滞后、事后处置消极等局限，使得平台面临着资格剥夺、行政处罚、刑事制裁等法律风险。平台亟待将合规风险的管控融入企业日常的经营管理中，将引发合规风险的隐患尽早地消除，由“发展后再治理”转向“边发展边治理”，打造制度架构与信息技术齐头并进的安全运营合规治理体系。“技术驱动制度，制度回馈技术”的闭环治理体系，将有利于安全运营合规的有效化与智能化。如何平衡“技术治理”与“治理技术”之间的关系，将成为未来网约车平台安全运营合规治理的重要议题。

---

[44] 参见张亮等：《区块链技术综述》，载《计算机工程》2019年第5期。

[45] 参见蔡维德主编：《智能合约：重构社会契约》，法律出版社2020年版，第237～245页。

实践篇

刑事合规与行政合规衔接探索

邓根保*

从违法犯罪发生的原因来看,企业走上犯罪的道路前,往往经历了长时间的“野蛮生长期”,逐渐形成了病态的经营方式和商业模式。而要真正解决企业的违法违规问题,就不能只着眼于刑事诉讼程序中的“去犯罪化”,还应从源头上治理企业的违法违规经营问题。只有从根本上解决企业违反行政法规的问题,才能从实质上实现企业的“去违法化”。离开行政合规体系的建立,孤立地看待企业的刑事合规问题,可能属于一种“头痛医头,脚痛医脚”的治理方式,难以发挥长久的治理效果。为此,我院从合规改革试点一开始,就注重与司法行政部门以及相关行政执法机关的协作,开展了一些探索和实践。

一、共同成立合规监管委员会

张家港市委、市政府联合印发《关于推进企业合规建设工作的意见》,成立由检察院主要领导任主任,司法局、工商业联合会主要领导和检察院分管领导任副主任的合规监管委员会,统筹推进全市企业合规建设,对行政合规和刑事合规进行总体布局。成员包括法院、公安、各区镇以及各相关行政执法部门等37家单位,具体承担制定企业合规建设工作指引、组建管理合规监管人队伍、开展合规有效性审查等职能,为企业合规建设提供正面评价和激励政策。如通过我院和市司法局等遴选,目前,我市第三方监督评估人员队伍包含应急管理、市场监管、生态环境、税务等行政机关人员61人,这些人员不仅是刑事合规监督评估的专业骨干,为企业合规验收整改标准设定提供参考,在指导帮助企业排查风险、合规经营、避免行政违法等方面也起着重要作用。

二、共同制定刑事合规验收指标体系

张家港市合规监管委员会研究制定了《合规有效性审查办法(试行)》及

---

* 江苏省张家港市人民检察院检察长。

配套的有效性审查参考指标体系，以量化的形式对企业合规建设状况作出全面、系统的客观评估。除了合规管理指标外，安全生产、环境保护、纳税信用、知产保护四个重点领域，分别参考的是在张家港市应急管理局制定的《张家港市工业企业“创蓝行动”实施方案》，江苏省发展与改革委员会、市场监督管理局《江苏省企事业环保信用评价办法》，国家税务总局《纳税信用管理办法（试行）》等规定。参考指标的设计充分听取行政机关的意见，各部门提交了书面修改意见，增强指标体系的合理性和操作性。

三、共同编制行政合规清单

为了便于企业快速、简明、准确地了解和排查合规风险点，我院与市司法局系统地收集整理企业受到行政处罚、刑事处罚的“高频”违法犯罪行为，制定合规指导清单，帮助企业避免发生类似违法涉罪行为，进一步优化营商环境。基于不同行业、不同规模、不同性质的企业行政违法风险点的差异较大，所涉及的法律法规、执法部门较多，因此，计划分时序、分阶段推进，以年为单位出台指导清单。市司法局协调行政处罚案件数较多的人社、住建、应急管理、市场监管 4 个行政机关，制编首批企业行政合规指导清单 123 条。该清单梳理了合规事项、常见违法行为表述、法律依据及违法责任、发生频率、合规建议、指导部门 6 个事项，鲜明突出了契合企业实际需求、踏实“解难题”，预警高频违法行为、聚焦“高风险”，科学设置清单事项、内容“接地气”的创新气质。

四、共同规范行政执法行为

将免罚轻罚清单落实与推动企业合规建设有机结合，指导各行政执法部门在办理涉企行政违法案件中，通过合规监管委员会开展合规有效性审查，作为评判违法行为的事实、性质、情节以及社会危害程度等的参考，在行政处罚上予以从宽考量。建立“免罚轻罚”清单执行情况季报统计制度，各行政执法机关建立健全“行政执法决定法制审核”“集体讨论”等内部制约程序以及“企业档案记录”“信用惩戒管理”等配套制度，依法作出不予行政处罚或者从轻减轻行政处罚的决定。

五、共同推进事前合规建设

联合召开企业合规监管委员会第一次会议暨企业事前合规建设启动仪式，各成员单位共同讨论确定沙钢、永钢等 50 家民营企业和 1 家行业商会，成为我市首批合规建设试点单位。我院与市司法局、市工商联组成联合调研小组，对我市 8 家重点试点企业合规建设情况开展专题调研，通过座谈、实地考察、专题汇报等方式亲历企业合规进展情况，纾解企业合规建设面临的难题。建立企业合规分级评定机制，对企业合规建设情况进行优质、良好、达标等不同等级评定。目前，已有 3 家企业完成合规建设、申请验收。加强行政机关、司法机关对企业事前合规的互认，并将评定结果作为对企业进行政策激励以及行政、刑事处罚从宽的依据。

六、共同提供合规法治服务

依据企业所处行业、经营状况、组织构架等情形，服务企业开展合规风险排查、原因分析及合规制度建设，特别是针对信息披露等特殊监管要求，帮助企业制定更加完善的合规工作流程。结合市冶金、机械、化工、医疗器械等支柱产业的行业特点，思考和探索建立行业专项合规计划。分批次开展合规指导，协助企业围绕劳动用工、商业贿赂、安全生产等方面开展专项合规检查，并通过相关法律服务摸索事中合规法律服务产品，涵盖合规尽职调查、出具合规报告等。

七、共同建立定期会商制度

建立联席会议制度，适时组织相关单位召开联席会议，商讨推进行政合规与刑事合规建设工作中遇到的困难和问题，研究工作方法、形成工作合力。目前，张家港市企业合规监管委员会共召开四次联席会议，就企业合规规范性文件的制定、修改，事前合规工作推进、合规经费管理、运行流程、巡回检查小组组建等问题研究谈论，不断推进企业合规试点工作向纵深发展。

在探索行政合规与刑事合规衔接过程中，我院也遇到了一些困惑，比如，检察机关参与的程度如何把握、在办理涉企案件中对企业行政合规如何评价、合规不起诉后是否可以强制涉案企业行政合规等。下一步，我院将从以下六个方面加强探索。

一是建立移送案件备案监督机制。规定行政机关在依法查处违法行为过程中，发现有构成犯罪或有重大犯罪嫌疑，依法可能需要追究刑事责任的涉企案件，及时移送公安机关处理，并统一制作移送书，报检察机关备案；公安机关对行政机关移送案件经审查作出立案或不立案决定，在书面通知行政执法机关的同时，报检察院备案。检察机关在备案审查中发现涉案企业符合合规监督考察条件的，可以书面建议行政机关或者公安机关适用合规从宽制度，开展调查评估,决定是否启动合规监督评估程序。企业通过合规验收可以获得行政从宽或刑事从宽的激励措施。

二是建立提前介入、主动对接机制。对涉企重大、疑难案件,在行政调查阶段即提前介入,在法律咨询、证据收集固定、刑事立案标准等方面引导行政机关开展调查。同时,对涉案企业是否符合合规从宽制度适用条件,引导行政机关开展调查评估工作,对企业的内部结构、经营规模、业务和产品线的运营管理模式,以及政府监管和所在行业所面临的合规风险进行全面调查,为下一步合规制度适用、第三方监督评估组织的产生等工作提供参考。

三是建立移送案件跟踪监督机制。对于行政执法机关移送公安机关的涉企犯罪案件,检察机关指派专人对公安机关立案后的侦查情况进行全程跟踪监督,及时掌握案件情况,从源头把控落实少捕慎诉慎押的刑事司法政策。

四是建立移送案件信息反馈制度。对于行政机关移送后公安机关决定不予立案或者立案后决定撤销的涉企案件,行政机关应当对案件依法作出处理,并将处理结果通报公安机关和检察机关。检察机关对作出不起诉决定的案件,认为依法应当给予行政处罚的,提出检察意见并移送行政机关处理。

五是建立涉企行政案件评查制度。定期组织检察官对涉企行政案件进行评查,查找行政案件中暴露出的企业违法风险点,查看行政机关对企业违法风险进行排除的方式、方法是否恰当、有效;有无对企业的违法涉罪原因进行剖析,提出建议、辅导、提醒等。检察机关可以将涉案企业刑事合规样本提供给行政机关,帮助行政机关完善行政管理措施和方法。

六是建立不起诉后定期回访制度。检察机关应在作出从宽处理决定后一段时间内,联合相关行政部门和第三方监督评估组织通过走访等方式对企业跟踪回访,促进企业将刑事合规逐步延伸到行政合规,形成全面合规的自觉;跟踪监督发现存在实施新的违法犯罪、没有有效运行合规管理体系或者其他需要撤销不起诉决定情形的,决定是否撤销不起诉决定,提起公诉。

企业合规“行刑公”衔接的现状与展望

李　勇

一、问题的提出

当前，我国企业合规改革已经进入“深水区”第三阶段。2020年3月开始的第一阶段只是制度试水阶段，最高人民检察院在全国选取六个基层检察院进行制度试水，这一阶段的目标是试探引入企业合规制度的可能性，是解决能不能引入的问题；2021年3月开始的第二阶段是制度可行性探索阶段，最高人民检察院在10个省级检察院、61个市级检察院、381个基层检察院，开展更大规模的第二批试点，这一阶段在前一阶段可以引入的基础上，进一步探索引入企业合规的可行性；2022年4月开始的第三阶段是制度有用性探索阶段，最高人民检察在全国范围内全面试点，这说明能不能引入企业合规、要不要引入企业合规的问题已经解决了，这个阶段重要是解决引用企业合规的有没有用处、效果怎么样。可见，第三阶段是进入深水区的阶段。有用性的探索关键是要解决合规有效性问题，防止“纸面合规”“纸面监管”的“双重纸面”问题；①也就是要解决企业合规是否真的能“救活”企业，让涉案企业“脱胎换骨”。这种重要问题之一是行刑衔接不畅的问题，当前的主要问题是企业合规改革呈现两个“孤军奋战”局面：一是检察机关孤军奋战，尽管检察机关通过各种努力引入行政机关的力量，比如，第三方机制引入行政机关、合规审查评价引入行政机关，但是在实践中依然存在检察机关通过合规整改努力“救活”企业，而行政机关的一纸罚单却重新让企业“一蹶不振”，合规整改并不能真正成为行政处罚从宽乃至免责的事由；二是刑事法“孤军奋战”，无论是在理论研究还是在立法呼吁上，企业合规都是集中在刑事法领域。在理论研究上，刑事法学界对于合

① 参见李勇：《涉罪企业合规有效性标准研究——以A公司串通投标案为例》，载《政法论坛》2022年第1期。

规的关注"一枝独秀",而且刑法学和刑事诉讼法学界还存在方向性裂解,与刑事诉讼法学者更偏好于使用更具开放性的"企业合规"术语不同,刑法学者从德国这个不承认法人犯罪的国家引入"刑事合规"②这个误导性概念,加剧了行刑衔接的难度。

事实上,企业合规的"规"本身是开放性的。美国《联邦商业组织起诉原则》指出,合规计划由公司管理层制定,以防止和发现不当行为,并确保公司活动按照适用的刑事和民事法律、法规和规则(criminal and civil laws, regulations, and rule)进行。③ 国际标准化组织 ISO37301《合规管理体系 要求及使用指南》对合规计划的定义是使组织能够证明其遵守相关法律、法规要求、行业规范和组织标准,以及良好治理标准、普遍接受的最佳实践、道德和社区期望的合规管理体系。对于经济法、行政法甚至民事法领域的合规激励同等重要,《公司法》《反不正当竞争法》《环境保护法》等对合规无动于衷,导致即使行政机关想要将合规整改作为减免处罚事由也面临法律依据阙如的困境。民事法领域合规激励的最佳切入口就是民事公益诉讼,检察机关提起的民事公益诉讼可以成为合规监管和合规激励的重要措施。随着企业合规改革进入深水区,刑事司法与行政执法、刑事司法与公益诉讼的衔接(以下简称"行刑公"衔接)问题是必须要解决的问题。

二、涉案企业合规刑事司法与行政执法的衔接

合规计划的建立和实施,对于企业来说是一项高成本的事业,如果没有充分完备的激励措施,对于以追求利润最大化的企业来说,是难以想象的。这里最为重要的激励措施主要包括刑事激励和行政激励,二者相互配合,相互衔接。仅有刑事法律激励措施显然是不够的,刑事法律是其他法律的保障,是最后手段。如果说违法违规行为对于企业来说相对于"感冒",那么触犯刑律就是"癌症"。对于企业治理来说,出现"感冒症状"就要采取措施,企业花巨额费用建立的合规计划最好连"感冒"都能预防。如果一个企业的合规计划致力

---

② 德国学者托马斯·罗什也坦承:狭义上,刑事合规这一概念最初并不存在,如果单纯限定为从刑事法律的角度理解合规,那么刑事合规只是合规的一种表现形式而已。由于我国刑法学在学术传承上对德国刑法的偏好,所以从德国刑法学中引入企业合规时也使用了"刑事合规"的表述,但并没有像托马斯罗什那样解释其使用语境。参见[德]托马斯·罗什:《合规与刑法:问题、内涵与展望——对所谓的"刑事合规"理论的介绍》,李本灿译,载《刑法论丛》2016 年第 4 期。

③ See Principles of Federal Prosecution of Business Organizations, § 9 - 28.800.

于应对“癌症”，那么这样的合规计划对企业来说，效益太低。事实上，对于企业来说，面临的行政处罚、行业制裁是最普遍的，也是最常见的，面临刑事犯罪毕竟是少数。所以，行政法律法规激励措施更为重要。正是从这个意义上来说，企业合规的“规”是开放的，除了刑事法律，还是行政法规、行业规章等。一个科学完备的合规计划，应当能够实现预防“不当—违规—违法—犯罪”的行为。“不当—违规—违法—犯罪”是层层递进的，不当行为向前一步就发展为违规，违规继续恶化就发展为违法，违法继续向前就成为犯罪，这是基本规律。预防犯罪只能是企业合规计划的最低限度目标，更高的目标应当是预防违法、违规甚至不当行为。因此，刑事司法与行政执法的衔接，对于企业合规来说必不可少。

（一）实践操作层面的衔接

1. 合规计划的建立，不能只考虑刑事风险防控，更要注重行政违法风险防控，甚至还包括违反行业规则、行业标准、商业伦理等不当行为的风险防控。合规计划基本要素中组织环境的识别，其中最为重要法律环境的识别，既包括刑事法律法规，也包括行政、民事法律法规，还包括行业规则、商业伦理、国际规则等。国内很多律师宣传做刑事合规业务，似乎其所建立和设计的合规计划只防控刑事法律风险，这对于企业（无论是涉案企业还是非涉案企业）来说是不可接受的。

2. 案件办理中的衔接。如前所述，真正意义上的企业是针对单位犯罪的，而单位犯罪基本上都是行政犯，以违反行政法规为前提。这类案件案发的常态应当是行政机关移送给公安司法机关。因此，为了便于后续企业合规工作的开展，在案件查处阶段就应注重行政机关与公安司法机关的衔接配合。在美国，涉及证券欺诈和违反《反海外腐败法》的案件，通常由检察官和美国证券交易委员会联合办理。

3. 在企业合规监管过程中，行政机关与刑事司法机关之间的衔接配合。在涉案企业合规监管过程中，司法机关与行政机关应当密切配合，协同履职。《关于建立涉案企业合规第三方监督评估机制的指导意见（试行）》以及《涉案企业合规建设、评估和审查办法（试行）》都体现了合规监管中的刑事司法机关与行政机关之间的衔接和配合。

4. 检察机关对企业作出合规不起诉之后，重点不是检察机关将案件移送给行政机关进行行政处罚的问题,而是将合规有效性作为建议行政机关从宽乃至免除处罚的问题。《关于建立涉案企业合规第三方监督评估机制的指导意见(试行)》规定,检察机关对涉案企业作出不起诉决定,认为现需要给予行政处罚、处分或者没收其违法所得的,应当依法向有关主管机关提出检察意见。但是,从企业合规改革的初衷角度来说,更为重要的是检察机关对企业作出不起诉决定后,行政机关应当认可检察机关对合规有效性的认定结果,作为从轻、减轻或免除行政处罚的依据。要坚决防止检察机关费尽周折,企业也为合规建设和实施付出了巨大代价,好不容易"救活"的企业,被行政机关"一纸罚单"给罚"死了"。在实践中,还有些行政机关"心有余而力不足",行政处罚即使按照法定最低限额处罚,很多小微企业依然承受不起,而法律又没有授权降档处罚。这涉及相关行政法规的修改问题,这是下文要阐述的制度层面的衔接问题

(二)制度建构层面的衔接

1. 建议建立行政处罚合规减免缓制度

对于企业来说,犯罪毕竟是少数,行政处罚更为常见。如果说行政处罚是"小病",那刑事犯罪就是"大病"甚至是"绝症",所以,要更注重治"小病"。这就需要行政机关行动起来推进企业合规制度落地,行政机关也要在执法层面给予合规激励。当企业建立合规计划并经考验为有效的情况下,行政处罚要给予激励予以适当减免。行政监管部门可以与涉案企业达成行政和解协议,并要求企业建立合规计划,经考察有效的合规计划,可以因此减轻或者免除行政处罚。我国《反不正当竞争法》已经隐含了企业合规行政激励措施,其中第25条规定,经营者违反本法规定从事不正当竞争,有主动消除或者减轻违法行为危害后果等法定情形的,依法从轻或者减轻行政处罚;违法行为轻微并及时纠正,没有造成危害后果的,不予行政处罚。反垄断、反倾销、海关知识产权、证券四个领域有行政执法和解制度规定,《反垄断法》第45条、《反倾销条例》第31条、《〈知识产权海关保护条例〉的实施办法》第27条、《证券法》第171条均规定了行政和解,但是没有明确使用"合规"的表述。实践已经走在了前面。例如,国家市场监督管理总局对美团公司作出罚款34.42亿元的行政处罚决定的同时,向美团公司发出"行政指导书",要求美团公司全面整改并连续

3 年向市场监管总局提交合规报告。④ 在现行行政法中已有行政和解的基础上，进一步融入合规的因素，明确企业合规作为从宽处罚的依据，建立企业合规的附条件行政处罚制度。

2. 建议建立“检察罚”制度

我国检察机关对企业犯罪作出不起诉决定后，并无罚款权。在实践中，行政执法机关发现企业涉嫌犯罪时移交给公安、司法机关，检察机关针对企业合规作出不起诉决定后，会给行政机关发出建议书或检察意见书，建议行政机关给予相应的行政处罚。但是，这种权宜之计大大影响了合规不起诉在替代刑事处罚方面的功能发挥。在实践中，还存在检察机关颇费周折地让企业建立并实施合规计划，进而做出不起诉处理，努力救活企业，行政机关没有将合规作为处罚从宽的因素考虑，甚至把企业“罚死”了。对于那些由行政执法案件转化过来的刑事案件，检察机关在作出合规不起诉决定时，可以直接科处包括罚款在内的行政处罚，建立类似于“检察罚”的制度。⑤ 可以在《刑事诉讼法》第 182 条之一中增设一款规定检察罚。这样，检察机关在对涉案企业合规考察评估过程中，能够一体化地“一揽子”解决涉案企业的处罚问题。

三、企业合规刑事司法与公益诉讼的衔接

涉案企业合规的行刑衔接已经引起了学界的广泛关注，但是企业合规与民事公益诉讼之间的关系很少被关注。事实上，民事公益诉讼制度可以作为企业合规的重要激励机制，也是构建中国特色的企业合规制度的重要组成部分。⑥ 涉案企业合规改革逐步走向深入，不仅涉及刑事检察，还涉及民事公益诉讼检察等，应当发挥四大检察的职能，协同推进企业合规改革走向深入。

（一）公益诉讼制度作为企业合规激励机制的理论依据

涉案企业合规的核心在于改造企业治理结构和重塑企业文化。从理论上来说，合规计划的前置领域在结构上是开放的，多维度地构建以刑事法律与其他法律交融的风险防范和公司治理体系是企业合规的关键所在。美国 1991 年《组织量刑指南》被认为是企业合规正式诞生的标志，当时的企业合规是作

---

④ 参见孙志成：《因“二选一”垄断被罚 34.42 亿元，美团回应：诚恳接受，坚决落实》，载每日经济新闻网 2021 年 10 月 8 日，http://www.nbd.com.cn/articles/2021-10-08/1937822.html。

⑤ 参见袁雪石：《整体主义、放管结合、高效便民：〈行政处罚法〉修改的“新原则”》，载《华东政法大学学报》2020 年第 4 期。

⑥ 参见李勇：《融合公益诉讼完善企业合规激励》，载《检察日报》2022 年 5 月 24 日，第 3 版。

为刑事处罚从宽的依据,企业合规适用领域是刑事法,但是今天的企业合规早已超越了刑事法领域,而是覆盖行政法、民事法、行业规则和商业伦理等。一方面,合规风险识别范围很广,显然不单是刑事法领域;另一方面,激励措施不仅包括刑事责任,还包括行政责任以及世界银行的国际制裁等。企业合规的简史就是从刑事法领域向行政法领域、民事法领域甚至国际法领域等延伸的历史。这一点已得到国际社会普遍认可。《美国联邦商业组织起诉原则》第9—28.1200条规定了民事或其他监管替代方案:“检察官应考虑非刑事替代方案是否足以威慑、惩罚和恢复从事不法行为的公司。在评估非刑事诉讼替代起诉的充分性(如民事或监管执法行动)时,检察官应考虑所有相关因素,包括:(1)替代处置方式下可用的制裁;(2)实施有效制裁的可能性;(3)非刑事处置对联邦执法利益的影响。”虽然非刑事制裁可能不适用于发生严重违法行为、不法行为模式或先前未采取适当补救措施的非刑事制裁,但在其他情况下,惩罚、威慑和康复的目标可能通过民事诉讼来实现或针对该公司的监管行动。⑦

因此,企业合规的前置领域涵盖了刑事、民事、行政法规、行业规则等,相应的激励措施从刑事领域延伸到行政、民事等领域。换言之,涉案企业建立有效合规计划,不仅可能获得刑事从宽处罚、行政处罚减免,还可以获得民事公益诉讼赔偿的减、免、缓,乃至公益诉讼终结。民事公益诉讼本质上属于民事制裁措施,完全可以成为合规有效整改后的替代性非刑罚处罚措施。可见,在理论上,公益诉讼制度作为企业合规的激励机制是应有之义。

(二)公益诉讼制度作为企业合规激励机制的适用范围与方式

公益诉讼是中国特色检察制度中“四大检察”的重要方面,我国检察机关的公益诉讼包括民事公益诉讼和行政公益诉讼,其中,民事公益诉讼包括单独的民事公益诉讼和刑事附带民事公益诉讼。涉案企业合规只涉及民事公益诉讼,包括单独的民事公益诉讼和刑事附带民事公益诉讼。对于涉案企业合规来说,如果企业涉嫌的犯罪侵害到不特定社会公众的利益,如环境污染、安全生产、食品药品安全、公民个人信息等,检察机关可以提起公益诉讼,要求涉案企业修复、赔偿等。公益诉讼制度作为企业合规的激励机制之适用方式,包括

---

⑦ See Principles of Federal Prosecution of Business Organizations, § 9 – 27. 240 – 250.

以下方面两个方面。

一是公益诉讼制度作为涉案企业公益损害赔偿和惩罚性赔偿金、修复费用的减、免、缓的激励机制。涉案企业的不法行为侵害到公共利益，检察机关提起民事公益诉讼或刑事附带民事公益诉讼，要求企业承担损害赔偿、惩罚性赔偿金、修复费用等，如果企业的合规计划经过评估，是有效的，检察机关的公益诉讼请求可以减、免、缓，甚至还以终结诉讼。例如，某水务公司利用暗管向河流违法排放高浓度废水28.46万立方米、含有危险废物的混合废液54.06吨、含有毒有害成分污泥4362.53吨、超标污水906.86万立方米。检察机关以污染环境罪提起公诉的同时，提出了附带民事公益诉讼，提出4.70亿元生态环境损害赔偿金的诉讼请求。企业无力承担如此巨额赔偿，后达成“现金赔偿+替代性修复”的方式达成和解，即4.7亿元的生态环境修复费，部分以现金方式赔付，剩余部分通过实施有益于生态环境保护的替代性修复项目予以抵扣（包括企业更新环保设备等）。其实，这里的和解是引入企业合规的绝佳契机，在企业建立并实施有效的环保专项合规计划的前提，对公益诉讼赔偿金进行减缓或替代性修复，效果会更佳。只是当时该检察机关不是企业合规试点地区，对企业合规的认识也比较陌生，没有按照企业合规进行办理。

二是公益诉讼制度作为合规监管的代替措施。当前，检察机关在企业合规试点过程中，逐步形成了对大中型企业的“普通合规”和对小微企业的“简易合规”两种模式。“简易合规”一般可以不设置合规考察期，由于涉案企业是小微企业，罪行较轻，检察机关在对企业作出相对不起诉的同时，发出合规检察建议。但问题是，合规检察建议不具有强制性和刚性，已经作出的相对不起诉又不可能撤回，涉案企业是否真正落实合规检察建议，主要靠“自觉”。引入公益诉讼，则能够强化合规检察建议的刚性：如果涉案企业没有落实合规检察建议，检察机关则提起公益诉讼；如果涉案企业落实了合规检察建议，检察机关可以终结公益诉讼程序。这样，公益诉讼制度就发挥了合规监管的替代措施作用。例如，南京市建邺区人民检察院办理的“某电子器件厂有限公司污染环境案”，该公司私设暗管将生产产品过程中产生的含有镀、镍、银等危险废液排放至下水道。涉案企业员工只有9人，犯罪原因相对单一，企业治理结构简单，且可用于合规建设方面的资金、人员等资源匮乏。检察机关开展环保专项的“简易合规”，探索“相对不起诉+检察建议+公益诉讼”的模式。企业先暂停生产线进行整改,检察机关对企业作出相对不起诉,同时发出合规检察建议。为确保合规检察建议得到落实,同步启动公益诉讼立案审查,督促企业合规整改。4 个月后,经评估,该企业已根据合规计划购进多台废气、粉尘处理设备,对焊锡、浇注等四道工艺进行改进,各生产线均已符合环保要求,检察机关遂终结公益诉讼。此案是目前国内首例利用公益诉讼实现合规监管的案例,成效显著。通过公益诉讼的合规监管替代措施,其优点在于,一方面,减少企业的合规成本、监管成本,降低企业负担;另一方面,通过公益诉讼这把悬在涉案企业头顶上"达摩克利斯"之剑,确保涉案企业"真整改""真合规"。

结 语

企业合规制度的建立是一项系统工程,靠刑事法的"单打独斗"不可能完成。对于企业来说,合规是一套管理体系,这套管理体系当然不可能只关注刑事法领域;对于激励措施来说,刑事法激励固然是终极性的激励措施,但是仅有这个终极性激励措施显然是不够的,而需要层层递进、相互衔接的民事公益诉讼、行政处罚、刑事处罚从宽激励措施。企业合规的行、刑、公衔接不仅需要理论界的研究和呼吁,更需要包括刑事立法、行政立法、经济及上市立法的推动,还需要执法和司法机关的协同推进。

监管完善趋势下的跨境电商企业海关合规风险防范

尹云霞　肖春辉　姜迎宁

跨境电商，是指分属不同关境的交易主体通过电子商务平台达成交易、进行支付结算，并通过跨境物流送达商品、完成交易的国际商业活动。[①] 近年来，随着互联网技术快速发展，跨境电商凭借其非接触式交易、品类丰富、物流便捷等特点，满足了人们在"足不出户"情况下的多样化购物需求，从而实现行业井喷式的快速发展，与此同时，与行业相关的监管体系也日趋完善。本文拟从跨境电商发展的业态现状、监管动态和常见法律风险的角度，为跨境电商企业进出口合规经营提供思路。

一、政策红利下日益完善的监管态势

（一）业态现状及政策红利

作为中国进出口贸易中发展速度最快、潜力最大、带动作用最强的新业态，跨境电商近年来蓬勃发展，5 年增长近 10 倍。[②] 海关总署数据显示，2021 年跨境电商进出口规模达到 1.98 万亿元，同比增长 15%。[③] 跨境电商产业已经成为我国外贸转型的新动能、外贸发展的新引擎（见图 1）。

---

① 参见鄂立彬、黄永稳：《国际贸易新方式：跨境电子商务的最新研究》，载《东北财经大学学报》2014 年第 2 期。

② 参见《跨境电商规模 5 年增长近 10 倍，推动外贸升级下一步怎么走》，载中国政府网，http://www.gov.cn/zhengce/2021-06/24/content_5620666.htm。

③ 参见《中国跨境出口电商发展报告（2022）权威发布》，载澎湃新闻网 2022 年 3 月 10 日，https://www.thepaper.cn/newsDetail_forward_17052093。

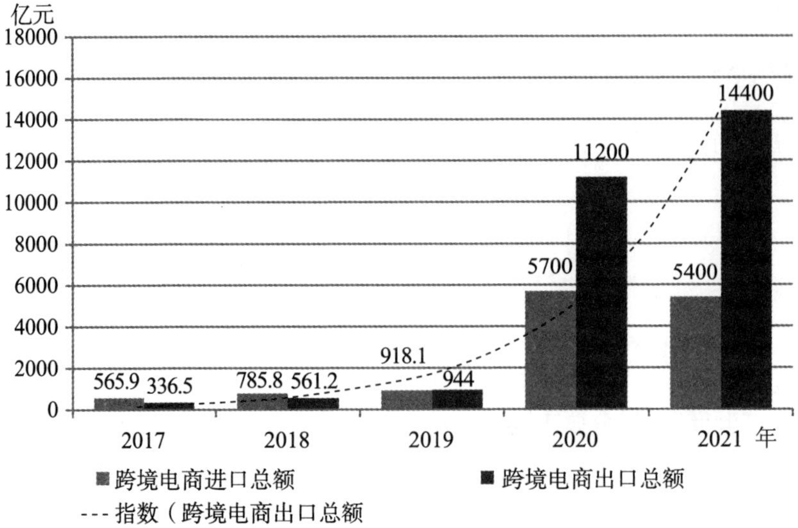

图1　2017～2021年跨境电商进出口概况

跨境电商的快速发展,除了庞大的市场需求外,同样得益于政策层面的重视和扶持(见表1)。

表1　跨境电商相关政策

实施时间	政策动态	具体内容
2013年8月21日	《关于实施支持跨境电子商务零售出口有关政策的意见》	国务院出台6大措施支持跨境电子商务零售出口,在上海、重庆、杭州、宁波、郑州五个城市开始试点政策
2019年1月1日	《电子商务法》	标志着较为完善的跨境电商监管法律体系的建立,跨境电子商务迈入"新纪元"
2020年5月20日	《国家外汇管理局关于支持贸易新业态发展的通知》	加快跨境电子商务等贸易新业态发展,提高贸易外汇收支便利化水平
2021年3月18日	《关于扩大跨境电商零售进口试点、严格落实监管要求的通知》	扩大跨境电商零售进口试点,使跨境电商的利好政策辐射至更大的范围
2022年5月5日	国务院常务会议	提出要尽快出台便利跨境电商出口退换货政策,支持符合条件的跨境电商企业申报高新技术企业等举措[1]

续表

实施时间	政策动态	具体内容
2015～2022 年	国务院发布多份同意设立跨境电子商务综合试验区的批复	截至目前,我国已在 132 个城市和地区设立了跨境电商综试区[2]

[1]《国务院再出一揽子举措助力外贸保稳提质》,载中国政府网,http://www.gov.cn/zhengce/2022-05/06/content_5688742.htm。

[2]《27 地又加入,跨境电商综试区有多重要?》,载中国政府网,http://www.gov.cn/zhengce/2022-02/11/content_5673162.htm。

(二)监管渐趋完善

作为新兴行业,跨境电商爆炸式发展的初期经历了监管缺位的“野蛮生长”。但随着各项鼓励、促进政策频发的同时,监管政策渐趋清晰明朗并形成体系。

1. 监管方式革新

自 2014 年起,随着跨境电商行业的发展,海关总署将跨境电商模式纳入海关统一的监管方式体系内,根据境内备案跨境电商企业的不同交易主体及业务模式等不同特点,逐步实施了覆盖进口和出口双方向的跨境电商专属监管方式,要求每票跨境购物必须实现订单信息、支付信息和物流信息三单比对一致,对符合监管要求的跨境电商零售进口商品实施进口环节税款优惠及进口许可证件豁免等便利监管措施(见图 2)。

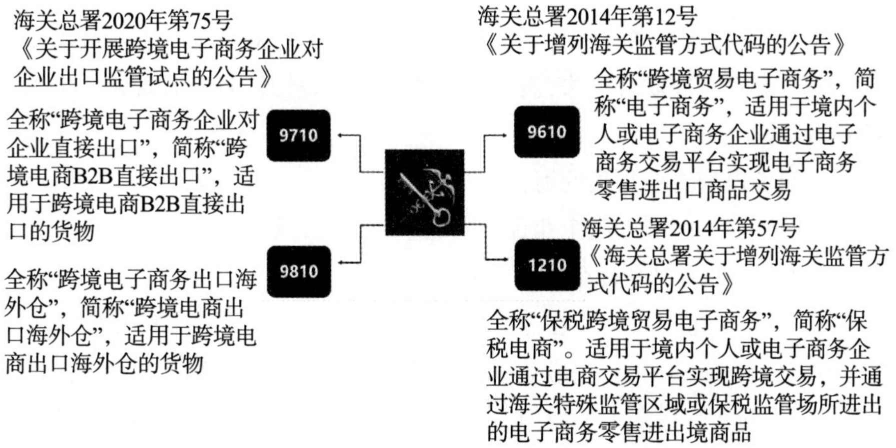

图 2 跨境电商监管方式

2. 监管规范频出

在国家层面利好政策频繁出台的同时，监管规范与政策也不断出台。由于跨境电商在商品、海外仓、物流、通关、税收、外汇等领域面临跨境监管的复杂性，海关及各部门近年来不断加快推动完善跨境电商监管制度，以促进跨境电商行业健康发展。例如，2018 年 12 月 10 日，海关总署发布了 2018 年第 194 号《关于跨境电子商务零售进出口商品有关监管事宜的公告》，规定了企业管理、通关管理、税收征管、场所管理、检验检疫、查验和物流管理、退货管理等在内的多项内容，是海关对跨境电子商务零售进出口商品实施监管的纲领性文件；2020 年 3 月 27 日和 28 日，海关总署接连发布《关于全面推广跨境电子商务出口商品退货监管措施有关事宜的公告》和《关于跨境电子商务零售进口商品退货有关监管事宜的公告》，加强对跨境电商进出口退货环节的监管；2022 年 6 月 30 日，海关总署最新发布了《关于处理主动披露涉税违规行为有关事项的公告》，促进企业对涉税违规行为进行主动披露。

3. 执法持续活跃

随着跨境电商行业的快速增长，某些企业或个人利用政策红利达到走私目的的案件也不断增多。一方面，2019 年开始，跨境电商零售进口行业走私犯罪案件数量倍增，且集中于跨境电商行业繁荣度较高的广东、上海、浙江等省份；另一方面，为了确保有效打击违法行为的整个链条，针对跨境电商渠道的执法越来越倾向于联合执法的模式。比如，海关与市场监督管理局对在国内市场再次销售的海南离岛免税商品开展联合执法；海关和地方公安就走私进口的雪茄、烟草开展联合执法，被执法主体可能同时触发多个监管领域的刑事与行政风险。

二、跨境电商企业常见的海关合规风险

在此情况下，跨境电商企业也面临越来越多的合规风险。

(一) 申报不实引发的合规风险

如实申报是进出口企业在通关活动中的核心义务，即进出口货物收发货人的申报活动，应满足真实、准确、完整和规范的要求。当企业申报的信息与进出口货物的实际信息不一致时，如价格、归类、贸易方式、原产地、数量等涉税要素申报错误，企业就可能构成申报不实这一违反海关监管规定的行为，进而需要承担相应的行政法律责任。

（二）走私行为引发的合规风险

跨境电商渠道兴起初期，实践中常见的低报价格等走私手法难以避免地在这一新兴渠道出现，同时，伪报商品编码、品名和贸易方式等具有跨境电商渠道特色的走私手法也层出不穷，前述走私手法的本质均属于“逃避海关监管，偷逃应纳税款、逃避国家有关进出境的禁止性或限制性管理”，涉及走私行为的跨境电商企业将面临行政及刑事风险。需要特别提示的是，商业实践中出现的复杂情形是否构成走私，应结合真实贸易状况与申报信息的具体情况进行分析。

（三）第三方引发的合规风险

跨境电商零售商品在下单付款、数据传输、申报通关、跨境运输全流程中，涉及众多参与主体，对跨境电商企业而言，需要加强对第三方的管控，防止来源于第三方的合规风险。在实践中，不乏跨境电商企业委托国际货运代理公司办理进出口环节的全部通关手续，并按照实际销售金额及相关费用支付了足额税款，但货运代理公司因在通关环节少报数量、低报价格等被海关缉私部门刑事立案，相关跨境电商企业也因此面临执法。

（四）跨境电商叠加新业态引发的合规风险

随着社交电商等新兴业态的发展，实践中也出现了跨境电商零售进口企业在营销中叠加社交电商等营销模式的情形。例如，跨境电商营销中采用支付佣金的方式去获客或推广，鼓励平台已有消费者有偿向不特定的实际消费者推荐平台销售的商品。在该模式下，跨境电商企业需要把握有偿推广和实质性销售的界限及防范传销风险，尤其应当关注相关推广人员为了更好地获客而可能采取囤货转售等违法行为，导致跨境电商企业面临执法。

（五）跨境电商与特殊商品叠加引发的合规风险

在实践中，跨境电商企业可能会忽视国家对进出口货物的限制类或禁止类要求，进口超出《跨境电子商务零售进口商品清单》规定范围的商品，或者进出口涉及危害口岸公共卫生安全、生物安全、进出口食品和商品安全、侵犯知识产权的商品以及其他禁限类商品，从而引发执法并面临行政处罚。如果跨境电商企业为了逃避海关的监管，明知货物、物品违反了国家禁限类要求依然进出口，还可能涉嫌走私国家禁止进出口的货物、物品罪等刑事罪名。

三、关于风险防范的合规建议

(一)关注跨境电商渠道进出口商品的监管要求

跨境电商零售进口商品采用“白名单”制度,出口环节则根据商品是否涉税、涉证、涉检,确定是否可适用简化申报等便利监管措施,厘清商品的监管规定对于跨境电商企业而言应当纳入关注重点。同时,进出口货物作为海关监管的重要对象,本身就存在复杂多样性,其所遵守的监管要求除了在进出口环节特有的涉税、安全准入、检验检疫等海关规定之外,还应遵守与进出口环节相关的前、后端监管部门的各类要求。跨境电商企业应当清楚了解货物监管要求的源头,从具体的进出口货物本身出发梳理出对应的监管部门,再有针对性地及时收集和更新各条线监管要求,保持对与货物流相关的监管全链条的全面知悉,确保与进出口相关环节的监管要求衔接顺畅,避免遗漏。

(二)对标《海关高级认证企业标准》建立并完善进出口合规体系

海关总署于 2021 年 11 月 1 日发布并实施的《海关高级认证企业标准》,从企业内部控制、财务状况、守法规范、贸易安全四个角度制定了详细的进出口管理标准,对于符合标准并经海关认证的企业,即可享受便利优惠的通关条件,如较低的查验率和稽查、核查频次,申请免除担保等,对所有的进出口企业均具有鲜明的指导意义。其中,跨境电子商务平台企业专项标准针对性地设置了内部控制标准和贸易安全标准,建议跨境电商企业可参照对标。

(三)加强第三方管控

相比传统的一般贸易,跨境电商涉及电商平台、支付机构、物流企业等众多第三方参与,跨境电商企业应加强对第三方的管控,从而降低风险、有效合规。

建议跨境电商企业在与第三方合作之前对其进行背景调查,了解其资质以及合规状况,并在与第三方的合同中清晰约定双方责任和义务,以及增加合规条款,从而更好地事先预防风险。在第三方发生不合规事件后,企业也应当及时了解具体情况,并采取中止或终止合作等措施以有效保护自身利益。

(四)加强交易真实性审核

进口跨境电商为避免传销及转售风险,应当注意审核交易的真实性,建立相应机制以监控同一购买人、同一支付账户、同一收货地址、同一收货电话在短时间内的反复大量购买商品等异常交易行为,触发相应报警后应及时采取关闭交易、人工核实等措施，避免企业自身因此被执法。

结　语

一个行业的繁荣，离不开政策扶持，也需要全面、规范的监管体系，以保障行业的健康、有序、持续发展。跨境电商作为我国重要的外贸新支点，在行业规模不断扩大的同时，执法环境也更加规范。因此，行业主体应更注重相关的政策导向与监管态势，合法合规经营，注重防范相关合规风险。

论行政处罚法修订对企业合规的启示和意义

季　诺　尹云霞　康英杰

2021年1月22日，十三届全国人大常委会第二十五次会议审议通过了修订后的《行政处罚法》(以下简称新《行政处罚法》)，这是《行政处罚法》在实施25年后首次完成大修。新《行政处罚法》将近年来行政执法改革取得的重要成果固化到法律中，同时对行政处罚理论和实践中长期存在争议的焦点问题作出了针对性回应，比如，行政处罚的概念、主观要件、行政处罚的设定权限、一事不再罚原则等。作为行政管理和行政执法领域的基本程序法，《行政处罚法》不仅是行政机关在执法时应遵循的基本行为准则，也是企业开展合规工作的根本指引。新《行政处罚法》的一系列修订与企业合规直接相关，本文将以企业合规为视角，分析和探讨新《行政处罚法》的亮点以及对企业合规的重大意义。

一、明确了行政处罚的定义

原《行政处罚法》对于行政处罚并无明确界定，仅通过列举的方式明确了几类典型的行政处罚种类，同时规定法律、行政法规可以规定其他行政处罚。由于法律界定的缺失，在实践中，执法机关往往通过某一行政处罚的设定依据来判断其是否属于行政处罚。常见的市场禁入、信用惩戒措施、行政监管措施等行政行为，由于大多是通过规章甚至规范性文件设定，执法机关一般不认为是行政处罚，在实施时也缺乏明确、统一的程序要求。

新《行政处罚法》首次明确了行政处罚的定义，规定"行政处罚是指行政机关依法对违反行政管理秩序的公民、法人或者其他组织，以减损权益或者增加义务的方式予以惩戒的行为"。据此，我们理解，行政机关实施的具有减损当事人权益或者增加当事人义务的惩戒性行为，理论上均应纳入新《行政处罚法》调整范围，在设定、实施、救济等方面均须严格遵守相应规定。以证券监管领域为例，市场禁入、证券监管措施是证券监管部门经常采用的行政管理方式，一般认为其不属于行政处罚。但是，上述管理方式中不少具有明显的惩戒效果，对当事人的影响也丝毫不亚于行政处罚。例如，“市场禁入”在效果上等同于新《行政处罚法》规定的“限制从业”，“暂不受理与行政许可有关的文件”“停止核准新业务”与新《行政处罚法》规定的“限制开展生产经营活动”也比较类似。新《行政处罚法》实施后，诸如上述符合行政处罚定义的监管行为如何纳入新《行政处罚法》，值得企业重点关注。

二、确立了主动披露的激励机制

我国《刑法》规定了“自首”制度，规定犯罪后自动投案，如实供述自己罪行的，可以从轻、减轻处罚甚至免除处罚。在行政执法领域，虽然反垄断法等部分法律引入了宽大制度，但总体而言，相关法律对于主动披露违法行为缺乏统一、明确的激励机制，导致在实践中，当事人主动向执法机关披露违法行为的积极性普遍不高。

新《行政处罚法》首次在行政处罚基本法层面确立了主动披露的激励机制，第 32 条规定，当事人主动供述行政机关尚未掌握的违法行为的，应当从轻或者减轻处罚。在执法实践中，不少违法事项隐蔽性技术性强，法律关系复杂，行政执法难度大。从境外的执法经验看，调动企业自我合规的积极性往往是执法取得成功的有效手段。新《行政处罚法》总结境内外执法经验，在法律层面确定主动披露的激励机制，具有十分重要的现实意义和导向作用。这不但能够增进执法和监管效能，节省行政执法资源，而且也将引导广大企业在出现违规行为时积极开展内部调查，主动向执法机关报告，以争取宽大处理。

三、增加了“首违可不罚”的规定

新《行政处罚法》第 33 条在“违法行为轻微并及时改正，没有造成危害后果的，不予行政处罚”的基础上，增加规定了“初次违法且危害后果轻微并及时改正的，可以不予行政处罚”，即“首违可不罚”制度。近年来，新制定或修订的行政管理法规普遍加大了处罚力度。例如，根据《广告法》的规定，在官网、网店、微信公众号等宣传中出现“最佳”“国家级”等绝对化用语的，将可能被处以 20 万元以上的罚款。这在加大了执法威慑力的同时，有时候也容易出现“过罚失当”的情况。在执法实践中，一些违法行为虽然有危害后果但比较轻微，且当事人在被举报或者被调查后立即停止或者改正了违法行为，在这种情况下，执法人员常常陷入罚与不罚的两难境地。

新《行政处罚法》在总结近年来各地推行“柔性执法”“免罚清单”的基础上，明确规定了“首违可不罚”，具有积极的导向作用，体现了“处罚与教育相结合”的原则，也为企业在面临行政调查时争取免于处罚创造了新的途径。值得注意的是，对于初次轻微违法，新《行政处罚法》规定的是可以不予处罚，而并非应当不予处罚。因此，企业初次违法面临行政调查时，除了积极改正以外，及时完善企业内部规章制度加强合规管控，也有助于说服执法机关不予处罚。此外，该条规定的初次违法是否需要限定一定的时间范围以及限定在同一领域，需要在未来执法中进一步明确。

四、明确了行政处罚的主观归责原则

原《行政处罚法》对于行政违法行为的构成要件是否包括主观过错没有明确规定，理论界和实务界对此问题长期存在争论，未能形成统一意见。从相关法律法规的具体规定来看，除了部分条款中通过“伪造”“擅自”“指使”等用语能推导出当事人具有主观过错以外，大多数法律并未对违法行为的主观要件作出明确规定。在执法实践中，除非法律法规明确规定，执法机关也通常只判断当事人客观上是否违反了相关行政管理规定，而不考察当事人的主观过错状态。其主要理由是行政机关承担着繁重的执法任务，如果都要求执法机关考察当事人的主观过错，势必影响执法效率。

新《行政处罚法》第 33 条规定：“当事人有证据证明没有主观过错的，不予行政处罚。法律、行政法规另有规定的，从其规定。”该条首次在法律层面规定了行政处罚的主观过错要件，体现了“有过错才有责任”的现代法治精神，同时兼顾了行政执法的效率原则，具有十分重要的意义。

需要指出的是，从该条的表述来看，新《行政处罚法》对于主观要件采取过错推定原则，即当事人需要举证证明没有主观过错。笔者认为，建立有效内部合规制度并严格执行，是证明单位没有主观过错的重要证据。因此，企业应梳理自身经营活动中存在的风险点，尽快建立相应的内部合规制度并严格执行，一旦遇到行政执法，这将成为争取不予处罚的有效抗辩。

五、明确了“没收违法所得”的含义和适用

“没收违法所得”是执法实践中比较常见的一种行政处罚。新《行政处罚法》第 28 条第 2 款规定：“当事人有违法所得，除依法应当退赔的外，应当予以没收。违法所得是指实施违法行为所取得的款项。法律、行政法规、部门规章

对违法所得的计算另有规定的,从其规定。”与原《行政处罚法》相比较,上述规定有两个方面的重大修订:

一是明确规定当事人有违法所得,除依法应当退赔的外,应当予以没收。从字面理解,该规定似对违法行为普遍性设立了“没收违法所得”的行政处罚,此即无论法律法规对于违法行为是否设定了“没收违法所得”的行政处罚,行政机关在执法时均应没收当事人的违法所得。

二是明确了违法所得的计算标准。在执法实践中,对于如何计算违法所得,各执法部门的计算方式并不一致,大体上可以分为计算全部收入和计算利润,二者区别在于后者可以核减合理的成本支出。两种方式下计算出的违法所得差距巨大。新《行政处罚法》明确规定违法所得是指实施违法行为所取得的款项,即原则上不得核减成本,这对于统一执法尺度无疑具有积极意义。

新《行政处罚法》关于“没收违法所得”的上述修订客观上大幅加大了处罚力度,值得企业高度关注,并在遇到行政执法时积极应对。

六、延长了特定违法行为的追诉期限

新《行政处罚法》第36条第1款规定:“违法行为在二年内未被发现的,不再给予行政处罚;涉及公民生命健康安全、金融安全且有危害后果的,上述期限延长至五年。法律另有规定的除外。”该条款中“生命健康安全”“金融安全”的具体范围,尚待有权机关进一步明确。“金融安全”指向性相对明确,主要涉及人民银行、银保监会、证监会的执法事项。而“生命健康安全”则可能涉及医疗卫生、食品药品、产品质量、生态环境等领域的执法事项。新《行政处罚法》对涉及公民生命健康安全、金融安全违法行为的追诉期限从2年延长到5年,无疑对企业合规管控提出了更高的要求,考虑到实践中违法行为还可能存在连续或继续的情形,建议企业制定合规政策时将有关文档的保存期限延长到至少5年,以便在遇到行政执法时能提供充分的证明材料。

七、完善了行刑衔接制度

原《行政处罚法》规定违法行为构成犯罪的,行政机关应当将案件移送司法机关,依法追究刑事责任。但是,对于案件移送司法机关后如何处理,没有进一步规定。新《行政处罚法》从几个方面完善了行刑衔接制度。

一是增加规定了司法机关向行政机关的移送,对于依法不需要追究刑事责任或者免予刑事处罚,但应当给予行政处罚的,司法机关应当及时将案件移送行政机关。笔者认为,这里既包括了行政机关移送给司法机关后,司法机关认为不构成犯罪又退回给行政机关的情形,也包括司法机关自行调查立案后发现不构成犯罪移送给行政机关的情形。

二是强化了行政机关和司法机关的协调配合,要求两机关加强证据材料移交、接收衔接,完善案件处理信息通报机制。

八、确定了"从旧兼从轻"的原则

"法不溯及既往"是法律适用的一项基本原则,但现代国家从保护当事人权利出发也大多规定了"从旧兼从轻"的"有利溯及"原则。我国《刑法》第12条明确规定了"从旧兼从轻"的原则,但行政处罚中是否适用这一原则,法律没有明确规定。

2004年5月,最高人民法院发布的《关于审理行政案件适用法律规范问题的座谈会纪要》(法〔2004〕96号)中规定了"从旧兼从轻"的原则,该原则在行政执法和司法实践中已得到广泛认可。新《行政处罚法》首次从法律层面对该原则予以确认,规定"实施行政处罚,适用违法行为发生时的法律、法规、规章的规定。但是,作出行政处罚决定时,法律、法规、规章已被修改或者废止,且新的规定处罚较轻或者不认为是违法的,适用新的规定"。在实践中,新旧法的适用问题还面临不少复杂情形,例如,违法行为具有连续或继续状态,且跨越新旧法实施期间,如何适用法律,仍有待进一步明确。

九、完善了"一事不再罚"规则

原《行政处罚法》规定,对当事人的违法行为,不得给予两次以上罚款的行政处罚。在实践中,对于违法行为同时违反两个以上行政法律规范的,能否给予两次以上的罚款,存在不同认识。针对该问题,新《行政处罚法》第29条作出了明确规定:同一个违法行为违反多个法律规范应当给予罚款处罚的,按照罚款数额高的规定处罚。在实践中,还存在一种情形,即违法行为违反的多个法律规范属于不同的领域,并由不同执法机关分别管辖,由于执法机关一般只能执行其具有管辖权的事项,此时,"按照罚款数额高的规定处罚"如何操作,有待后续进一步明确。

十、细化了行政处罚的程序要求

新《行政处罚法》在规范行政执法程序、保障程序公正方面作出了许多新的规定,以下修订内容值得重点关注。

一是明确了行政处罚的办案期限。新《行政处罚法》第 60 条规定,除非法律、法规或规章另有规定,否则行政机关应当自行政处罚案件立案之日起 90 日内作出行政处罚决定。在实践中,有的调查案件久拖不决,行政法律关系长期处于不确定状态,影响了当事人的正常生产经营活动,新《行政处罚法》明确规定办案期限无疑有助于遏制这一现象。

二是扩充了行政处罚事先告知的内容。原《行政处罚法》只规定行政机关在应事先告知当事人作出行政处罚决定的事实、理由及依据,并不要求告知行政处罚的具体内容。在实践中,有的行政机关没有明确告知行政处罚的具体内容,或者仅仅告知了法定的处罚幅度,这显然有违行政处罚事先告知制度的本意。新《行政处罚法》明确规定应告知行政处罚的内容,这有助于当事人积极开展申辩,维护自身合法权益。

三是完善行政处罚听证制度。听证是现代行政程序法的核心制度,对于保障当事人合法权益具有重要意义。新《行政处罚法》进一步扩大了听证范围,将没收较大数额违法所得、没收较大价值非法财物、降低资质等级、吊销许可证件等较重的行政处罚均纳入听证的范围。此外,新《行政处罚法》还对听证笔录的效力作出明确规定,要求行政机关应当根据听证笔录作出决定,从制度上杜绝听证“走过场”。

央企合规进入 2.0 时代：《中央企业合规管理办法》亮点解读与评析

尹云霞　康英杰　姜迎宁

近日，国务院国有资产监督管理委员会（以下简称国资委）颁布了《中央企业合规管理办法》（以下简称《管理办法》），于 2022 年 10 月 1 日起施行。《管理办法》全面提炼总结 2018 年《中央企业合规管理指引（试行）》（以下简称《试行指引》）发布以来中央企业（央企）合规管理实践，吸收国际合规管理先进经验，在央企合规管理应遵循的原则、合规管理组织与职责、合规制度、运行机制、合规文化、信息化建设及监督问责等方面作出了一系列重大修订，为新形势下央企进一步加强合规管理体系建设，不断提升央企依法合规经营管理水平提供了重要指导。

一、制定背景

为推动央企加强合规管理，提升依法合规经营管理水平，国资委于 2018 年 11 月 2 日发布了《试行指引》，《试行指引》的颁布标志着央企全面合规体系建设的开端；其后，不少地方也陆续发布了规范地方国企合规体系建设的指引性文件。2022 年 1 月，国资委正式发文将今年确定为“合规管理强化年”，要求进一步加大工作力度，推动央企加快建立健全合规管理体系，进一步提升央企依法治企能力水平。在此背景下，国资委于 2022 年 4 月 1 日公布了《中央企业合规管理办法（公开征求意见稿）》（以下简称《征求意见稿》），向社会公开征求意见，历经 5 个多月的反复讨论修改终于在同年 10 月 1 日开始施行。

不同于作为规范性文件的《试行指引》，《管理办法》是以部门规章的形式公布，效力层级的提升不仅体现了国家对进一步推动建立健全合规管理体系建设的充分重视,也使《管理办法》对央企具备了刚性约束力。根据《管理办法》第37条的规定,央企违反《管理办法》,因合规管理不到位引发违规行为的,国资委可以约谈相关企业并责成整改;造成损失或者不良影响的,可以根据相关规定开展责任追究。

二、亮点解读与评析

(一)坚持合规管理中党的领导地位

对比《试行指引》,《管理办法》从合规管理工作原则、党委(党组)合规职责、合规文化等多维度确立并强化了党的领导在央企合规管理工作中的首要地位,具体而言:

1.《管理办法》第5条将"坚持党的领导"列为合规管理工作的首要原则,并贯穿合规管理全过程;

2.《管理办法》第7条第1款新增"党委(党组)"的合规领导职责,第2款增加了"中央企业应当严格遵守党内法规制度"等表述;

3.《管理办法》第29条新增"合规管理纳入党委(党组)法治专题学习"的合规义务。

上述修改明确了央企合规管理工作与党的领导的关系。虽然对比《征求意见稿》,《管理办法》在合规定义中删除了"党内法规",但明确提出央企应严格遵守党内法规制度,推动相关党内法规制度和合规要求在企业内的有效贯彻与落实,丝毫没有弱化党在合规管理工作中的领导地位。

(二)优化并明晰合规管理组织及权责

《管理办法》在《试行指引》的基础上,对合规管理组织架构作了进一步调整与优化,明晰了各合规管理组织的权责划分,包括:(1)增加党委(党组)的合规领导职责,删除监事会在合规管理工作中的权责;(2)明确央企主要负责人作为第一责任人的权责;(3)首次提出央企应设置首席合规官,并对其具体合规管理职责作了明确;(4)进一步明确合规管理"三道防线"的权责划分(见图1)。

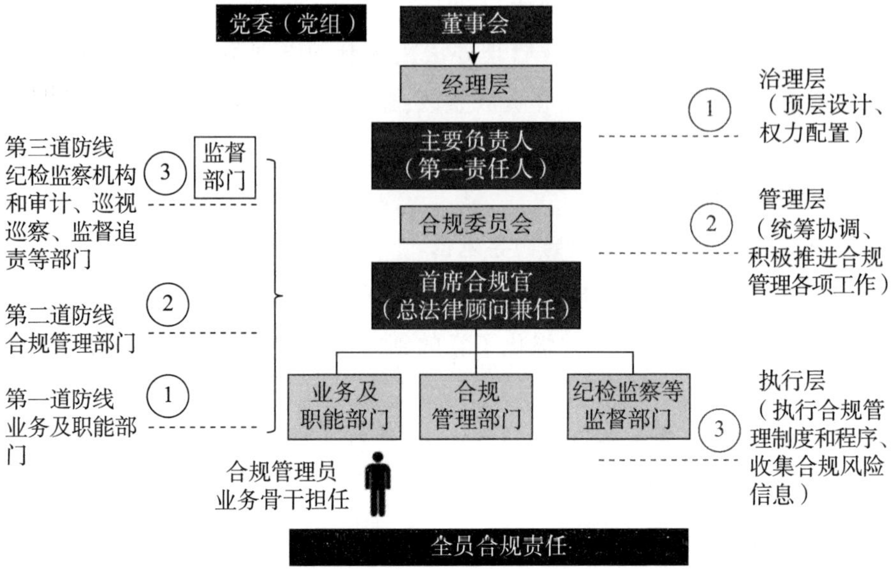

图1　合规管理组织架构

《管理办法》的上述修改体现了主管机关对央企合规管理发展趋势、实践成果及疑难问题的思考、总结与回应。

1. 就发展趋势而言，未来央企可能不再设立监事会，由纪检监察等机构承担监督职责。2018 年国务院机构改革后，国资委国有重点大型企业监事会的职责划入审计署；2021 年年底公布的《公司法（修订草案）征求意见稿》第 153 条规定国有独资公司在特定条件下可以不设监事会或者监事。基于此，也就不难理解《管理办法》删除监事会在合规管理体系中的职责，并继续强调企业纪检监察机构和审计、巡视巡察、监督追责等部门的合规监督职责了。

2. 在总结实践成果方面，《管理办法》结合近年来央企合规管理的实践探索，专门强调与细化了央企主要负责人在推进法治建设中第一责任人的职责，明确了其在合规管理工作中的关键领导角色。此外，《管理办法》进一步明确了“三道防线”设置及权责划分。《管理办法》虽未保留《征求意见稿》“三道防线”之表述，但第 13 条至第 15 条 3 个独立条文实质上按照“三道防线”依次表述并明确其职责。

3. 在回应问题方面，央企在合规管理实践中面临的不少困惑。例如，是否需要增设“首席合规官”，其的职位职责设置如何与总法律顾问相区分？职能部门是否需要承担合规管理职责？部门或处室负责人兼顾合规工作不符合实际如何解决？合规咨询及合规审查如何开展？《管理办法》对上述问题都给予了明确回应。尤其需要指出的是,企业内部普遍存在合规部门负责合规的误区,使得合规管理工作流于纸面。《管理办法》对合规与业务的有机融合给予了重点关注,进一步强化了业务及职能部门的合规职责,如合规风险识别、评估与应对、建立健全本部门业务合规管理制度和流程、重点岗位合规入岗、合规审查等,对“管业务必须管合规”提出了更贴合业务实操的要求。

(三)强化合规制度建设

《管理办法》将原分散于《试行指引》各章的合规管理制度相关规定汇总,增设制度建设专章,要求央企构建分级分类的合规管理制度体系,强调核心制度的主要内容与落实监督,将更多细节事项放权给企业自主决定,具体而言:

1. 合规管理制度分为“基本制度”和“具体制度或者专项指南”两级,明确了不同合规管理制度的效力层级;明确了合规管理基本制度主要内容,包括总体目标、机构职责、运行机制、考核评价、监督问责等方面,未对具体制度或者专项指南的具体内容作出要求。

2. 具体制度或者专项指南根据央企的重点领域进行分类,如反垄断、反商业贿赂、生态环保、安全生产、劳动用工、税务管理、数据保护等,首次新增数据保护领域;同时,继续要求对涉外业务重要领域制定专项合规管理制度。

3. 明确要求对合规管理制度及时修订完善,并新增对合规管理制度执行落实情况的检查。

上述修改同样体现出国资委对央企合规管理工作开展过程中的普遍性问题的回应与指引。

首先,进一步明确了央企合规管理制度的顶层架构、效力层级与重点内容,确定了央企合规管理基本制度的核心内容,对央企常见重点风险领域进行更为细分的列举。其次,合规管理基本制度是一个企业的合规纲领性文件,抽象地概括了企业合规管理工作的基本要求,而成熟与完善的合规管理基本制度具有一定的共性,故国资委借鉴国际标准化组织(ISO)2021年4月更新的ISO 37301:2021《合规管理体系　要求及使用指南》、结合4年来央企合规实践经验的基础上,就合规管理基本制度的核心内容作出统一要求,并为企业融入自身特色留下空间。再次,具体制度或者专项指南需要企业在全面风险梳理与评估的基础上，结合企业具体业务领域、业务流程制定。除了重点风险领域具有一定程度上的共性，更多具体风险领域则需要央企对比合规义务及自身合规实践进行差距分析后确定。故国资委仅以举例形式对重点风险领域进行提示。最后，随着央企合规建设的逐步深化，央企已普遍建立起了一套合规管理体系，但不少企业仍停留在纸面合规。随着“合规管理强化年”的确立，国资委明确提出要“合规制度落地”，提示企业在已有合规管理制度体系不断完善的基础上，更加关注制度的落地与执行。

（四）加强合规审查

合规审查是企业管控合规风险的有效手段之一。2022 年 9 月 19 日，国资委政策法规局负责人就《管理办法》答记者问中亦提道，加强合规审查是规范经营行为、防范违规风险的第一道关口，合规审查做到位就能从源头上防住大部分合规风险，进一步凸显了合规审查的重要性。《试行指引》仅对合规审查的事项范围及要求做出原则性规定，《管理办法》进一步完善了合规审查制度，扩大了合规审查的主体，扩展了合规审查事项，提升了合规审查的刚性约束，具体如下。

1. 明确合规审查的主体及职责。将合规审查的主体从合规管理牵头部门拓展到“业务及职能部门和合规管理部门”，并进一步明确各部门在合规审查环节的义务，即“依据职责权限完善审查标准、流程、重点等，定期对审查情况开展后评估”，通过闭环管理不断提升合规审查质量，更好支持合规管理工作运行。

2. 拓展了合规审查事项。《试行指引》要求对“规章制度制定、重大事项决策、重要合同签订、重大项目运营等经营管理行为”开展合规审查，而《管理办法》事实上将其拓展到了“全部经营管理行为”。

3. 提升合规审查的刚性约束。确保“应审必审”，即“合规审查作为必经程序嵌入经营管理流程”的同时，将对重大经营管理行为合规审查的要求具体到“首席合规官签字，并对决策事项的合规性提出明确意见”，责任到人。

（五）持续探索合规、法务、内控、风险管理四位一体的协同机制

《管理办法》第 26 条强调，央企应当结合实际建立健全合规管理与法务管理、内部控制、风险管理等协同运作机制，加强统筹协调，避免交叉重复，提高管理效能。国资委对央企持续深入探索合规、法务、内控、风险管理四位一体

协同机制提出进一步要求。在实践中,要满足国资委上述要求就必须先厘清如下问题。

1. 如何定义合规管理、法务管理、内控管理、风险管理各自的职能?

企业在经营管理活动中会面临不同类型的风险,如战略风险、运营风险、市场风险、合规风险、法律风险、财务风险等,上述部门即为管控不同的风险而设置,都是通过对风险的识别和管控进而促进企业战略目标实现的重要管理活动,职能间存在很大的共性和交集,其根本目的都是为企业健康持续发展提供保障,因此存在建立协同机制的基础。故在厘清各部门所管控风险之特点和内涵后,即可基于共性,在企业现行组织架构的基础上建立有效协同机制。

(1)合规管理:聚焦在有效防控合规风险,《管理办法》定义合规风险是指,企业及其员工在经营管理过程中因违规行为引发法律责任、造成经济或者声誉损失以及其他负面影响的可能性,强调引发监管机构执法如行政处罚、刑事责任、国际制裁等方面的风险。

(2)法务管理:聚焦在有效防控法律风险,相较合规风险,强调引发与外部平等主体之间的风险。

(3)风险管理:聚焦在有效防控战略风险、运营风险、市场风险等经营风险。

(4)内控管理:聚焦在程序合规,即依据内部规章制度,在全面风险管理的基础上,梳理业务操作流程上的各项风险点并提出管控措施。内控管理是企业管理的抓手。

2. 如何在现行组织架构下建立四位一体的协同机制?

由上可见,上述部门的职能虽各有侧重,但也很容易出现职能交叉。例如,内部控制聚焦在程序合规,很容易与合规、法务及风险管理领域中的程序管控出现重叠;又如,在内部员工无法对风险进行判断与分类的情况下,很容易出现合规管理、法务管理及风险管理职能的重叠。如何有效避免职能交叉并建立四位一体的协同机制,企业可以结合自身实际情况,从如下三个方面进行考量:

(1)将合规、法务、内控和风险管理的职能设置在一个部门中,如法律合规与风控部,由一个部门承担全面风险管理的职能,部门内部在风险识别、分类与评估环节进行充分沟通的同时,也可以减少部门设置,进一步集中资源;

(2)在全面风险管理的基础上,以预防及应对合规风险为核心,开展风险梳理工作,基于风险梳理结果,将合规要求、法律要求、风险管理要求等切实融入相应业务操作流程及内控程序中,循序渐进优化内控管理;

(3)加强各部门员工的合规培训,提升员工对于风险识别、判断、评估及预防等方面的合规意识。

(六)强化合规有效性评价

合规管理体系有效性评价是合规体系建设的应有之义,也充分发挥合规促进和保障业务发展的必然要求。国外普遍重视合规有效性评价,例如,美国司法部《企业合规机制评估》从“设计、执行、效果”三个维度对如何构成一项有效的合规机制提出了具体指引。《管理办法》借鉴国际先进经验,进一步强化了合规有效性评价,体现在:(1)《管理办法》第4条明确规定国资委将对央企的合规管理体系有效性进行考核评价,增强外部监管有助于央企合规管理体系有效性评价工作落到实处;(2)《管理办法》进一步丰富了合规有效性评价的内涵,除了合规管理体系整体有效性评价以外,还规定央企应当“针对重点业务合规管理情况适时开展专项评价”;(3)《管理办法》在第8条和第14条中明确规定,合规管理体系有效性评价是董事会、合规管理部门的工作职责,且是运行机制的组成部分,落实其主体责任,有助于央企合规管理体系有效性评价工作的有序开展。

自2018年全面推进央企合规体系建设以来,目前,央企基本上均已建立起一套合规管理体系,但在实践中,不少企业合规管理体系仍停留在“纸面合规”阶段。《管理办法》强化合规有效性评估应该说抓住了“牛鼻子”,能有效推动央企合规管理体系从“纸面合规”走向“有效合规”。在实践中,为保证合规体系有效性评估的客观性,央企可以考虑聘请第三方中介机构开展有效性评估,同时,应注意开展有效性评价的第三方中介机构应区别于协助企业搭建合规管理体系的中介机构。此外,也可以聘请专业的合规管理体系认证机构对企业合规管理体系有效性进行认证。

结　语

2018年《试点指引》颁布标志着央企全面合规体系建设的开端,主要解决央企合规管理体系“从无到有”的问题,而《管理办法》出台标志着央企全面合规管理体系建设进入了2.0时代,着重解决央企合规管理体系“从有到精”的问题。《管理办法》也将会在未来3~5年时间,深刻地决定和影响央企合规管理工作,因此,深入学习、理解并贯彻《管理办法》将成为央企合规管理工作的重点。

《管理办法》对央企合规管理工作以有效性为导向,以与运营有机契合为目标,对央企合规管理工作应遵循的原则、合规管理组织与职责、合规制度、运行机制、合规文化、信息化建设与监督问责进行了更为明晰的规定,也给予了企业在量身定制合规管理体系过程中更多的自主权。对于央企而言,立足于合规管理有效性,对照《管理办法》逐项审视自身企业合规体系现状,结合自身情况和特点,对其合规管理体系进行完善和提高。需要指出的是,《管理办法》条文虽明确规定仅适用于央企,但对地方国企、民营企业开展合规体系建设无疑也具有重要的参考和借鉴意义。

中国网络安全审查制度进入新阶段：解读《网络安全审查办法》新变化

丁继栋　尹云霞　张毅

2022年1月4日，经过近6个月的意见征求与修订工作，国家互联网信息办公室（以下简称国家网信办）、国家发展和改革委员会、中国证券监督管理委员会（以下简称证监会）等十三部委，正式联合发布修订后的《网络安全审查办法》（以下简称新《办法》）。① 新《办法》将于2022年2月15日起施行，中国的网络安全审查制度将进入新的阶段。

此前，网信办等部门曾于2020年4月13日发布原《网络安全审查办法》（以下简称原《办法》），并于2021年7月10日发布《网络安全审查办法》（修订草案征求意见稿）（以下简称征求意见稿）。总体而言，新《办法》基本保留了征求意见稿提出的制度框架，同时明确了涉及的审查部门、内部的工作机制以及若干关键问题。本文将对新《办法》的重点变化进行简要评述，结合证监会于2021年12月24日发布的国务院《关于境内企业境外发行证券和上市的管理规定（草案征求意见稿）》（以下简称《境外上市管理规定》）和《境内企业境外发行证券和上市备案管理办法（征求意见稿）》（以下简称《境外上市备案办法》），来探讨目前企业境外上市的数据合规监管要求。

一、网络安全审查的触发情形

根据新《办法》全文在不同条款中的设定，网络安全审查的触发情形最终尘埃落定为三类。

（1）主动申报：（a）当事人（关键信息基础设施运营者或网络平台运营者）

---

① 新《办法》的13个发文机关包括：国家互联网信息办公室、国家发展和改革委员会、工业和信息化部、公安部、国家安全部、财政部、商务部、中国人民银行、国家市场监督管理总局、国家广播电视总局、中国证券监督管理委员会、国家保密局、国家密码管理局。

认为其采购网络产品和服务或开展数据处理活动，影响或者可能影响国家安全，进而主动申报；[②](b)掌握超过100万用户个人信息的网络平台运营者赴国外上市，必须申报网络安全审查。新《办法》仍没有对“掌握”进行定义，考虑到监管机构可能关注各种数据处理活动所带来的实质风险，[③]《个人信息保护法》下受个人信息处理者委托处理个人信息的受托方仍有可能被认为是“掌握”个人信息，但这还有待国家网信办等的进一步明确。

(2)依职权启动：网络安全审查工作机制成员单位（如国家网信办、证监会、公安部、国家安全部等）认为网络产品和服务以及数据处理活动影响或者可能影响国家安全的，由网络安全审查办公室按程序报中央网络安全和信息化委员会批准后进行审查。[④]

(3)社会举报：新《办法》规定，网络安全审查办公室通过接受举报等形式加强“事前事中事后”监督。[⑤] 这一规定为通过社会监督举报的方式触发网络安全审查留出了必要的法定依据和制度空间。

综上，如果企业无论是赴港还是赴美（或其他国家）上市，只要是对国家安全产生或者可能产生影响，都存在会被网络安全审查的可能。因此，赴国外上市是否需要网络安全审查的预判考量不应仅限缩在判断是否“掌握100万用户个人信息”这个维度，还需要结合新《办法》第10条考虑是否会对国家安全产生影响。例如，是否会造成核心数据、重要数据或者大量个人信息被窃取、泄露、损毁，以及非法利用或者非法出境的风险。

“第十条　网络安全审查重点评估相关对象或者情形的以下国家安全风险因素：（一）产品和服务使用后带来的关键信息基础设施被非法控制、遭受干扰或者破坏的风险；（二）产品和服务供应中断对关键信息基础设施业务连续性的危害；（三）产品和服务的安全性、开放性、透明性、来源的多样性，供应渠道的可靠性以及因为政治、外交、贸易等因素导致供应中断的风险；（四）产品和服务提供者遵守中国法律、行政法规、部门规章情况；（五）核心数据、重要数

② 新《办法》第2条、第5条、第7条。

③ 参见《〈网络安全审查办法〉答记者问》：“问：如何理解网络安全审查中涉及的数据处理活动？答：根据《数据安全法》，数据处理活动包括数据的收集、存储、使用、加工、传输、提供、公开等活动。”载国家网信网，http://www.cac.gov.cn/2022-01/04/c_1642894602460572.htm。

④ 新《办法》第16条。

⑤ 新《办法》第19条。

据或者大量个人信息被窃取、泄露、毁损以及非法利用、非法出境的风险；(六)上市存在关键信息基础设施、核心数据、重要数据或者大量个人信息被外国政府影响、控制、恶意利用的风险，以及网络信息安全风险；(七)其他可能危害关键信息基础设施安全、网络安全和数据安全的因素。”

在2021年12月24日证监会有关负责人关于《境外上市管理规定》和《境外上市备案办法》答记者问时，提到“为保障备案管理顺利实施，证监会将与境内有关行业和领域主管部门建立监管协作机制，加强政策衔接、信息共享和监管协同，不会要求企业到多个部门拿‘路条’、跑审批，尽可能减轻企业监管负担”，以及有如下说明：⑥

“首先，对特定行业领域主管部门以制度规则明确要求企业境外上市前履行监管程序的，企业提交备案申请前应当取得主管部门出具的监管意见、备案或核准等文件。比如，根据《中资商业银行行政许可事项实施办法》等规定，中资商业银行境外上市前须履行银行业主管部门的审批程序。

其次，根据《管理规定》，证监会将牵头建立企业境外上市跨部门监管协调机制，在收到企业备案申请材料后，主动与有关主管部门加强沟通或征求意见，以提高备案效率。同时，证监会将配合推动有关主管部门明晰相关领域的监管制度规则，提高政策可预期性。

最后，对涉及外商投资安全审查、网络安全审查等法律法规规定范围内的企业境外上市，在提交备案申请前，企业应当依法申报安全审查。”

证监会的备案机制适用于所有拟境外上市企业。虽然在关于《境外上市管理规定》和《境外上市备案办法》答记者问中对网络安全审查的口径均为“按照其他法律法规”执行，但是在实践中，为了避免企业完成证监会备案后甚至实质启动上市程序后，其他网络安全审查工作机制单位因持有不同的意见而决定依职权对企业发起网络安全审查，证监会也可能会与国家网信部门等部委建立内部协调机制，对拟境外上市的企业(特别是影响或者可能影响国家安全的企业拟港股上市，或者是不掌握100万用户个人信息的企业拟赴国外上市)在完成证监会备案之前进行部委内部的讨论以及审查。

---

⑥ 参见《证监会有关负责人答记者问》，载中国证监会网2021年12月24日，http://www.csrc.gov.cn/csrc/c100028/c1662240/content.shtml。

二、赴港上市无须主动申报网络安全审查

新《办法》保留了征求意见稿中“国外上市”的概念。[7] 与已经正式发布的新《办法》不同，国家网信办于 2021 年 11 月 14 日发布的《网络数据安全管理条例》(征求意见稿)(以下简称《网数条例》)曾分别规定“赴香港上市”和“国外上市”两种触发网络安全审查的情形。[8] 虽然在法律效力上，新《办法》仅仅是部门规章，而《网数条例》是国务院制定的行政法规，由于两者的牵头起草机关均为国家网信办，笔者认为，随着新《办法》的正式发布，监管态度已经较为明朗，即未来赴港上市无须主动申报网络安全审查。《网数条例》在后续的修订过程中也很有可能进行相应的调整以便与新《办法》保持一致。但是赴港上市无须主动申报并不代表企业并不会受到网络安全审查，因为新《办法》仍然规定了网络安全审查工作机制成员单位可以依职权启动该等审查，特别是如果该企业的境外上市影响或可能影响国家安全的情况。根据《境外上市管理规定》和《境外上市备案办法》，境内企业直接或间接在中国香港特别行政区上市也需要在上市前完成证监会的备案手续。

三、“网络安全审查”不等同于“数据安全审查”

2021 年 9 月 1 日实施的《数据安全法》第 24 条规定：“国家建立数据安全审查制度，对影响或者可能影响国家安全的数据处理活动进行国家安全审查”。根据新《办法》第 22 条，国家网信办首次公开明确网络安全审查与数据安全审查并不等同：“国家对数据安全审查、外商投资安全审查另有规定的，应当同时符合其规定。”同时，据国家网信办有关负责人就新《办法》答记者问所提及：《数据安全法》明确规定国家建立数据安全审查制度，国家网信办据此对《网络安全审查办法》进行了修订，聚焦网络平台运营者开展数据处理活动影响或者可能影响国家安全的情形，并将其纳入网络安全审查范围。[9] 这意味着，虽然网络安全审查同时关注数据安全问题，但国家有关部门还可能会另行出台专门性规则用来执行《数据安全法》第 24 条的数据安全审查制度。

---

⑦ 新《办法》第 7 条。

⑧ 《网数条例》第 13 条：“数据处理者开展以下活动，应当按照国家有关规定，申报网络安全审查：……(二)处理一百万人以上个人信息的数据处理者赴国外上市的；(三)数据处理者赴香港上市，影响或者可能影响国家安全的……”

⑨ 参见《〈网络安全审查办法〉答记者问》，载国家网信网，http://www.cac.gov.cn/2022-01/04/c_1642894602460572.htm。

四、特别审查流程期限进一步延长

新《办法》总体上沿用了征求意见稿的审查流程与期限，但是将“特别审查程序”（在出现网络安全审查工作机制成员单位、相关部门意见不一致情况时，需征求有关部门意见并报中央网络安全和信息化委员会批准的情况）的审查期限由 3 个月延长至 90 个工作日。

在新《办法》规定下，一般情形的网络安全审查将在启动后 60 个工作日（45 +15）内完成，进入特别审查程序的周期则可能长达 7 个月（45 +15 +90 工作日内）。考虑网络安全审查办公室要求提交补充材料的时间不计入审查时间，在实践中企业应对网络安全审查的实际期限将更加漫长，建议有关企业应将可能触发的网络安全审查期限充分考虑在商业计划的时间表内，特别是今后在赴港上市不需要主动申报网络安全审查的前提下，如果事前没有主动预判自身业务特性以及产品和/或服务是否会造成国家安全的影响，进而提交 A1 等材料后被监管要求启动网络安全审查，将有可能实质延误上市进程。

从涉案企业合规案件看第三方组织有效履职之方法与思路

庄燕君[*]　姜迎宁　魏　彤

企业合规改革的全面推进，掀起了企业加快合规建设、探究"第三方监督评估机制"（以下简称第三方机制）的大潮。受检察机关、涉案企业的委托，方达几次担任涉案企业合规员或第三方监管人，在涉案企业合规案件方面积累了一些经验。此次推出"方达刑事合规经验谈"系列文章，旨在从方达担任监管人视角，结合热点问题，回顾总结部分办理涉案企业合规案件的特点和经验，欢迎指正、讨论。

本篇《从涉案企业合规案件看第三方组织有效履职之方法与思路》是系列文章的第三篇。笔者选取了最近方达以第三方监管人身份参与的一宗合规不起诉案件，以亲历视角分享并探讨第三方组织在第三方机制中的有效履职方法与思路。

一、案情简介及合规工作背景

（一）案情简介

本案涉及的公司系某世界500强央企集团的一级子公司，拥有工程设计公路行业甲级资质等各项优质资质。其下属子公司在某路面工程标段施工中，为方便作业，由该子公司员工A从他处租用了性质为林地的地块以堆放石料，非法占用林地面积约18亩，涉嫌构成非法占用农用地罪。

检察机关经审查认为，涉案犯罪行为系单位犯罪，A为直接负责的主管人员，因涉案公司（以下简称公司）及A认罪认罚且悔改态度较好，积极修复了被破坏的林地资源，故决定对公司适用合规考察。

---

* 上海市方达律师事务所合伙人。

检察机关委托方达担任本案的第三方监管人，对公司施工环保、临时用地方面开展专项合规监管，合规考察期限为 3 个月（后因客观原因延长至 5 个多月）。

（二）合规工作背景

本案的合规工作具有多重复杂性和特殊性。

1. 犯罪成因复杂

临时用地审批涉及施工单位、发包方和政府及行政机关等多方主体的协调配合，审批难已成行业痼疾。公司作为施工单位需要独自平衡合规风险与经济利益，协调自身与发包方和政府及行政机关的多方关系，存在客观困难；其提出的合规整改措施很可能易于执行却失之表面，或是过于严苛而无法执行。因此，我们需要指导公司综合考量合规整改措施的严厉性与可行性，确保整改措施充分到位且能够落地。

2. 合规主体庞大

公司作为央企集团的一级子公司，治理结构成熟完备，公司内部各层级和部门的职责较为清晰，且已有体系化、专业化的环境保护内控机制。若能充分运用并优化其现有治理体系及内控机制，无疑是兼顾经济效益和合规效益的最优途径。因此，我们需要在充分理解公司现有治理架构与内控流程的基础上，指导其在已有的制度、体系中准确嵌入合规管控流程与措施，既经济又有效地完成整改。

3. 异地开展合规

公司总部与各子公司分别位于不同省市，各地环境保护和临时用地的监管政策存在较多差异，且大量合规建设与整改工作要求异地开展。我们需要熟练运用相关领域的专业知识，指导公司建立充分归纳共性要求亦能兼顾各地实践的专项合规体系，并全程监督、评估跨地域多主体的合规整改工作。

4. 整改期限有限

受限于现有刑事诉讼程序的办案时限，检察机关最初确定的合规整改期限仅为 3 个月，这对我们指导公司准确开展犯罪成因分析、做出有效合规承诺并实际履行提出了极高的要求。我们需要在前期准备阶段高效精准地研判公司在合规领域存在的薄弱环节和突出问题，指导其制订有效的合规计划并通过检察机关审查，以便给公司预留相对充分地履行合规承诺时间，避免徒有框架无法落地的“纸面合规”。

二、履职方法

履职方法是我们在担任第三方监管人时所采用的具体工作方法。我们选取了较为关键的三个履职环节，就相关方法予以展开。

（一）充分做好前期准备

第三方组织充分的前期准备，是有效指导涉案企业开展合规整改的基础。第三方组织成立后，应当在负责办理案件的人民检察院的支持协助下，深入了解企业涉案情况，认真研判涉案企业在合规领域存在的薄弱环节和突出问题，准确把握企业涉案的根本原因，以合理确定涉案企业适用的合规计划类型，做好相关前期准备工作。

我们在甫一介入本案之际就通过阅卷、与A和其他关键人员访谈等方式了解具体案件成因，通过调取组织结构图及公司治理制度剖析公司的组织架构，迅速选定项目管理部、法律部、财务部和办公室等与专项合规密切相关的核心部门，并要求各核心部门主要负责人全程参与合规工作，精准切入公司管理流程的要害。由于案件的发生具有行业性特点，为了进一步挖掘问题深层原因，制订切实可行的整改计划，我们没有局限于案件涉及的单一项目，而是对公司大量同类项目展开调研。综合案情及企业特点，我们通过现场走访、线上线下访谈、文件审阅等方式复盘了公司的决策审批流，协助公司对涉案情形进行深入的归因分析，准确定位了公司形成合规风险的原因。

1. 风险识别能力不足

公司在工程建设领域具有多年经验，在其众多项目中均涉及大量临时用地的使用问题。在实践中，临时用地审批长期面临周期长、审批难等客观困难，但公司却从未及时将其识别为合规管理的重点领域，致使临时用地监管环节真空。

经深入调查，在该类项目中，既存在发包方过于强势，给施工方设定过重义务；又往往存在政府部门在项目前期口头承诺协调审批，但后续支持工作不够等复杂原因。公司虽然对项目上述困难有所预见，但是对具体问题的重视不足，未能准确识别临时用地的合规风险内容及等级。综合全案，我们发现，公司存在用地选址及用量标准缺失、决策审批合一、财务申报层级较低且审批流程粗放、决策人员未被列为重点人员亦未受到合理监管等制度性缺失问题，导致相关环节风险失控。

2. 整体合规意识欠缺

本案上升到刑事案件的重要原因在于公司的合规意识不足，对于可能出现违法苗头的行为及事件没有及时、妥善处理，存在短视的情况。

经复盘发现，早在案发半年前，涉案项目的工程进度、备料已出现严重滞后，且公司还曾因此支付了相当数额的罚金，有关部门甚至曾警示将约谈公司法定代表人。作为事件延长链，公司负责运营的下属机构扩大临时用地面积、占用涉案地块，均未引起公司的足够重视。公司没有考虑事件延续可能带来的连锁反应，直至被行政部门查处并移送公安机关。

3. 决策过度利益化导向

本案发生的另一个因素在于公司在商业决策过程中过度关注利益，未合理屏蔽合规风险。

我们了解到，公司作为涉案标段投标人，对建设经营活动自负盈亏。为充分争取中标机会，公司在合同中承担了较重的义务和较高的风险。而在项目前期规划及决策过程中，公司仅从控制项目成本的角度考量，没有预留合理的临时用地审批时间及使用面积。因此，当工程备料滞后时，公司在压力之下冒险非法占用了林地。

深入参与企业涉案的根本原因分析，有助于我们准确定位企业不合规的“痛点”，从而有的放矢地指导企业做出可行、有效且全面的合规承诺。

（二）有效审查并指导完善合规计划

涉案企业制订并提交的合规计划，是其开展合规建设及第三方组织进行合规评估的基础和依据。第三方组织的一个重要职责就是对涉案企业合规计划的可行性、有效性与全面性进行审查，[①]并指导涉案企业进行修改和完善。

我们在前期准备阶段后期就向公司书面提出合规计划建议，明确指出我们发现其目前存在的四类合规风险，就合规计划书的结构及内容做出具体要求，如应当包括充分的犯罪成因分析及合规现状自查，整改措施应当具体且落实到责任部门，并就完成时间及标志做出承诺等。在书面建议中，我们重点提出了八大类整改意见，包括：(1)完善合规组织架构，明确合规管理委员会的工

① 参见《关于建立涉案企业合规第三方监督评估机制的指导意见（试行）实施细则》第29条。

作方式和议事规则,使其在决策中真正发挥作用;(2)加强风险识别和评估,项目相关合规风险应当前置研判;(3)建立临时用地专项合规管理制度,提高临时用地事项决策及财务审批的层级;(4)将财务管控机制作为合规有效抓手,将合规审查程序嵌入资金审批流;等等。

公司最初提交的专项合规计划书缺少对犯罪成因的根本分析,也未就公司的合规体系现状进行客观分析;提出的整改措施既未涉及对合规系统的查缺补漏,亦缺乏可操作性,相关整改措施的责任部门、完成标志及完成时间均不清晰。经我们充分沟通及多达10余版修订,终于定稿并经检察机关审核通过。

1. 企业风险自查的充分性

对公司提交的合规计划,我们重点关注其对犯罪成因的根本分析、相关风险节点的排查过程和结果;其是否采用了科学的风险分析方法;以及其梳理形成的风险领域、风险节点和风险等级与我们的研判是否一致。

公司最终提交的合规计划书对犯罪成因的分析从梳理临时用地管理制度、决策流程及实际执行情况着手,梳理出与决策机制、财务审批及整体合规意识相关的三大五小具体成因,并归纳了与成因密切相关的四大合规风险点:(1)合规组织架构和职能不健全;(2)缺乏对环境保护和临时用地等专项合规风险的识别和应对机制;(3)缺乏临时用地合规管理专项制度;(4)企业合规意愿不强。

我们认为,其分析思路和方式科学合理,且具体风险内容涵盖了决策风险、经营风险、财务风险及合规风险四大核心风险领域,与前期的研判基本一致,对风险的自查较为充分。

2. 合规整改措施的针对性

对于已经确定的风险点,我们重点审查公司的合规计划是否能针对性地修复其合规领域的薄弱环节,封堵明显漏洞,相应措施能否足以防止相同或者类似的违法犯罪再次发生。

按我们提出的"整改措施与合规风险应当逐一呼应"之要求,公司承诺,在考察期限内将履行八大类17条具体整改措施,逐一对应前述四大合规风险点,如建立临时用地专项合规管理体系,加强风险识别和评估,建立基于风险的合规培训制度,发挥管理层合规表率作用等。此外,根据我们"提高临时用地事项决策及财务审批的层级”这一直接针对犯罪成因的建议,公司也相应提出了整改措施:一是明确了临时用地报批与使用的责任主体,任何临时用地在投入使用前均须获得上级公司办公室和法律部的事前审批;二是加强对临时用地费用支付的财务管控,临时用地相关费用支出的审批和管控全部提升至上级公司层面。

我们认为,上述措施既有针对合规体系的修补完善,也有针对本案犯罪成因的直接整改,针对性较为突出。

3. 合规整改措施的可行性

防止纸面合规是第三方考察工作的重点。因此,对于公司做出的合规承诺是否能嵌入业务流程、承诺完成的时间及拟采取的措施是否可行,是我们关注的焦点。

在本项目的现场启动会上,我们即在复盘项目决策、实施流程的基础上,要求公司应当在项目进场前及时对合规风险进行集体研判。公司根据项目管理经验,认定项目进场策划阶段是合理规划临时用地的关键节点,因此,其拟对《项目进场策划管理规定》、《项目策划大纲模板》和《标前策划实施细则(试行)》等制度及流程予以完善,并在 OA 系统中增设关于临时用地事项的新模块,及时跟踪监督各施工部门获取地块行政手续的情况。

经对公司的业务流和审批流的穿行试验,我们认为,公司的上述措施能够确保合规承诺实际融入业务流程,实现制度真正落地。

(三)合理设置有效性评估指标

有效的合规整改,涵盖了有效设计、有效执行及结果有效三个层次,贯穿第三方机制运行全程。因此,第三方监管人自始即应设立合规整改的有效性评估指标,并以之指导企业开展合规整改。

我们于前期即对涉案原因做出深入分析,在现场调研中与专项合规所涉及的业务、财务、环保、法务等多个部门进行了集中和分别的沟通交流,在归纳并确认案发原因之后,基于企业合规的经验,在现场就从对应有效性评估指标的视角提出了对于合规计划的进一步修改思路,并及时听取了各部门的意见,以期保证拟定的合规制度更具有针对性以及可落实性。工作现场我们要求:(1)厘清公司党委会、总经理办公会、部门三重一大会的决策范围及决策流程,找准临时用地事项决策的嵌入层级及环节;(2)了解公司现有 PM 系统运行逻辑及流程,考虑增加临时用地和环保资质审批的实现途径;(3)积极探索临时用地使用的替代方案,如使用宅基地、工业用地的可行性等。在随后的整改过程中,我们也不断就具体合规措施的实际效果与各部门经办人直接沟通。

1. 有效设计

如前所述,我们在公司做出合规承诺之初,就设立了有效性指标。如对犯罪成因的自查方式、风险梳理结果、对合规体系现状的评估及差距分析以及整改措施的全面性、针对性和可行性等。我们就相关指标与公司进行了充分沟通,并在审核其合规计划书时对相应指标予以充分关注。

公司在提交的合规计划书初稿中,大部分制度修订工作的完成时间均被计划至整改接近结束时。我们提出,制度修改进度要符合实际,重大制度修订所需的内部决策、审批流程较长,可以稍迟落地;而如培训制度等的修订则较为简便,应当适当提前,以便尽快落实。公司吸收了我们的意见并转化成为相应的合规承诺,最终计划里承诺的制度修订工作也实现了分阶段完成。

2. 有效执行

在整改落地阶段,我们标记出了与执行相关的有效性指标,如公司是否按计划的合规整改进度和相应的工作成果来履行承诺。

公司在整改期间,基本能对照合规计划书中承诺的具体整改工作的完成时间落实整改措施,并形成了对应的工作成果。如就沟通、举报机制的整改措施而言,公司在新制定的《企业合规建设实施方案》中要求各施工部门增设不合规事项举报箱,悬挂于不设监控区域,公布举报邮箱及电话,并鼓励员工就其了解到的项目施工中的临时用地和环境保护方面的不合规事项向公司反映,或就遇到的合规问题向公司咨询。我们抽取一个施工部门开展实地走访,发现其已经在监控盲区设立了举报箱,并在举报箱上公示了举报邮箱及电话,且通过了我们的模拟举报测试。

3. 结果有效

在最终的合规考察书面报告中,我们重点标记出了与结果相关的有效性指标并予以综合评估。

以公司对合规组织架构的整改措施为例。公司经过合规建设,成立了由管理层组成的合规委员会,构成包括了党委、纪委和董事会等核心管理部门的主要负责人;在公司下级子公司设置合规管理领导小组,由子公司党委书记任领导小组组长，总经理和纪委书记任副组长，各部门经理任组员。其完善后的合规组织架构包括了核心管理层，并有具体的工作方式和议事规则，确保了合规部门具有足够的权威和地位，合规优先于业务也因此具备了可能性。公司承诺就合规组织架构进行优化和整改，实际也搭建起两层由核心管理人员组成的合规组织架构，其就合规组织架构的合规整改结果是有效的。

三、履职思路

除了前述较为具体的履职方法，我们还在履职中秉持了一些关键的履职思路，从总体上及原则上确保全程有效履职。

（一）激活企业合规意愿

涉案企业的合规意愿，是有效合规体系的灵魂。只有当企业主动选择“合规优先于业务”的价值取向时，合规体系才可能得到有效的设计和执行，并最终转化为合规成果。因此，我们在履职过程中，尤其注重持续发力协助企业培育并激活合规意愿。

在本案履职中，我们亲历了公司合规意愿的萌发及成长。在前期准备阶段，公司合规意愿较为有限，如在重要的项目会议等环节并未计划安排主要负责人出席，经我们提醒才邀请了党委负责人、纪委书记、监事会主席等人员参会，并特别邀请了公司上级集团公司的领导参加，会后相关负责人均主动要求参与了此后的合规整改工作。而经过5个多月的合规建设与整改，公司在承诺的合规考察期结束后，依然主动持续开展合规建设，并选取临时用地合规相关课题，成功申报上级集团的管理创新课题，拟研究集团层面构建完善、有效的临时用地合规管理体系。公司希望在集团层面优化业务流程并持续更新，更深层次地化解临时用地的合规风险，提升依法合规治理能力，打造法治央企、诚信央企。这是公司从“要我合规”到“我要合规”理念转变的重要表现。

（二）触达有效合规实质

本案系子公司实施的涉罪行为，但我们在充分调研公司的治理结构后认为，相较于公司，负责施工的子公司的结构特点并不具备有效合规的优势。必须将公司及其所有下级公司纳入合规整改主体范围，自上而下实现合规资源的投入、贯彻预防犯罪的原则，才能充分保证合规有效性。即使公司主要履行管理职能且在编人员有限，不适合作为合规建设的主要实施方，但也需要参与合规建设，尤其应当履行对其下级子公司人事与业务的监管职能。

我们对公司合规风险及对子公司的影响程度进行了量化测量，结果显示，公司内部的确存在管理层合规意识不强、缺乏业务风险的针对性培训等一系列问题；公司作为统一管理的决策单位，具备对全部子公司实施有效监管的条件，对公司进行合规整改具有必要性和可行性。

我们在第三方机制启动后就此思路与检察机关沟通并得到了支持，后又与公司充分沟通并达成一致。在此后的合规整改过程中，公司及下级子公司均高度重视，最后还将公司本次专项合规的整改经验在集团内推广。据此，根据我们的建议，检察机关在综合案件具体情况、充分征求公司意见的基础上，将合规建设的主体范围准确拓展至子公司的上级集团公司，以保证合规整改的有效性，实现有效合规。

（三）充分发挥履职能动性

涉案企业合规整改涉及的时空范围较广、参与主体众多、工作流程复杂，第三方组织在恪守中立性的同时，也应当充分发挥自身履职的能动性，畅通整改路径，协助应对各种突发情况。

例如，在整改期间内，公司因疫情封控等客观原因导致无法按原计划期限完成整改，且承诺的关键整改措施诸如邀请专家开展环保合规培训等也无法开展。在考察过程中，我们始终与公司保持联系，及时将相关情况反馈给检察机关，并建议适当延长考察期限。同时，我们建议公司调整培训顺序及方式，先由公司法务部门牵头，就非法占用农用地相关案例组织集中学习；再进行企业合规与内控管理的线上培训；待客观原因消失后，再行落实环保专家培训计划。检察机关充分采纳了我们的意见，同意延长考察期限，并对公司修订后的合规计划予以认可，充分地保证了合规计划的有效落实。

公司合规整改完成后，我们出具了合规考察书面报告，就公司履行合规承诺的情况、我们开展监督评估的程序、方法、依据及结论进行了详细说明。检察机关组织召开听证会并邀请人大代表、行政机关和公安机关的代表到场，最终参会各方一致认可公司合规整改的有效性，检察机关依法对涉案单位做出不起诉决定。

医疗机构专项合规计划初步研究

施祖东*

医疗机构试点合规的关键并不是打造一个大而全的宏大合规管理体系，而在于能够针对医疗机构内部重要的“合规风险点”制订一个精准且极具可操作性的专项合规计划。从企业合规的发展脉络和成功经验来看，专项合规计划比强调体系完备和覆盖全面的整体合规体系更加有效且实用。① 所谓“专项合规计划”，是指组织针对特定领域的合规风险，为避免组织因违反相关法律法规而遭受行政处罚、刑事追究以及其他方面的重大损失，系统建立的专门性合规管理体系。② 医疗机构在逐步引入并有序推进合规工作过程中，如何结合自身机构的实际情况，设计并构建一套结构清晰、功能健全的专项合规计划是本文研究的重点内容。

一、专项合规计划是实现医疗机构重点问题专项治理的有效工具

管理大师彼得·德鲁克一直强调，检验管理的能力在于绩效而不在于逻辑。③ 合规体系的生命在于对特定合规风险的有效防范和及时有效应对。在医院管理中，制定政策、宣誓政策与实现政策得到有效落实是完全不同的层面，不能有效执行的政策存在多方面的原因，专项合规计划正是直面这样的难点和困惑，结合专项管理的重点风险在管理体系上进行的强化设计。

（一）专项合规计划管理措施更加精准

专项合规计划其所谓的“专”，是指该合规监管是充分结合某一特定合规

* 口腔医学学士、卫生法学硕士，副研究员，北京大学口腔医学院口腔医院医务处处长，研究方向：医院管理、医事法学。

① 参见陈瑞华：《中兴公司的专项合规计划》，载《中国律师》2020 年第 2 期。

② 参见陈瑞华：《企业合规基本理论》（第 2 版），法律出版社 2021 年版，第 115 ~ 117 页。

③ 参见［美］彼得·德鲁克：《卓有成效的管理者》，许是祥译，机械工业出版社 2019 年版，第 122 ~ 127 页。

风险所量身打造的精准方案,目的在于实现对合规风险的“点状聚焦”“一险一策”——精准是专项合规计划的最大特点。过于分散或者模糊的管理目标往往无法集中监管资源、精细配置监管手段,难以发挥系统监管的合力,从而妨害了监管目标实现的可靠性。

(二)专项合规计划更加强调系统治理

专项合规计划以精准的合规问题为线索,全流程、全方位梳理与问题相关的所有因素、环节、部门和监管资源,以有力的组织架构、明确规范的工作流程,系统构建风险防范体系、运行监控体系和事后应对体系,它不是在现有分散、部门和权限交叉重叠的“多重监管”基础上强化某一个部门和环节的力量,而是对现有体系的系统梳理和流程再造,从而实现以问题为导向的全面、综合监管。

(三)专项合规计划更加突出管理实效

合规理念强调的是社会责任和公共利益,强调组织把上级监管部门对于重大事项的监管要求内化为组织自身积极能动的管理目标,并把良好的管理效果作为对组织的奖励,以此调动监管人和被监管人的积极性和能动性,从而保障监管效果。正是基于这样的理念,专项合规计划更是强调以良好监管效果换来可能的“从轻、减轻或者免除处罚”④的管理激励效果,从而保障监管效果的有效落实。

二、医疗机构专项合规计划的保障体系

专项合规计划以专门问题为线索、以系统管理和全面管理的理念实现监管要求。从法律角度分析,专项合规计划包含了合规体系的“宪法”、“实体法”、“组织法”和“程序法”规则;从医疗机构日常管理的角度必须构建与之相匹配的权力架构和资源配置,实现从合规治理的理论设计到合规管理的系统推进;从管理目标实现的技术角度看,需要有一整套的运行机制和效果评价手段,从而有效实现对专项合规风险的可靠管控。

(一)医疗机构专项合规的制度保障

制度是组织文化的前奏和具体体现,表明了“在我们这,事情是这么办的”。⑤

④ 张泽涛:《论企业合规中的行政监管》,载《法律科学(西北政法大学学报)》2022年第3期。

⑤ [美]斯蒂芬·P.罗宾斯、[美]玛丽·库尔特:《管理学》(第11版),李原、孙健敏、黄小勇译,中国人民大学出版社2012年版,第48~54页。

医疗机构要把对于特定问题的态度、管理要实现的期望和承诺变成正式可见的纲领，把搭建的管理体系和指挥链条以明确无误的文件以及具体运行的规则和考核标准以随时可查的手册完整系统地展示在所有员工面前，从而实现制度本身的规范价值和指引作用。专项合规计划在制度上要体现出自身的系统性和完整性，需要全面梳理与"专项风险"相关的医疗机构内、外相关的要求和规则，要经过一次思想再动员、逻辑再梳理和制度再制定的过程，要把一份融入医疗机构的价值承诺、目标追求、权责分工、具体措施和考核评价的完整要求明确无误地呈现在全体员工和利益相关方面前。

（二）医疗机构专项合规的组织保障

医疗机构如果不能从组织治理的高度，在现有的权力架构和资源分配中对专项合规有所安排，没有构建专业、独立、权威的专项合规管理队伍，显然难以实现有效管控。在医疗机构现有的管理体系中，无论是商业贿赂还是信息安全，"铁路警察各管一段式"的多部门、多视角的监管并不缺乏，缺乏的是能把现有管理体系中割裂的、零散的管理权限、监管责任和管理手段有效整合并以更加系统完整的方式进行优化演进的部门，并能够将专项合规监管的完整效果直接通达医院的最高管理层，从而实现在机构层面上把合规治理的战略谋划转化成日常管理实践的战术展开。一个明确的、至少中层以上的并对某一专项合规风险承担全部权责的"管理角色"（合规部门和合规专员）是专项合规计划组织保障的基本要求。

（三）医疗机构专项合规的运行保障

专项合规的运行保障是要把具体的制度体系融入设计的管理架构中，在具体的管理实践中结合真实管理对象有机运行起来，是一系列管理措施、技术手段、考核指标和效果评价的组合，是从实现管理目标的角度倒推具体的管理过程、具体措施和考核要求。医疗机构专项合规计划根据不同的专项合规风险看可能存在管理技术上的差异，但整体上应当包括风险防范、违规监控和事件应对等三大主要部分，需要结合具体的风险事项细化管理措施，从而实现专项管理的适当性、充分性和有效性。

三、医疗机构专项合规计划的运行体系

正如前讨论，专项合规计划的制度体系和管理架构是确保有效合规的前提条件，但能够实现有效合规还需要一套设计精巧的运行体系，实现对特定风

险从事前预防、事中监控和事后处理方面的系统监管。

(一)医疗机构专项合规的风险防范体系

专项合规的事先防范体系是在合规风险出现以前所进行的一系列基础性工作,参考众多企业专项合规的做法,医疗机构的专项合规事前风险防范措施可以包括如下内容。(1)合规评估,结合医疗机构专项合规计划的特定风险,展开有针对性的调查和评价,全面摸清存在的高风险人群和环节,从而制定精准的防范措施。合规评估可以定期进行,也可以根据需要随时进行,近年来,委托第三方的专项合规评估在医疗机构日益常见,比如,国家卫健委关于委属管医院专项审计的第三方会计师事务所的评估就属于此类。(2)尽职调查,主要是针对经济合同对象、第三方合作伙伴等,在进行业务合作以前,对其是否具备履行合规义务的能力、是否存在违规记录等进行的专门调查活动,在医疗机构现有的采购合同中,大多时候以对方提供合规承诺代替细致的专项调查以减少成本。(3)合规培训,也即针对医疗机构全体员工,尤其是专项合规高风险人群、第三方合作伙伴等展开的合规政策培训活动,可定期或不定期进行,培训要做好记录、留存资料。(4)内部政策沟通,这是构建合规理念、培育合规文化的重要措施,医疗机构的主要负责人应当制度化向全体员工和合作第三方强调专项合规承诺、传达合规动向和要求,听取问题反馈并进行研讨,构建内部合规信息沟通和共享机制,营造专项合规氛围和合规文化。

(二)医疗机构专项合规的违规监控体系

违规监控体系又称事中控制体系,是专项合规最重要的过程管理工作,重在对专项合规事项的具体运行过程进行实时、动态的监控,具体措施包括:(1)建立“全流程合规审核放行机制”,要求在专项合规风险业务开展的每一个重要环节实施合规把关并实行“合规一票否决制”,把合规的审评机制嵌入具体的业务流程,有效规避风险;(2)建立“实时举报制度”,也即通常所谓的“吹哨人”制度,[⑥]搭建专门的举报平台、畅通多渠道信息反馈,并对举报人进行严格保护和合理奖励;(3)推行“合规审计制度”,要对重点人员进行专项审计或者定期审计,发挥审计的合规监控作用;(4)建立“合规报告制度”,要由责任部门和人员(合规部门和合规专员)进行定期报告和专项报告,要能够从

⑥ 参见施祖东:《基于合规监管的医疗领域“吹哨人制度”探讨》,载《中国卫生法制》2022年第1期。

医疗机构层面上定期了解、评价和改进专项合规计划的运行情况、合规风险的管控情况和违规行为的发生处置情况。

（三）医疗机构专项合规的违规应对体系

所谓合规应对体系，又被称为“事后处理机制”，是指违规行为发生后的应对处理机制。违规行为发生或者被发现后，医疗机构就要受到外部监管机关和执法机关的调查，此时需要有内部的合理应对机制，盲目应对或者采取毁灭、伪造证据等错误方式，就会面临更加严厉的调查和处罚。通常，医疗机构专项合规的应对机制包括：（1）结合收集到的违规线索，立即进行医疗机构或者涉及第三方的内部合规调查，第一时间全面摸清违规情况，评估风险；（2）从快严肃处理涉及违规的员工和第三方，彰显医疗机构对于违规行为的重视和坚决态度；（3）尽快梳理现有合规体系漏洞并进行整改，结合违规情况持续改进现有的专项合规计划，避免类似情况的再次发生；（4）积极配合相关部门的专项调查，必要时主动向相关监管部门报告违规情况，固定、封存、提交相关的基础资料和证据，争取获得从轻、减轻或免除处罚的“合作奖励”，尽量减少对医疗机构的重大影响。

四、医疗机构专项合规计划与现有管理架构的融合

专项合规计划的打造与现有管理体系之间的融合是落实和推进医疗机构专项合规管理要解决的重大和现实问题。可能存在的主要误解包括：专项合规计划是否要取代医疗机构内部已有的相关管理部门和人员的监管职责，或者是否要在现有管理体系的基础上继续叠床架屋、单摆浮搁，构建更加复杂的管理体系，等等。这些问题不解决，就难以在医疗机构有效推进专项合规计划。

（一）基于重大复杂问题的职能化监管诉求

随着医疗机构规模的不断扩大、管理复杂性的持续增加，基于专业化管理和职能化设置的管理模式越来越得到强化，整体管理的目标和效果在“部门墙”的层层阻隔下形成一个个彼此割裂的“条块”，“都管”或者“都不管”的情形时有发生。⑦ 近年来，随着医保物价、信息安全、商业贿赂，甚至院感防控、新技术应用等新的监管要求的快速发展，外部监管理念和监管方式的持续变化，

⑦ 参见施祖东：《以合规管理为基础的医疗机构内部监管体系建设思考》，载《中国卫生法制》2021 年第 4 期。

尤其是2018年国务院办公厅《关于改革完善医疗卫生行业综合监管制度的指导意见》⑧的实施，强调医疗机构“第一责任”“法人第一责任”的医疗机构内部自监管的要求越来越多、责任越来越重，医疗机构在内外监管环境迅速变化的现实背景下，把涉及机构长期持续健康发展的关键、核心风险设置专门的部门和专职人员，以职能化监管强化并落实机构责任是当然的选择和可靠的方案。

（二）顺应现代医院治理模式的必然制度选择

法人治理结构是现代企业中最为重要的组织架构设计，它涉及法人中所有权、管理权和监督权的分配和相互制衡，从而实现法人中个体利益与集体利益、短期利益与长期利益、组织利益与社会公共利益的合理平衡。⑨ 在现代医院管理制度构建的过程中，如何设计现代公立医院的治理架构、实现对公立医院的内外共治、确保公立医院从经营主体向公益主体的转变，如何加强并实现现代公立医院的发展方向、成长路径和利益追求符合政府的设计和社会公众的需求，除了从外部监管的角度加强力量和强化职责以外，把政府的监管要求内化为医疗机构内部的发展诉求成为必然的政策选择，而要实现这一管理要求和制度设计，医疗机构内部的合规体系的建设和完善是必然选择。

结　语

综合以上思考，现有的把涉及医疗机构长远持续健康发展重大风险的监管职责分散在各个不同的职能部门，其好处是可以发挥各个部门在本职能和专业范围内的主观能动性，加深对于特定问题的理解和管理的效率，但主要的问题在于没有一个部门对于整个特定事项的最终管理效果负责，尤其当管理事项面临新的监管要求和外部变化时，整个相对松散的管理系统难以及时有效应对，无法及时主动协调监管中出现的空白和缺口，更无法有效整合资源、形成合力来应对日益复杂的监管需求。

基于合规理念的专项合规计划，强调从组织的整体目标出发，有序协调各个部分与整体目标之间的关系，增进整个组织管理的效能而不是专注于强化某一环节的力量，强调通过设置职能化的专项合规部门和人员，通过矩阵式的

---

⑧ 《国务院办公厅关于改革完善医疗卫生行业综合监管制度的指导意见》（国办发〔2018〕63号），载 http://www.gov.cn/zhengce/content/2018-08/03/content_5311548.htm。

⑨ 参见马俊驹、聂德宗：《公司法人治理结构的当代发展——兼论我国公司法人治理结构的重构》，载《法学研究》2000年第2期。

组织结构设计,把整个组织中各个部门对于在某项特定风险的监管要求和监管效果完整地拼接起来,直观地展示问题的现状和后续强化的方向,以完整的运行机制和管理技术手段,确保医疗机构在内部复杂的管理现状和外部日益强化的监管要求的现实背景下,真正实现医疗机构自身的健康持续发展。

基于合规监管的医疗领域“吹哨人制度”探讨

施祖东

2019年9月,国务院发布《关于加强和规范事中事后监管的指导意见》,提出要“建立‘吹哨人’、内部举报人等制度,对举报严重违法违规行为和重大风险隐患的有功人员予以重奖和严格保护”之后,有关“吹哨人制度”一时成为研究热点。在医疗领域,有关医疗机构内部举报人制度的讨论一直不断,①尤其是2020年12月以来,北京某三甲医院张医生有关“肿瘤治疗内幕”的实名举报,以及2021年4月山西省大同市某三甲医院一名呼吸内科医生,通过网络举报自己及所在医院众多医务人员收受回扣的事件之后,短时间内引起了业界以及社会大众的广泛关注和诸多讨论。“吹哨人制度”作为一种特殊信息传递的机制和沟通渠道,在组织的合规治理、实现社会综合监管等方面具有重要的价值和意义。但是该制度在实施过程中,不可避免地存在法律和伦理风险,如何在引入和推进“吹哨人制度”过程中合理权衡可能的风险与收益,明确规范和不断完善“吹哨”的规则却鲜有讨论。

一、“吹哨人制度”是组织合规监控体系的重要举措

组织实现有效合规的关键是打造一套可以有效运行的合规运行机制。具体而言,合规运行机制包括合规风险的防范体系、违规行为的监控体系和违规事件的应对体系。② 其中,对于合规风险的防范而言,“实行24小时举报机制,开放电话举报、网络举报等途径,搭建专门的举报平台,并对举报人进行严格保护和高额奖励”的“吹哨人制度”是违规风险监控体系的重要举措。③ 让组

① 参见汪德斌:《“自杀式举报”能否揭开医疗腐败“遮羞布”》,载《廉政瞭望》2021年第7期;张静:《一个医生的救赎——“打假医生”陈晓兰感动中国》,载《社会观察》2009年第3期;陈芳:《当“异类”不再孤独——〈一位实名举报医疗腐败医生的遭遇〉的遭遇》,载《新闻与协作》2006年第11期。

② 施祖东:《医疗机构管理过程中合规性审查研究》,载《中国卫生法制》2021年第1期。

③ 参见陈瑞华:《企业合规基本理论》(第2版),法律出版社2021年版,第395~396页。

织内部的知情人把对组织健康成长的责任感和正义感转化为组织公民行为，显然值得鼓励甚至奖励，举报平台的建设让知情人能够有效及时地反馈违规的线索，严格的保密制度是保障举报人免受打击报复的最基本要求，而对于举报有功人员给予奖励更是一种有效的激励手段。可见，“吹哨人制度”作为合规风险监控的重要技术手段，倒逼组织合规治理的完善，以组织内部成员的压力使得组织自身的合规管理成为一种必要，并以自主和自觉的方式把合规运行转变成日常行为。

二、“吹哨人制度”是实现社会综合治理的重要手段

组织作为人们为了实现共同目标而协调各方共同努力和资源的有效形式，已经成为我们生活中无处不在、无法回避的现实存在。④ 一方面，随着社会的发展，尤其是各类不同组织竞争模式的转变，要求组织不断打开自己的边界，与社会环境进行更为广泛的交流与合作，把更多新的思想、技术和资源纳入现有组织内从而获得更好的竞争优势；⑤但另一方面，随着组织规模的不断扩大、专业化的不断发展和组织内部管理的持续强化，组织越来越趋向封闭和自治，跨组织边界的信息交流越来越困难，跨组织实时和真实信息的获取和评价成本越来越高、难度越来越大。因此，从加强和规范监管的角度看，如何实现监管机构对于被监管机构的有效管控，一种方式是监管模式的转变，推动建立并规范组织自身的合规运行，把相关部门对于监管的要求内化为组织自身管理的需求，实现组织的自监管；⑥另外一种可行的选择就是从技术、制度和机制上构建一种获取组织内部信息的手段和方法，从而使得监管部门能够穿透组织的屏障，解决末端监管不足、成本过高导致的信息失灵的问题，延伸监管的触角，提高组织内部违法的成本和风险，打消侥幸心理，产生监管的“震慑力”。

因此，“吹哨人制度”本身代表的是一种监管理念和监管方式的转变，是社会综合治理手段在监管领域的具体体现之一，即充分利用“内部举报人”对组织内部信息掌握的及时性、准确性和全面性，把监管主体、社会力量和被监管

---

④ 参见［美］W. 理查德·斯科特、［美］杰拉菲尔德·F. 戴维斯：《组织理论：理性、自然与开放系统的视角》，高俊山译，中国人民大学出版社 2011 年版，第 2～8 页。

⑤ 参见陈春花：《激活组织——从个体价值到集合智慧》，机械工业出版社 2017 年版，第 35～41 页。

⑥ 参见施祖东：《以合规管理为基础的医疗机构内部监管体系建设思考》，载《中国卫生法制》2021 年第 4 期。

机构“粘合”在一起，[7]在更大的系统范围内，把监管者与被监管者视为一个系统，从而实现整个监管职能的顺畅运行、携手共舞。

三、“吹哨人制度”的法律和伦理风险

“吹哨”作为组织内部成员就内部的腐败、浪费、违规等行为向组织内部和外部的监管部门进行举报揭发的行为，[8]必然涉及多方利益的博弈和考量，涉及个人、体制和社会的伦理、道德、传统等一系列问题。其中，最值得关注的就是法律风险和伦理风险。

（一）“吹哨人制度”的法律风险

从制度设计的角度而言，凭借“吹哨人”无处不在的“眼睛”及时发现并可以匿名举报组织内各种可能的违法违规行为，对于降低监管成本、提高监管效率、威慑违法违规者具有重大意义。但显然“举报人”并非专业的监管人员，也没有调查核实信息真实有效的义务，任凭一份责任感和正义感贡献自己的力量，非因主观故意或者重大过失而可得责任豁免。不难想象，如果有人把这种机制作为诬告、陷害，作为卑劣人性实现的一种手段、权力斗争的一种伎俩，显然会给组织的正常运行和各级机构落实监管带来新的冲击和挑战。

（二）“吹哨人制度”的伦理风险

共同努力和相互信任是组织建立的伦理基础，也是组织制度构建的基本假设之一。身边“吹哨人”的存在，尤其是不受任何限制的“乱吹哨”显然会导致一种所谓“告密文化”的盛行，[9]造成组织内相互信任和忠诚关系的撕裂、各种非正式组织（“团伙”“利益群体”）群起、正常管理的失控甚至最后导致组织本身的覆亡。

四、“吹哨人制度”的有效规制

在构建新的监管体系和运行机制过程中，尤其对于医疗机构正在不断优化外部综合监管和内部自监管的双重背景下，除了要不断强化“吹哨人”制度在建立过程中的“隐私保护”“高额奖励”“举报平台”之外，从行为实施的动机、行为方式的合理性以及举报内容的真实性等方面存在利益权衡和精细规

---

⑦ 参见詹强：《行政法学视野中的“吹哨人”制度》，载《福建行政学院学报》2016年第4期。

⑧ See NaderR. , PetkasP. J. , BlackwellKA. , *Whistleblo-wing*: *The Report of the Conferenceon Professional Responsibility*, Science, 1972, 37(964), p. 565－566.

⑨ 参见李辉：《中国传统“告密文化”之政治学考量》，载《内蒙古社会科学（汉文版）》2006年第5期。

制的必要。

(一)"吹哨人"举报动机的正当性

"吹哨人"实施吹哨动机的正当性,可以用"吹哨人制度"设计追求的目的性来评价,但是两者之间又存在显著差别。笔者认为,在把个人行为动机与组织利益、社会公益进行组合的过程中,应界定划分"吹哨人"行为动机正当性的边界。(1)为了实现社会公共利益而进行吹哨则值得充分肯定和鼓励,这是良好公民行为的表现,恰如艾德蒙·帕克所言"邪恶获胜的唯一必要条件是好人的袖手旁观";(2)为了实现组织的利益而进行吹哨则需要甄别,组织本身是一个十分宽泛的概念,组织内部和组织间的利益可能存在冲突,在现实中不乏企业为了获得非法利益和竞争优势而自曝黑幕以达到抹黑竞争对手的情形,因此,"合法利益"应当是组织层面上衡量吹哨人行为动机的边界;(3)包含个人利益目的进行的"吹哨"则不应当一概否定,比如,为了获得公开的奖励进行"吹哨"无可厚非,但出于个人的非法利益而恶意进行诬告、诽谤则需要严格限制,其行为本身不仅不值得鼓励反而可能构成违法甚至犯罪。

(二)"吹哨人"举报方式的合理性

互联网的飞速发展彻底改变了现代信息传播甚至组织管理的方式,沟通变得无时不在,但同时导致信息泛滥、真假难辨。每一个体都可以成为"媒体发布中心",每一个信息发布的范围都不再可控,信息裹挟着"噪音"有甚于洪水猛兽,恶意的中伤可以辟谣,但已经造成的伤害并非都可以弥补。

但是,对于"吹哨"程序的严格限制显然违背了制度设计要达到的"内部信息外部化"的效果。对此,应如何规范?

笔者认为,可以从"吹哨"信息的类型进行区分规范:(1)对于专业性的问题,应当向专业的监管部门或机构进行举报,以免误导大众的理解判断;(2)对于公共性、常识性的问题,已有专门举报途径的可以优先采用,也可以通过相对开放的平台进行举报;(3)对于"吹哨人"不能确定举报信息的真实可靠性或者举报人认为内容可能会波及其他个人、组织或者社会合法利益(如国家机密)的,应当通过专门的渠道进行举报,不得通过开放平台进行举报。需要强调的是,向新闻媒体披露内部秘密是"吹哨人"常用的做法,有时是必要的。但如果向监管部门举报可以有效解决问题,再通过或者威胁通过这种方式施加压力显然并非必要。

（三）“吹哨人”举报内容的真实性

“吹哨人”举报动机是主观评价，往往需要借助于举报的内容和方式进行事后综合判断；举报方式也需要结合举报的内容进行权衡是否合理。因此，“吹哨人”的举报内容是否“真实”显得非常重要。同时，从制度激励的角度而言，强加于“吹哨人”对于举报的内容以调查核实的义务显然违背制度设计的初衷，赋予何等注意义务以期待实现举报信息的“真实客观”。笔者认为可以参考以下标准。(1)对于“吹哨人”因日常工作等原因掌握的信息，务求真实、客观，不得篡改、伪造。对于非本人工作原因能够掌握的信息，可以只提供线索信息，不要求真实有效。(2)对于事实陈述类的信息，要求相对真实客观，对于属于主观评价或个人推论的信息，可以是“合理的怀疑”，相对宽泛。

五、构建医疗领域“吹哨人制度”的建议

对“吹哨人制度”进行规范不是为了限制制度设计的实施，恰恰相反，对于一项新的、敏感制度的引入，事先进行有效规范可以更好地促进公众对于该项制度的理解，从而更好地推动并发挥该项制度在实际运行中的作用。因此，在医疗领域引入并推广“吹哨人制度”过程中，笔者建议从以下两方面加强。

（一）构建“吹哨文化”，加强理念培养和宣传是有效推行的重要举措

“吹哨人制度”的实质是发挥广大群众，尤其是组织内部成员对于组织不断成长的责任感和使命感，鼓励大家敢于并勇于同身边的丑恶、腐败现象作斗争，发挥群众监督的重要作用，是组织成员主人翁精神的体现，是良好公民的光荣使命。因此，在医疗领域推行“吹哨人制度”要开展充分的培训，要逐步构建“吹哨文化”。要明确目的和手段的关系，要把责任感融入医疗领域从业者的内心，消除因组织成员角色冲突而导致的个体认识误区和对于他人“吹哨”行为产生的认知误解，从而实现该制度设计的初衷。

（二）规范“吹哨规则”，强调正当有效和有序是实现监管的基本保障

“吹哨人制度”作为加强组织内部合规监管和社会综合监管的重要手段，只有在规范有序运行过程中才会发挥其最大功效。无效“吹哨”和乱“吹哨”不仅起不到积极的效果，反而会导致组织管理和社会监管成本的增加和效率的降低，引发新的问题甚至违法犯罪行为。因此，精细制定医疗领域“吹哨”行为管理制度和行为边界，从激励和规制两个方面进行明确规则，是保障“吹哨”通道传输能力和效果的必然要求。

总之,“吹哨人”久已存在,“吹哨人制度”亦非新生事物。在强调组织合规和社会综合监管的时代背景下,全之以积极的态度、全面的认知和明确的规则,是在医药领域引入和推进“吹哨人制度”的必由之路。

医疗机构反商业贿赂专项合规监管的设想

施祖东

商业贿赂犯罪是医疗机构中较为典型、频发和严重的腐败犯罪。[①] 医疗机构中发生商业贿赂的危害,不仅严重破坏了相关管理和专业技术人员执业行为的廉洁性,同时会对医疗机构的正常管理秩序、医疗机构的声誉,甚至医疗机构的经济利益和健康持续发展带来重大的影响和挑战。商业贿赂的违法违规甚至刑事犯罪的主体多以自然人为主,但是在强调以"双罚制"为主要原则的行政和刑事处罚模式下,医疗机构有责任和义务构建以合规为理念和方法的反商业贿赂监管体系,以此实现自身对于商业贿赂风险的监管,实现自然人责任和机构责任的切割。

一、专项合规管理是实现医疗机构反商业贿赂监管的重要手段

所谓专项合规,是指组织机构对特定领域的合规风险,为避免组织机构因为违反相关的法律法规而遭受行政处罚、刑事追究以及其他方面的损失,所建立起来的专门性合规管理体系。[②] 专项合规管理是组织在日常运行过程中,结合特定的风险,申明组织的态度、配置特别的资源并推进落实全方位的监管措施,因而即使组织内出现因自然人发生该领域的违法违规甚至犯罪行为时,因组织通过专项合规管理已经尽到日常监管的责任,得以实现组织责任和个人责任的切割,避免组织因为自然人的违法犯罪行为受到牵连。在医疗机构内部,并不缺乏对于商业贿赂的监管,负责医疗器械、药品采购以及各类基建维修等的管理部门从"一岗双责"的角度有一系列的工作流程、行风管理部门有"九不准"相关的管理要求、财务审计部门有"内控"的管理体系、纪检监察部

① 参见王玥月、孔圆峰、郁希阳等:《医药领域商业贿赂法规演进及其思考——基于116例典型案例的法律实证研究》,载《医学与哲学》2019年第9期。

② 参见陈瑞华:《企业合规基本理论》,法律出版社2020年版,第115~117页。

门有违规违纪的监管处罚等，但是上述部门在医疗机构实际反商业贿赂的监管过程中，存在“条块分割、职责交叉或者监管缺位”[③]等问题，无法整合资源、形成合力来应对日益复杂的监管需求。因此，医疗机构反商业贿赂专项合规是医疗机构在落实全面合规风险管理过程中，突出强调商业贿赂的风险，结合医疗机构商业贿赂发生的特点、制定并落实专门的规则和管理手段，同时，整合机构内部各个监管部门对于商业贿赂所应当承担的监管职责、弥合现有监管中各管一段、条块分割形成的“监管孔隙”从而实现对于商业贿赂强有力的综合监管。

二、医疗机构反商业贿赂专项合规的基本原则

基本原则反映的是医疗机构反商业贿赂专项合规制度设计的价值追求、基本工作思路和路径规划，它彰显了医疗机构对于商业贿赂的态度、愿意提供的资源以及基本的管控策略。

（一）“亲清守纪”的医商关系原则

“亲”“清”的政商关系是习近平同志在2016年“两会”期间提出来的，[④]在如何处理权力与资本两种关键的力量以及如何协调两者间的关系时，指引着两者间的良性互动，具有重要的现实意义。以此为标准，“亲”“清”的医商关系可以理解为：(1)医商之间尽管是交易关系，但某种意义上也是利益共同体关系，是大的医疗行业的上下游供应链关系，没有生产的销售或者没有销售的生产彼此都不可能生存下去，因此，医商之间存在“亲”“清”关系，彼此之间要相互支持、相互合作，构建良好的基于信任和契约的友善伙伴关系；(2)医商之间也存在钱权交易的空间，对于供货商/服务机构的遴选、交易价格的谈判以及交易数量的确定都存在基于管理或者技术权力的运用，甚至可能出现医商双方沆瀣一气、各取所需，甚至共同牟利的情形，因此，构建崇尚“清白守纪、风清气正，光明正大、坚守底线”的依法依规和规矩透明的交易规则以实现“清廉守纪”的交往规则。在医疗机构反商业贿赂合规管理的过程中，“亲清守纪”应当成为对外采购货物、工程和服务的基本原则，一方面，要与各种供应商维护良好的合作关系，获得有利的交易价格和及时可靠的后续服务支持，同时也

③　施祖东：《医疗机构管理过程中合规性审查研究》，载《中国卫生法制》2021年第1期。

④　参见靳浩辉、常青：《习近平倡导的“亲”“清”新型政商关系：权力与资本良性互动的指南针》，载《学习论坛》2017年第4期。

是减少交易成本和交易风险的有效手段;但另一方面,新的缔约选择必然会增加权力寻租的机会,反复交易也会滋生投桃报李甚至共同牟利的念头,没有清晰的行为边界和实时监控的各种措施,商业贿赂的风险就会逢春化雨、从各种监管的缝隙中顽强生长出来。

(二)全程覆盖的全面管理原则

"全程覆盖"和"全面管理"是全面质量管理(Total Quality Management,TQM)在医疗机构反商业贿赂合规监管中的具体体现,所谓全程覆盖和全面管理,可以理解为:(1)反商业贿赂监管从范围上涉及医疗机构所有的交易领域,除了重点的设备、材料、药品以及工程、服务等的采购领域,还包括了上述行为衍生出来的使用和服务环节,如借统方、学术考察、会议交流等违规输送利益的行为;(2)反商业贿赂监管从环节上覆盖整个交易活动的全部过程,从采购需求的形成、采购方式的确定,到采购业务的全部过程,直至采购后的内部使用管理、效果评价等;(3)反商业贿赂监管对象包含医疗机构内的全体人员而不仅仅是从事采购管理和操作的工作人员,另外,在第三方合规审查过程中还包括与医疗机构已经或者即将发生业务关系的交易伙伴及其工作人员;(4)反商业贿赂监管从职责上不仅包括对于采购及使用行为的监管,还包括对于监管行为本身的效果评价以及异常事件的应对,如因自然人的违法违规可能给医疗机构带来处罚的危机应对和免责抗辩,等等。

(三)部门联动的综合监管原则

医疗机构反商业贿赂的专项合规监管不是要废除现有的医疗机构内部各个职称部门的监管职责,恰恰相反,它通过设置专门的专项合规监管人员(专项合规专员),将整个专项合规的职能、规则、流程和资源进行整合,从系统上加以协调和优化,梳理和填补部门间职责重叠和监管漏洞,对反商业贿赂的管理目标进行组织协调,从而保证整个工作体系的有效运行。医疗机构的反商业贿赂专项合规专员就像是一场交响乐的总指挥,要配置好一场演出所需要的乐器种类和数量组合,需要指挥所有的演奏人员按照既定的旋律有序演奏,甚至有些时候,还需要根据监管的要求编写或者修改"乐谱",他是演出人员,有时候还要客串演奏人员,但主要还是指挥者。

三、医疗机构反商业贿赂专项合规的组织管理

组织管理强调的是一整套的组织保障和资源支持,陈瑞华教授将其比喻

为组织合规的“组织法”,它可以体现为“岗位 + 职责”的明确规定。[5] 在现实的工作中,涉及跨部门的联合工作模式时,工作职责还需要“穿透”“部门墙”的阻隔,建立跨部门的协调机制以完成监管的任务。

(一)医疗机构反商业贿赂专项合规专员

从法人治理的角度而言,合规机制的产生主要体现为组织(企业)的所有权人为了防止经营权人或者工作人员中因为自然人的违规违法行为可能导致的组织(企业)的不利益,它表现为组织在所有权、经营权和监督权之间的一种制衡机制,以合规来保证组织的长远可持续发展。[6] 在组织内部的合规管理过程中,这种机制表现为合规部门的设置和权力职责的配置。医疗机构的合规部门设置尚属于有待讨论的重要问题,[7]但是作为反商业贿赂的专项合规业务,在医疗机构的合规管理部门中设置“反商业贿赂专项合规专员”理所当然,其是医疗机构反商业贿赂合规的组织者、推动者和践行者,依附于医疗机构整体的合规管理架构,具体负责反商业贿赂的专项合规管理职能落实。

(二)医疗机构反商业贿赂跨部门工作协调机制

专项合规管理的重要功能之一就是构建体系化的工作机制,把分散、割裂、缺失的监管机制一以贯之,构建整合型的综合监管系统。把现有各个部门的监管职能进行整合,不是通过部门设置重整的方式来实现,而是通过沟通和协调机制的建立来完成。事实上,审计、行风、财务内控、纪检监察等医疗机构内部监控机制的设立,都是根据相关的管理要求和工作职能进行设置,在合规的体系内再设置相关的职能无异于叠床架屋、人浮于事。但是,监管职能的多部门设置和分段专业化监管的现状,各种权责边界模糊和监管手段差异必然导致管理“接口”的大量出现,在当下问责机制不断强化的背景下,“部门墙”得以建立,[8]要么重复监管,“你方唱罢我登场”;要么谁也不管,“应该归他们管不应当归我们管”,资源浪费和“监管真空”同时存在。因此,基于专项管理

---

⑤ 参见陈瑞华:《企业合规的基本问题》,载《中国法律评论》2020 年第 1 期。

⑥ 参见陈瑞华:《企业合规制度的三个维度——比较法视野下的分析》,载《比较法研究》2019 年第 3 期。

⑦ 参见施祖东:《以合规管理为基础的医疗机构内部监管体系建设思考》,载《中国卫生法制》2021 年第 4 期。

⑧ 参见陈春花、朱丽:《协同:数字化时代组织效率的本质》,机械工业出版社 2020 年版,第 218 ~ 223 页。

的矩阵式管理结构应运而生,成为医疗机构反商业贿赂监管的必然选择。

四、医疗机构反商业贿赂专项合规的运行机制

运行机制相当于专项合规的"程序法",是把合规管理的目标分解为具体的措施并加以规范,如果没有明确细致的程序加以保障,行之有效的专项合规是无法实现的。

(一)医疗机构反商业贿赂的防范体系

防范体系是合规管理的重要防范手段,发挥着重要的合规风险事前预防的作用,结合医疗机构的反商业贿赂专项合规目标,可以从以下方面进行构建。(1)医疗机构反商业贿赂关键风险点评估:调动所有的监管资源并联合具体业务部门,充分研讨评估在交易过程中可能存在的各类商业贿赂的形式、风险的大小和影响的范围,结合评估的风险制定"一险一策",必须根据风险的内容制定监管的措施,"精准防范"是专项合规的精髓。(2)医疗机构反商业贿赂关键风险点培训:有关商业贿赂的风险危害和行风管理要求的全员培训是必要的,但是对于专项合规而言显得过于宽泛了。专项合规要针对目标人员、结合具体风险进行强化培训,务必实现高风险人群的"加强免疫"。(3)医疗机构反商业贿赂第三方调查:注意收集交易相对方组织和人员是否存在违法违规的不良记录、建立本医疗机构交易对象的"黑名单"和"白名单"制度,动态收集并不断调整交易对象的范围,履行医疗机构在遴选和维持交易伙伴过程中必要的注意义务。(4)医疗机构反商业贿赂的外部承诺:外部承诺是医疗机构把对商业贿赂的严格监管作为机构的公益性体现和责任使命进行庄严承诺,也是外部监管职责内部化的重要体现。外部承诺是一种压力机制,通过上级监管部门和社会监督形成的压力,落实反商业贿赂的内部监管效果。

(二)医疗机构反商业贿赂的监控体系

监控体系是专项合规的事中控制系统,是真正发挥对于反商业贿赂的过程监管程序,医疗机构的反商业贿赂专项合规监控体系至少应当包含以下4个方面:(1)全流程参与式监控:专项合规专员要参与于采购过程重要节点的审核过程中,对于可能涉及商业贿赂重点风险的细节要进行审核,审核合格后放行进入下一程序;(2)"吹哨人制度"建设:建立24小时举报机制,搭建专门的举报平台,对举报人进行严格保护并在必要时给予高额奖励,充分借助交易双方内部知情人的举报信息打击违法违规行为;(3)建立定期合规审计制度:

要定期对医疗机构的交易行为进行“全面体检”，同时，对于专项合规监管的效果和各个相关部门的工作进行评估，并以此推进专项合规的持续改进；(4)发布年度专项合规工作报告：这是专项合规每年的重要工作，也是代表机构履行合规职责、向机构内外进行合规工作效果展示并接受监督的重要形式。

(三)医疗机构反商业贿赂的应对体系

应对体系可看作专项合规的“事后处理机制”，在前期预防和事中监控之外，依然出现了违规违纪行为发生后，应当启动的紧急应对机制。从医疗机构反商业贿赂可能发生的违规违纪情形不同，应对机制可包括：(1)违纪违规内部调查：这是专项合规结合举报或者日常监管线索开展的自查行动；(2)违纪违规行为和人员的内部处理：这是结合内部调查之后的自纠行为，涉及后续行政和刑事责任的，还需要及时履行报告程序；(3)违纪违规的外部调查配合：这是医疗机构配合上级部门执法的法定义务，务必全面配合、进行必要的信息披露、证据保存等，实现“交出犯罪人，放过机构”的合规监管效果；(4)合规体系漏洞填补：这是在结合违纪违规行为调查处置的同时，尽快实现合规监管的改进，不断完善监管体系，避免后续违规事件的再发生。

五、医疗机构引入反商业贿赂专项合规的建议

合规治理和合规监管是医疗机构学习借鉴现代企业管理的一项重要的做法和有益的尝试，是贯彻落实 2018 年国务院办公厅《关于改革完善医疗卫生行业综合监管制度的指导意见》(国办发〔2018〕63 号)以及国家卫生健康委、国家中医药管理局关于《医疗机构依法执业自查管理办法》(国卫监督发〔2020〕18 号)文件精神，转变监管理念和方法，构建医疗机构内部综合监管体系的重要举措。专项合规作为结合特定风险、专项治理的重要方法，具有精准聚焦、具体施策、全面监控和效果可靠的特点，是加强应对医疗机构日益严重的商业贿赂问题的可靠手段。

推进事前合规试点　健全社会治理规范体系

刘　霞[*]　钱　丽[**]

一、张家港市事前合规探索现状

2020年3月，张家港市人民检察院以被最高人民检察院确定为全国首批六家企业合规改革试点单位为契机，在开展"事后合规"探索的基础上，积极探索事前合规机制。市委、市政府高度认可，提出了"打造'企业违法犯罪率、被违法犯罪率最低'城市名片"的目标。张家港市人民检察院围绕非涉案企业合规建设有效性验收、等级评定、政策激励等方面进行了深入研究，开展了非涉案企业事前合规建设、行业商会合规建设等具有张家港特色的有益探索，先后推动81家企业和2个商业行会开展事前合规建设，对首批14家完成事前合规建设并申请验收的企业开展有效性验收和评级，其中，被评定为合规优质企业5家、合规良好企业5家、合规达标企业3家，对达标以上企业将根据相关评级予以政策激励。

（一）机制建设方面

1. 成立企业合规监管委员会

推动成立全市性的企业合规监管委员会，也就是后来最高人民检察院等九部委联合印发的《关于建立涉案企业合规第三方监督评估机制的指导意见（试行）》中所称的第三方机制管委会。由检察院主要领导担任主任，司法局、全国工商业联合会（以下简称工商联）主要领导和监委、法院、检察院分管领导担任副主任，相关行政机关和各乡镇分管领导为成员，牵头负责第三方机制管委会相关职责。需要说明的是，张家港市人民检察院作为最高人民检察院首批企业合规改革试点单位起步较早，因此，市委、市政府出于快速筹备、打牢基

---

*　张家港市人民检察院检委会专职委员。

**　张家港市人民检察院第四检察部副主任。

础的考虑,将企业合规监管委员会办公室暂设于我院。随着全国范围内合规改革工作的开展及张家港市本地实践探索的深入,张家港市企业合规监管委员会办公室的相关工作正逐步转移至张家港市工商联。

2. 组建第三方机制专业人员队伍

遴选应急管理、市场监管、生态环境、税务等行政机关专业骨干 61 人、合规专家学者 4 人,以及律师 24 人、注册会计师 7 人、税务师 7 人,组成张家港市第三方机制专业人员名录库,负责事前合规和事后合规中的考察、评估、验收等工作。制定选任管理办法,明确第三方机制专业人员的权利义务以及保守秘密、廉洁守法等纪律规定,制定学习培训、年度考核、监管回避、资格审查、责任追究等管理制度,保证专业人员规范、公正开展监督评估工作,避免出现与被监管企业发生不正当的利益输送问题。

3. 制定分级评定工作办法

明确了试点企业申请分级评定的条件、工作原则以及评定内容、流程等。在分级评定过程中突出专业与分工,即第三方组织成员根据企业的合规承诺、合规计划等,按照各自专业领域分别对企业申请的安全生产、环境保护、财税管理、知产管理等一项或多项合规内容进行审查,提高审查结果科学性、可信度。同时,为进一步明确评定的标准和依据,制定了分级评定参考指标体系,在评定参考指标的设置上从刑事合规出发,以行政合规为落脚点,以行业合规为有益补充,构建起较为全面的分级评定指标体系。参考指标体系设置审查项目、三级指标以及审查的证明材料、要点等内容。采用 100 分记分制,合规建设优质企业分值 90 ~ 100 分,良好企业分值 70 ~ 89 分,达标企业分值 60 ~ 69 分。

4. 研发第三方监督评估智能管理平台

该平台可根据企业规模、案件中暴露出的具体合规风险,自动确定第三方监管组织人员结构,分类随机选取专业人员,并自动导出选取结果进行公示。在后台设置登录权限、角色分配、双抽取人填录、全程留痕、均等选取等公平公正规则,最大限度降低人工干预的可能性。平台还设置人员管理、统计分析等功能,为专业人员的更新、调整、培训等提供依据,并可为本地区企业合规整体建设提供决策参考。

5. 制定激励政策清单

组织召开企业合规监管委员会联席会议,与应急管理、税务、环保等部门充分沟通，向各个部门征集激励措施分类进行汇总，公开发布激励政策清单。通过联席会议、两法衔接等机制加强行政机关对落实合规激励政策的重视，组织相关合规培训、宣传活动，增强行政机关专业人员对政策落实的主动性、积极性。通过实实在在的案例宣传、结果运用的成效推广，获得广泛的认可和有效传播，发挥激励示范效应，引导其他企业参与事前合规建设。

（二）组织保障方面

1. 党委政府推动

张家港市人民检察院确定为首批全国六家企业合规改革试点单位后，张家港市委、市政府高度重视，市委书记、市长先后 4 次作出批示。2021 年 3 月，率先出台红头文件，统筹全市力量开展相关试点，将企业合规探索纳入全市重点项目。市司法局牵头应急管理、市场监管等 14 家行政机关，先后发布 3 批 230 条《企业行政合规指导清单》，为企业开展行政合规提供方向；组建机关单位企业合规讲师团；搭建涉企综合法律咨询服务平台，31 名机关骨干和 40 名专业律师，面向企业免费提供法律服务和合规政策咨询。

2. 多种监督作用

2021 年 3 月，张家港市人民代表大会常务委员会出台《关于推进全市企业合规改革试点工作的决定》和相关实施办法，采取定期报告工作、邀请人民代表大会代表观摩合规验收等措施，在全国率先将改革试点工作纳入人民代表大会常态化监督范畴。市纪委监委以主要成员单位纳入企业合规监管委员会，分管领导任合规监管委员会副主任，聚焦经费使用管理、司法办案人员和第三方组织中行政机关业务人员等容易发生问题的环节进行重点监督，压缩以权谋私空间。邀请人大代表、政协委员以及退休的法官、检察官等，组成巡查人员库，对第三方组织履职情况进行飞行检查，促进“真监管”“真评估”。

3. 专项经费支撑

最高人民检察院等九部门发布的《涉案企业合规第三方监督评估机制专业人员选任管理办法（试行）》第 27 条规定：“第三方监管机制专业人员选任管理工作所需业务经费和第三方机制专业人员履职所需费用，试点地方可以结合本地实际，探索多种经费保障模式。”张家港市人民检察院在试点过程中，对第三方监督评估成本费用进行测算后，向市委市政府争取专项经费，每年 170 万元纳入财政预算，并由市工商联负责账户管理、薪酬发放、日常支出等具体工作。专门制定了《第三方监督评估经费管理暂行办法》,明确第三方组织合规监督考察、企业事前合规进行分级评定、聘请合规顾问、举办专家论坛、基础性研究探索等费用列支项目。对于第三方组织专业人员的履职报酬,采取分类激励模式。对于选任的行政机关的业务骨干,严格遵守公职人员廉洁纪律要求,采取合规履职与公务员考核、评先评优等工作相结合模式。对于选任的社会中介机构专业人员,由企业合规监管委员会确定报酬总额,按照规定流程确定报酬方案、报酬比例和收取时间。

二、推进事前合规的意义和价值

(一)从治已病向治未病延伸

刑事风险对企业、企业家来说很多时候是致命的,其后果不仅在于涉案企业遭受经济处罚、责任人因涉罪被判刑,还有随之而来的连锁效应,如丧失企业诚信、个人名誉、市场资格、竞争优势,这些都有可能对企业造成毁灭性打击。这种刑事风险对企业、企业家造成的伤害是不可逆的,代价甚高。特别是中小民营企业抗风险能力差,一旦涉嫌刑事犯罪,企业可能就此垮掉,不利于民营经济的健康发展。为落实好习近平总书记关于民营经济发展的重要指示精神,最高人民检察院提出少捕慎诉慎押的司法理念,同时启动企业合规改革试点,各地检察机关探索涉案企业合规从宽制度,对符合条件的涉案企业依法不捕、不诉、提出轻缓刑量刑建议,将刑事案件对企业的影响降到最低。然而,企业及相关责任人员一旦进入刑事程序,即使最终可以获得合规不起诉从宽处理,仍要经历行政机关调查、公安机关立案侦查、检察机关审查的漫长程序,期间需要付出很多的时间、精力,合规成本也比较大,并且还要承受行政处罚以上的处理,影响深远。事前合规将预防的窗口前移,一方面,企业在违法犯罪前建立合规管理体系并有效执行,可以积极预防和发现违法犯罪风险;另一方面,即使企业仍出现违法犯罪风险,也可以及时采取有效措施应对行政监管、刑事处罚,以获得行政、刑事处罚上的正面评价。

(二)从刑事合规向行政合规延伸

涉企刑事犯罪大都是从行政违法开始并以违反行政法规为前置条件的,刑事合规前后大多会涉及行政合规的问题,因此,行政合规与事前合规密切关联。“行政法规”是事前合规中“规”的要求之一。有观点认为,检察机关目前探索的事前合规类似行政合规,即行政机关制定的要求企业经营管理行为符合行政监管的相关规定。甚至有观点认为,事前合规就是行政合规,并就此产生检察机关推进事前合规是否超越职权的质疑。实际上,事前合规不等同于行政合规,事前合规外延更广,不仅包括行政合规,还包括刑事合规、行业合规、涉外合规等。事前合规可以将行政合规和刑事合规衔接起来,通过督促企业合规,实现行政、刑事合规的目标。在开展事前合规建设中,可以将行政监管部门的合规要求融入企业合规管理体系中,转变成企业日常管理行为规范。

(三)从强调引导督促向注重政策激励延伸

传统意义上的企业合规建设,是政府监管部门通过行政指导的方式,引导企业加强合规管理。这种合规引导模式主要依赖企业主动,效果有限。事前合规实际上是一种国家职能部门开展企业违法犯罪预防的新机制,这种机制与事后合规相衔接,以行政、刑事激励为有效推动力,可以通过考察评估获得行政、刑事处罚上的正向激励,形成一套体系化的激励机制,推动企业自主合规,实现企业违法犯罪预防的目的。因此,至关重要的是,需要保障事前合规激励措施的落地生效。在制定激励措施时,需要考虑该措施是否能满足企业需求、是否具有可行性。针对目前企业合规评价结果运用较为困难的现状,可以考虑从以下三个方面进行改进:一是扩大分级评定结果运用的范围,可以与行政机关信用评价体系挂钩,将合规分级评定结果纳入行政机关信用评价体系;二是优化激励措施分类清单,根据评定的优质、良好、合格不同等级设置不同的激励措施,更好地促进企业实质化合规;三是积极倡导合规价值导向,逐步将合规要素纳入市场运行规则,激发各类市场主体主动开展合规建设。

(四)从传统领域合规向涉外法律风险领域合规延伸

近年来,全球贸易关系愈加复杂,全球产业链进入深度调整与重构时期,涉外企业合规愈发重要。从国际层面看,各国纷纷建立了严格的合规监管制度,监管机构加强了立法深度和执法力度,引导和督促企业更加主动地合规经营。合规管理相关核心问题已经成为国际共识,各国在相关贸易活动中也开始对不合规行为实施联合惩戒。① 从国内层面看,我国根据形势需要制定了一些合规制度,对强化我国企业境外合规经营起到积极的引导作用。但这项工作目前在国内还处在探索摸索阶段,范围局限于央企、国企、部分省属企业,其

① 参见《ISO37301:2021〈合规管理体系要求及使用指南〉国际标准解读》,载微信公众号“质量与认证”2021年4月14日,https://mp.weixin.qq.com/s/qu0LFMt5QynBFDmsS62Bpw。

他企业特别是民营企业涉及极少，且主要侧重于事后合规整改。从张家港市看，每年对外贸易总量达到350亿美元，2019年以来被境外国家或组织起诉的案件共15件，涉及8家企业，反倾销、反补贴等领域的涉外法律风险越来越大。为此，张家港市开展涉外法律风险领域合规试点，按照"典型引路、分批推进、巩固提高"的总体思路，由市企业合规监管委员会牵头，组建由涉外合规律师、专家学者、行政主管部门业务骨干组成的第三方组织，负责审核企业制订的合规计划、监督合规计划执行、组织合规验收评估等工作，引导、帮助企业用2~3年的时间，打造民营企业涉外合规管理标杆，并逐步完善推广。

三、开展事前合规的注意事项

（一）厘清事前合规试点各方职责

1. 厘清试点参与四方关系

企业合规监管委员会作为事前合规的组织方，负责统筹协调，引导企业开展事前合规建设，委托第三方组织对企业合规建设进行分级评定验收工作。试点企业作为事前合规建设实施方，自愿接受企业合规监管委员会总体安排开展合规建设，可以自行聘请合规建设团队，申请验收后接受第三方组织分级评定验收。第三方组织作为合规建设验收方，受企业合规监管委员会委托对企业合规体系有效性进行验收评估，对企业合规监管委员会负责。第三方组织工作经费由企业合规监管委员会承担。试点企业聘请的合规顾问团队，作为合规建设服务方，对企业负责，为企业提供专业合规法律服务，帮助企业迎接第三方组织验收。合规顾问团队的费用由企业自行承担。

2. 检察机关在推进事前合规中的地位作用

在推进事前合规建设过程中，也有质疑：检察机关履职的正当性依据何在？事前合规类似行政合规，是否已经超出了检察机关的职权范围？除了理论上的质疑，还有实践操作层面的质疑：事前合规基于企业自愿，那么检察机关参与程度如何把握？

笔者认为，检察机关作为国家法律监督机关，能动履职凝聚多方力量，构建起以企业合规为核心的社会化支持体系有其正当性。检察机关是社会公共利益的代表。检察机关推动开展事前合规建设，引导企业完善管理体系，实现合规经营并承担必要的社会责任，有利于构建法治化营商环境，符合社会公共利益。此外，检察机关应发挥犯罪预防的职能。事前合规本质上是企业犯罪预防的一种新方式。检察机关作为推进事后合规的主导者毋庸置疑，但不应将事前合规与事后合规割裂看待，应当看到二者之间的联系，事前合规侧重犯罪治理的前端预防，因此，检察机关参与事前合规建设体现检察职能作用。探索初期，事前合规工作面广量大、专业性强，新问题层出不穷，需要牵头部门投入大量人力、物力，协调方方面面。工商联作为人民团体和商会组织，不具有行政职权且人手有限，面对新的职能挑战，力量配置略显不足。因此，检察机关牵头推进事前合规有其必要性。

（二）区分事前合规和事后合规考察标准

最高人民检察院专家咨询委员会委员、北京大学教授陈瑞华提出我国企业合规建设的两种模式，一种是日常性合规管理模式，未涉罪企业以预防合规风险为出发点建立的常态化的合规管理体系，即本文中所说的“事前合规”；另一种是合规整改模式，涉罪企业为获得刑事从宽处理，针对涉罪风险进行合规整改，即本文中所说的“事后合规”。[②] 这两种合规模式的适用对象、基本功能和制度构造不同，决定了合规计划类型、合规建设方法、验收评估标准都有所不同。

1. 合规计划类型

事前合规基于企业自愿、未涉罪的性质决定了企业可以有选择地制订合规计划，企业可以针对排查出的风险领域制订专项合规计划。比如，企业可能在安全生产、环境保护方面都有潜在合规风险，基于时间、精力、条件等各种因素，企业可以仅就安全生产制订合规计划，建立安全生产领域合规管理体系；或者先制订安全生产领域合规计划，后制订环境保护领域合规计划，逐步建立安全生产、环境保护领域的合规管理体系。总之，企业要针对存在风险的领域进行合规建设。如果企业本身不存在安全生产领域合规风险，当然不需要制订安全领域的合规计划。事后合规则不同，事后合规以消除涉罪风险、防止再次发生同类违法犯罪为目的，涉案企业合规计划必须结合具体违法犯罪领域制定整改方案，消除同类违法犯罪风险以及其他可能的风险。

2. 合规建设方法

事前合规应当以全面合规为目标、专项合规为重点，避免大而全的合规管

② 参见陈瑞华：《有效合规管理的两种模式》，载《法制与社会发展》2022 年第 1 期。

理体系。事前合规试点初期,考虑企业合规能力不足、分级评定体系不完善、试点工作推进等因素,可以允许企业就某一个领域开展合规建设并申请单个领域的分级评定,但从企业长远发展来看,事前合规建设仍是以全面合规为最终目标,这是一个分步实施、逐步深化的过程。对企业进行合规评价,应当是全面评价,确保该企业各个领域、各个环节、各个岗位都实现合规运行,才能达到促进企业持续健康发展的目标追求。事后合规以去犯罪化为目标,涉案企业需要在规定的考察期内,在针对性弥补漏洞的基础上建立起专项合规管理体系,并且以全面合规为目标建立合规管理体系。

3. 验收评估标准

事前合规分级评定标准按照国际通行的有效合规管理体系要求的必备要素、标准进行设定,包括合规组织机构、制度体系、运行机制和文化建设。第三方组织对企业某一个或多个领域对照分级评定标准进行打分。合规分级评定参考指标体系满分为 100 分,采用扣分的方法计算每个领域的分值。按照"按领域单独打分,依权重汇总评价"的原则,申请 2 个以上领域合规建设分级评定的,由第三方组织依据企业经营业务特点及该领域合规建设必要性,提出权重比例分配的建议。企业合规监管委员会审核确定后计算企业分级评定最终得分,根据最终得分情况确定分级评定等级。在事后合规中,首先,对涉案企业进行合规验收评估,应当紧紧围绕涉罪领域整改的针对性和有效性作出评价,这是合规整改通过验收的首要因素。其次,对同一类犯罪建立起的专项合规管理体系进行评估,是否实现体系化整改。做到以上两点可以初定企业合规整改合格。最后,可以设定一个加分项,企业以全面合规为目标,对其他领域可能存在的合规风险进行整改完善,将合规管理体系嵌入企业经营管理的各个重点领域、重点环节、重点岗位,促进企业整体合规运行,这是较高标准的合规整改要求。

(三)事前合规分级评定经费保障问题

事前合规分级评定工作涉及第三方组织履职经费保障,包括律师、会计师等中介机构专业人员以及报酬支付、车旅费用、现场验收材料费等。在张家港市事前合规试点中,为了保证事前合规分级评定工作的公正性和公信力,事前合规经费由财政保障。第三方组织评定 1 家企业报酬的基本标准是 1.1 万元。按照该市首批试点 100 家企业来计算,事前合规第三方监督评估工作报酬经费共计 110 万元。虽然财政保障第三方组织履职报酬有其优势，但该笔支出对于财政也是不小的压力。试点初期可以采用财政支持的方式，后期考虑由工商联成立事前合规分级评定专项基金，由试点企业支付分级评定费用作为基金来源，第三方组织完成分级评定后由工商联统一进行结算支付，既可以减轻财政压力，也可以防止利益输送。

四、未来展望

立足张家港市企业合规改革试点两年多来的良好基础，以推动"合规城市"建设为目标，以引导企业自主合规为核心，构建合规政务、合规司法、合规自治、合规服务、合规监督"五位一体"支持体系，全面深化拓展企业合规改革试点。

（一）构建合规政务体系

探索将通过企业合规分级评定作为企业参与政府采购、招标投标、申请扶持政策、享受便利化政务服务等事项的优先条件，并在行政审批、公共服务、信用评定等方面给予政策激励，在执法检查、行政强制措施、行政处罚等方面予以从轻从宽，鼓励企业诚信合法经营，主动合规。

（二）构建合规司法体系

推动建立涉企案件信息互通机制、涉案企业合规与行政合规结果互认机制，把企业合规情况和相关检察意见作为行政处罚的重要参考。将企业合规延伸至侦查环节、调查环节、审判环节，涉案企业、个人符合企业合规适用条件的，经与检察机关会商一致后可启动企业合规程序，将企业合规情况作为从轻从宽的重要参考。

（三）构建合规自治体系

发挥行业组织自治作用，引导支持行业协会、商会组建本行业自身合规组织机构，结合本行业特点依法制定合规公约、章程，指导督促成员企业在执行行业统一标准基础上完善单个企业的合规体系，较少合规成本，打造行业合规示范样本，推动更多领域、更多行业开展合规建设。

（四）构建合规服务体系

进一步细化完善涉案合规监督考察的程序、方法、标准，完善第三方组织专业人员遴选办法以及学习培训、年度考核、监管回避、资格年审、责任追究等管理制度。积极探索引进培育合规研究机构和合规人才，为企业提供智力支持和专业服务。加强大数据、云服务等技术手段在合规管理、交流、信息共享上的应用,降低企业合规领域的研发、运行成本。

(五)构建合规监督体系

通过邀请人大代表现场观摩涉案企业合规验收,办理人大代表提出的意见建议,定期市向人大常委会报告等,落实人大常委会常态化监督。借助纪检监察监督,对于办理合规案件的司法人员和第三方组织中的行政机关公职人员,将合规履职、廉政纪律等纳入公务员考核考评,切实做好“防围猎”工作。

企业合规与行政监管研讨会·会议实录

2022 年 12 月 11 日,“企业合规与行政监管研讨会”隆重召开。本次会议由中国人民公安大学企业合规检察研究基地、中国政法大学比较法学研究院、首都师范大学政法学院共同主办。来自最高人民检察院、司法部、商务部、国家市场监管总局、国务院国有资产监督管理委员会、国家药品监督管理局、中国国际贸易促进委员会、中国农业银行总行、中国标准化研究院、存款保险基金管理公司、北京大学口腔医院、中国证监会青岛证监局、南京市人民检察院、深圳市人民检察院、张家港市人民检察院等实务机关的专家领导,来自北京大学、中国人民公安大学、中国政法大学、首都师范大学、中共中央党校、中国人民大学、中央财经大学、北京中医药大学、南开大学等高等院校的教授学者,以及来自上海市方达律师事务所等专业机构的行业代表共计 300 人参加了此次会议。

经过两年试点,最高人民检察院在总结工作经验的基础上,对全面推开涉案企业合规改革试点作出了部署,然而,要实现企业经营的合法合规,不能单纯着眼于刑事诉讼程序中涉案企业的合规免责与减责。企业经营的跨界性、多层嵌套使得传统监管手段捉襟见肘,推动企业自我规制,从源头解决问题,实现企业的良性治理,成为全球行政监管制度的改革趋势。本次会议以“企业合规与行政监管”为主题,共分为企业合规的行刑衔接机制、企业合规在行政监管中的作用、行政合规指导意见的制定与适用、行政合规的激励机制四个研讨单元,旨在推动我国企业合规相关制度的建立健全。现推出会议实录,以飨读者。

开　幕　式

大会开幕式由中国人民公安大学法学院院长、企业合规检察研究基地主任李玉华教授主持,中国人民公安大学党委委员、副校长汪勇教授,上海市方达律师事务所管委会主任韩亮律师，北京大学法学院学术委员会主任陈瑞华教授发表致辞。李玉华教授介绍：我们主办的企业合规与社会治理高端论坛每年一个主题，旨在联合学术界、实务界共同推动我国企业合规的高质量发展。第一届的主题是企业合规与社会治理；第二届的主题是合规不起诉改革；第三届企业合规与社会治理高端论坛的主题是“企业合规与行政监管”。每次论坛我们都精心准备，筹备会议都在5次以上。今年的论坛由我们中国人民公安大学企业合规检察研究基地、中国政法大学比较法研究院、首都师范大学法律系共同主办，也得到了与会单位的大力支持！出席我们今天研讨会的有高校及科研机构，各级检察机关，行政监管部门，知名企业、律所等单位300名代表，感谢各位嘉宾的支持！

汪勇，中国人民公安大学党委委员、副校长

汪勇副校长对本次会议的召开表示热烈祝贺，向与会领导和专家表示衷心的感谢。汪勇副校长表示，在过去两年间，公安大学先后联合方达律师事务所、北京大学法学院和金杜律师事务所举办了两届企业合规高端论坛，探索了企业合规与社会治理、企业合规监督考察制度改革的理论与实践等兼具理论意义和实践价值的问题，今天我们则要探讨企业合规与行政监管的关系，希望和各位一起推动合规领域制度规范的建设，促进理论研究的繁荣发展。汪勇副校长指出，企业合规是一个发展迅速的专业领域，是一个朝气蓬勃的研究领域，一系列的实践正在不断地发生，亟须理论和实务界的关注研究、对话交流。党的二十大精神指出，要以新安全格局来保障新发展格局，而企业合规可以说是保障新经济安全格局的重要一步。进一步深化企业合规改革，必定能够助力构建更加健全完善的社会主义市场经济环境，为实现我国现代化发展提供制度保障和智力支持。面对这样一个时代的特有机遇，我们希望各位专家同仁可以一起把握当下、拥抱未来。通过共同的探讨与坦诚的交流，一起推进企业合规实践的发展和研究的深化。

韩亮，上海市方达律师事务所管委会主任

韩亮律师对本次研讨会的成功召开表示衷心的祝贺。韩亮律师表示，作为一名长期从事企业合规实务工作的法律工作者，近年来深受鼓舞。随着国内国际监管环境和行政管理方式改革的变化，合规越来越受到司法、执法机关的重视，推动企业强化合规管理，已经成为行政监管的重要目标之一。有关部门也出台了一系列创新性举措,推动企业合规管理工作,包括加强对企业合规管理的顶层指导、发布专项合规指引,正面引导企业合规经营、探索对涉案企业的合规激励机制,等等。但是在长期的合规实务工作中也同时体会到,当前企业合规与行政监管中也存在一些深层次的问题仍待解决。刑事违法对大企业而言可能并不是非常常见,而行政违法对于企业合规可能更具有普遍意义。因此,如何借鉴合规不起诉制度,在行政调查程序中纳入企业合规的考量;如何在确保公平效率的基础上,在共管领域更加积极地适用当事人承诺、行政和解、行政指导等制度;如何建立公平可信的合规评估机制等问题,都值得深入探索。本次研讨会很荣幸能请到司法部门各主要监管机构的官员,以及合规学术界实务界的专家,相信一定能对进一步推动企业合规改革发挥重要作用。

陈瑞华,北京大学法学院学术委员会主任、教授

陈瑞华教授对各位领导、学者和嘉宾的到来表示热烈欢迎和衷心感谢。陈瑞华教授表示,合规是企业基于风险而建立的一套管理体系,属于公司治理的一项重大课题,但是国内外的企业合规管理的经验表明,由于企业合规需要动用大量的人力、物力、财力和管理资源,没有任何企业愿意自身自发的引入这套体系,即使企业建立起来,也往往流于形式,难以有效发挥合规管理的作用。所以,引入外部强大的行政监管力量,督促企业建立合规管理体系,就成了各国在合规推进过程中的必然选择。我国行政监管部门在合规领域已经作出很多尝试,如建立了行政指导制度、行政和解制度、行政执法承诺制度,引入了国际公认的三大合规推进方式:合规指引、合规指南与强制合规。但是,仍然存在过于分散,过于碎片化的问题,在我国刚刚修改通过的《行政处罚法》中,连“合规”这两个字都没有。所以,本次研讨会就是结合我国行政监管部门在行政合规推进过程中面临的现状、经验、问题来进行研讨的。今天会议的主题是如何在行政监管环节推进企业合规的建设。第一部分探讨企业合规的行刑衔接机制,即如何让行政机关与司法机关进行长期的、可持续的监管,尤其是在检察机关完成合规整改后,如何让行政机关部门接过合规接力棒,督促企业进一步执行合规计划。第二部分是企业合规在行政监管中的作用。如何研究合规在行政监管中的积极作用,推动行政监管理念发生革命性的变化,推动行政监管全方位引入合规的管理方式,这是一个重大课题。第三部分是行政合规指导意见的制定与适用。我国已经在反洗钱、出口管制等各个领域发布了合规指引，为企业建立合规体系提供了有效合规的最低标准。但由于没有强制合规制度，缺乏激励机制，所以在实践中的效果仍有待观察。第四部分是行政合规的激励机制。合规激励可以分为事先、事中与事后合规三种激励机制，综合我国的行政法规与市场监管的法律法规，事先合规激励与事中合规激励机制基本都没有建立起来，目前能发挥合规激励机制的主要是施行在证券领域和反垄断领域的行政执法承诺制度，而从法律表述来看，行政执法承诺中合规的因素不明显。今天的这些课题都是非常值得研究的，相信通过今天一天的研讨，与会的发言者、评论者都会做出精彩的发言，给出专业的解答。希望我们可以通过研讨达成若干共识，全力推进企业合规在行政监管中形成一个制度化、体系化的管理机制。

报告环节

企业合规的行刑衔接机制

第一单元的研讨由中国人民公安大学法学院院长李玉华教授主持。李玉华表示，这一单元不仅从内容上连接了去年和今年的论坛，也反映了我国企业合规发展的进程与方向：从“刑事合规”到“企业合规”，从刑事领域到行政领域。行政监管领域引入合规具有更大的空间，将大大激励与拓展企业合规的适用。企业合规的行刑衔接成为合规改革中必须要解决的问题。本单元共有五位报告人，分别是最高人民检察院法律政策研究室高景峰主任、南京市人民检察院法律政策研究室李勇主任、深圳市人民检察院第二检察部刘山泉主任、江苏省张家港市人民检察院第四检察部郑莉副主任、中国人民大学法学院李奋飞教授。本单元还有两位评论人，分别是中央财经大学法学院副院长李伟副教授、上海市方达律师事务所合伙人林彦华律师。

涉案企业合规基本情况及行刑衔接应注意的几个问题

高景峰，最高人民检察院法律政策研究室主任

第一，涉案企业合规改革的基本情况。

近年来，最高人民检察院深入贯彻落实习近平总书记重要指示精神和党中央重大决策部署，为做实对各类企业的平等保护，从根源上促进解决企业刑事犯罪风险,更好地规范经营、合规管理,创新开展涉案企业合规改革试点:依法可不捕、不诉的,责成涉案企业作出合规承诺、切实整改,做实既厚爱又严管。截至2022年10月,全国检察机关累计办理涉案企业合规案件3960件,其中适用第三方监督评估机制案件2723件,适用率达69%,对整改合规的1036家企业、1967人依法作出不起诉决定,让一批涉案企业脱胎换骨,走上依法合规经营之路。我们以涉案企业合规改革为抓手,依法能动履职,促进实现诉源治理。2017年至2020年全国检察机关起诉单位犯罪呈逐年递增态势,2021年明显下降,合规改革在预防企业再犯风险,警示教育相关单位,促进企业合规建设等方面的治理成效不断凸显,最大限度减少社会对立面,促进社会内生稳定。我们积极推动建立中国特色现代企业合规司法制度,围绕修改刑事诉讼法、增设单位合规特别诉讼程序的路径方式、体例框架、条文内容及重点难点等形成了初步方案,正在深入研究论证和广泛征求意见。随着改革试点纵深发展,实务界、理论界和社会各方面关心、支持、认同改革的良好氛围已经形成。2022年8月,时任检察长张军在第四届民营经济法治建设峰会上的主旨演讲中指出,当前,这项改革已从“有没有”“要不要”向着“好不好”“实不实”深刻转变。

第二,涉案企业合规改革中有关行刑衔接的问题。

目前,《关于建立涉案企业合规第三方监督评估机制的指导意见(试行)》及其配套文件已经就涉案企业合规改革中行刑衔接机制搭建起了基本框架,主要包括:一是充分发挥行政执法机关的专业性特点。《关于建立涉案企业合规第三方监督评估机制专业人员选任管理办法(试行)》明确,生态环境、税务、市场监督管理等政府工作部门中具有专业知识的人员可以被选任确定为第三方机制专业人员,或者可以受第三方机制管委会邀请或者受所在单位委派参加第三方组织及其相关工作,其选任管理具体事宜由第三方机制管委会与其所在单位协商确定。二是明确了刑行衔接的基本要求。《关于建立涉案企业合规第三方监督评估机制的指导意见(试行)》中规定,人民检察院对涉案企业作出不起诉决定,认为需要给予行政处罚、处分或者没收其违法所得的,应当结合合规材料,依法向有关主管机关提出检察意见。三是针对合规整改有效性再次强调行刑双向衔接机制。《涉案企业合规建设、评估和审查办法(试行)》规定,对于涉案企业合规建设经评估符合有效性标准的,人民检察院可以参考评估结论依法作出不批准逮捕、变更强制措施、不起诉的决定，提出从宽处罚的量刑建议，或者向有关主管机关提出从宽处罚、处分的检察意见。对于涉案企业合规建设经评估未达到有效性标准或者采用弄虚作假手段骗取评估结论的，人民检察院可以依法作出批准逮捕、起诉的决定，提出从严处罚的量刑建议，或者向有关主管机关提出从严处罚、处分的检察意见。

在上述制度机制基础上，目前实践中最主要的问题是，为了进一步落实落细行刑双向衔接机制，合规不起诉案件检察意见是否可以就行政处罚的种类、强度、履行方式等提出具体明确意见，以此增强针对性和刚性。

申言之，检察机关在推动涉案企业合规改革试点过程中遇到刑事激励与行政激励需要一体落地的问题。在改革试点中，检察机关对涉案企业作出不起诉决定，认为需要给予行政处罚的，依法向有关主管机关提出检察意见。在实践中，如果行政机关不能积极认定配合合规不起诉，对涉案企业采取诸如取消特许经营资格、责令关闭、吊销营业执照、高额罚款等严厉行政处罚，反而导致企业合规的刑事激励效果大打折扣甚至前功尽弃。有的地方注重加强与行政执法机关的衔接配合，推动企业合规成果在刑事和行政领域得到互认和同步。我们认为，刑事激励与行政激励的一体落地应当关注两种情况。

第一种情况，涉企案件进入检察环节后，涉案企业如果作出合规承诺和合规计划，就应当在规定的期限内积极进行整改并履行承诺。整改期满后，如果第三方监督评估组织考察后认为，涉案企业达到了合规标准，检察机关可以依法作出不批准逮捕、不起诉决定，体现正向的刑事激励。同时，检察机关认为需要给予行政处罚、处分或者没收其违法所得的，可以启动“刑行衔接”机制，依法向有关主管机关提出从轻或从重处罚的检察意见，体现行政激励。

第二种情况，涉案企业虽然作出了合规承诺和合规计划，却没有积极进行整改或者整改效果不好。整改期满后，如果第三方监督评估机构考察后认为，涉案企业没有达到整改效果，检察机关就应当通过反向的刑事激励来体现“严管”，包括作出批准逮捕、起诉决定、向法院提出从重处罚的量刑建议等。同时，检察机关通过第三方监督评估机制，发现涉案企业或其人员存在其他违法违规情形的，应当依法将案件线索移送有关主管机关、公安机关或者纪检监察机关处理，这也是行政激励的体现。

目前，在我们研究起草的立法建议稿中，建议在企业合规特别诉讼程序中专门规定:“对决定不起诉的犯罪嫌疑人需要给予行政处罚或者需要没收违法所得的,适用本法第一百七十七条第三款的规定。人民检察院可以根据犯罪嫌疑人的合规整改情况,向有关主管机关提出从严或者从宽处罚的检察意见。”希望通过专门的规定,推动解决企业合规领域的行刑衔接问题。

企业合规的“行刑双向”衔接

李勇,南京市人民检察院法律政策研究室主任

当前,我国企业合规改革已经进入第三阶段,第三阶段是进入深水区的阶段,也是有用性探索的关键阶段,重点是要解决合规有效性问题,防止“纸面合规”“纸面监管”的“双重纸面”问题,也就是要解决企业合规是否真的能“救活”企业,让涉案企业“脱胎换骨”。其中的重要问题之一便是行刑衔接问题。

企业合规的“规”原本就开放的,既包括刑事法也包括行政法,以及行业规则、行业标准等,企业合规的激励措施原本就包括刑事激励措施和行政激励措施,企业合规的激励措施是多元的。我国法学界在引入企业合规过程中,刑事合规与行政合规术语的误用加剧了行刑衔接的裂解。

作为舶来品的企业合规(corporate compliance)又称合规计划(compliance programs)、合规(compliance),在其发源地美国并没有“刑事合规”(criminal compliance)的说法,也没有“行政合规”的说法。“刑事合规”是德国学者从刑事激励措施角度从美国引入合规时而习惯使用的术语。德国学者托马斯罗什坦承“在狭义上,刑事合规这一概念最初并不存在”。由于我国刑法学在学术传承上对于德国刑法学的依赖,从德国引入企业合规时使用了“刑事合规”的术语。事实上,企业合规的本质上是企业治理结构,合规的“规”不仅包括刑事法律,还包括行政法规、行业准则甚至商业伦理等;合规的激励措施既包括刑事处罚的从宽,更包括行政处罚甚至民事责任的减免。这一点,在国际上并无争议,美国《联邦商业组织起诉原则》对合规计划的定义是由公司管理层制定以防止和发现不当行为,并确保公司活动按照适用的刑事和民事法律、法规和规则进行。国际标准化组织 ISO 37301《合规管理体系　要求及使用指南》对合规计划的定义是使组织能够证明其遵守相关法律、法规要求、行业规范和组织标准,以及良好治理标准、普遍接受的最佳实践、道德和社区期望的合规管理体系。正如托马斯罗什指出的,如果单纯限定为从刑事法律的角度理解合规,那么刑事合规只是合规的一种表现形式而已。由于我国刑法学在学术传承上对德国刑法的偏好,当初引入企业合规时习惯性地使用了“刑事合规”这一术语,与此同时,对应性地创造了“行政合规”这一术语,但并没有像托马斯罗什那样特别强调其使用语境(近来,这种现状已经在逐步改变,一些学者强调是在激励措施的角度使用“刑事合规”)。“刑事合规”“行政合规”极易产生误解,会让人误解合规的“规”仅指刑事法规或仅指行政法规,进而加剧了企业合规中刑行双向衔接的难度。最高人民检察院一直使用的是“涉案企业合规”“企业合规”,我认为这是非常精准的。

涉案企业合规的行刑衔接,既包括行政执法机关在执法过程中发现违法行为构成犯罪而移送给刑事侦查、司法机关,也包括检察机关对企业作出合规不起诉之后,移送行政机关给予行政处罚,这是“双向衔接”。当前的重点不是检察机关将案件移送给行政机关进行行政处罚的问题,而是将合规有效性作为建议行政机关从宽乃至免除处罚依据的问题。《关于建立涉案企业合规第三方监督评估机制的指导意见(试行)》规定,检察机关对涉案企业作出不起诉决定,认为现需要给予行政处罚、处分或者没收其违法所得的,应当依法向有关主管机关提出检察意见。但是从企业合规改革的初衷角度来说,更为重要的是检察机关对企业作出不起诉决定后,行政机关认可检察机关对合规有效性的认定结果,作为从轻、减轻或免除行政处罚的依据。要坚决防止检察机关费尽周折,企业也为合规建设和实施付出了巨大代价,好不容易“救活”的企业,被行政机关“一纸罚单”给罚“死了”。在实践中,还有些行政机关“心有余而力不足”,行政处罚即使按照法定最低限额处罚,很多小微企业依然承受不起,而法律又没有授权降档处罚。在实践中,主要靠个案协调,但这不是长久之计。长久之计是推动《行政处罚法》等行政法规的修改,将合规免罚作为法定事由。

涉税走私案件合规不起诉后刑行反向衔接问题探索

刘山泉,深圳市人民检察院第二检察部主任

一、问题提出的背景

深圳经济发展外向型特征明显。深圳注册的进出口企业约16万家,约占全国的10%。2019年至2021年,深圳进出口总值约9.57万亿元,约占全国的

9%。可以说,深圳关在国家外贸发展中举足轻重,与此相对应的则是深圳走私案件的高发。近十年来,深圳海关办理的走私行政案件数量平均约占全国的1/3,走私刑事案件数量平均约占全国的1/5。2021年至2022年7月,深圳海关缉私局提请审查逮捕和移送审查起诉的走私案件数量位居全国第一,其中涉税走私案件又是主流。2019年至2021年,涉税走私案件占比高达73.6%。从合规改革试点开始截至2022年6月底,深圳检察机关已开展走私类犯罪企业合规案件数量为30件,其中27件为涉税走私案件。

根据1987年《海关法》(已被修改)第82条第2款、2004年《海关行政处罚实施条例》(已被修改)第9条的规定,被检察机关作合规不起诉处理的涉税走私企业,将会面临被没收走私货物、物品,可以并处偷逃应纳税款3倍以下罚款的行政处罚。根据2004年《海关行政处罚实施条例》(已被修改)第56条的规定,没有在扣货物、物品的,应当追缴等值价款。无论是《海关法》还是《海关行政处罚实施条例》,均未规定减免条款。并且,根据1987年《海关法》第62条,海关可以追征3年以内少征或者漏征的税款。上述规定内容,在后续刑法相关司法解释中予以保留。且之后虽然海关内部早就争议巨大,《海关法》《海关行政处罚实施条例》也均有修订,但行政处罚条款均未调整。海关在执行上述规定的时候,对于检察机关作出不起诉的案件,也不会基于检察机关的意见或建议而调整相关行政处罚。

在实践中,走私货物、物品的价值常常数倍于偷逃应纳税款,合规不起诉转行政处罚后企业面临天价财产罚的情况并不鲜见。例如,X公司偷逃应纳税款近400万元,低报价格的幅度在25%左右。经测算,该公司将被没收上亿元的货物,并可以并处1000余万元的罚款。又如,M公司是一家进出口贸易型企业。为降低经营成本,采取低报价格方式走私进口生产设备。3年时间共计偷逃税款370多万元,需追缴等值价款2400多万元。最终,M公司因无力履行,宣告破产,近百名员工失业。

合规改革之前,检察机关并不是特别关注不起诉之后的行政处罚问题。但合规改革之后,检察机关希望涉案企业能持续合法合规经营,而不是走逃或注销。但紧跟着来的行政罚款,经常导致企业难以承受,无法正常运转,客观上已经影响检察机关前期对合规作出的努力和对未来效果的期待。对涉案企业而言,为了争取到合规不诉的结果,积极配合、认罪认罚、补缴税款、投入人财物进行合规整改,以期改过自新后实现健康发展。本来以为终于可以案结事了,却发现还要被处以巨额行政处罚,难免会产生强烈的抵触心理。所以,有的企业采取拖延策略,提起行政复议或行政诉讼。且真正选择提起行政复议、行政诉讼的这些企业,往往是前期有较好的积累、有良好的经营基础、有未来可期的发展潜力、有较强的持续为经济社会发展作出贡献的实力的优质企业。这些企业珍惜自己的品牌价值和商业信誉,会为了保住企业而积极地建设性地争取生存空间。所以,涉税走私案件合规不起诉后的刑行反向衔接问题如若处理不好,受伤害最大的恰恰是对经济社会发展贡献大、最需要用心维护的优质企业。在这种情况下,我们才开始关注研究《海关行政处罚条例》,思考合规行刑衔接问题。

《刑法》第 64 条规定,“犯罪分子违法所得的一切财物,应当予以追缴或者责令退赔;对被害人的合法财产,应当及时返还;违禁品和供犯罪所用的本人财物,应当予以没收”。在走私普通货物、物品案件中,如何认定违法所得,在理论上和实践中均有争议。特别是有关法律和司法解释因为出台时间早,已经有些不合时宜。我们认为,刑事案件中的违法所得,是指通过违法、犯罪所获得的收益。在报关走私案件特别是低报价格走私案件中,通过违法、犯罪所获得的收益,主要是偷逃的国家税款,而非货物、物品本身,对这些货物、物品定性为犯罪所得的依据不足,不利于保护当事人合法权利,不利于产权保护。站在刑法法理角度、站在合规角度,不应认定为犯罪所得。实际上,法院在对走私普通货物、物品刑事案件作出判罚的时候,早已经不再将没收货物和追缴等值货款作为判项。即便是海关,在对不起诉案件执行行政处罚的时候,也存在巨大的执行难问题。面对巨额处罚,因为企业的不配合,海关和法院经常是无法执行。实在没办法,企业可能选择走逃。但也有的企业,因为被执行处罚而破产。且在实践中还多次发生拟作相对不起诉处理的犯罪嫌疑人(含单位),主动请求检察机关对其提起公诉的情况。在犯罪嫌疑人看来,起诉后被法院判处缓刑比相对不起诉后被海关行政处罚更“划算”,不起诉后的行政处罚不但让企业背上沉重的经济负担,还将严重影响企业的海关信用评级和税务信用评级。

二、推进企业合规行刑衔接的实践难点

(一)行政机关机械执法

海关在执行《海关行政处罚实施条例》方面较为死板和机械,很少考虑借

助上位法《行政处罚法》的相关规定来处理现实案件(有观点认为,《行政处罚法》是上位法,可以根据上位法中从宽处罚的依据来解决《海关法》规定不甚合理的问题。但实际上,海关很少将《行政处罚法》作为执行依据),也很少理会主从犯的区分,甚至连涉案企业中的一个搬运工在不起诉后也要“没收走私货物或追缴等值价款,并处偷逃应纳税款3倍以下罚款”,或者对一个走私链条中货主之外的参与者也以同样的方式处罚,执法活动十分机械。

(二)行政机关不认同合规理念

一开始推合规互认,海关不太配合,所以推得很辛苦,也很慢。这里涉及对如何具体执行法律规定的认识问题,从本质上讲就是改革与执行现行规定之间的冲突问题。海关工作人员在认识上还是普遍把违法企业视为“坏企业”,认为偷税的企业恶性大,不值得可怜,也谈不上要去保护。他们本位主义意识较强,特别关注对法律规定的严格执行,而较少理会法律规定得是否合理,也很少历史地看待立法精神演变趋势。但作为市场主体,追逐利润,降低成本,是一种本性。走私犯罪是典型的行政犯,站在合规的角度,要允许企业有改过的机会。而且,企业存活才能继续交税,才能继续服务社会。

(三)合规不起诉范围的扩张,导致行刑衔接矛盾升级

最高人民检察院《关于涉案企业合规改革中案件办理有关问题的会议纪要》已经明确,对于涉案企业责任人员可能判处3年以上有期徒刑(数额在100万元以上)的案件,检察机关可以对涉案企业和相关人员分案处理,涉案企业合规整改效果明显,综合考虑其在就业、税收、科技创新、社会贡献等方面的积极因素,可以对企业依法不起诉。可以预见,随着数额较大的涉税走私案件涉案企业被合规不起诉增多,转入行政处罚后需要没收的走私货物、物品的价值也会大幅攀升。

三、深圳检察机关推进开展行刑衔接合规互认工作的具体情况

深圳市人民检察院李小东检察长高度重视行政合规互认和行刑衔接工作,到深圳海关走访座谈,深入交换意见,畅谈合规理念,推动合规互认工作打开新局面。

2022年7月,深圳市第三方机制管委会扩容,将海关和海关缉私局均纳入第三方管委会成员单位,增加了沟通渠道,为在改革关键问题上提高认识、形成共识创造了条件。

2021年年底，深圳市人民检察院已经与深圳市中级人民法院会签了相关文件，在司法机关之间形成了合规互认的先例，且已经在司法实践中落地，该先例可资借鉴。

让海关成为合规的受益者，也是深圳检察机关推动合规互认的重要一环。深圳市人民检察院在办理污油水走私案的过程中，海关多次希望检察机关解决在扣污油水的无害化处置问题，并专门到该院沟通，希望得到法院的支持，被法院以没有法律依据为由委婉拒绝。而通过涉案企业合规，近800万元的无害化处置费用得到妥善解决，海关对合规的好感油然而生。

同时，检察机关还用合规的效果感染海关。深圳市人民检察院办理的水果走私案合规，涉案企业合规整改后，积极改变价格数据通关申报上的被动局面，与深圳海关对接ERP系统，实时共享企业财务数据，彻底化解了价格不实申报风险，其水果进口价格逐渐成为海关价格库的重要参考，被海关列入白名单。目前，该公司的水果进口价格已经成为全国进口水果价格的检验“标准”，对规范整个进口水果行业的报关价格发挥了重要作用，切实阻断了再犯罪的条件，真正实现了合规的目的和价值。且该公司在合法合规的基础上，实现了年营业收入25%、年进口额60%的逆势同比增长，2021年8月被评为深圳市宝安区“3A”信用企业，同年9月被评为诚信合规示范企业。这个案件的合规效果在深圳海关内部也产生了重大影响。

2022年8月，深圳市人民检察院还与深圳海关组织了研讨会，专题研究合规互认问题。检察机关试图用理论和实践说服海关，合规虽然目前还没有法律依据，但一定是未来的趋势。研讨会上，双方还再次审视《海关行政处罚实施条例》第52条“对2个以上当事人共同实施的违法行为，应当区别情节及责任，分别给予处罚”的规定，希望能形成共识，并通过该条的适用，为合规实践打开一扇窗，在现行海关法律规范框架内找到减轻处罚条款的具体依据，避免该条成为“僵尸条款”。

另外，检察机关的“背书”，也化解了海关担心的责任风险问题。根据会签文件，海关会全程参与合规计划的审核、合规整改的监督，以及参与合规验收等。在没有异议的情况下，检察机关如果建议从宽行政处罚，也会发出书面的法律文书。

2022年9月，深圳市人民检察院最终与深圳海关和深圳海关缉私局会签了会议纪要，确立了涉税走私案件合规不起诉后行刑衔接的制度。根据该制度，深圳海关和海关缉私局认同深圳检察机关针对涉税走私案件涉案企业开展的合规，并积极参与合规过程，对通过验收的涉案企业，在检察机关作出不起诉决定后，参考检察机关的书面建议，对涉案企业作出具体的从轻、减轻或免除处罚决定。文件执行以来，截至目前，深圳海关尚没有出现改变深圳检察机关建议内容的情况。深圳检察机关办理的一批重大合规案件，也都向海关发出了书面法律文书，行刑衔接的运行初见成效。

企业合规中行刑衔接机制的基层探索

郑莉，江苏省张家港市人民检察院第四检察部副主任

在推动涉案合规改革过程中，我们感受到有效解决企业的违法违规问题，往往不能仅着眼于刑事诉讼程序中的“去犯罪化”，还需从源头上治理企业的违法违规经营问题。为此，我院在合规改革探索中，十分注重与司法行政部门以及相关行政执法机关的协作，开展了一些探索和实践。

一、共同成立合规监管委员会

2021 年 3 月，张家港市成立市合规监管委员会，统筹推进全市企业合规建设。成员包括检察、司法局、工商联、纪委监委、人大、政协、法院、公安、各相关行政执法部门等 40 家单位，具体承担制定企业合规建设工作指引、组建管理合规监管人队伍、开展合规有效性审查等职能，为企业合规建设提供正面评价和激励政策。如在我市第三方监督评估人员队伍中，行政机关人员 61 人，这些人员不仅是合规监督评估的专业骨干，为企业合规验收整改标准设定提供参考，在指导帮助企业排查风险、合规经营、避免行政违法等方面也起着重要作用。

二、共同制定企业合规验收指标体系

合规监管委员会研究制定了《合规有效性审查办法(试行)》及配套的有效性审查参考指标体系，以量化的形式对企业合规建设作出客观评估。2021 年在安全生产、环境保护等重点领域，联合行政机关设置考察指标体系。近期，我们结合劳资纠纷案件多发现象，联合人社、住建、交通等部门，积极拓展劳动用工领域合规建设，拟联合制定该领域的合规管理指标。

三、共同编制行政合规清单

为了便于企业快速、简明、准确地了解和排查合规风险点，市企业合规监管委员会梳理企业的高频”违法点，制定合规指导清单，帮助企业避免发生类似违法涉罪行为。目前，已联合应急管理、市场监管等行政机关，编制4批涉及18个领域的企业行政合规指导清单共计278条，系统梳理了合规事项、常见违法行为表述、法律依据及违法责任、发生频率、合规建议、指导部门等事项。

四、共同推进事前合规建设

2021年4月，市企业合规监管委员会确定沙钢等50家企业和1家行业商会作为首批合规建设试点。2022年7月，又增设31家企业和1家行业商会作为第二批试点。建立企业合规分级评定机制，对企业合规建设情况进行优质、良好、达标等不同等级评定。2021年，申请验收的企业有14家，其中5家优质、5家良好、3家达标、1家未达标，达标以上企业能享受相应的行政激励政策。2022年申请验收的企业有11家，目前正在验收评定中。此外，我院在落实最高人民检察院七号检察建议过程中，注重融入合规理念，联合张家港邮政管理局等部门，推动张家港市快递行业开展合规建设，相关经验做法获评最高人民检察院“落实七号检察建议典型事例”。

五、地方人大出台文件顺畅行刑衔接

2022年3月，我院提请市人大出台关于推进企业合规改革工作的决定和实施办法，不仅在全国范围内率先将合规工作纳入人大常态化监督范畴，也进一步明确合规结果互认以及检察机关提前介入涉企案件办理等机制。如“行政执法机关等在办理涉企案件时，应对通过合规考察的企业，在适用强制措施及量刑、行政处罚等方面予以正面评价和从宽考量”以及“监察、公安等部门办理涉企案件时，认为涉案企业符合企业合规改革试点以及第三方机制适用条件，可邀请市检察院提前介入案件，听取相关意见建议，开展相关探索，对通过企业合规考察的，在社会危险性方面予以正面评价，依法采取非羁押性的强制措施等”。

六、完善涉案企业合规不起诉后的衔接程序

我们在作出从宽处理决定后一段时间内，通过制发检察意见、联合相关行政部门和第三方监督评估组织对企业跟踪回访等方式，促进企业将涉案企业合规逐步延伸到行政合规，形成全面合规的自觉。如我们在办理的“江苏某金属制品有限公司负责人赵某某组织他人违章冒险作业案”中，我院在该企业通过合规整改并对赵某作出不起诉决定后，向市应急管理局制发检察意见，明确建议该局结合企业合规整改情况，并根据企业后续完善情况依法作出从宽处理决定。我们的思考是，企业合规整改是一个持续性工程，结果互认的前提必须是企业一直在持续优化合规建设，因此，建议行政机关在处罚期间结合企业后续的合规整改作出从宽处罚具有一定的现实意义，有助于更好督促企业实质性整改。

在探索企业合规行刑衔接机制建设过程中，我们也遇到了一些困惑，比如检察机关在办理涉企案件中如何加强与行政机关的协作配合、数据共享，合规建设与从宽幅度如何科学合理对应等。下一步，我院将从以下五个方面加强探索。

一是建立移送案件备案监督机制。规定行政机关在依法查处违法行为过程中，发现可能需要追究刑事责任的涉企案件，及时移送公安机关处理，并同步报检察机关备案。公安机关对行政机关移送涉企案件经审查作出立案或不立案决定时，报检察院备案。检察机关如发现涉案企业符合合规监督考察条件的，可以书面建议行政机关或者公安机关适用合规从宽制度，开展调查评估，决定是否启动合规监督评估程序。

二是建立涉企行政案件评查机制。定期组织检察官对涉企行政案件进行评查，查找行政案件中暴露出的企业违法风险点，查看行政机关对企业违法风险进行排除的方式、方法是否恰当、有效，提出建议、辅导、提醒等。检察机关可以将涉案企业合规样本提供给行政机关，帮助行政机关完善行政管理措施和方法。

三是建立“检察建议＋检行联合”的小微企业合规监督考察机制。细化小微企业合规适用条件，明确验收评估的方法、步骤、标准等，可以与行政机关形成合力，借助专业力量，对照小微企业合规有效性审查指标进行验收评估。

四是构建“监管＋服务”大数据平台，辅助合规整改实质审查。联通行政机关大数据资源池，通过合规适用条件分析、合规体系运行分析和第三方组织履职评分三个模块计算模型，实现对合规监督考察过程的实质化监督。

五是明确验收结果与合规从宽幅度的对应关系。第三方组织对照合规有效性参考指标评定等级，检察机关、行政机关结合验收评定等级、合规的效果价值、罪行轻重程度制定从宽标准。

企业合规刑行衔接机制如何优化

李奋飞,中国人民大学法学院教授

涉案企业合规改革的持续深化,离不开行政监管部门的全面配合。但是由于行政机关和刑事司法机关是相互独立的执法体系,要继续深化改革,需要在以下五个方面就刑行衔接机制进行优化。

一是程序启动。目前,企业犯罪案件的处理都是先由行政机关查处,发现涉嫌犯罪再移交公安机关立案侦查,然后公安机关侦查终结后再移交检察机关审查起诉。2021 年 9 月检察机关发布《关于推进行政执法与刑事司法衔接工作的规定》探索建立双向衔接机制。但是双向衔接机制没有考虑企业犯罪案件的特殊性,以至于难以充分服务于企业合规改革。一方面,企业犯罪案件的侦查比较复杂,公安机关需要得到行政机关的技术支持才能够高效办理案件;另一方面,企业犯罪案件对社会公共利益的影响比较大,检察机关将案件纳入合规考察、决定不起诉时,需要对企业的影响力等方面进行调查,也需要行政机关的充分配合。解决这一问题可以有两个路径:一是可以探索建立检察领导的行刑联合办案小组,如果公安决定对企业涉嫌犯罪的案件立案,行政机关不应停止调查,而是与公安机关采取联合执法的办案方式,同时,由检察机关则提前介入案件的侦查,统筹各机关的执法资源;二是可以探索建立合规准入联席听证制度,即以听证会这一制度化的方式决定检察机关是否把一个案件纳入合规考察,这有利于检察机关充分了解涉税企业的信息,也能够充分地尊重行政机关的意见。

二是合规考察。目前,企业合规的研究已经达成了一个基本共识,就是有效的合规不仅要能够实现去犯罪化也要能实现去违法化。一些试点检察机关也在积极探索制定有效合规标准,但在这个标准的制定过程当中,行政机关的参与还不充分,这会有碍行刑配合。另外,在合规考察活动的实施方面,行政机关的配合也不足。我国已经建立了第三方监督评估机制,但也没有明确检察机关的自行监管和第三方监管之间的关系。李奋飞教授表示,首先,企业可以通过建立一套合规管理体系,把主要的行政违法风险和刑事犯罪风险进行一体化的预防,从而共享合规要素;其次,探索建立行刑联合执法机制;最后,要明确第三方监管的适用条件,总体上应该只适用于那些合规整改难度比较大的案件。

三是合规互认。目前,合规对企业刑事和行政责任的减免作用还没有得到法律上的确认,因此,存在行刑执法效果相左的风险。而且,行政执法和刑事执法机关之间也缺乏处罚手段配合的原则和处罚结果互认的原则,如果检察机关决定不起诉,而行政机关的处罚裁量权得不到有效限制,可以任意罚款、责令吊销营业执照的话,显然行刑执法效果相左,难以保证合规激励的有效性。李奋飞教授指出,首先,可以探索建立合规结果互认的事先协议制度,检察机关和行政机关一起与涉案企业商谈,签订"一揽子"协议;其次,要正式确立合规互认制度,行政机关应当对行检察机关主导的合规整改成果加以认可,成功的合规整改不仅应作为检察机关宽大处理企业的依据,也应成为行政机关对涉案企业作出宽大处理的依据。

四是合规接力。企业涉嫌刑事犯罪后,其暴露出来的风险是刑事犯罪风险,合规整改工作围绕犯罪预防展开,主要是为了去除企业的犯罪基因,不包含所有违法基因,虽然也会涉及前置违法行为,但以防范再次构成犯罪为主。在核心的刑事风险得到充分防范之后,企业是否继续围绕行政监管法律规定继续深化企业合规建设,属于行政监管机关需要负责解决的问题。建立刑事合规计划只是第一步,一些涉案企业在脱离刑事程序后,还需要继续深化建设相关专项领域的行政合规计划,才能真正成为守法的好企业。李奋飞教授提出,检察机关可以考虑向行政机关发出检察建议,建议行政监管部门持续跟踪涉案企业;行政机关可以通过回访、听取报告等方式持续监管企业的,必要时,甚至可以针对企业存在的其他合规风险,督促其增设相关的专项合规计划。

五是行业合规。为实现企业违法犯罪活动的源头治理,检察机关对于带有结构性和行业性特征的违法违规现象,应当以涉案企业的合规整改为契机,建议行政机关督促相关行业协会对尚未涉嫌犯罪但存在相关合规风险的同类型企业进行批量的行业合规治理。

评论环节

李伟,中央财经大学法学院副院长、副教授

前面各位领导和专家从不同的视角探讨了涉案企业合规的行刑衔接问

题。在此基础上,我想提一个观点,那就是,涉案企业的合规治理,有必要从行刑衔接走向行刑协同。陈瑞华教授提出的行刑一体化的观点,李奋飞教授提出的行刑衔接的进一步优化,在很大程度上指向的都是行刑的协同。为什么这么讲,我有如下理由。

从语义上讲,“衔接”指的是前后相连,是一种先后次序的视角,建构在业务上分工负责和程序上流水作业的基础上,从衔接的角度讲,更多的是个配合和交接的问题。从功能看,涉案企业的合规治理,本质上是让企业依法合规经营,这本来就不单是个刑法问题,也是个行政法和公司法的问题,刚才李勇主任讲了衔接的理论基础,从中也可以看出,涉案企业的合规治理,在很大程度上需要行政机关、刑事司法机关的共同参与。从域外的实践看,在涉案企业合规治理上,行政机关和刑事司法机关协同,更有利于合规的政策激励,更好发挥胡萝卜加大棒的治理效应。从我国目前的实践来看,协同已经发生了,包括以下几个环节,首先是启动环节,有的地方,比如说辽宁,就把行政监管部门的同意作为合规考察或者进入启动涉案企业合规的一个必要条件。那么更重点的是合规的考察环节,最高人民检察院建立了一个第三方监督评估机制,其中很重要的就是行政机关的参与。在合规考察的验收环节,我们在一些指导性案例中也会发现,检察机关往往也会邀请行政机关,行政机关的人也在参与。

未来在涉案企业合规治理上贯彻行刑协同,要贯彻几个理念:一是法律实施的理念,从一个高效的法律实施体系出发,贯彻行刑一体化的观点;二是加强专项合规标准的建设;三是要创新联合办案的机制。

林彦华,上海市方达律师事务所合伙人

其实高主任开宗明义就讲了,刑事合规这一概念可能有一定的误导性,其实应该叫企业合规,而不应该单纯地只是讲刑事合规。李勇主任也讲了,我们这几年在合规领域的发展,可以说是刑事法领域一枝独秀,孤军奋战,这一点我也深有体会,现在合规领域在刑事方面走得非常靠前,但是在行政领域,这个步伐迈得其实有点小,所以这两个制度衔接不上。刚才刘主任讲了一个案例,他自己也讲这个案例比较特殊,但是我听完认为其实也不是很特殊,在工作中已经遇到这种情况了。刚才刘主任讲的例子就是,检察机关已经合规不起诉了,但是行政机关仍然是重罚,导致企业破产。这就引发一种怪现象,就是企业在检察机关决定不起诉之前要先问,不起诉后我还要被罚多少钱,如果被罚的钱很多,反倒还不如起诉,在实践中我们已经遇到这样的案子了。而且,有时不仅仅是罚金的问题,行政处罚的记录也很重要,因为企业只要有这个记录,未来的一些资质申请都会受到影响。还有时一些行政处罚,可能直接就是停业整顿,对于一个企业来说,可能也是一个不能承受之重。

在实践中,有时我们会给企业介绍刑事领域的合规不起诉制度。但问题是,当案件还在行政机关手里,难道我们还能主动让行政机关将案件移送到刑事部门吗?肯定不可能。但是,行政机关没有通过合规整改换取不处罚的制度,企业没法通过合规整改换取宽大处理。所以,当务之急就是去呼吁行政领域的合规宽大处理制度。郑主任和李教授也都提及了行刑衔接的具体方法问题,如联席听证、合规互认等。我们刑事合规是走在法律前面的,是通过实践改革来促进立法和执法的改革,因为现在《刑法》和《刑事诉讼法》还没有对合规不起诉进行明确规定。我觉得行政领域也应该大胆走出来。一个是,现在行政机关的理念可能还是认为应该严罚,因此可能需要转变观念。而且更不必说,即便行政机关和企业和解、让企业建立合规体系,也不代表不对企业进行惩戒。另一个是,很多行政部门可能会说要求企业建立合规体系没有法律依据。但是反观刑事合规的改革,也是在基本法还没有明确的情况下,大胆往前迈了很多步。所以,行政机关也应该有大胆的改革意识。只有行政机关改革的步伐也是往前迈的,行刑衔接问题才能从根源上得到解决。

报告环节

企业合规在行政监管中的作用

第二单元研讨由中国政法大学比较法学研究院院长解志勇教授主持。解志勇教授表示,本单元共有五位报告人,分别是中央党校(国家行政学院)研究生院院长周佑勇教授,北京大学法学院薛军教授,国家市场监管总局网监司缪丹处长,中国农业银行总行内控合规管理部郑花祯总经理,国务院国资委法规司三处王超处长。本单元还有三位评论人,分别是司法部行政执法协调监督局孔祥泉副局长、中国证券监督管理委员会青岛证监局殷志诚局长、南开大学法学院院长宋华琳教授。下面开始本单元的报告和评论。

行政合规的性质及其实现方式

周佑勇，中央党校(国家行政学院)研究生院院长、教授

本次会议专题研讨在行政监管中如何有效推进企业合规建设，这在当下具有极大的现实必要性和紧迫性。全国检察机关正在开展的涉案企业合规改革已经对行政执法产生了直接影响。改革中采取的合规宽缓处罚激励政策，其效果已经通过行刑衔接机制外溢到行政合规领域，比如，浙江、山东、四川等地都有相关的规定，检察机关对于需要予以行政处罚的案件，可采取检察建议等方式，建议行政机关对涉案企业减轻或免除处罚。受到刑事合规改革的影响，各界对建立行政合规激励机制的呼声日益高涨，但是大家也普遍认为对行政合规的研究才刚刚起步，很多问题值得进一步厘清。

第一，作为一种新型监管模式的行政合规及其主要特征。从性质上看，行政合规是因应现代行政监管方式的转型而出现的一种新型监管模式，我们可以称之为是一种合作型或者回应型的监管模式，这主要是相对于传统高权行政监管模式而言的。行政合规作为一种新型的合作型监管模式，是以协商合作为理论基础，以激活企业的自我监管能力为目标，具有四个基本特征。一是强调以建立企业内部合规管理体系来实现企业的自我监管，弥补行政机关外部监管的不足。二是强调以规制企业的自我监管活动为中心任务，开展过程性的监管，确保企业建立有效合规管理体系，而不再一味地查处企业违法行为。三是在立法上，通过建立正反双向激励机制来引导企业建立合规管理制度，其中正向激励机制也就是合规从宽制度，反向激励机制则是一种强制性的合规制度。四是在监管方式上，以行政指导、行政协议、裁量基准等软性治理措施为主，从片面强制威慑转向激励制约相融，秉持改造优先而非惩罚优先的原则，引入民主、协商、平等的理念，给予企业以合规整改换取宽大处理的机会，激励企业主动履行社会责任和守法义务。

第二，行政合规激励机制的层次性建构。作为一种新型的合作型行政监管模式，行政合规的实质就是要将合规激励机制引入行政监管，推动企业建立内部合规管理体系。但是合规激励不同于合规激进，不能完全仿照涉案企业合规改革的思路,一步到位地在行政监管中全面建立合规免罚的强激励制度,否则,监管机关将失去基本的裁量空间,行政违法责任制度也将濒临消解。更为重要的是,合规免罚只是一种合规正向激励机制,要是彻底贯彻强激励的思路,我们同样也要建立一种最为严厉的合规反向激励机制。也就是说,对未建立合规管理体系的企业一律就要顶格处罚,这显然违背了合作型监管的理论基础。根据比例原则,行政监管手段的使用应当优先选取柔性监管措施,而像吊销执照等这样的严厉处罚措施,则应当留在最后手段。按照这一思路,行政合规激励的确立需要体现层次性,构建一种"行政合规金字塔"。第一层次的激励机制是以合规行政指导为代表的柔性激励措施,由监管部门颁发合规指引、清单、基准等指导性的文件,建立相配套的合规奖励制度。第二层次是以合规行政约谈为代表的警示性激励措施。监管部门在合规行政检查等活动中发现企业的合规管理漏洞,可以通过约谈、劝导等方式提出合规整改要求。第三层次才是行政处罚等强制性行政行为中的合规激励机制。在正向激励方面,企业合规建设情况可以作为从轻或减轻处罚的情节,但是合规免罚需进一步满足有效合规整改,积极配合调查,消除危害后果等严格的条件。在反向激励方面,企业不建立合规管理体系,我们也不能够作为从重处罚的情节,不合规即处罚应当严格限制在特定的监管领域之中。

第三,推进行政合规建设的制度保障。行政合规的实现离不开制度层面的规范引领和保障,这也需要参照行政合规金字塔的层次来逐步推进。首先,应尊重不同行政监管领域的差异性特征,率先由监管部门制定本领域的合规指导性文件,颁布本领域的合规有效性标准。在此基础上,可以在行政许可、税收等领域探索建立合规奖励机制,还可以通过签订行政合规协议来实现合规式监管,激励企业合规建设。其次,在各个行政监管领域,要全面推进合规行政检查和合规行政约谈的制度化建设,建立包括开展常态化合规检察、发现合规体系漏洞、提出合规整改要求、跟踪合规整改效果等在内的完整制度闭环,全面规制企业的内部管理行为。最后,开展行政合规激励机制的试点工作,通过制定裁量基准来细化处罚裁量情节,最终推动行政处罚法的修改。具体路径可以先由市场监管总局、税务总局、生态环境部等涉企行政违法案件相对高发的监管部门主导,在食品药品、反不正当竞争、反垄断、数据保护、环境保护等重点监管领域率先展开试点。试点的核心内容包括强制合规制度,事前合规从宽制度和事后从宽合规从宽制度等合规激励机制的有限引入,其中最为复杂的还是事后的合规从宽制度。目前,在行政监管中事后合规从宽的制度载体通常是具有和解性质的企业合规协议制度,也就是违法行为发生后,行政机关与相对人签订处罚和解协议,相对人通过遵守企业合规承诺、开展合规整改的方式,来换取行政机关从轻减轻或免罚的处罚。现阶段的制度探索可以通过制定裁量基准,充分利用法定的裁量空间,将合规协议的履行情况作为裁量要素之一,对事后合规从轻、减轻或免除处罚进行细化量化。根据《行政处罚法》第 34 条的规定,行政机关可以依法制定处罚裁量基准,所以在未修改处罚法之前,合规激励完全可以作为酌定情节规定在裁量基准之中,等条件成熟后再提炼出共性的合规激励规范上升为法律规定,修改行政处罚法。

总体而言,行政合规意味着一种针对企业的行政监管理念和方式的重大改变,相对于刑事合规,行政合规的内涵更加丰富,手段更加多样,蕴含着更加广阔的发展前景,也面临着更为艰巨的改革任务。行政合规的体系化建设需要尊重合规激励机制的层次性和监管领域的差异性,遵循从柔性激励到刚性激励,从健全裁量基准制度到相关立法修改的顺次稳步推进,从而打造具有中国特色的行政合规制度体系,推动提升行政机关依法行政的能力水平。

互联网平台企业合规面临的共性与个性问题

薛军,北京大学法学院教授,北京大学电子商务法研究中心主任

随着数字经济的发展,互联网平台型企业开始快速在整个社会经济生活中发挥重要作用。平台企业做好合规工作,对于广大人民群众具有特别重要的意义,因为诸如消费者权益保护、个人信息保护等问题,都与广大人民群众日常生活密切相关。互联网平台企业在运营过程中肯定要遵守企业合规的一般性要求,这是没有疑问的。但不同类型的企业,在合规时必然遇到自己的特殊性问题,很难用一套合规框架来解决所有类型企业的合规问题。今后企业合规理论的研究可能会从一种概括性的研究,走向分门别类地针对具体类型企业的合规问题,走向研究特定行业企业合规遇到的深层次体制机制问题。

具体到互联网平台企业,其自身作为市场主体而存在,没有问题,但平台企业的特点在于实际上建构了一个巨大的网络交往空间,在这一网络空间中可能会入驻数以百万计的中小型企业,或者是互联网平台企业提供了一个交往载体,让成千上万甚至数以亿计的用户在平台上进行各种类型的互动。这种类型的企业在先前的社会经济生活中是根本不存在的,也带来了一系列全新问题。对于互联网平台企业的合规问题,存在以下特殊方面。

第一,平台型企业合规的复杂性远超传统企业。举例来说,对于一个传统的化工企业,其所从事的行业较为特定,行业涉及的主要法律问题较为清晰,如安全生产、环境保护、劳动者保护等。这些关键问题很容易抓住。但大型的互联网平台企业的条线和事业群非常复杂,而且相互之间差别很大,所以平台企业的合规难度和面临的复杂性问题,是传统企业无法比拟的。第二,平台企业合规还会涉及互联网平台作为一个载体,上面有大量的独立经营者,这些入驻平台的独立经营者,自身也有相关的合规问题。所以平台企业的合规问题还面临着平台和以平台作为载体的其他经营主体之间的交叉和融合问题。通常来讲,企业合规就是为自己的行为负责,那么平台是否要为平台上大量的独立的市场主体的行为的合规性负责?比如,一个企业在平台上销售假冒伪劣产品,在这种情况下,平台企业的合规是否要延伸到平台上面的独立的商事主体层面上去?普通的企业合规,是把企业作为一个单独的分析单元来看,无论是其中哪个部门的行为,都可以认定为企业行为。但是平台架构跟普通企业完全不一样,平台上企业的哪一些行为应该被要求纳入平台责任,以及平台合规体系,是不清晰的。在一些时候,我们也会要求平台履行相应的质量管控或者安全保障之类的义务,这是平台架构的独特性,给合规问题带来的挑战。第三,平台企业适用的法律规范体系具有特殊性,使得它在从事合规的时候,面临着不同于其他类型企业的独特性。总体来讲,普通企业不太会日常性地涉及数据安全问题、网络安全问题、数字广告合规问题、电商合规问题、反垄断和反不正当竞争问题,等等。这些新兴领域的法律恰恰是互联网平台企业合规的主战场。例如,个人信息保护问题,传统企业在没有完成数字化转型之前,基本上不会涉及,但是对于互联网平台企业来说,个人信息保护合规已经成为一个生命线。新型的数字经济领域的法律的合规问题的难点在于边界并不是那么清晰,合规的度不好把握。例如,就个人信息保护而言,什么叫合理、必要,什么叫超范围过度收集个人信息?恐怕很少有人能够说清楚。平台企业合规面临的疑惑点因此远超普通企业。

基于以上分析,可以进一步说,互联网平台企业合规在体制机制建设上面临三个方面的挑战。第一,考虑互联网平台企业本身架构上的特殊性,在合规体系建设上,尤其是行政合规上,要先行先试地,对其采取一种激励型合规管理制度,使其能够更多地承担作为行政监管的帮手的角色。通过平台治理,来实现对于平台上面的成千上万甚至上亿人群的有效管理。这才是我们研究互联网平台企业合规问题时需要去实现的主要目的。因此,互联网平台合规的目的不是说要把平台作为一个普通的企业去如何治理好,更关键的是要让平台成为治理网络空间的帮手助手抓手。离开了这个中心的任务,就不能说是抓住了互联网平台企业合规建设的核心。第二,在行政层面上要求平台合规经营的时候,考虑到互联网平台合规经营面临的不确定性,要更多地运用合规交流机制,如合规论坛等机制,来共同探讨相关市场行为的合理边界,从而来指导平台企业的合规制度建设,而不是以动辄开巨额罚单这种刚性的措施作为主要的治理方法。第三,平台企业实际上是数字经济发展过程中出现的一种新生的经济形态,还是要对其采取包容审慎的管理理念,以引导为主,更多地促进互联网平台企业健康发展,这对于增强中国长远的竞争力而言,是更加有利的。

实施平台经济常态化监管与企业合规

缪丹,国家市场监管总局网监司处长

2022 年 7 月 28 日中共中央政治局召开会议指出,“要推动平台经济规范健康持续发展,完成平台经济专项整改,对平台经济实施常态化监管”。我们常态化监管的目的是统筹安全与发展,一方面,要防范平台经济领域系统性的风险,守住安全的底线;另一方面,要稳定发展的预期,保障平台经济持续的发展。从我们的理解来讲,常态化监管最起码要实现两个转变:一是监管理念的转变;二是监管方式的转变,而平台企业的合规成为我们平台经济常态化监管的一个有效途径。

一是监管理念的转变,传统上,行政监管是监管部门在法律授权的范围内,对监管对象提出明确、具体、可测量的行为准则和结果要求,具有一种比较浓厚的自上而下的命令控制式特征。这就需要监管部门掌握充分的信息,传统线下的市场监管就采取了网格化或者是日常巡查的制度,能够掌握比较充分的信息,但是在平台经济领域可能情况就不一样。传统上,监管部门和企业之间是一种监管与被监管的关系，而在平台经济领域中则形成了一种比较复杂的生态，平台内大量的分散主体参与进来，包括平台内的经营者、新就业群体等多方主体，在这种情况下，监管部门是缺乏信息优势的。从日常实践来看，无论是维护平台内容的安全和交易秩序，还是保障隐私权益和网络安全等，平台经济监管的目标实现有赖于平台企业在具体场景中进行判断识别、减缓风险，也依赖于平台企业平衡、协调平台生态内的多方主体的合法权益。在这个场景下，监管部门和平台企业之间，既是监管者与监管对象的关系，也是一种监管合作关系。

二是监管方式的转变。传统行政监管主要是通过事前的审批，以及违法后果发生后的行政处罚来实现。平台经济领域的规模效应越发明显，数据流量用户不断向头部的平台聚集，一旦出现风险，其影响范围往往是跨越地域边界，而且基于互联网特性，危害后果的扩散非常迅速，事后处罚需要付出极大的社会成本；另外，从2021年平台经济专项整改结果来看，平台企业也会付出极大的直接和间接成本，甚至影响整个行业的发展。因此，平台经济的常态化监管，必须由原来强调事后监管、事前审批，转向事前、事中、事后全流程监管，特别是要突出事前的预防性监管。

从这两个转变来看，合规监管能够非常好地契合两个转变的要求，成为平台经济常态化监管的一个重要途径。一方面，平台企业的合规行政监管能够实现平台自治和他治的有效结合。由于合规监管的对象是平台的合规管理行为，而非具体业务行为，因此，行政监管的重心不再仅仅聚焦一些投诉举报和监督检查中发现的具体问题，不用担心监管规则跟不上商业模式的快速变化，也不用担忧监管顾此失彼，而是与平台企业进行合作，发挥平台的专业性与信息优势，推动平台企业合规管理，引导企业通过具体场景的学习和反思，不断提升内部治理水平。另一方面，合规的行政监管是一种以违法风险防控为核心的监管模式，也就是通过设定行政相对人防范相关风险的法律义务，将那些不履行风险防范义务的行为作为规制对象，推进源头治理。相比监管部门，平台企业拥有更多的风险来源、性质、类型、演进路径等方面的信息，因此，这些风险防范义务的施加，可以调动企业内部识别、发现、预防和处置风险的动力，构建起一套实时发挥作用的“隔离带”和“防火墙”，实现风险源头的防控，避免违法行为发生后再进行处置付出的巨大成本。

为了能够比较有效地设置平台经济的合规管理制度,2021 年开始,我们总局组织部分地方市场监管部门和专家学者进行了专项调研,主要针对平台经济较为集中的北京、上海、江苏、浙江、广东 5 省市的 42 家互联网平台,其中对包括 34 家大型平台和 8 家中小型平台进行了调研。从调研情况来看,42 家平台初步树立合规意识,制定了合规制度相关文件,并且采取了相关的举措。在合规组织架构方面,38 家平台建立了具有合规职能的相关机构,占 90.47%;有 32 家平台设立了合规负责人的岗位,并对岗位从业要求作出规定。在合规制度举措方面,有 33 家平台在不同程度上建立了合规指南、合规咨询、合规审查、合规报告等举措来推进合规制度建设。调研同时也发现了三个方面的问题。

一是合规管理的组织架构不健全,大部分平台的合规相关事务交给了法务、风控等部门处理。合规部门的独立性不强,弱化了对其他部门的监督作用。平台合规负责人大多数是兼职和虚职,而且一般来说不实际履行合规职责,难以发挥合规岗位的核心作用。二是合规管理制度的措施不太完善,大部分的平台没有建立风险识别机制,只有少数平台建立了合规风险预警和监控举措、对合规风险进行了分类分级。大部分平台都没有建立合规风险的处置流程和标准,没有建立合规审查机制和合规咨询机制。大部分平台未建立合规报告和合规咨询机制,没有与监管部门之间的有效沟通。三是合规管理机制的运行效果不明显。合规部门的权限不足,无法对管理层进行监督。合规负责人的层级比较低,没有办法参与核心的决策。合规部门的资源支持无法充分发挥合规职能。

接下来,再谈几点对合规监管制度设计的想法。

第一,平台合规要充分考虑平台的基因。首先,要充分考虑平台企业业务类型的多样性和跨界发展的特性,不能用一个模式去要求所有的平台。所以在设计合规制度时应当考虑这个因素,根据平台企业的类型来制定不同的合规指引和合规评价标准。其次,要考虑平台企业的准公共属性,有别于一般的企业,平台企业具有双重身份,其既是市场主体,还是平台生态的管理者。在开展合规管理时,其还承担着防范平台生态合规风险的责任,这种责任在某种意义上比防范企业自身合规风险的责任要更大。所以在合规制度措施和合规运行机制设计上,要充分体现这种特殊性,区别于一般的企业合规管理。最后,平台企业的管理组织架构具有特殊性。平台经济是一种新的经济组织方式,它的内部管理组织架构也有别于传统企业,传统企业在公司法体系里面有很明确的设计,但是平台经济领域突破了《公司法》的一些规定,许多平台采取自然人因素来控制公司的这种组织架构,就具有非常大的复杂性。所以在合规制度设计当中也碰到了很大的问题,比如,在平台经济领域合规管理的主体是平台企业还是平台,这两个概念完全不同。当然,还有一点是平台的规模差异也很大,超大型平台和中小型平台面临的风险完全不同,在合规制度设计时,也要进行内容和要求的区别。

第二,平台合规要契合我国的发展实际。平台经济领域商业模式的技术应用快速创新,导致规则制度的滞后成为一种常态。而且,为了鼓励创新发展,在平台经济领域的法律和监管与传统领域相比,往往是原则性和愿景性的规定。在包容审慎、鼓励创新发展的原则不变的情况下,这也将成为一种常态。因此,在合规制度设计时,要引导平台企业充分理解并重视法律的原则指引与精神,与其精神相向而行,充分发挥标准、商业行为准则甚至社会道德等的作用,通过合规管理能动地将这些要求具体化。合规监管制度也要与国际接轨,企业合规起源于欧美,我们在制度设计时,既要加强国际交流,充分汲取借鉴域外的成熟经验和实践成果,同时也要考虑我国平台经济的国际竞争力。数字经济成为国与国之间竞争的一个重要领域,我国的平台经济目前在全球范围内处于前列,但是又呈现区别于美国和欧洲的特点,因此,在制度设计时要充分考虑这一点,以推动平台经济发展为出发点,发挥我国平台经济在国际竞争中的优势。

第三,平台合规监管要加强顶层设计。行政监管这块缺乏上位法依据,从长期考虑应该通过修订相关的法律法规,将合规管理明确为强制性的义务,为政府进行行政合规的监管提供法律依据。而从短期来讲可以先推进倡导性的合规管理。我们可以构建约束和激励相容的机制,一方面,探索激励机制,在制定裁量基准时考虑合规作为裁量因素,作为从轻、减轻等从宽情节来考虑;另一方面,也要建立相应的约束机制,形成平台自我约束、行政监管、社会监督的有机结合。此外,还要加强部门协同,在监管体制方面,平台经济监管是行业主管部门和综合监管部门共同监管,平台企业业务的综合性导致九龙治水的局面。现在合规成为平台经济领域的一个热点,各相关部门都在研究合规监管,我们要避免出现各自为政、政策叠加的局面,增加平台企业的负担,阻碍平台经济的发展。

商业银行合规监管政策与实践

郑花祯,中国农业银行总行内控合规管理部总经理

第一,简要回顾一下银行合规管理的起源和支撑。银行业专业的合规管理源于2003年巴塞尔银行监管委员会发布的咨询文件,即《银行内部合规部门》,2005年委员会又将其修订为《合规与银行内部合规部门》。到了2006年,原中国银行业监督管理委员会在借鉴这份文件的基础上,制定了国内的《商业银行合规风险管理指引》,该指引规定了商业银行的合规风险管理体系,明确了有关合规政策、合规部门组织结构和资源,合规风险管理计划,合规风险的识别和管理流程,教育培训等支持系统,一般叫五大支柱。此前,国内的商业银行没有专门的合规管理职责部门,此时开始成立专门的合规管理职责部门,合规部门成立之后,与法律部门历经分分合合,主要包括外规内化、制度建设、合规审查、合规文化建设、合规风险评估、合规风险监测、合规检查、违规调查、问题整改、责任追究、合规报告等一系列职责,所以合规部门实际上被称作内控合规监督部。与此同时,合规管理也与内部控制、操作风险、案件防范等管理合并在一起,由一个部门具体负责。

第二,当前合规管理的重点。商业银行一般有两个特点。一个是它在国民经济中具有举足轻重的地位。资金流动是国民经济运行的血液,每一家大型银行往往都是大而不能倒,因此,金融风险的防控既是自身利益的诉求、经营的需要,同时也是金融安全、经济安全、国家安全的需要,这是跟一般工商企业不同的第一个特点。另一个是国家强制性要求商业银行和金融机构承担法定义务,如制裁和反洗钱,我们在全国大约有3000人从事制裁和反洗钱工作。因此,当前的管理重点有两点。一是防范案件风险,着力实现案件防控从被动应对向主动防控转变。其主要做法一般包括实行双线管理,即条块结合管理,机构负责,条线也要负责任;实行双基管理,抓基础抓基层,夯实案防管理基础,健全预防性控制体系;重点运用科技手段迭代更新监测模型,用数据去监测员工的行为和经营管理中的违规行为;纪检、党建、审计、内控合规各个监督条线的合并发力,一并开展员工行为管理。二是在反洗钱与制裁合规领域,基本上各大商业银行均在合规部门下面成立二级反洗钱中心,多的有四五百人,少的也有一两百人,强化反洗钱制裁风险的集中统一管理。我部门里目前就有19个处级单位一共200多人,其中有2/3的人从事制裁和反洗钱工作,对银行来讲这是一个特点。

第三,合规管理的未来展望。作为中国的商业银行,首先,还是要坚持政策合规,中国式现代化中国特色金融发展之路要求有中国式的合规管理,这就突出体现在政策合规上,要把贯彻落实国家大政方针政策纳入合规管理的范畴,摆在首要位置。强调政策合规就是要善于从政策视角看待合规问题,前瞻性把握合规发展的方向,提前做好重点领域的谋划安排。比如,在习近平总书记提出房住不炒的定位之后,就要立即进行内部的合规管理,而不能等中国银行保险监督管理委员会检查的时候发现一大堆违规问题。强调政策合规,还要善于从合规视角解读政策,找到法律法规的实施精神、基本逻辑、变化趋势。我们认为,政策合规的总体要求就是提高政治站位、强化政治担当,这对商业银行来讲尤其重要,商业银行有国家强制赋予的一些法定义务和责任。当前,比如服务实体经济、服务乡村振兴、普惠小微、减费降费让利,这些方面都是党的二十大特别强调的。其次,未来发展的重点还有廉洁合规。在中国,廉洁合规往往和党风政风建设结合在一起,由纪检监察部门负责,但从近两年的发展趋势来看,商业银行逐步将廉洁合规也纳入合规部门的范围。就国际上来讲,联合国出台的“联合国全球契约十项原则”的第十项:反腐败,《商业反腐败道德与合规计划:实践指引》,经济合作与发展组织出台了《内部控制、道德和合规良好实践指引》《反腐败商业道德与合规手册》。在国外,廉洁合规是合规的一个十分重要的方面,国内也在逐步重视起来。

第四,司法和解与独立的第三方监管。从金融犯罪来讲,与一般的工商企业相比,商业银行面对两类金融犯罪行为:第一类是银行自身经营产生的犯罪行为,如偷逃税款、侵犯个人信息等问题;第二类是银行所面临的国家赋予的反洗钱义务,上游金融犯罪导致银行产生没有履行好国家赋予法定职责所产生的违规问题。这使得商业银行的合规部门在整个银行经营管理中居于非常重要的位置。美国监管机构针对我们中资商业银行采取的基本做法为:第一步,指控商业银行犯罪;第二步,与商业银行和解,签订和解协议,施加高额罚款，并要求商业银行建立合规机制；第三步，由商业银行出资聘请监管部门指定的独立第三方进行监管，包括开展调查并监督合规计划的执行情况；第四步，独立监管人向监管当局出具监管报告，认可或者不认可商业银行的合规整改；第五步，如果独立监管人认可了，由监管当局评估认定商业银行的合规机制，进行验证，如果也认可了；第六步，就是解除特别监管，整个事件就结束了。我们非常赞同中国开始实行独立第三方监管，最高人民检察院也印发了有关试点方案，司法机关通过改革可以提高执法效率、降低执法成本，对商业银行来讲，通过加强合规建设，换取涉刑案件刑事处罚和行政处罚的宽大处理也有积极的动力因素，所以完全赞同司法和解与独立第三方的监管。

中央企业合规管理实践及思考

王超，国务院国有资产监督管理委员会法规司三处处长

第一，国有资产监督管理委员会（以下简称国资委）在推动中央企业合规管理方面的做法。国资委对这项工作高度重视，按照习近平总书记和全面依法治国的要求，近几年采取了一系列的举措。第一个阶段是试点探索阶段，早在2014年，国资委就充分借鉴国际大企业的实践经验，在中央企业法制工作会议上，明确提出了中央企业要开始重视和加强合规管理的要求。因此，国资委推动国有企业和中央企业合规管理的时间原点应该在2014年。到了2016年，我们选取了中国石油、中国移动、东方电气、招商局、中国中铁6家企业开展了合规管理试点来积累经验。以上是在试点探索阶段。第二个阶段是全面推开阶段，到了2018年，在试点的基础上，我们及时出台了《中央企业合规管理指引（试行）》，正式在中央企业全面推开了合规管理工作，同时也要求各省国资委参照这个指引来指导所监管的国有企业，加强合规管理工作。2020年，我们出台了《关于进一步深化法治央企建设的意见》，明确了“十四五”时期中央企业法治工作的总体思路。其中，提到要完善5个体系、提升5种能力，就把合规管理体系作为五大体系之一，进一步提出了明确的要求。第三个阶段是从2022年开始的深化提升阶段，我们把2022年明确为中央企业合规管理强化年，采取了一系列的重要举措。其中，特别是以国资委令的形式出台了《中央企业合规管理办法》，这是国资委成立以来出台的第一个关于合规管理的部门规章，应该也是中央层面第一个以企业合规为监管对象提出要求的部门规章,这份文件对于推动中央企业和国有企业合规管理工作具有里程碑意义。

在国资委的推动下,近年来,中央企业对合规管理工作高度重视,取得了积极的进展和成效。比如,在企业领导的合规意识方面,中央企业的领导对合规的重视程度越来越高,很多企业都是一把手带领领导班子做部署、提要求,带头进行合规宣誓,签署合规承诺。在制度建设方面,所有的中央企业都出台了合规管理的基本管理制度,同时各个企业还结合自己的行业,出台了反垄断、反商业贿赂、出口管制等一系列重点领域的合规指南。在工作机制方面,所有的中央企业都建立了由业务部门、合规管理部门和监督部门组成的三道防线,及时出台了合规风险识别、岗位职责和业务流程管控三张清单,把合规的要求逐步落实落细。在组织机构建设上,从《中央企业合规管理办法》10 月 1 日开始正式实施,到目前有两个多月时间,已经有将近 50 户的中央企业集团层面和 200 多户的二级企业设置了首席合规官,所有的中央企业集团和 2000 多户中央企业的二级企业建立了合规管理的牵头单位。初步统计,目前,全系统中央企业专职的合规管理人员已经达到 2. 8 万人,发展速度非常快。

第二,关于企业合规与行政监管的思考和认识。企业为什么开展合规管理,这是讨论企业合规与行政监管的前提。首先,从企业自身看,我们一直强调市场经济是法治经济,企业作为市场主体,依法合规经营本身就是企业的基本义务,企业只有在市场环境下尊重游戏规则,市场经济才能持续健康发展。因此,对中央企业的要求是合规管理并不是一件可做可不做的事情,而是必须要做并且要做好的事情。其次,合规意识还受到整个社会的法治意识和法治环境的影响,让企业主动去做合规还是不太现实,正是因为政府的强监管才导致企业开始重视和建立合规管理体系。我们在 2014 年的时候专门去美国做了一期合规管理专题培训班,当时有 20 多位中央企业的总法律顾问,一起在美国学习了三周时间,期间拜访了辉瑞、IBM 等国际的一流企业,还与美国司法部的第一位合规官进行了面对面的交流。在沟通过程中我们了解到,美国的企业合规管理最早还是源于 20 世纪 70 年代的“水门事件”,当时社会对企业的违规行为反应很大,所以要求政府加强对企业的违规处罚,政府也出台了一系列对于企业合规的要求。但是在交流中,他们也强调,其实美国企业真正开始重视合规,并且把合规落到实处,还是源于 2008 年的金融危机,源于美国政府真正对企业违规行为开展了大量的调查和处罚,而且违规处罚的金额越来越大。从国外合规管理的发展来看,没有政府的强监管、没有违法行为的后果,企业很难主动开展合规管理,也就是合规管理需要以政府的强监管为前提。而国内企业合规的发展,尤其是实体企业合规管理的历程,反而是随着境外业务越来越强,由于境外的合规要求,倒逼企业不断重视自身的合规管理,才有我们各个政府机构开始关注企业合规,开始适应企业合规的要求,提出一系列的合规措施。因此,我们讨论政府监管如何推动企业合规,具有重要意义。

具体而言,企业合规与政府监管的作用是双向的。一方面,加强企业合规,对提高监管效能具有非常重要的作用,这体现在三点。一是有利于促进事前的行政监管。在实际操作中,行政监管更侧重于事中的检查和事后的处罚,在事前监管方面比较薄弱,企业合规管理正好是推动监管部门加强事前监管的一种重要手段。因为在推动中央企业加强合规管理的过程中,一个重要前提就是要求企业做到外规内化,通过企业的规章制度,把监管要求内化成企业自己的规定和流程,这样才能推动行政监管的要求在企业真正落地落实。二是有利于降低政府机关的监管成本。从国外的合规管理体系来看,它要求企业建立主动举报机制,对于企业主动报告违规行为并且积极配合调查的,政府机关可以给予适当的减免处罚。从这个角度来讲,企业合规也有利于政府监管部门降低监管成本。三是有利于营造法治化的营商环境。例如,西门子公司的首席合规官向我们介绍,西门子公司经过美国的处罚之后,每年都会向联合国等国际组织提供大量资金来促使在全球各个国家推动企业合规管理,只有所有的企业都合规,西门子的合规才是能够在公平竞争的环境下开展的,如果别的企业都在违规经营,或者通过商业贿赂来拿到项目,那么合规的企业反而不利于竞争。因此,政府部门推动企业加强合规管理,有利于营造法治化营商环境。

另一方面,行政监管部门的合规导向,对企业加强合规具有重要的促进作用。一是行政监管部门在如何推动企业合规方面要强调引导性或者预防性。国资委推动中央企业加强合规管理,其实就体现了预防的性质,因为对于大企业而言,重大违规行为可能是不可承受之重,不能等到有了违规行为以后才开始重视,必须要事前把合规管理体系嵌入企业经营管理的各个领域和流程,这样,才能更好地减少企业的违规成本。我们在此也建议行政监管部门旗帜鲜明地对企业合规管理通过政策和制度等各种方式明确提出导向性的建议和要求。二是行政监管在推动企业合规方面还要注重行业性。我们在推动企业合规管理的过程中,不仅出台了合规管理办法,作为对中央企业在组织机构、工作机制等方面提出的共性要求,同时我们也出台了13个具体领域的合规指南。不同的行业和企业面临的重点领域是不同的,合规风险也各有特点,这也就要求行政监管部门结合行业特点,提出有针对性的合规要求。三是要体现激励性,合规激励政策对于推动企业合规具有非常重要的作用。从国外的实践来看,美国司法部专门出台了企业合规的评估标准,同时专门设置合规官,来检验一个企业的合规状况是否符合标准,对于符合合规标准的企业,就可以减轻或者免除处罚。从国内实践来看,我们的检察系统已经在涉案企业合规方面走在前列。从企业的自身情况看,我们2022年对所有中央企业的违法违规问题进行了一次排查,企业真正能够到刑事责任的还是极少数,绝大部分还是行政违法。所以行政监管部门要尽快建立合规激励机制,对于促进企业合规,将会具有极大的推动作用。

评论环节

孔祥泉,司法部行政执法协调监督局副局长

新时代、新阶段的企业治理和社会治理面临着非常艰巨的任务。在这个大背景下,学术界与实践界的同仁共同深入研究交流企业合规与行政监管的理论构建和机制完善,研究交流企业合规与行政监管的实践成果及进一步提升的路径措施,我觉得非常必要,意义重大。企业合规治理无疑需要各个方面共同努力,并形成合力,才能更有效地得到提升和保证。但根本上,还是要更充分地调动企业的内驱力,发挥企业的主体能动性,保证企业合规经营,毕竟,外因要通过内因起作用。企业合规出现问题,要么是企业合规不能,要么是企业合规不愿,“合规不能”更多的是合规的客观条件不够,包括硬件条件和专业能力等方面;“合规不愿”主要是合规的主观愿望不强,无论是企业和企业员工基于成本的考虑还是效率的考虑,导致主观的合规愿望缺失。对于“合规不愿”的情况,行政监管机关和司法机关要加强规制宣传和专业指导,并且有必要通过适度及时的处罚,包括通过刑罚加以惩治教育,制止、矫正企业不合规的状况，促使企业返回合规的常态。

今天大家更多探讨的是怎样解决企业合规不能的问题，行政监管部门如何发挥自己的作用，在这方面的探讨比较深入。对于高层级的行政监管机关和司法机关而言，更多的工作是供给合规制度。我们的法律法规在合规制度方面还有些缺失，甚至有些滞后和不完善的地方，我们各个部委层面的执法机关和司法机关可能要在完善制度方面更多发挥作用。基层的监管可以更多在于供给专业指导，也可以是提供服务，以解决合规不能的问题。司法部行政执法协调监督局承担着研究行政执法及行政执法监督共性问题及相关制度建设的职责，在推广行政许可承诺制度、行刑衔接机制健全等方面，近年来也做了一些卓有成效的工作，与最高人民检察院、最高人民法院、公安部及其他一些负有执法职能的国务院行政监管部门保持着密切的联系和沟通。相信在大家的共同协助下，我们的相关工作绩效会不断得到提升，在企业合规与行政监管过程中，发挥司法行政部门应有的作用。

殷志诚，中国证监会青岛证监局局长

结合过去曾从事证券基金行业监管，企业合规和行政监管的互动可以被归纳为三个转变。

一是从“要我合规”向“我要合规”的转变。过去很长一段时间，行业都是把合规立足于满足监管的要求、达到监管的标准。比如，相关法律给企业合规部门规定了最低配备人数，实践中基本上也就按照最低人数来配置。经历了一系列的风险事件，行业这几年逐渐向“我要合规”转变。合规永远是企业自己的事，合规永远是企业生存发展的底线，合规的能力和水平决定了一个企业的未来发展空间，合规是企业长青的基础。

二是从“部门合规”向“全员合规”的转变。过去主要依赖合规总监带着合规部门来进行合规管理，合规和业务部门之间必然存在一些冲突。业务部门有业务扩张的冲动，合规部门总会提出相应的制约性安排。现在已逐渐达成共识，从部门合规向全员合规转变，下到一线业务人员，到部门经理、合规部门的老总，再到企业的副总经理、总经理，直至董事长，企业经营的每一个环节、每一个流程都要压实合规管理责任。就像一个机器，它的有效运转取决于每一个螺丝钉都能有效发挥作用。一旦出现合规问题，就要全链条问责，查找全链条每一个环节的责任。

三是从“机械合规”向“专业合规”的转变。过去的合规部门在做合规管理时，动辄跟业务部门说法规不允许，没有跟业务部门讲清楚为什么不允许，包括存在哪些问题、有哪些制约因素、空间在哪里等。要从机械合规向专业合规转变，专业合规体现在合规人员要从立法的精神、从实质的角度来做好合规，不断提高合规水平和合规有效性；专业合规还体现在合规要对业务形成一种专业的制约和制衡，2021 年证券市场发生了 Bill Hwang 事件，导致一些国际投行出现大额亏损，事后追溯梳理发现，是合规风控没有给前台业务部门给予专业的制衡，这是一个很重要的教训，所以当企业在推出新业务、新产品时，合规部门一定要配备相应的专业人员，使合规能够有效制约业务扩张的冲动和风险；最后，专业合规还体现在出现问题时，要进行积极的应对。

宋华琳，南开大学法学院院长、教授

为了实施企业合规，可能要更常用一些合作性规制方式和协商性的规制方式。比如，在采取规制措施之前，行政机关要日常监督检查，发现一些轻微违法行为，要开展事先的行政指导和警示；相对人在日常经营中遇到合规问题的，可以向行政机关请教，行政机关有解释说明的义务。同时，可以在适当情况下从轻、减轻、免除行政处罚。《行政处罚法》第 6 条规定教育和处罚相结合，第 28 条规定责令改正，第 32 条关于从轻、减轻处罚的规定，第 33 条不予行政处罚的规定，这些条文和合规都很有关系。如何在行政法上将这些条文条分缕析，进行体系化解读，还需要更多同仁的共同努力。

此外，企业内部也应有组织化的义务。例如，企业应设立合规部门，那么企业一般有法务部，法务部涉及不少合规内容，还有质量控制部、市场营销部和其他业务部门等，都承担合规之责。再者，企业如何防范合规风险，经常要向政府机关请教交流，所以跨国公司一般有政府事务部或者公共关系部，以后每个企业也应该有相应的合规部门。另外，企业的行政合规有日常性和预防性的合规，还有出现违法行为后的合规整改，这两者是不同的。

那么企业合规应该合什么“规”？首先，企业的底线是遵守法律、法规、规章和标准，所以企业应就安全生产、质量管理、营销宣传、售后服务、信息公示等内容，履行一般法律规范中设定的法定义务，比如，《产品质量法》《消费者权益保护法》《安全生产法》《价格法》等法律中设定的义务。另外，企业应该遵守实体法律规范中或者特定法律法规为其设定的专门化义务，比如，食品企业应该遵守食品安全法的要求，药品企业应该遵守药品管理法的要求，金融企业应该遵守金融监管法律的要求。企业应当做到生产经营过程合规、人员资格资质合规，建立质量体系和质量管理制度，依法履行强制披露的义务。

另外，还要思考企业合规和企业自我规制的关系。企业合规要求遵守法律上的规定，识别相应的法律风险，此外，企业应该可以设定比合规更高的自我规制要求。比如，企业能不能建立内部控制的机制，包括对于产品的自查、进货的和出厂的检验、销售记录的保存等；企业能不能建立风险防范机制，去识别相应的环境风险、药品风险、安全风险、金融风险；企业能不能颁布比国家标准和行业标准更高的企业标准，并进行标准自我声明。企业除了法律规定的强制性信息披露之外，可不可以进行自愿性信息披露，比如，披露产品标签说明书、价格信息，保险公司和证券公司则披露相关财务信息。因此，企业不仅要合规，还要进行自我规制。

报告环节

行政合规指导意见的制定与适用

第三单元研讨由首都师范大学法律系主任李昕教授主持。李昕教授提出：发布合规指南是监管部门对企业合规进行行政指导的重要措施，同时，拟定出台合规标准的目的在于发挥标准化在推进企业合规中的基础性、引领性作用。本单元的五位报告人、三位评论人将围绕着行政合规指导意见和标准的制定与适用进行研讨，其中，国际合规智库 IC500 首席专家王亚平将在全球化的背景之下，谈论中国企业在“走出去”过程中面临的新挑战并提出合规应对措施。原中国银行业监督管理委员会法规部正局级副主任王科进将以银行业合规监管为视角，展开分析银行业合规监管的实践情况。中国国际贸易促进委员会商事法律服务中心副主任张顺以“强化合规行政监管是推动我国企业合规的保障”为题进行发言。商务部产业安全与进出口管制局产业竞争力处副处长于瀛将介绍在进出口管制领域中涉及的合规指导与实践问题。中国标准化研究院副研究员吴学静将介绍合规管理体系的标准，以及标准的实施应用情况。期待五位报告人和三位评论人的精彩发言。

中国企业的国际合规与合规应对

王亚平,国际合规智库 IC500 首席专家

企业的国际合规要求企业不仅自觉遵守国际公约和通行规则,还要遵守相关国家(地区)法律法规、行业准则和监管规定。面对错综复杂的国际合规问题,中国企业需要加强国际合规,提升合规应对能力。

第一,重视中国企业的国际合规与合规应对。一方面,国际合规要求逐渐变高,中国企业"走出去"面临合规风险。在全球化问题频发、世界经济复苏乏力的大背景之下,国际上明显出现了逆全球化和单边主义、保护主义等。有些国家实施了更加严格的企业合规监管制度,合规立法深度和执法力度都得到了加强。与此同时,国际组织也趋向于推行更高要求的合规标准、诚信准则等。另一方面,美国等西方国家蓄意打压中国企业。例如,美国通过专门计划、"长臂管辖"及制裁手段等打压中国企业,并将未来十年作为打压、遏制中国崛起的关键十年。

第二,中国企业面临高发的国际合规风险。随着我国对外开放程度和"一带一路"建设的不断深入,中国企业频频出现国际合规方面的问题。具体包括三点。一是故意违规。二是无心违规。近年来,国际经贸通行规则不断发生变化,各国的进出口管制和安全审查力度也在调整,致使中国企业在国际贸易中不能及时察觉并采取相应的应对措施,从而出现无心违规行为。三是美国等西方国家借"合规"之名,制造中国企业违规问题。

第三,中国企业国际合规需要顶层设计。我国政府在推动企业国际合规中应当发挥统筹、协调和指导作用,具体包括以下内容。一是统筹安排中国企业国际合规与合规应对的研究工作。充分发挥商务部等政府部门的主导作用,行业商会、协会、学会、专业研究机构与企业的配合作用,注重对重点领域的国际规则的研究,建立专门的咨询平台,助力中国企业顺利"走出去"。二是统筹推进企业境外合规管理立法工作。以《企业境外经营合规管理指引》《中央企业合规管理办法》等为参照,制定《企业境外合规管理办法》。三是统筹开展对"走出去"企业的合规指导和监督工作。建议在商务部内部成立国际合规处,专门负责"走出去"企业的合规指导和监督的日常性工作,并委托研究机构开展理论研究,指导举办研讨会和论坛,开展专题培训等。四是统筹规范中国企业国际合规体系建设工作。要求"走出去"企业建立完备的合规管理体系,包括建立合规基本制度、配备专业合规人才、建立合规运行机制等。五是统筹推动中国企业培育合规文化工作。要求企业开展专题学习和培训,强化合规经营意识,加强合规宣传教育,发布企业合规手册,培育具有特色的企业合规文化。

银行业合规监管的实践与思考

王科进,原中国银行业监督管理委员会法规部正局级副主任

合规问题是个普遍性问题,所有的企业合规具有共性,也有其特殊性,表现在合规监管、合规要求和合规实践中。银行业的合规监管在世界范围内是最严格的、最系统的、最完整的,国际上有严格的《巴塞尔协议》,国内有原银监会不断发布的各项指引,实际上对我国银行业的合规提出了明确要求,合规实际上是整个银行监管的体系中的重要组成部分之一,但它并不是全部。要理解银行业合规的特殊性,就要理解银行业监管的特殊性。

第一,银行业的监管机构和监管规则很多,原银保监会、中国人民银行和外汇管理局等都可以对银行进行监管,监管规则可以分为两类:一类是审慎监管,另一类是行为监管。此外,税务部门、公安部门等都有权对银行进行监管,可以说合规对于银行业来讲是非常重要的。银行审慎监管是一个比较特殊的监管,它是指对于银行经营的风险和不确定的事情采取保守的做法和行为,银行审慎监管的目标就是保障银行安全稳健运营。

第二,监管机构对银行的检查比较严格,监管机构不是发现问题了才去检查,而是进行定期的、全面的、系统的检查。其中,合规就是一项重要的检查内容。而在美国的行政和解制度中,企业通过认罪认罚,并与行政部门签订协议,就可以避免相关部门对其进行检查。该制度对企业和行政部门双方都有利。一方面,行政和解制度有利于节约行政部门的监管成本;另一方面,对于企业而言,监管部门对企业的检查会影响企业正常经营,造成客户流失,而且有些企业可能经不起检查,检查会使企业暴露更多的问题。因此,企业与行政机关进行行政和解具有必要性。行政和解的前提是银行监管部门要掌握充足的信息,银行监管部门有权收集银行的所有信息,进行非现场检查,检查完成以后还要纠正银行的不当行为，否则就会采取强制纠正措施，实施行政处罚措施。很多专家提及行政合规和不起诉不处罚挂钩，这是对其他行业而言，对银行部门可能不能适用。对银行查出问题一定要处罚，不可以用合规来替代，这是法律的授权，而且最终的处罚很严格，如退出市场、关闭等。

第三，银行合规的主体责任。银行合规是银行风险管理的一部分。首先，银行的风险有很多，如信用风险、流动性风险、操作风险等，银行合规是按照风险来进行管理的。其次，银行要承担合规的主体责任，银行要把风险合规管好，要有合规文化，让合规深入人心，深入银行的每一个细胞，要压实银行机构合规经营的主体责任。银行业要建立起一个自觉守法合规，审慎经营管理的体系。

第四，银行要进行全流程、全过程的合规。银行在经营活动中应把合规贯彻到整个经营过程中，要根除被动的、事后的合规想法，要做到全过程合规，重视事前、事中的合规管理。

强化合规行政监管是推动我国企业合规的保障

张顺，中国国际贸易促进委员会商事法律服务中心副主任

合规行政监管相对于刑事领域的企业合规能够发挥更大作用，合规行政监管不能落伍。我国在合规行政监管的推动方面力度不够或者说是缺位的，如行政和解制度直到今天还没有完全成型。2013 年以来我国一直实行“放管服”改革，“放管服”包括简政放权、放管结合和优化服务三项内容，如果在“放管服”改革中引入合规行政监管会更加有成效。中央从 2013 年到 2022 年连续十年每年都召开放管服改革的电视电话会议，2021 年也发布了关于优化营商环境的文件规定。合规行政监管有利于优化营商环境，“放管服”改革的目的就是优化营商环境，合规柔性与包容的理念和传统的六稳六保企业治理规则非常相符，所以“放管服”改革应该尽快引入合规行政监管。一方面有利于丰富“放管服”改革的内容，另一方面有利于推动我们国家的企业合规发展。

目前，许多观点认为合规就是合乎法律，这种观点具有片面性。在我看来，合规不是简单地合乎法律，还应当包括行业规定和道德等。以道德为例，虽然看不见、摸不着，但是却非常重要。如果一个企业的合规体系建设不包括建立合规文化，而且没有与价值观、道德规范相结合，那么该企业的合规基本上是无效的,是假合规或者纸上合规。企业合规文化是贯穿整个企业的价值观、道德规范,并与企业的结构和控制系统相结合,产生有利于合规的行为规范。因此,不能把合规定位在最低的层次,即认为合规就只是不违反法律,其实合规还有增信赋能、塑造品牌、强本固基的功能,应该更多地从正面去理解合规。

关于合规行政监管的条件和对象,不是每个企业都能适用合规整改。需要具备以下条件:一是企业有意愿;二是企业有能力;三是企业具有发展前景。合规应该是为那些要长远发展的企业设定的,如果为了躲过某一次处罚进行一个短期的整改,或是进行一个表面的承诺,这些不是真正意义上的合规。

就强化合规行为监管而言,我国对企业进行合规监管已是大势所趋。从2018年到现在虽然时间不长,但是我国的合规发展非常快,企业合规的社会氛围已经非常浓厚。合规刑事改革为合规行政监管探索了经验,我国行政执法中也对合规行为做了一些探索。比如,证券和期货领域的行政和解制度,运用效果较好。总之,我们国家有关企业合规的标准和规则也很完善,为我们的合规行政监管已经创造了很好的条件。

对于强化行政监管的对策建议。一是要强化事前监管,事前监管是依据有关法律和法规,对相关企业提出强制合规的要求;二是完善事中监管和事后监管,促进企业的长远持续发展;三是修改相关的法律规范,改革一定要于法有据,要在取得试点基础上进行立法;四是借鉴美国等西方国家的新闻宣传,从而进行中国化改造。

我国的合规行政监管具备了较为成熟的国际国内条件。市场监管有利于构建以法律和诚信道德为基础条件的公司治理方式。合规行政监管丰富了政府行政监管的手段,通过富有韧性、融合温情的监管方式促进企业合规管理,使企业活下去,活得好且活得久。企业合规管理从企业崇尚诚信、合法道德、社会责任等价值理念方面,优化市场化、法治化、国际化营商环境,是深化“放管服”改革中创新监管方式的有效举措,也是推动我国企业合规的重要保证。

进出口管制合规指导与实践

于瀛,商务部产业安全与进出口管制局产业竞争力处副处长

第一个方面,出口管制的基本内容。“出口管制是什么”? 出口管制是一个国家为实现特定的政治、安全、外交等目标,运用经贸管理手段,针对特定的敏感物项和技术,在向特定国家最终用户和最终用途出口时,实施的禁止或者限制措施。它有三个基本要点:政策目标、管制清单、最终用户和最终用途。一是政策目标,也就是为什么要管。这是出口管制的核心,主要包括维护国家安全、保护重要战略稀缺资源、保持关键领域领先优势、履行防扩散国际义务等目的。当然,在各国的法律和实践中,这些目标的优先级、重要性可能会有所不同。在《出口管制法》中,明确了我国出口管制的首要目标是维护国家安全和利益。二是管制清单,也就是要管什么,这是出口管制的基础。出口管制的范围非常广泛,从大类上讲,至少有四类,包括核、两用物项、军品以及其他与维护国家安全和履行防扩散义务相关的物项;从细分领域看,几乎涵盖各大类的先进材料、设备、软件、技术等。而且,从国际上看,管控的领域正在越来越广。例如,美国等国家正在逐步将一些新兴领域纳入管控范围,像人工智能、量子通信、生物技术等。三是最终用户和最终用途,也就是管住谁。这是出口管制的关键。如果说传统的关税措施是"棍扫一大片",出口管制是"枪挑一条线"的精确管理措施。同样的物项对 A 可以出口,对 B 可能就不可以出口。同样的物项对于 A 的某个用途可以出口,但是还是同一个用户,还是这个 A,用于另外的用途,可能就不可以出口。

第二个方面,出口管制合规的重要意义。在全球化过程中,我国企业国际化经营的步伐不断加快。但近年来,国际力量对比深刻调整,国际环境日趋复杂,不稳定性、不确定性明显增加,企业在出口管制领域面临的风险凸显。企业经营中面临的最主要风险已经由商业风险转变为政治风险、安全风险。也就是说,出口管制不仅涉及经济利益,还涉及企业商业信誉,涉及供应链和金融结算体系的安全,甚至会与政治、外交直接挂钩。

中共中央、国务院高度重视合规工作。多次强调要加快合规建设。2020 年 12 月 1 日,《出口管制法》正式施行。这是我国在出口管制领域的第一部专门法律,首次从法律的高度对合规工作提出了明确要求。《出口管制法》第 5 条规定:"国家出口管制管理部门适时发布有关行业出口管制指南,引导出口经营者建立健全出口管制内部合规制度,规范经营。"

加快出口管制合规体系建设,既是贯彻落实《出口管制法》、完善现代化出口管制体系的内在要求,也是落实总体国家安全观、统筹发展与安全的重要举措;既是提升企业风险防范能力、实现可持续发展的迫切需要,也是国际通行做法,是企业提升国际竞争能力的重要体现。加强出口管制合规,对促进我企业健康发展、维护国家安全和发展利益具有十分重要的意义。

对于企业而言,建立内部合规制度可以发挥以下三个方面作用:一是事前预防,通过交易前审查规避潜在风险,可以享受政府提供的一些便利化措施;二是事中补救,发现可疑交易迅速补救,及时止损,防止危害扩大;三是事后减损,在违规后协助政府查处案件,履行审慎义务,可在一定程度上取得政府的谅解,依法适用从轻或减轻处罚的情形。企业是出口管制的主体,是出口管制的第一道防线,企业这道防线守住了,有利于政府有效节约行政成本、充分调动社会资源,是一件双赢的事。

第三个方面,我国出口管制合规实践。我们在工作中了解到,大部分企业对出口管制认识仍然存在误区,特别是从事一线对外经营活动的企事业单位,尽管近年来合规意识有所提升,但总体来看重视程度仍有欠缺,存在较大安全隐患。我们针对机电、机床和半导体等行业近百家重点企业进行了调查,发现建立了出口管制内部合规制度的企业不足1/3,建立合规制度的企业中相当一部分合规制度运行有效性仍有待提高。比如,在这些建立了内部合规制度的企业里,仅37%的企业设有独立的出口管制合规部门,46%的企业没有任何出口管制相关的培训安排。

我国不同类型的企事业单位合规难点也不尽相同。企业主要是缺资源,受限于信息、资金、人才、方法等问题,或者尚未建立合规制度,或者虽有合规制度但执行不力、流于形式。科研院所缺交流,科研院所不同于生产单位,部分科研院所认为出口管制只与进出口相关,而与科研生产活动没有关系;部分科研院所知道出口管制关系重大,但苦于与有经验的同行缺乏出口关注合规方面的交流而束手无策。中介机构缺规范,部分中介机构对出口管制法律法规和政策的理解不到位,加之机构众多、鱼龙混杂,有些机构难以向相关企业提供准确有效的咨询服务。在这种情况下,亟须政府加大宣传培训力度,搭建沟通交流平台,做好相关服务,对企业如何加强合规建设、有效防范风险提供分类指导和政策指引。

为有针对性地加大对企业出口管制合规指导和服务力度,我们一边摸索一边创新,商务部早在2007年就发布过合规指导性文件,对指导企业加强内部合规工作发挥了积极作用。近年来,商务部结合新时期出口管制工作的新特点,研究借鉴国际成熟经验,深入江苏、浙江、深圳等地方调研,广泛征求专家、律所、企业意见。在此基础上,2021 年 4 月,发布商务部《关于两用物项出口经营者建立出口管制内部合规机制的指导意见》(以下简称《指导意见》)以及《两用物项出口管制内部合规指南》(以下简称《指南》)。2021 年 12 月,开通了中国出口管制信息网,进一步强化公务信息服务。

《指导意见》和《指南》聚焦出口管制领域合规,从实际操作层面为两用物项出口经营者提供了详细的参考和指引,并提出了出口管制内部合规制度的九大基本要素。一是拟定政策声明,《指南》建议企业负责人签署出口管制合规政策声明,向全体员工发放,并视情要求员工签署合规承诺书。声明也可以向公司商业合作伙伴分发,必要时可要求合作伙伴也签署合规承诺书。二是建立组织机构,《指南》为广大企业提供了可参考的出口管制管理组织架构,包括决策层领导下的出口管制合规委员会、出口管制合规部门以及各业务单位,并明确相关职责。企业负责人是出口管制合规第一责任人,内部合规制度在经营管理体系中独立存在,对违反国家出口管制法律法规的行为,内部合规机制可行使一票否决权。三是全面风险评估,风险全面评估是出口管制内部合规制度的基础。出口经营者通过对经营物项、客户、技术与研发、出口目的国家和地区等多维度进行风险评估,识别易发生违规风险的业务环节,有助于企业更有针对性地建立适应自身情况和需求的内部合规制度,将有限的合规资源更多投入重点领域,达到事半功倍的效果。四是确立审查程序,《指南》建议企业在具体开展业务的过程中注意审查以下环节:签约前审查环节、签订合同环节、申请许可证环节以及履行合同环节。对每个环节,有不同的审查重点,比如,签约前应重点审查物项是否有被违规转移的风险、客户是否是最终用户等。这也体现了出口管制全流程覆盖的特点。五是制定应急措施,及时识别违规问题,采取补救措施,鼓励出口经营者将违规情况向国家出口管制管理部门报告。制定应急措施并有效落实将起到“安全阀”的作用。通过畅通的内部和外部报告程序,可以及时发现违规隐患,将更多潜在问题扼杀在摇篮中,避免严重违法违规行为的发生。六是开展教育培训,出口管制培训有助于提升员工的合规意识,建立良好的企业合规文化。比如,今天的培训就是很好的培育合规文化的尝试。《指南》建议根据员工的岗位职责设计不同的培训内容,确保全员覆盖、因岗施教。七是完善合规审计,确保出口管制内部合规制度有效运行。合规审计属于对出口管制内部合规制度持续跟踪和改进所必不可少的机制,用以评估企业所建立的出口管制内部合规制度是否与自身经营活动相适应、在实际操作中是否得以有效执行和落实。八是保留资料档案,《指南》建议企业定期对相关文件资料进行存档,包括出口产品规格、商业交易文件、最终用户和最终用途证明文件等。《指南》还建议一般应保留 5 年以上。九是编制管理手册,这是前八大要素的集大成者,《指南》建议手册应当根据法律法规、外部形势和合规要求的变化及时更新,且便于执行、易于获得。

与 2007 年第 69 号公告相比,《指导意见》和《指南》进一步增强了合规制度的完整性,对出口经营者建立与国际接轨的内部合规制度提出原则性指引,明确了构建出口管制合规体系的工作方向。《指导意见》和《指南》主要有三方面新特点。一是对标国际标准,减轻企业合规负担。《指导意见》和《指南》在立足我国实际的基础上,充分借鉴了 ISO19600《合规管理体系　指南》等相关内容,并与国际通行的出口管制合规要素相融合,有利于避免合规制度的重复建设,减轻企业国际化进程中的合规负担。二是注重实际操作,便利企业实施见效。首次从实操层面提供详细的合规参考,《指南》通过细化实施要点、丰富具体案例、模拟业务场景等方式,从实际操作层面为企业提供了明确的指引和场景化的示例参考;同时,充分考虑实践中业务开展的复杂性,明确企业可结合自身情况进行灵活调整,进一步增强可操作性,有利于企业落地实施。三是完善激励机制,健全合规促进措施。《指导意见》有针对性地回应了企业的迫切需求,明确了许可便利和依法从轻或减轻行政处罚等合规促进措施,强调主管部门提供合规信息服务、宣传培训、专家队伍建设等外部支持,切实帮助企业,尤其是中小企业解决合规制度建设的痛点和难点,促进出口管制合规体系建设。

下一步,商务部作为国家出口管制主管部门,将在中央的统一领导和部署下,积极引导构建政府主导、企业为主、多方联动的出口管制合规体系,搭建平台、配置资源、系统推进。我们愿意继续为大家提供出口管制合规指导和帮助,也欢迎大家分享在出口管制合规方面的好做法好经验,让我们共同培育建立起良好的出口管制合规生态,让全社会的出口管制合规意识和能力再上一个台阶,共同保障和服务高水平对外开放。

合规管理体系的标准及其应用

吴学静,中国标准化研究院副研究员

合规管理体系标准,即《合规管理体系 要求及使用指南》(GB/T 35770-2022)于2022年的10月12日由国家市场监督管理总局和国家标准委员会正式发布和实施。本人将从三个方面加以分析:第一,为什么要制定这个标准?第二,如何认识这个标准?第三,在标准的实施和应用方面都进行了哪些实践活动?

第一,我国为什么要制定这项标准?实际上,这基于三点考虑,一是基于现实,自2017年中兴通讯受到美国的制裁事件发生以后,在国家的“十四五”纲要中有两个环节提到了企业要加强合规建设,落实主体责任,一个是促进国内国际双循环环节,另一个是促进民营企业,激发民营企业的市场主体活力。2022年8月正式发布的《中央企业合规管理办法》是以政府令的形式,要求所有的中央企业都要建立有效的合规管理体系,并且要对企业管理体系的有效性进行评价,包括最高人民检察院开展的合规不起诉改革,实际上,这些政策、要求的提出都需要一项工具来推动落实,合规管理标准提供了一个抓手和工具。二是国际上制定了ISO 37301,是在修订ISO 19600的基础上形成的,从指南标准变成了要求标准,这也是我国企业所需要的。同时,认证机构可以依据该标准进行认证活动,促进贸易交流与合作。对于合规创造价值的这种理念,国内外的各相关方对此认识不断深入。合规是实现企业成功和持续发展的一个基石,为企业创造了更多的发展机会。依据标准建立体系,能够用来证实企业确实落实了相关的法律监管要求,履行了行业准则等方面的合规义务,依据标准建立的体系能够提供一套完整的证据,并有效地证明我们建立的体系是有效的,也能够促进企业主动履行社会责任。

第二,标准的定位与认识。从标准的定位来看,《合规管理体系 要求及使用指南》(GB/T 35770-2022)是一类特殊的管理体系标准,其管理体系标准共分为两个大类。一类是提供要求的标准,对于组织建立维护合规管理体系应满足的要求进行了明确规定;另一类是指南,是为企业和各类组织建立和维护合规管理体系提供建议。要求和指南的最本质的区别就在于要求的标准可以作为认证的依据。《合规管理体系 要求及使用指南》(GB/T 35770-2022)实际上是要求类的管理体系标准。如何认识这个标准？该标准等同采用了 ISO 37301，实际上吸收了世界各国各种类型的组织的合规管理实践。在国际上各个研究机构的研究成果基础上，不断征求国际标准化组织合规管理体系方面的专家意见，然后在协商一致的基础上最终制定了这个标准，该标准形成了国际上的共识。这个标准实际上能够促进组织提高自身的合规管理能力，它提供了一套系统化的目标控制方法，同时，为监管机构和司法机构评价组织的合规管理体系实践提供了参考依据，也为相关方之间的贸易交流合作提供了一项通用的规则。

第三，标准的实施与应用。从标准的应用场景来看，主要涉及三方主体，包括企业、各种类型的组织、政府部门。实际上，该标准涉及各个不同类型的主体，都要去进行合规管理体系建设。从方法论上来讲，对于没有开展合规管理体系建设的组织，可以依据标准去建立和维护合规管理体系，那么已经建立了合规管理体系的组织，可以依据该标准来完善合规管理体系，提升自身的合规管理能力和经营水平。另一个应用场景是该标准可以作为认证的依据，认证机构可以依据该标准去制定认证规范，以此来开展认证活动。对于监管机构而言，可以把政府部门、行政监管机构、司法机构等对于组织的合规要求，纳入组织的合规义务之中，从而进行系统化的合规风险防控。

评论环节

张韶华，存款保险基金管理公司副总经理

合规制度的起源不长，1972 年“水门事件”“洛克希德事件”导致美国总统尼克松辞职，之后日本前首相田中角荣被逮捕，洛克希德作为一家售卖飞机的公司，导致政治人物出现问题，由此看来，合规是非常重要的。从狭义上讲，国际上的合规都是先从反腐败、反贿赂开始的，后来在广义上包括了反洗钱、反走私、逃税、反恐怖融资、反垄断、反不正当竞争、数据保护等方面，有时还涉及出口的补贴、国家安全等方面。国内不同主体的合规可能有所区别，但也存在普适性的合规规则。合规不只限于国际公约、国内法律，还包括企业内部的管理规章制度，甚至包括道德操守方面的规定。总体而言，合规的确可以防范风险，好的合规还可以达到免责、和解甚至是刑事不起诉。存款保险公司是中国人民银行独资设立的公司，所有银行 50 万元以下存款的本金和利息都是由存款保险公司来负责保障。存款保险公司虽然采取公司化运作模式,但实际上它是国际金融稳定理事会认定的国内三大金融风险处置机构之一,国内三大金融风险处置机构分别是中国人民银行、银保监会和存款保险公司。在美国就是联邦存款保险公司,其权限非常大,既是监管部门,又是风险处置部门,还是金融机构的破产法庭。韩国的存款保险公司负责监管银行,主管证券保险。存款保险公司更多针对银行业金融机构,进行事先的风险预警,通过一些指标体系的监测,然后进行早期纠正,要求金融机构制定恢复和处置计划。存款保险公司具有中国人民银行评级系统,对银行的金融机构进行评级,目前分为8级,根据不同的评级收取不同的费率,即实行差别费率。存款保险公司采取的手段也是柔性的,主要的银行业金融机构的合规归银保监会负责,存款保险公司主要负责开展调查、核查、风险警示和责令限期改正等方面,对事后出现的风险,进行监管清算。在金融机构进入破产清算阶段,存款保险公司还能担当管理人。作为一个企业主体,存款保险公司按理来讲是央企,但是现在没有被纳入国有金融资本的统计,这也是其具备的独特性质。

关于合规,存款保险公司做了以下工作:制定了合规管理的暂行办法,成立了合规管理委员会,配备了合规专员,但是未设有首席合规官,从而争取对每一年的制度建设进行规划,出台内控管理办法,加强合同的合规管理。目前,存款保险公司还开展了由合规中介聘请律师事务所进行独立评估,同时自身也进行自查评估。下一步存款保险公司准备编写合规手册,签订防范内幕交易的承诺函、合规承诺函等,加强合规文化建设。2022年最大的一项工作就是出台合规制度汇编。

施祖东,北京大学口腔医院医务处处长

截至2022年11月20日,本人共检索到与医疗机构合规相关的论文44篇,经仔细阅读排除无关的论文12篇,得到相关论文32篇,通过对这32篇文献进行分析可发现:在2018年这一合规元年里,合规并未引起医疗机构的关注,但是在2020年之后关注度逐步提升;医疗机构的人员对于医疗机构的合规兴趣较低,所发文献较少;现有文献对于数据安全和大数据领域的关注度较高。

当整个企业界进入合规之后,医疗机构其实依然是一个相对封闭的空间。综合上述文献分析会发现:第一,合规的思维模式和管理模式尚未进入医疗机构管理者的视野,尚未引起大家重视,尤其是处罚责任人、放过企业的做法,无法引起医院高层管理者的理解和共识;第二,患者隐私保护和数据安全是备受关注的领域,目前尚在探索的早期阶段,还没有从医疗机构专项合规的角度进行系统地思考和建设;第三,企业合规的一些重点领域,如反商业贿赂等,在医疗机构领域里还只是个别人在探索的小众话题;第四,尚未发现基于医疗机构合规管理实践效果研究的论文以及相关探讨。那么,如何在医疗机构深入推进合规,本人认为:首先,将合规作为激励机制。缺乏上级监管部门的激励机制是目前最主要的原因,无论是刚性的还是柔性的,医疗机构目前基本上都是事业单位,主要的领导都是上级部门选任的,对于政策的执行能力非常积极高效,如果把合规作为激励机制,可以很快得到推广。其次,建立医疗机构合规专委会。医疗机构是一个相对封闭的管理领域,医疗机构确实在很多方面具有管理的特殊性,对于外部管理的很多理念和方法的吸收引入相对比较缓慢,相关的交流和培训也较少。不过,目前也看到北京卫生法学会正在筹建医疗合规专委会,后续关注的人会越来越多,消化吸收的速度也会越来越快。最后,发扬榜样力量。在医疗机构领域缺乏榜样的力量,医疗机构内部的交流较多,全国公立三甲医院一千多家,一旦有一个机构做得好并成为行业榜样,估计很快就会掀起相互交流学习的热潮。

施小雪,中国人民公安大学法学院讲师

本单元报告人的内容具有实践性,特别务实,涉及的领域具有典型性。听完之后,本人获益匪浅,知识体系也变得更加饱满。行政指导的概念是指行政机关在职权范围内,为了实现所期待的行动状态,以建议、劝告等非强制性的措施要求有关当事人作为或者不作为的一种活动,它是现代行政管理的一种重要的手段。行政指导的一个特点是行政机关无须使用权力手段,其强制力相对较低,是一种柔性的手段,这就容易发生企业为了应付检查或为了能够通过行政机关的监管,在表面上顺从但事实上未能有效将行政指导意见落实到位,这一问题值得思考。行政指导制度对于企业的约束力可能存在一些局限性,一方面,行政机关发出行政指导意见书或提出整改意见后,通常可能责令企业自行定期提交自查合规报告,并未指派合规监管人对企业进行全流程的合规跟踪监督,也有可能行政机关没有建立一个具有可操作性的合规验收标准,而合规验收标准的体系建设可能对于解决该问题具有非常积极的作用。

另一方面,对于企业拒不服从行政机关的行政指导,或者是拒绝进行实质性整改的,行政机关应该采取何种处罚措施,对此尚不明确。所以接下来要研究的一个问题就是,如何让行政指导意见的制定和适用不要流于运动式的治理,本人建议在行政指导之外同步进行行政处罚等过程性管理,单一依靠行政指导是没有办法实现企业合规的目的,同时,要注意行政指导与行政"放管服"之间的平衡关系。

报告环节

行政合规的激励机制

第四单元研讨由上海市方达律师事务所合伙人、中国人民公安大学企业合规检察研究基地副主任尹云霞律师主持。尹云霞律师提到:在上一个单元中,专家们分享了合规指导意见的制定和适用,这些对企业是非常有帮助的。我也和吴学静博士一起制定合规国家标准、协助于处制定出口管制合规指引、和张顺主任出了多部企业合规蓝皮书,企业是否愿意投入资源做合规,在很大程度上是看是否有红利,特别是法律红利。企业投入多少资金、人力做合规,关键是看到底有多少激励,而在实践中企业遇到最多的其实是行政执法,所以讨论行政监管的合规激励是非常有意义的。我们今天有幸请到多位专家进行分享,接下来期待五位报告人和两位评论人的精彩发言。

"胡萝卜加大棒":促进企业建立有效的合规体系

彭冰,北京大学法学院教授

第一,企业为什么要建立合规体系?本人认为,主要有以下几点:一是大棒政策存在不足之处。企业是商业主体,旨在追求利润。传统理论认为,企业在盲目追求利润的过程中可能会违法,所以需要对其进行惩罚,这就是所谓的大棒政策,要追究企业的法律责任。大棒政策理论上讲应该是有效的,因为它使得企业可以把违法成本内部化,这样当企业以违法手段追求利润时,就会考虑违法可能带来的惩罚成本,就会减少违法行为。但在现实中,因为发现企业违法行为的概率和企业被惩罚的概率很低,所以不得不加大惩罚的力度。然而,从高力度的惩罚理论上讲,一方面可以使企业把违法成本内部化,但另一方面也可能导致企业破产、失业率上升,从而给社会带来更大的外部影响。实际上,在对大型企业进行处罚时会很谨慎,因为大型企业的倒闭会给社会增加新的成本。二是企业合规具有效率优势。如果企业能自觉合法,就能减少对社会的影响。在这里我们可能要区分两套不同的逻辑。第一种是建立"吹哨人制度"。其是企业在实际控制下,以违法手段来追求利润,这个时候要建立的其实不是合规体系,需要建立的是"吹哨人"制度,因为企业内的其他人更容易发现违法行为。第二种是建立合规体系。只有当企业不是真正的以违法手段来追求利润的情况下,而是企业内的其他人或者管理层为了追求个人私利使企业违法,这时合规体系才是有效的。因为企业相比外部的监管者在内部监督、发现、减少和惩罚违法员工的成本更低、更有效率,所以在这种情况下,将发现以及纠正员工违法行为的责任转移给企业,让企业来执行是有效的。三是胡萝卜政策具有优势。一定的激励机制可以让企业有动力合规。最早是美国 1994 年的量刑指南,在有效合规存在时可以减轻对企业的惩罚,减轻幅度甚至可以达到 80%,然后检察官可以把是否存在有效的合规体系作为是否起诉时自由裁量的考虑因素。进而,发展出所谓的行政和解,国外主要采用这种方式,中国目前也正在建立行政和解制度。例如,2019 年修改后的《证券法》增加了证券执法中的当事人承诺制度,这其实也是一个变相的行政和解,当事人承诺制度目前主要偏重赔偿,赔偿数额甚至比行政处罚中的罚款数额更高。四是责任体系与激励平衡。"大棒加胡萝卜"政策实际上非常讲究平衡。我们现在看到的责任体系是通过对企业责任的威慑以及对企业责任的减免,甚至对企业领导人责任减免的诱导进行平衡的。但实际上在法治社会中,企业面对很多法律需要遵守、执行的时候,建立合规体系的成本其实非常高,所以在现实中采用了很多其他方式。例如,行政指导;由中介市场的第三方作为评估机构;要求企业管理层的短期利益与企业的长期利益之间进行平衡。

第二,对康美药业虚假陈述案的介绍。康美药业是一家从事药业的上市公司,因为信息披露问题承担了 24.59 亿元的巨额赔偿,该企业的实控人和参与造假的高管都承担 100% 的连带责任。但是,让企业承担这么高的赔偿责任合不合适?企业在虚假陈述中有没有获利?案件的结果是康美药业进行了破产重整,法院判决没有参与造假的高管和独董分别承担了 20%、10% 和 5% 的连带责任。本人认为,因为董事没有能力去积极核查企业的每一次信息披露的真实性,他的义务应该是建立和维护一个有效的信息披露规范流程,实际上就是建立一个合规体系的义务。因此,保证信息披露的真实性是证券法一个主要目标,而这个主要目标在中国的实现变得很困难,因为中国上市公司信息披露的质量堪忧。这主要有三个方面的原因:一是很少追究因虚假陈述带来的刑事责任;二是虚假陈述的行政责任过于宽泛;三是虚假陈述的民事责任缺乏精细化。由此,在保证信息披露真实性的合规体系的建设上,我们并没有用“胡萝卜加大棒”的组合拳使企业可以建立一个有效的合规体系,这是在各个领域我们都需要思考的问题。

反垄断合规的理念和制度完善

肖江平,北京大学法学院教授

第一,关于反垄断合规的激励机制,早期的反垄断法实施之初,各国(地区)大多通过事后救济(主要是罚金)来实现制裁与威慑的目的,不考虑处罚是否合理以及该处罚是否足以让不合规者感受到被惩罚的苦痛,这种威慑被称为“简单威慑”。“简单威慑”的弊端是违法成本过低、案件发现率相对比较低、再犯的威慑效果比较差。为了克服简单威慑带来的这些问题,毫无疑问合规是一个选择。反垄断法通过执法、司法会形成一种强大的威慑,由此产生的法律责任至少包括行政处罚、民事诉讼、刑事追究等。

第二,经营者该如何选择?选择合规还是违规?经营者如果采取保守且充分合规的竞争策略,可以获得一般的经营收益;如果采取激进的方式,可以获取超额收益,那这种选择是不是违规?本人认为,至少是在违法的边缘,而且极有可能就是违规的,尤其在反垄断、反不正当竞争方面。由此,经营策略上就形成了一个激励机制。首先,合规收益=(监管处罚+刑事处罚+赔偿等)×发现概率。其次,收益是实施反竞争行为带来的超额收益。最后,建立合规体系,会带来直接的激励好处,比如,英国的规定是减少处罚的10%。

第三,在反垄断问题上,合规的成本主要有三类:一是建设反垄断合规制度、营造合规文化的成本;二是直接成本,包括反垄断合规制度的制定成本、培训员工所耗费的成本、实施审计或者其他改正行为所需的成本;三是机会成本或超额收益,在合规制度下经营者必须放弃的可能招致反垄断法律风险的交易机会。合规的收益部分体现在避免潜在的不利后果,包括罚款、名誉损失、承担刑事责任,配合执法调查支付的成本、合同的无效、诉讼成本,等等。

第四,关于反垄断合规制度,反垄断执法机构和执法对象进行博弈,形成的趋势就是做合规。英国规定得非常详细具体,而我国《反垄断法》对于反垄断处罚考量因素的规定非常原则,尚未涉及反垄断合规激励或惩罚的规定,不过随着反垄断合规工作的深入发展,有关反垄断合规激励机制的设计问题也开始进入反垄断执法机关的视野。反垄断合规体系的主要内容包括四个方面:合规管理制度、重点合规风险、合规风险管理、合规管理保障。

第五,反垄断合规制度的完善,包括三个方面:一是建立多样化的激励模式,包括合规从轻、减轻的制度化、反垄断执法和解、信用监管机制;二是确立有效的效果保障机制;三是外部监督制度,包括引入独立的合规监督官和受害人监督机制。

药品监管领域企业合规激励机制思考

刘继红,国家药品监督管理局法制司副司长

本人在药品监管领域关于企业合规激励机制的思考,主要包括以下几点。

第一,企业合规激励机制的逻辑起点。建立企业合规激励机制确实有其必要性,这可以从药品管理的立法目的和药品管理的基本原理中推导出来。因为药品管理立法的目的是保证药品质量、保护和促进公众健康,药品监管管理的原则包括坚持风险管理、全程管控和社会共治等,特别是社会共治原则,与企业合规激励机制是密切相关的。保护和促进公众健康、保证药品质量,并不仅仅是监管部门的责任,也是企业应该履行的主体责任。在药品监管领域引入企业合规激励机制确实有其必要性,包括建立科学严格的监督管理制度,肯定不是仅仅简单地依靠严格的监管,而是要充分发挥各个方面的主观能动性,这样,才能有效保证药品的安全有效。

第二,企业合规激励机制的现有规定。在目前的药品监管的法律法规和相关规定中,并没有对企业合规激励机制做出一个完整系统的规定,但是有相应的条款,比如,《药品管理法》中规定对在研制、生产、经营、使用和监管工作中做出突出贡献的单位和个人要予以奖励,这个其实也相当于对企业的激励。除此之外,《药品管理法》里也明确规定了信用监管,如果企业完全遵守了法律法规的规定,那么会有良好的信用记录,在信用档案里面,相对于其他的企业,该企业的评级会更高,这应该也是相应的一个激励。在《医疗器械监督管理条例》和《化妆品监督管理条例》中都有相应的规定。从中可以看出:一是可能仅仅免除了部分行政处罚;二是在药品监管领域,目前的免责规定大多还是仅适用于经营和使用环节,在研制和生产环节并没有免责规定;三是虽然《行政处罚法》有相应的规定,如没有主观过错可以免责,但是免责的具体适用比较困难。

第三,企业合规激励机制的导向目标。药品监管的基本理念和原则是安全第一、风险管理、全程管控、科学监管和社会共治。企业合规激励机制的导向应该是坚持产品的安全有效。坚持风险的有效的识别、评估、控制、调整和消除,要确保全程的研制、生产经营和使用行为符合相关的质量管理规范要求。基于导向目标,企业应该通过合规的激励机制,确保企业达到这样的基本要求:主体合法适格、产品安全有效、体系充分运行、行为全程规范、风险有效防范。

第四,企业合规激励机制的问题挑战。与刑事领域的不同,行政领域中处罚的一般是企业而非个人;在追责原则上,行政领域中更多体现为严格责任;在危害后果上,行政领域一般只要求造成危害后果,甚至是只要求产生风险。所以药品监管领域建立企业合规激励机制从理论上、法律上、制度上和环境上都有一些挑战:理论上缺乏行政监管领域合规研究和系统理论;法律上缺乏明确系统的法律法规的支撑;制度上也缺乏有效的裁量权行使的规范;环境上缺乏相应的氛围。

第五,企业合规激励机制的制度完善。行政监管部门需要具备:清晰的制度规则;严格的监督检查;适当的行政指导;适当的行政处罚;有效的鼓励措施,包括处罚免责和信用评级。企业需要具备:强烈合规意识、明确的执行要求、健全的质量管理体系、良好的企业文化。

合规激励机制——实证分析及建议

康英杰,上海市方达律师事务所合伙人

第一,行政合规及行政合规激励机制。行政合规的"规"是一个非常广义的范围,包括法律法规、国际条约以及企业的内规,但本人认为最核心的是行政管理相关的法律法规,所以行政合规在整体的合规里面占有核心和主导地位。行政合规激励机制,大致可以分为两类:第一类是属于正面的激励机制,不以案件为基础,企业合规做得好,主管机关就会给予正面的激励,这更多的是一些事前的;第二类是基于案件的合规激励机制,包括事中和事后激励,事中激励体现在具体的案件调查过程中单位责任的格局,事后激励包括这几年在大力推进的通过合规改造来换取企业不处罚,当然,这目前更多的是在刑事领域,未来在行政执法领域中可以进一步借鉴。

第二,行政合规激励机制的实证观察。首先,正面激励机制的体现。例如2020年《出口管制法》第14条规定:"出口经营者建立出口管制内部合规制度,且运行情况良好的,国家出口管制管理部门可以对其出口有关管制物项给予通用许可等便利措施。"这对于企业来说应该能起到非常大的激励作用。2020年,国家医疗保障局《关于建立医药价格和招采信用评价制度的指导意见》中也提到了医药企业要参加集中采购,平台挂网,还需要做承诺,承诺事项里面包括建立合规审查制度,这也是一项比较好的正面引导工作。除了事先承诺以外,这个规定里也提到如果企业因为一些违规行为被列入失信的名单里面,企业可以通过提交合规整改报告并接受合规检查的方式,能够有效地修复企业的信用,这个应该说也是正面合规机制比较好的探索。其次,基于案件的合规激励机制的体现。《反不正当竞争法》第7条第3款规定了员工的行为原则上是企业的行为,但是如果企业能够证明员工的行为跟企业牟取交易机会和竞争优势无关的,企业是可以免责的。在这样的制度设计里面,能够隔离员工责任和单位责任。

在刑事合规不起诉制度全面推行的今天,部分地方也在行政执法过程中通过合规改造来进行免除或减轻行政处罚的探索。无锡市宜兴生态环境局与宜兴市人民检察院颁布了一个指导意见,明确提到如果存在违法行为,但不构成刑事犯罪的,可以通过行政合规治理的程序,通过合规验收的,检察机关可以建议监管部门减轻处罚或者不予处罚,本人认为,基于案件的激励也是一项很好的探索。

第三,完善行政合规激励机制的建议。具体包括以下三点。一是丰富正面激励的方式。例如,把合规与信用挂钩;把合规与政府的更多便利措施挂钩;关联合规与执法的检查频率;合规与税收、补贴等优惠措施挂钩。当然,正面激励最大的一个难点,是如何客观、有效地评价企业的合规水平,是否可引入第三方机制。二是合规阻却单位违法方面的建议。基于案件的角度来讲，这次《行政处罚法》修订纳入主观过错，那么未来行政合规与主观过错能不能够建立一个比较紧密的关联，就是说行政合规是单位用来证明自己没有主观过错的一个很重要的证据，如果这样的一项制度能够在相关的指引或者说在相关的法律里面能够得到落实，我相信能够在很大程度上推进企业去真正落实这样一种合规的制度。三是宽大处理方面的建议。例如，在更多、更大的范围内试行行政和解；借鉴刑事领域合规不起诉制度；企业通过合规改造换取免于处罚。

评论环节

朱坚，阿里巴巴集团法务总监

从大趋势来看，一些法律、行政法规设置的处罚越来越重，再加上整个社会中对于企业合规的舆论导向，致使企业不得不重视合规工作。但是，在这个过程中，合规激励目前占的成分和比重不是那么高，这是一个事实情况。首先，监管部门通过立法要求企业合规。例如，2022年12月1日开始实施的《反电信网络诈骗法》中规定，如果没有落实国家有关规定确定的反电信网络诈骗内部控制机制的，企业可能就会面临行政处罚。立法逐渐将企业要建设合规机制和体系的要求纳入强制性的规定里面。其次，从社会发展的大的趋势和形势来看，企业做合规可能不仅是激励的问题，企业本身也要健康、要持续、要发展，企业需要做好合规。企业的合规成本肯定是高的，无论是人员、技术能力，包括通过一些外部监督的措施和方法去搜集一些信息等，要耗费的成本和投入确实比较高。从目前的阶段来看，外部的激励措施是助力，根本还是在于企业。企业做好合规，需要管理层重视、有制度承接、有流程和机制、有监督，有文化熏陶。

在落实企业的合规过程当中，确实会遇到一些问题和“瓶颈”。一方面，需要遵守的法律法规数量非常多，包括国务院的条例、行政法规700多部，部门规章6000多部，其中很多都和我们平台经济业态相关，但是这些条款和标准比较粗放，为企业落地实施增加了难度。另一方面，目前主管部门提的要求比较多，但是缺乏和企业共建，包括给企业提供的服务和支撑存在相对分散的问题。因此，构建企业合规，让合规激励能够发挥作用：搭建服务性合规空间体系;更好发挥外部激励机制的作用;在执法过程中考量企业的主观故意程度和企业的合作状态等,并做出有效性评价。

邓勇,北京中医药大学人文学院法律系教授

在药品监管领域构建企业合规机制,本人有以下几点思考:第一,要考虑药品行业行政监管的专业性,在专业性较强的领域,要求非专业的人士去判断一个企业是否落实合规计划是十分困难的。在上海推进刑事合规不起诉时,非常重视行政机关的意见,这种专业知识的差异不仅存在于行政监管与刑事处罚之间,也存在于不同的监管部门之间。所以要构建药企合规激励机制,应当特别注意行政监管的专业性问题。第二,要尊重第三方专业性机构的意见,包括律师事务所、会计所以及各类行间协会。从合规的起源看,美国《马罗尼法案》和《1934 年证券交易法》修改时,明确规定由经纪人与证券从业者构成的美国证券交易商协会,其有自主制定行业规范以及对单个从业者的具体行为规范的权利。这一点不仅是金融行业,近年来,在医药行业也有可以借鉴的案例。例如,2019 年由中国外商投资企业药品研制和行业开发委员会制定的《RDPAC 行业行为准则》,以及 2021 年中国化学制药工业协会制定的医药合规管理规范,这些规范能够帮助企业发现行业以及法律监管方面的漏洞,理顺监管和报告的体系。第三,斟酌医药行业合规基地的模式,在下一步制定企业合规指导意见时需考虑很多,包括在评估企业合规情况时,要看如何去跟目前的规范体系相适应,是参考证券监管领域的行政和解或者强制合规这种模式,还是参照《反不正当竞争法》经营者责任豁免,将其作为一种可能的无责任抗辩事由或者主观构成要件,还是新行政处罚法中存在的违法行为后果轻微不罚。目前,我们认为可以借鉴刑事合规的经验,采用试点的形式,尝试不同的模式,判断其优劣,探索一条适合目前医药行业现状的合规激励道路。第四,行政合规的激励不一定要限于合规,还可以在合规之外与其他的行政手段相配合,包括在建立行政合规激励的过程中,采用其他替代性的行政手段,比如,事前的宣传或者类似于税法中用的通过系统进行提示,还包括一些正向激励活动,利用这些手段中已经建立好的基础条件去进行后续的合规计划落实的评估与监管。

闭 幕 式

会议闭幕式由上海市方达律师事务所合伙人、中国人民公安大学企业合规检察研究基地副主任尹云霞律师主持，中国政法大学比较法学研究院院长解志勇教授和首都师范大学法律系主任李昕教授分别就上午和下午的研讨作总结发言。

解志勇，中国政法大学比较法学研究院院长、教授

上午的会议为我们提供了非常深入的理论思考和丰富的实践样本。通过研讨，我们在以下几个方面形成共识。

第一，应尽快在行政监管领域中引入企业合规，调动企业自身的积极性。行业或者相关领域监管机构、行政执法部门应通力合作，在当前行政执法和解、行政执法承诺制等已经建构起来的机制中深入实施和完善合规制度。对于行政领域中有关行政监管的主要法律依据，如《行政处罚法》《行政强制法》，以及在其他专项领域的行政立法当中，应当尽快引入企业合规理念，建构相关制度。王超处长提道，企业合规理念和制度的建构，实际上非常有利于降低行政监管成本，提高行政监管效率，并且对于企业的长远发展非常有帮助。

第二，应加大推动企业合规行刑衔接的力度和进度。当前，企业合规改革主要由最高人民检察院和各地的检察院在推动，在推动过程中已经进行了较为深入的理论思考和实践探索，并且制度构建也已经步入一个规范化的状态。像深圳市人民检察院、张家港市人民检察院等早期企业合规改革试点单位都已经迈出了重要的步伐。上午，最高人民检察院法律政策研究室高景峰主任为我们梳理了这几年来检察机关推进企业合规治理的检察路径，并提出了一些重要的任务，尤其提到了行刑衔接这个方面。但从目前来看，对于行政监管部门或者行政执法部门参与不足这个问题，在深层次上还存在一个悖论——如果检察机关请行政执法部门参与到企业合规制度的联合发布或者制定中来，相当于将已经涉罪的企业往回推，即所谓的逆向衔接。这种衔接有利于减轻企业的责任。但是，从行政监管机关或者执法部门的角度看，如果行政部门主动牵头，也邀请人民检察院参与，那么企业合规的正向衔接是不是有“主动陷企业入罪的嫌疑”呢？因此，目前从现象上看，这个悖论导致行政监管部门和检察机关的联动力度还不够。与此同时，从今天来自各个领域专家的介绍可以看出，行政机关以及大多数监管机构对企业合规制度的推动，实际上已经在各自领域“全面开花”。例如，从郑花祯总经理、王科进司长、王亚平局长的介绍中我们了解到，金融机构本身既是监管者，同时也是被监管者。当前，我国银行业的合规监管力度以及对合规思路的贯彻应该算是比较深刻的。在实体企业方面,国资委、一些民营企业、股份制平台企业等也都取得了非常明显的成效。但目前来看,颇为学界所诟病的一点——行刑联动机制——还没有建构或完善起来,行政监管部门之间、行政监管和行政执法之间的联动还有很大不足。各部门现在仍在构筑各自领域的企业合规标准,相互之间的距离仍比较疏远;关于企业合规的全流程监管、有效性评价方式等问题还没有达成高度共识,亟须进一步推动。

第三,应尽快解决刑事责任和行政处罚责任"倒置"的问题。在双向衔接过程中,可能会出现实际上行政责任比刑事责任还重的情况,尤其是企业的经济责任和民事责任,这实际上导致企业合规"放过企业"这个最重要的价值追求没有实现。对此,张家港市人民检察院的郑莉主任认为,在检察机关与行政监管部门双向衔接过程中,可以通过企业合规委员会来构建一种联络机制。对于一些重要的事项,还可以采取检察建议或者检察意见的方式来解决刑事责任和行政责任倒置的问题。中央财经大学李伟教授认为,在行刑协同过程中,对于做了合规整改的企业,检察机关和行政机关应当对其合规整改的有效性进行互认。实际上,在未来行政机关建构企业合规制度后,行政系统内部也存在成效性互认的问题。综上可见,建立行刑衔接执法机制,明确第三方监管条件,建立评价标准程序,提高行刑衔接效率,也是我们需要进一步推动的事情。

第四,企业合规是行政监管向回应型、合作型模式转向的一个表现。周佑勇教授认为,当前,企业合规为行政监管转型提供了一个最佳契机。从他提到的山东省威海市文登区市场监管局制发的文件中包含企业合规的规定可以看出,实际上,行政监管领域从上到下都已经为推动企业合规行动起来了。关于企业合规的概念,周佑勇教授认为,如果说企业合规应用于刑事治理领域可以称作刑事合规的话,那么在行政法上,针对类案或者在理论上而言,更准确、更标准的叫法应该是"行政监管合规",而不是"行政合规"。因为行政本身的内涵较为广泛,所以"行政合规"这个名称有一点简单化。在具体个案中,也可以称其为"行政执法合规"。宋华琳院长对此也持肯定态度,他认为在实践中一些重要的合规理念和制度实际上已经开始引入一般性的行政监管当中。

第五,关于平台企业的运营。薛军院长认为,由于平台企业的架构具有特殊性、现代性和多元性,决定了对于平台企业合规不应该只关注一般性或者概括性的研究,而是要逐步地向分门别类的研究推进。下一步,应当为不同类型的平台企业制定一些个性化的合规政策或合规标准。

第六,当前,对于特大型企业的常态化合规监管已经上升为一种国家行动,成为党的二十大报告中明确要求的事项。缪丹处长作为市场监管部门的代表,结合自己的理论认识和实践观察,认为我们现在的行政监管方式,已经由原来的命令式监管转向为合作式监管,行政监管对象也在某种意义上变成了行政监管部门的合作对象。从缪处长提到的调研结果来看,未来我们工作的一个重点就是更加主动、深入地向各层级的企业推广风险识别、合规审查、合规咨询、主动报告违法等观点,然后快速地建构这种机制。

第七,关于银行业的监管,从制度和理念来看,当前银行业已经能够较好地贯彻企业合规的理念。几位金融领域的专家也提出了相关建议,如双基管理、升级迭代、廉洁合规等。郑花祯总经理还创新性地提出了"政策合规"的理念。

第八,关于央企的企业合规,行政监管与企业合规的连接已经迈出了重要的步伐。例如,国资委颁布的《中央企业合规管理办法》是企业合规立法领域所迈出的重要一步。孔祥泉副局长从司法部执法协调实践的角度认为,当前企业合规应该加速向行政领域推广。殷志诚局长提到,在证券合规监管领域,证券企业要强调一种"生存底线"的观念,并深刻落实自我监管的理念。最后,令人感到非常欣喜的是,国资部门的专家提到,目前,国资系统实际上具有约2.8万人的合规监管队伍,这是我们在推进企业合规方面取得的巨大成效。

李昕,首都师范大学法律系主任、教授

下午的研讨会体现了企业合规从国际到国内、从司法到监管、从金融到多行业的一个普及过程。在此过程中,我们对于合规的认知开始逐步走向全面和理性。我们把合规的主体归结为企业,目的在于让企业建构一个合规的机制,促进企业内部治理机制的完善。那么,为什么要对一个企业进行合规?作为一个企业内部治理机制的完善,我们为什么还需要引入外部机制来监督企业建立合规体系呢?对此,与会嘉宾谈到了企业目前在新发展阶段所面临的一些新问题,包括企业的跨界以及企业多层嵌套的复杂关系问题,企业犯罪成本和预防追责成本严重不对等,各个领域中风险的不确定性和系统性,这些都要求我们对企业监管进行前置。同时,在创新驱动的发展模式下,在“放管服”的改革过程中,面对新业态、新模式、新技术的出现,怎样才能使刚性的责任追究模式与创新容错和包容审慎的监管需求有效契合,这值得我们深入思考。

首先,今天下午我们的话题主要涉及以下三大内容:一是如何来理解合规?合规机制中不同主体的责任、功能如何厘定?二是企业合规的“规”包括哪些类型?三是如何实现企业合规?这可以说是企业合规制度建构的灵魂三问。

第一,如何理解合规?与会嘉宾区分了事前、事中的合规以及事后的合规整顿。大家认为,不同阶段进行合规具有不同的特点。企业违法犯罪的预防应当大于追责,因此,我们应当建构事前、事中和事后的全流程合规监管体系。在企业合规机制中,需要界分不同主体的责任和功能。一方面,作为合规本体的企业要积极实现自我规制;另一方面,外部推动主体可以包括政府、社会和市场。其中,政府推动企业合规存在三大合规促进手段,包括指南的发布、标准的拟定、强制合规手段以及和解激励,这些都依赖于立法、执法和司法的协同治理。对于社会而言,促进企业合规,要充分实现行业自律,同时,还要完善第三方独立机构的合规认证、合规审计和合规评鉴。对市场机制而言,涉及监管科学技术的市场化供给问题。

第二,企业合规的“规”包括哪些内容?所合之“规”与“合法”之间的关系是什么?大家谈到了监管部门的合规指南以及合规标准的拟定,对于标准的设定,划分了通用标准、专项标准、强制标准、推荐标准以及我们今天的五大标准体系(国家标准、行业标准、地方标准、团体标准和企业标准)中所涉及的标准问题。2021 年,中共中央、国务院印发的《国家标准化发展纲要》中指出,未来标准化在推动国家治理体系和治理能力现代化的过程中要发挥基础性和引领性作用。我们在这里所探讨的企业合规中所涉及的标准问题,正是企业合规在国家标准化发展战略中发挥作用的重要体现。所合之规的复杂化不仅需要与既有的法律体系相融合,又需要我们立足于合规,全面梳理规范体系。

第三,如何实现企业合规?一是通过指南和标准;二是通过强制合规手段,包括技术和制度等,其中还涉及监管科技手段的运用;三是建立和完善压力和激励机制。通过严格的追责来完善责任压力是促进企业合规的必要手段,这种责任在今天的企业合规治理中需要一个转变,即从企业的守法责任转化为企业的治理责任,通过企业治理责任的落实来实现社会的分层治理。这意味着企业既是被监管的对象,同时又承担着内部监管和治理的责任。在强化责任压力的同时,还应当以激励性监管来引导企业自我规制;以合规整顿等穿透式监管方式来换取执法和司法中的和解。

其次,在今天下午的讨论中,我们主要形成以下共识:

第一,关于合规的定位。合规的目的在于推动分层治理和多元合作治理体系的形成,我们从刚开始的刑事合规到行政合规,再到我们所谈的企业合规,这些概念使用发生了一个变迁。在这个变迁的过程中,我们可以看出中国法律共同体对于合规的关注始于刑事诉讼的合规免责和减责,然后逐步通过司法程序和行刑衔接,走向了提高国家治理体系和治理能力现代化这个层面,我们开始强调企业合规的全局性和战略性意义。在这种大背景下,我们今天推动企业合规的目的在于降低刚性执法和司法的制度成本,从而将传统执法和司法中企业的守法责任转化为企业的治理责任。

第二,在今天的新发展阶段,我们的监管理念需要发生转变,从过去的简单"追责"向以结果导向、能动导向和整体导向为特点的综合治理进行迁移。从监管思路的转变来看,这意味着一种从强制性行政管理模式到合作治理模式的转变,从消极被动的监管到积极主动的监管的转变,从制裁违法犯罪到违法犯罪风险防控的转变。我们不再强调追责所发挥的特殊预防和一般预防功能,而是强调通过外部压力和激励来实现企业的自我规制,进而影响企业的治理结构,消除违法犯罪的内在结构性成因。概括来讲,就是要由被动式、响应式、单一式的监管向主动式、包容性、多元化的治理转变。

第三,企业合规应当是具有战略性和全局性的多方协同。一是需要立法、行政和司法来协同推动企业合规;二是合规不仅是合乎法律和规范性文件的要求,还包括对于政策变迁的一种回应;三是廉洁合规与当前的纪检监察制度存在着一种交叉;四是企业合规要求企业文化建设与企业价值定位相互融合。这就意味着,我们对于企业合规的理解应当跳出传统法律人的固有思维,这也是对于我们智识的一个挑战。

最后,基于以上讨论,李昕教授谈到了法律共同体的使命问题。

在合规方面我国已经取得了非常大的成就,但是有效合规的制度供给依然存在不足。在这样的背景下,法律共同体的使命是应当立足于时代和国情,来不断完善企业合规的制度体系，回应中国治理体系和治理能力现代化的实践需求。

第一，普及推广企业合规的适用范围。第二，推动企业合规的制度化、体系化和规范化，完善相关制度。我们需要直面的问题包括以下几个方面。一是如何通过法律制度的完善来激发企业自我合规的原动力。二是面对所合之规构成的复杂性，如何通过制度的建设和治理机制的完善，推动企业自愿选择遵守不具有强制效力的规则，从而发挥软法的实质调整功能。第三，通过压力和激励机制改革，实现追责和免责的制度化以及行政和解、司法和解的制度化，实现对企业内部自我规制原动力的调动，从而形成一种内外互动、交互传递的企业良性治理机制。第四，在合规整顿和和解中平衡其他相关权益的保护。例如，被侵权人权益的保护，公共利益的维护等。第五，以一种责任分担的方式，建构一个新的秩序体系。第六，分别建构一般合规和专项合规法律制度，针对不同行业、不同属性的企业的特点进行更为细致的研究，制定具体的、有效的、可适用的合规指南和标准。第七，进一步完善企业的内部治理机制。例如，在企业内部建立和完善"吹哨人制度"，也称"公共利益披露人制度"，通过内部制度的完善来促进企业合规的具体有效。

在我国推进企业合规改革的过程中，制度的完善路径基本上是先采用一种自下而上的实践创新模式，然后在积累经验、沉淀经验的基础上，进而实现自上而下的整体性制度设计。这是中国改革的一个特点，在这种渐进性的制度完善过程中，必然会存在大量源于新旧制度过渡衔接不畅所带来的问题。今天研讨中所探讨和揭示的问题都因这种制度衔接不畅而产生。发现问题、揭示问题，并探究导致问题产生的根源，呼吁推动制度层面的回应和完善，是我们法律人的共同使命，也是我们今天相聚云端，共话"企业合规与行政监管"问题的初衷。党的二十大报告强调，坚持以中国式现代化全面推进中华民族伟大复兴。法治现代化是中国式现代化的重要组成部分，也是推进中国式现代化的重要保障。今天的论坛探讨了我们如何回应现实时代的挑战，通过完善法治，让我们中国式法治现代化的内涵和具体制度在企业合规领域中更加丰满，是我们法律人的共同使命。

会议最后，主持人尹云霞律师表示，党的二十大提出"健全共建共治共享的社会治理制度，提升社会治理的效能"。如何调动社会力量的能动性、如何提升我们行政机关的社会治理能力,实现新型的治理模式?给予企业“合规激励”,引导企业做合规,把合规融入监管和执法中,实现“辐射性执法”,可能就是一个很好的路径。研究合规专家应该都了解美国《反海外腐败法》(Foreign Corrupt Practices Act, FCPA), FCPA 在一定程度上催生了合规行业,但从 FCPA1977 年通过,到现在只有几百个案件,执法人员只有几十个。核心就是美国政府通过“辐射性执法”,“四两拨千斤”,办一个案子影响一个行业,充分调动了企业的积极性、能动性,实现了科学的执法监管模式。这是很值得我们研究的。以西门子为例,西门子被执法后,我在之前公司,我们帮助西门子建立合规体系,因为对于西门子的高额罚款,其他知名企业,通用电气等都来找我们建立合规体系。而西门子因为要建立合规体系,要求其数以万计的合作伙伴要符合合规,接受西门子投资的企业要合规,这就是“四两拨千斤”,“辐射性执法”的效力。

今天的会议讨论希望通过行刑合规的衔接,给予企业合规激励,通过合规指引来引导企业做好合规。同时,能够促进行政机关将合规融入行政监管和执法中来,实现一种辐射性和“四两拨千斤”的执法效果。近年来,行政监管部门已经开始研究和推动企业合规。行政机关推动企业合规是必要的,通过企业的主动合规,可以减轻政府监管的成本,打造一个共同治理、预防性的科学治理体系。同时,行政机关推动企业合规也是可行的。目前,无论是行政处罚法还是其他法律,都已经具备让我们把合规引入的基本条件。但是,无论是学理的研究,还是在执法层面、企业层面,都还存在很多的挑战。在今天的会议中,参会嘉宾们来自不同行业和部门,希望大家一起努力,共同推动健全共建共治共享的社会治理制度。